中國古代地理總志叢刊

輿地紀勝

四

〔宋〕王象之 撰

中華書局

輿地紀勝卷第九十二　文選樓影宋鈔本

東陽王象之編　甘泉岑鎔溢長生校刊

廣南東路

連州　湟水　熙平　連山　陽山　小桂

州沿革

連州　中　連山郡軍事九域志禹貢荊州之域皇朝郡縣志翼軫之分野圖經春秋時楚地通典秦爲長沙郡之南境元和郡縣志及通典同西漢有桂陽郡而桂陽陽山以縣屬焉西漢志有桂陽陽山二縣東漢志有桂陽而無陽山縣元和郡縣志云陽山縣東漢省吳分桂陽置始興郡又屬始興晉志云吳置始興郡統縣七有桂陽及陽山二縣元和郡縣志

云陽山縣東漢省晉重置宋明帝置宋安郡後省宋安通典屬廣興郡通典云宋改始興爲廣興郡齊復屬始興郡通典云齊復曰始興郡而南齊志始興郡有桂陽陽山二縣梁武帝分置陽山郡寰宇記天監五年隋平陳郡廢置連州因黃連嶺以爲名元和郡縣志在開皇十年煬帝改熙平郡隋志熙平郡下注云梁置陽山郡平陳郡廢大業初置熙平郡有桂陽陽山連山三縣唐平蕭銑復置連州寰宇記在武德四年改連山郡唐志云本熙平郡天寶元年更名連山郡復爲連州乾元元年先是郡屬江南道十道記云在正觀中繼屬嶺南道十道記云在開元天寶中後屬湖南道十道記云在乾元中後又屬廣州大曆三年五代時初屬湖南馬氏通鑑馬殷陷連州在昭宗光化二年及馬氏之衰南漢畧定桂連等郡始盡有嶺

南通鑑後周太祖廣順元年南漢將吳珣攻桂州畧定宜連梧嚴富昭柳象龔等州南漢盡有嶺南之地國朝平嶺南地歸版圖九朝通畧開寶三年潘美克賀州昭州下桂州又下連州劉鋹喜曰四州本屬湖南北師取之足矣其不復南其愚如此仍隷廣南路皇朝郡縣志分隷廣南東路至道以後分廣南為東西路而連州隷東路今領縣三

治桂陽

縣沿革

桂陽縣 望

倚郭通典云本漢舊縣在桂水之陽元和郡縣志云漢屬桂陽郡晉宋齊並屬始興郡梁陳屬山陽郡隋屬連州寰宇記云隋大業中移郡於此皇朝郡縣志云唐以後因之

陽山縣 中

在州東南一百四十七里元和郡縣志云本漢舊縣爲南越置關之邑其故關在縣西北四十里茂漢山史記尉佗移檄陽山關曰盜兵且至急絕道聚兵自守今陽山北當騎山嶺路秦於此立陽山關漢破南越以爲縣後漢省晉重置在注水南梁天監六年置陽山郡以縣屬焉隋開皇十年屬連州神龍元年移於注水北卽今理縣也

連山縣　中

在州西一百六十里元和郡縣志云自漢至齊爲桂陽郡之地梁武帝分桂陽置廣惠縣開皇十年改爲廣澤屬連州仁壽元年改爲連山寰宇記云避太子廣之諱也隋志云梁置廣德隋改曰廣澤仁壽元年改名連山國朝會要云紹興六年廢爲鎮十八年復爲丨丨丨

風俗形勝

日出先照故名陽山九域志　陽山天下之窮處也唐韓愈送

區冊序云云陸有邱陵之險虎豹之虞水有江流悍急橫波之石舟上下失勢破碎淪溺者往往有之縣郭無居民官無丞尉夾江荒茅篁竹之間小吏十餘家皆鳥言夷面始至言語不相通晝地爲字然後可告以出租賦奉期約宋高祖世始析桂陽爲小桂郡後以州統縣更名如今其制也郡從嶺州從山而縣從其朔劉禹錫連之爲州以山得名劉禹錫此郡於天文爲荆州同星分由壤制與番禺相犬牙觀民風與長沙同祖習劉禹錫刺史廳壁記林富桂檜土宜陶旊石侔珢玕水孕金碧同上邑東之望曰順山云云由順以降無名而相歆者以萬數迴環鬱撓迭高爭秀西北朝拱于九疑劉禹錫記城下之浸曰湟水云云由湟之外支流而合輪以百數淪漣油流擘山爲渠東南入于海劉禹錫記荒服之善部而炎裔之涼墟山秀

而宜靈液滲漉故石鍾乳爲天下甲歲貢三百銖原鮮而膴卉物柔澤故紵焦爲三服貴歲貢十笥林富桂檜土宜陶旅故俟居以壯閭石佯琅玕水孕金碧故境物以麗閭環峯密林激清儲陰海風歐温交戰不勝觸石轉柯化爲涼飈城壓墉岡路高負陽土伯噓濕抵堅而散襲山逗谷化爲鮮雲故罕罹嘔泄之患亟有華皓之齒信云云也見劉禹錫記鍾乳爲天下甲上見地廣數百橫制南服劉希孟新建架閣庫記地大民衆過於諸郡山川之秀風氣之和與中土相似劉勃鼓角樓記連之山秀水清卓有可愛歐陽知誨宜詔堂記熙平古郡地控荆湖峻峰活流騰輝吐秀詹礪西園記連介楚越閒號爲會衝秦置湟關漢兵下湟水皆其地費俶閱武亭記湟州八景一曰雙溪春漲二曰龍潭飛雨三曰楞伽曉月四曰靜福寒林五曰巾

峰遠眺六曰秀巖滴翠七曰圭峰晚靄八曰巖湖疊巘張南軒有賦荆粵之偏是惟連州土壤寒殖溪山岑峻奇峰怪石森若圖繪游烈興造記連江山之嘉郡鄭俠重修車陂記地接湖湘無土山濁水秀澈之氣凜然浮空武陽震新學記連山古所謂以山水之勝名其郡者也彭璟海陽湖十二亭記山水之美見稱於天下北接九疑南連衡嶽其清粹秀爽之氣鍾爲勝概賢傑繼出歐陽經雲開亭記谿山鍾美風俗醇厚視南方爲佳郡朱葆石路記連之爲郡舊號小桂昔爲湖南勝地今著名南越湟川集序湟川山水佳麗爲嶺南十四州之冠歐陽實蔣氏三徑記人物富庶商賈阜

通常有小梁州之號陳若冲連山縣記連爲荆湖衝要蔡齊臺梁守祠堂記昭桂連賀本屬湖南長編云開寶三年王師克連州南漢主云云

景物上

桂嶺在桂陽縣桂水之陽因名通典云桂陽縣有丨丨桂水西漢志應劭曰桂陽桂水所出東入于湘瀘水在桂陽縣出黃蘗嶺石船見杜抃畱題詩銅山寰宇記云連山縣有丨丨五所靈山唐志桂陽縣下有桂林山本丨丨天寶八載更名聖鼓郡國志云秦伐樟樹造大鼓徑一丈二尺一夕自飛至桂陽郡臨武界因名月窟廖知彰有詩云天匠矜功價不貲神機刳石漏新暉春水在連山縣北三十七里源出岡山流過春峒里因名南流六十九里合上吉水入賀州桂嶺縣界潮泉在桂陽縣南有山泉從山出每二月己後至初秋每日丑時水湧流至申時住八月己後至初春從申時湧流至丑時住又有廟泉在峽峰繩頂許懋有詩云千丈峽峰石淙錚寒玉鳴

温湯在桂陽縣六十里平地湧出泉水四時常温一邊令一邊温流入湟水

方山郡國志在桂陽縣對九疑山高下相類

乳穴通典桂陽縣界有鍾｜｜三十七所

湘穴湘中記云斟溪西通江水其穴若井或涸彌年或一日間兩三盈一日｜｜是也

匯水西漢志｜｜南至四會入鬱林過郡二行九百里隋志桂陽縣下有｜｜｜興地廣記一名｜｜一名涯水

斟水隋志陽山縣下有｜｜｜

盧水隋志桂陽縣下有｜｜｜

涯水通典桂陽縣下有｜｜｜

湟水通典桂陽縣下有｜｜漢伏波將軍路博德討南越出桂陽下｜｜即此

泉山一名泉岩阿一日十竭十盈

泉水寰宇記引始興記云泉岩阿一日十盈十竭若湘水焉又日泉山峭壁高聳瀑布飛流又郡國志云白水出潭頭山望之皓然也

鍾乳柳文與崔連州論石｜｜日始興為上次乃廣連

山梯九域志載山經云山高偏見四野因名

滑水元和志云今為黃連水興地廣記在連山縣

洊水一名盧水在桂陽縣

景物下

香風亭在東圃　熙春亭歐陽經詩云林靑乍聽鶯聲喚花嫩初籠日影遲　無暑堂在州治　切雲亭歐陽經詩云峯頭華剏占瓌奇下視湖山迤邐卑　引煙塢杜玕詩云行愛種桃處濛濛羃輕素花深人不辨似人迷仙路　涵碧軒歐陽經詩云小桃斜映綠楊絲激水泠泠漾日暉　滴翠軒在法悔寺　聚秀亭王宏中建　海陽亭呂温答崔連州｜｜｜詩吏中習隱好躋攀不擾疲人便自閑開說般勤｜｜｜事令人轉憶舜祠山　宴喜亭在州城韓愈作記云太原王行中在連州於其居之後得異處乃爲屋以避風雨既成愈名之邱邱曰俟德之邱谷曰謙受之谷瀑曰振鷺之瀑土谷曰黃金之谷瀑曰秩秩之瀑洞曰寒居之洞池曰君子之池合而言之以屋曰燕喜之亭取詩所謂魯侯燕喜者也　愛思亭在州治　澄心亭見杜玕畱題詩

二桃水源出桃泉山　雙溪橋見杜玕畱題詩　雙劒峯杜玕詩云鐵烏老龍挺誰

為辨雌雄**四望亭**杜扦有詩留題**五溪水**寰宇記云在桂陽縣西合爲一江滄浪水崑湖水橫溪白水葉腐溪水相思白水過陽山縣入廣州又有奉化等五水奉化水輔國水上下盧水高艮水銅官水合爲一江從縣東北流至州城下**六鼇軒**王宏中建歐陽經有記**八顧亭**同上**十詠亭**劉禹錫｜｜｜序云元次山作海陽湖後之人或作亭榭標之日十詠遷客裴侍御爲十詠以示余日吏隱亭切雲亭雲英潭[元]覽亭裴溪飛練瀑蒙池棼絲瀑雙溪月窟卽十詠亭**百花亭**同上**百花園**見杜扦留題詩**仰韓堂**在州廳後**雲間亭**在州治傳彥濟詩日千里江山供眺望四圍天地入簾櫳**翠光亭**見杜扦留題詩**黃石山**在桂陽縣庾穆之荊州記山出銀鑠人常採之左思賦金革銀朴蓋謂此**黃蘗嶺**郡國志盧水北出｜｜｜復有進水出焉**黃連嶺**元和郡縣志在桂陽縣西南一百五十里**黃連山**隋志陽山縣下有｜｜｜**白蓮塘**見杜扦留題詩**藉化墩**同上**採蓮渡**同上**桂林山**唐志桂陽縣下

有｜｜｜本靈山天寶八載更名桃泉山二桃水源所出箭山溪寰宇記引郡國志云｜｜｜有鸕鷀戈里礪石出焉飛鳳石杜扞詩云應爲買德輝來儀化靈跡臥龍石杜扞詩云倘使在南陽應爲孔明石提鷹崖見杜扞畱題詩躍蛟潭同上金鷄石同上

大鵬山黃損詩云山清神骨水澄心到此方知勝二林龍宮灘韓公有詩鵝崗山在桂陽縣西北四十五里古老相傳昔有鵝飛鳴此崗因名馬蹄山在連山縣東南四十里有石痕如馬蹄因名虎跑泉在桂陽縣北四十里舊經云唐末有僧行圓居此有虎哮吼跑地後成泉故號爲｜｜｜又廖顒詩云仙馭遺蹤遠寒泉濺石清舊傳廖眞人煉丹無水虎爲跑地泉湧清甘又似指廖眞人今附見焉鸑鷟渚見杜扞畱題詩大雲山見周燮記明月池見杜扞畱題詩天澤源杜扞詩云湛碧一泓深潺湲瀉不斷高穹沛四時泒別環州半天際嶺陶弼詩云南來未見此高峯下際滄溟上際空辛苦限蠻成底事坐看嵩華作三公寒居洞見昌

黎燕喜亭記

湖光橋 見杜扞罶題詩

海陽湖 在桂陽縣東北二里唐大歷初道州刺史元結到此雅好山水修創林洞通小舟遊泛刺史劉禹錫重修禹錫賦海陽湖十韻杜扞詩云波心石船竝中載白蓮馨

抱福山 王大寶有詩

靜禪山 在桂陽縣北五十里梁廖眞人大同三年家於此山飛昇

靜福山 寰宇記云在桂陽縣北五十里梁廖中者字靖虛爲本郡主簿西曹祭酒湘東王國常侍大同三年家於此山先天二年飛昇於此山後刺史蔣防仰慕高風刻石爲碑

巍峩山 在連山縣南四十九里因高嶮爲名

安樂水 在陽山縣西三十二里出安樂山三處垂流東流四十里入湟水

謙容谷 同上

奉化水 源自宜章縣黃莽山下南流至州城

輔國水 源自堇陰陽龍崗坑界山小溪水流出合爲一江至州城

高良水 源自連山縣界山源溪泉流出採陂合爲一江

同冠峽 韓文次同冠峽詩云今日是何朝天晴物色饒落英千尺墮遊絲百尺飄泄乳交巖脈懸流揭浪標無心思嶺北猿鳥莫相撩注云公赴陽山時作

同官水 源自連山

縣及縣界山源溪泉流合爲一江至州南津

育德泉王大寶有詩

濯纓泉見杜抒詩

流杯池在州治

牽船嶺在桂陽縣南五十里東有古路一闊一丈長二里俗名丨丨丨丨上有白石一雙鄉人呼爲雙女神

巾子嶺州之案山

席帽石杜抒詩云上就巾子尖軒昂成皂蓋

寶華山向宗道詩云松風山月送人歸幾處溪聲拂馬蹄殿閣參差浦雲隱回頭眞似武陵迷

寶梵寺廖蒙詩云疊嶂秋光淺寒松古韻清

銅沙山在陽山縣西南七十里十道志云陽山縣有銅

富雷水在陽山縣東南二十五里舊經云水迅激如電嶮峻不通船西流五里入牛鼻江水

陽山崗寰宇記云若官長臨之擢輒非次太史觀云地勢使然乃鑿斷連岡流血成川城因傾焉

陽巖山在陽山縣西十二里舊經云日出光照此山因名

茂溪水輿地廣記在陽山縣

冷石瀧在連山縣北六十里出冷石

崑湖山在桂陽縣西北二十五里有水流出封溪入合江水至州城西

期仙巖在桂陽縣貞女峽

君子池同上

老人

菴在燕喜亭旁　將軍石同上　鄧公山在桂陽縣北七十里舊經云太守鄧約子葬此因名

古迹

陽山縣齋唐正元二十年韓愈爲陽山令有縣齋讀書詩云出宰山水縣讀書松竹林卽此也　湟谿關唐志陽山縣下有｜｜｜劉勃鼓角樓記曰連雖介於楚越之間僻在一隅實爲古郡秦於此置｜｜｜漢武誅建德兵出桂陽下湟水實此地也　陽山關史記云尉佗移檄｜｜｜曰盜兵且至急絕道聚兵自守今縣北當騎田嶺路秦於此立關　貞女峽在桂陽縣南十五里郡國志云｜｜｜有石臨水狀若婦人云秦時女子採螺於此遇風雨忽化爲石韓愈詩云江盤峽束春湍豪雷風戰鬬魚龍逃卽此　虞舜廟在方山元豐七年賜廟曰廣仁陳詩留題云如何五載後不問九疑歸　伏波將軍廟林概詩云尉佗尺檄黃關閉天欲亡秦盛漢家一目將軍通戰棹何

會五嶺限中華

韓退之廟 林概詩云退之皆負□糸志作邑當年來此中謾道陽山是窮處先生於道未嘗窮

廖眞人祠 有虎跑泉黃損詩云跨虎有名喧宇宙馭龍無跡入煙霞

正女墓 生持節操心死作堅貞鬼至今墳上春草木無皮卉邵謁貞女墓

宦吏

伊寡悔 大歷中平嶺南哥舒晃幕府上功拜連州刺史權載之集

韓愈 唐正元十九年自監察御史出為陽山令政有惠於下及去百姓多以公之姓以命其子

劉禹錫 唐永正元年自屯田員外郎出為連州刺史又以尚書郎得譴刺連山禹錫云子重領連山郡印綬居五年不得調滯念欸起因作問大鈞賦

王晙 劉禹錫 蔣防 武興宗 守臣題名唐肇武德迄光化已未凡二百八十二年相繼者九十一人惟王晙位將相功業殊卓劉禹錫詩名重當時蔣防武興宗聲稱存乎別記

李若谷 題名云自開寶三年治熙甯戊申凡九十九年假守者四十五人惟李公若谷嘗參

大政

邵曄 字日華爲連州録參州將楊全誣部民十三人爲刼盜欲置之死曄察其枉不書牘獄拔驗得實民獲免全坐廢曄代還引對太宗曰爾能活吾平民深可嘉也賜錢五萬事畧

張浚 中興遺史云紹興十六年八月｜｜連州居住臣寮上言｜｜君潭州曾議論講和爲非故有是謫後移永州丙子丁母夫人憂扶護還蜀襄事十日依舊謫永州

王大寶 潮陽人紹興知連州減月輸免行錢

仙釋

梁廖冲 字清虛爲本郡主簿酉曹祭酒湘東國常侍大同三年寓於靜福山先天二年飛昇刺史蔣防爲碑

唐僧行圓 舊經云唐末有僧行圓居桂陽縣北有虎跑地成泉號虎跑泉

碑記

梁廖冲飛昇碑 刺史蔣防立

劉禹錫廳壁記 在郡治元和十一年立

連州燕喜亭記 韓昌黎

詩

出守山水縣讀書松竹林蕭條捐末事邂逅得初心哀狖醒俗耳清泉潔塵襟青竹時默釣白雲日幽尋韓詩遠地觸途異吏民似猿猴山獰知怨很辭舌紛嘲啁白日屋簷下雙鳥鬬鵂鶹有蛇類兩頭有蠱群飛游窮冬或搖扇盛夏或重裘颶起最可畏訇哮簸陵邱韓詩僶仰不四顧行行詣連州韓愈自陽山移江陵陽山鳥路出臨武驛馬拒地驅頻隤踐蛇茹蠱不擇死忽有飛詔從天來韓愈和張十一投荒誠職分領邑幸寬赦湖波翻日車嶺石折天鍼毒霧炤熏晝炎風每燒夏韓詩江盤

峽束春湍豪雷風戰鬬魚龍逃懸流轟轟射水府一瀉百里飜雲濤漂船擺石萬瓦裂咫尺性命輕於毛韓愈正女峽詩何處好畬田團團縵山腹鑽龜得兩封上山燒臥木下種煖灰中乘陽坼牙蘖蒼蒼一雨後苕穎如雲發劉夢得謫在三湘最遠州邊鴻不到水南流同上剡中若問連州事唯有青山畫不如同上連州萬里無親戚舊識唯應有荔枝盧肇春風朝夕起吹綠日日深試爲連州吟淚下不可禁連山何連連連天碧岑崟孟東野連州吟朝亦連州吟暮亦連州吟連州果有信一紙萬里心同上張鴻詩在楞伽峽韓愈碑畱燕喜亭駱仲舒詩

從來瑰異產天涯土物人風分外嘉願寫湟川川上景與君傳入鳳池誇陸節翠琖苔封韓令句古祠巫降伏波靈同上滄江練遶清暉閣古榭臺封燕喜碑陳廓退之雄文露天巧夢得清詩揮秀格迨今聲名三百年文字山水相輝赫歐陽經嶺陽山水奇第一稱湟川李尭俞亭臺十二眼雙明一幅畫圖開水墨繆瑜一麾出守山水郡陽山正在君提封莫漳亭名燕喜經品題至今增重湟川地許翁蠻丁誦吏部沙戶知退之姚宋左詩

四六

誦昌黎之記哦賓客之詩陳匯題燕喜亭

輿地紀勝卷第九十二

輿地紀勝卷第九十三　文選樓影宋鈔本

東陽王象之編　甘泉岑鎔 淦 長生 校刊

廣南東路

南雄州　保昌　大庾　溱水

州沿革

南雄州 下 保昌郡 國朝會要云宣和元年詔南雄州爲保昌郡 軍事 九域志

禹貢揚州之域 寰宇記以韶州爲揚州之域今南雄州乃自韶州分出置州則州分當同 韶州 越地牽牛婺女之分野 圖經據漢志分野 春秋爲百越地 戰國屬楚 輿地廣記 秦屬南海郡 寰宇記 漢平南粤而曲江以縣隸桂陽郡統於荊州 元和郡縣志云今韶州三即桂陽郡之曲江縣也

國屬吳吳孫皓分桂陽爲始興郡晉志云吳置始興郡皇朝郡縣志云吳甘露元年以桂陽南部爲始興郡治曲江晉志而始興以縣屬焉吳置始興郡治曲江而始興縣乃爲屬邑非始興縣即爲始興郡治也故晉志始興郡領七邑而曲江始興自是兩邑宋屬廣興郡通典云宋更始興郡爲廣興郡齊復屬始興通典云齊後爲始興郡南齊志始興郡領縣十而曲江始興二縣皆預焉梁陳因之寰宇記隋平陳廢始興郡屬廣州輿地廣記云併入廣州而圖經謂併入南海郡不同象之謹按隋開皇中平陳改郡爲州則併省之時當曰入廣州可也改州爲郡乃是煬帝大業中非開皇平陳之時也緣隋志以郡爲主故使後人引用之誤耳隋志廣州有曲江縣即爲今之韶州始興縣即爲今之南雄州而南海等縣乃爲今之廣州隋志又云齊曰正階梁改始興又置安遠郡輿地廣記云隋平陳郡廢屬廣州唐屬韶州唐初屬韶州後分其地置湞昌縣唐志韶州湞昌縣下注云

光宅二年析始興地置縣五代劉氏割據割韶之湞昌始興二縣置雄州五代史州郡表云雄州南漢劉龔割韶州之保興縣置治保昌寰宇記云南僞漢乾和四年置雄州仍割湞昌始興二縣以屬焉按五代史十國年表乾和四年乃開運三年丙午而龔已卒於天福八年癸卯則置郡當是劉晟之時而五代史州郡表亦以爲劉龔立年月不同當攷國朝潘美征嶺南克英雄二州自此復歸版圖熊克通畧在開寶四年以河北有雄州故於此加南字爲南雄州此據國朝會要象之又按通鑑五代周世宗顯德六年以河北瓦橋關地建立雄州是南漢後周兩國各有雄州殊不相妨故潘美之征嶺南也第云尅雄州未嘗冠以南字也自開寶四年既歸版圖之後恐與河北之雄州名字相亂故改曰南雄州耳隸廣南東路九域志又賜名曰保昌郡國朝會要在宣和四年今領縣二治保昌

縣沿革

保昌縣 望

倚郭寰宇記云本韶州始興縣地唐文明元年割始興化南横山二鄉爲湞昌縣在庾嶺下以水爲名而唐志以爲在光宅元年不同當從唐志皇朝郡縣志云僞漢乾和四年置雄州於此而湞昌以縣隸焉圖經云後避仁宗嫌名改曰保昌

始興縣 下

在州西一百一十里元和郡縣志云本漢南海之地吳置始興郡圖經謂吳甘露元年置斜階縣屬始興郡齊改曰正階按晉志始興郡領縣七而無斜階縣至齊志始興縣下始有正階縣則斜階非置於吳也隋志始興縣下注云齊曰正階梁改名始興正階之名齊隋二志所書始合隋屬廣州唐屬韶州僞漢乾和四年改屬雄州寰宇記云縣西七里有蕭齊正階故縣城存國朝會要云開寶四年自韶州來屬

風俗形勝

雄廣東之佳郡大觀三年教授洪勳修學記地雖褊小無珍異之產以來四方之民而土性温厚有膏沃之田以爲家給之具洪勳修學記其俗一而不雜其風淳而不漓其人所訓習多詩書禮樂之業洪勳學記衣冠文物之盛殆未愧乎齊魯之風也洪勳學記曰本朝以來操翰墨以取青紫者比比相屬顧云云八行一路殊選而南雄擅之洪勳學記曰大觀元年天子親製孝悌睦婣任恤忠和八行之選每路以三人爲率廣十五郡無應選者惟南雄得譚煥歐陽珏許孜三人以其行聞奏夫以云云州獨以雄名蓋以其控帶羣蠻襟會百粵傑然峙于一隅雄州重修城記南雄古郡兩路之喉襟由東度嶺而

南由南度嶺而東足跡所接舟車所會其地望甚重焉雄州通判題名序地當衝險俗雜夷夏風俗同上

景物上

塞嶺郡國志云庾嶺一名ㄧㄧ又曰塞上巾山在州北州之主山也桂山在始興陵阜屈曲桂木叢發清香滿谷人多取以爲藥故名梅嶺郎大庾嶺也石墨出始興縣五里小溪中長短巨細似墨人或取以畫眉故又名畫眉石銀山隋志在曲江玉山圖經云昔人得玉璞於此隋志在曲江縣漣水在保昌縣西十里源出陵江春多漣魚水流三十餘里會於保水溫水在保昌縣西北一十五里四時長溫有硫黃氣涼水在始興縣東南二十七里自贛州信豐縣界律竹嶺分流合階水朔水在始興縣東三十五里出贛州信豐縣界甜菜嶺界遇月朔即漲晦即減因此爲名西流入斜階水肥水在始興縣西南十五里源出曲江縣雲溪嶺下東北合斜

階水**淨水**在大庾縣見輿地廣記**保水**古貞水也在州東**昌水**貞昌二水合流故縣曰貞昌後以國諱改曰保昌**五嶺**元和志云秦南有五嶺之戍謂大庾始安臨賀桂陽揭陽也

景物下

景郇堂舊名瑞相太守李公著更名取景慕章郇公之意**安庾堂**在州治**望遠亭**在州治亭章郇公所作公爲郡守種荔子二株郭祥正詩云城角危亭兩面開塵侵丞相舊時牌淩江欲轉鯨魚活荔子成陰玉樹埋庾嶺乍過無瘴霧長安不見奈愁懷且傾濁酒承高論秋水何由辨渚崖**瑞相堂**即瑞蓮之瑞章郇公以瑞蓮之異入相故榜曰丨丨丨**瑞蓮堂**以紀白蓮雙蔕之瑞**植萱亭**章得象有詩**靜春堂**在景郇堂**通越亭**余靖詩云行盡章江庾水濱南踰梅館陟嶙峋域中紹祚千年勝海外占風九譯人嶠嶺古來稱絕徼梯山從此識通津輿琛輦賮無虛歲徒說周朝白雉馴**秀野亭**在景郇堂之西**媚漣亭**章得象有詩**種玉**

亭在州治東**挹翠亭**在種玉亭之北**來鴈亭**余靖詩云南方舊說無燕鴈歲序嚴凝亦暫來天外每隨寒雨過春前先逐暖風回人稀弋射鱠休避俗厭魚餐網莫猜兒是弟兄封境接登臨應此久徘徊**叱馭樓**余靖詩云巔層突兀與雲平賢者新題叱馭名爲要澄清歸治道不辭艱嶮表忠誠南枝初見梅林秀九折遙思劒戟橫若使當時嫌遠宦遊隅何得有歡聲**大庾嶺**去城八十里有六祖大師塔七級劉嗣之南康記云漢兵擊呂嘉衆潰有裨將戍是嶺以其姓庾以其多梅亦曰梅嶺高一千三百五十丈蒼翠疊巘壁立峻峭往來艱於登陟唐張九齡奉詔開鑿至國朝嘉祐造磚甃砌成路行者便之又元和志云此嶺本名塞上漢伐南越有監軍姓庾城於此城故名大庾五嶺之戍此爲最東故又名東嶺**小庾嶺**晏公類要云在保昌縣東**二仙壇**在大庾嶺踞山巔舊傳劉許二仙烹鍊於此今有仙茅惟近壇者妙**三楓亭**見五渡水下**四并堂**古之所謂四并者取良辰美景賞心樂事四者難并之語郡守潘公曰吾之所謂四并者公謹清通是也公則無私謹則

無悔淸則無欲通則無固潘侯又作公謹淸通四箴**五渡水**寰宇記齊時范雲為始興守至修仁酌水而飲之因賦詩曰三楓何習習五渡何悠悠卽此也**龍母廟**在始興縣**龍泉寺**在州北道傍中有龍泉井深百餘丈澄湛甘美舊傳通海覡時有蒼龍蟠躍張士遜蘇東坡有留題**龜湖山**在城東南距城八十里舊云有二龜游泳湖中因名**丹鳳山**在始興縣西北五里天監中九鳳飛一鳳翔于是山因名**青嶂山**在城東南五十里翠阜屹立松檜陰翳有神仙隱几一鍋似玉磨琢瀑布潺湲者舊傳有石鍋龍王居此迄今歲旱祈禱有應**梵雲寺**九域志**金相寺**卽報本寺**東嶠山**輿地廣記云在始興縣卽大庾嶺在五嶺之最東故曰｜｜｜**夫盧山**南越志曰山上有湖冬夏常盈每甲戌日卽聞歌管鼙鼓之聲見晏公類要在始興縣**霹靂泉**昔大鑒禪師得法南歸經庾嶺有卓錫遺跡後人從而屋之遂為一方名藍**玲瓏巖**在始興縣南石峰平地拔立奇秀中旋一室虛曠幽邃古謂葛仙翁煉丹於此巖**楊歷巖**在州西北隅距

城二十里山巔方廣百餘丈奇峰怪石環繞前後飛泉瀉空有龍祠祈禱輒應

仙女巖 在州東北闕天封寺杉檜鬱翳泉石潺湲中有二仙象謂秦時二女於此得道飛仙

羅漢洞 在州東梁天監中有羅漢數尊現其相幾旬隱去

杜安水 在始興縣東北三十八里源出贛州信豐縣深窖鐵子源至縣界西流合保水

淩江水 在城西北百步湫灤交會清冷瀰漫爲州襟帶耆舊云天禧中淩皓知保昌縣興水利農感德不忘因號淩江水

修仁水 在城南二十里齊范雲爲始興太守至此賦詩見三楓水下

斜階水 在始興縣南一百三十五里源出韶州翁源縣西北丹桂嶺流入縣西一十五里與保水合

天柱峰 在始興縣西二十里九鳳山南峭秀奇拔無支峰贊皁屹然撑天梁天監中九鳳翔集峰上傳大士講經於下今有大士寺

雲峰寺 本梅山院距縣七十里祥符間敕賜今名舊有祖師塔有錫杖泉有放鉢石張士遜詩云百越迴轅度翠微全家還憩白雲扉白雲知我帝鄉去旋拂征鞍也要歸

上封寺 本興國院距始興縣東南三里

甘露戒壇

今附入報恩光孝寺醴泉禪院本眞水院在縣東

古迹

鼻天子故城寰宇記云在始興縣記又云鼻天未聞也**秦關**在城東北四十里南康記云南康縣大庾嶺四十里橫浦有秦時關今懷化驛是也**樓船水**漢楊僕爲樓船將軍出豫章下橫浦即此水也九域志今在保昌縣**放鉢石****錫杖泉**在雲封寺章得象放鉢石詩云石上曾經轉鉢盂石邊南北路崎嶇行人見石空嗟歎還識西來意也無張士遜杖錫泉詩云靈蹤遺幾載卓錫在高岑妙法歸何地清泉流至今苔花生細細雲葉映沈沈桂魄皎淸夜分明六祖心**洗鉢泉**在始興縣西連石寺舊云梁傅大士雲遊至連城寺濯足滌鉢於此因名**梁昭明太子書堂**在始興縣南昭明太子往尋傅大士聽講因寓此書堂**唐張九齡書堂**在始興縣南山幽水秀花木長春几案庭戶皆石琢就今臺址如昔**鼻天子墓**寰宇記云在始興縣

相傳云昔有人開之銅人數十擁笏列侍器飾悉是金銀俄聞墓內擊鼓大呼震動山谷竟無所取懼而返問日重往已自復矣地出鉛銅

官吏

漢楊僕為樓船將軍出豫章下湞水即此

本朝查陶太宗時知南雄州地當衝險俗雜夷夏陶至風俗為之一變云

章得象圖經云賢守則章得象陶得象後為相封郇公查

范處厚大觀中舉八行廣東十五郡無應者惟南雄守范處厚切意搜求乃得譚煥歐陽珏許孜三人以其行聞奏

淩皓天禧時知保昌縣興水利疏濬溝澮開導江水灌漑幾億萬農人感德號此江水曰淩江因淩姓也

蕭渤皇祐中守南雄州預築城以禦儂賊之患公精敏過人不撓於劇有利於國與民則勇於必為先是城之始謀也工築未興而蕭侯去父老請於使使者曰州密邇賊境民方安其政願借畱以畢其賜使者以狀聞詔從之

鮑軻儂智高反鮑軻時為廣東提刑率其弩欲過嶺北至

雄州蕭勃留之雄州勉以忠義乃日遞一奏復以此策勳

吳元美 任福建安撫司幹官坐作夏二子賦譏時宰又元美家有潛光亭商隱堂鄭暐併作啟事上檜云亭號潛光蓋有心於黨李堂名商隱本無意於事秦遷南雄州以死

耿南仲 建炎元年責南雄州繫年錄

趙子崧 建炎二年責南雄州繫年錄

鄧成章 建炎二年以內侍押班得責南雄州時金人攻掠諸郡羣盜起山東黃潛善汪伯彥不以奏張遇焚眞州上亦不聞成章上疏條具潛善伯彥之罪故有是命繫年錄

鄭剛中 中興遺史紹興十八年落職居南雄州

人物

張九齡 祖居始興縣今墳墓宅基書堂皆在焉唐書本傳謂韶州曲江人蓋雄州未建之前均隸曲江既又析曲江爲雄州則九齡乃雄州始興縣人以進士擢第又應制舉爲唐賢相後人皆以曲江公稱之子孫盡在南雄至今不絕

鄧戒鄧闢 始興人兄弟以家學相勉嘉祐中聯名登第故當時

有尤喜聯名喚弟兄之句

顧希甫 保昌人力學不倦而子袞尤能記自皇祐至元豐父子相繼登科

李邵 保昌人善屬文篤於教子邵以嘉祐中及第而子[琰]又於元豐繼踵焉

譚煥 始興人有志于學嘗與薦書當父任力辭以有舉遜于弟時人天下被命各舉八行郡以實聞朝廷嘉其遜爵推舉八行狀元又登甲科大觀元年也

馮應之 南雄州進士預薦籍

仙釋

劉許二仙 圖經云有二仙壇有劉許二仙烹煉於此壇側有仙茅

葛仙翁 圖經云會煉丹於玲瓏巖

秦時二仙女 圖經云州北天封寺有仙女巖有二仙仙象謂秦時二女避地於此得道飛仙

六祖大鑒禪師 在城北八十里大庾嶺大祖塔前按圖經云六祖大鑒禪師自黃梅傳衣鉢之曹溪五百大衆相逐至大庾嶺取五祖所傳衣鉢同大衆久立告渴者半祖師手拈錫杖黜石眼寒泉遂湧清冷甘美大衆驚駭迄今滋灌霑霈

傅大士 雲遊至連城寺有洗鉢泉

碑記

張九齡開大庾嶺記在大庾嶺上唐元傑開東嶺洞谷銘唐詩紀事云元傑有滇陽果業寺開東嶺洞谷銘并序云保昌志教授曾恕序唐修路銘唐給事中蘇□撰修大庾嶺奏本朝廣南東路蔡機奏四并堂記并箴太守潘俠新修推官張瑱記道院記太守李俠新修黃匪躬記

詩

行舟傍越岑窈窕越溪深水暗先秋冷山晴當晝陰重林間五色對石聳千尋張九齡正陽峽

漢初開郡出南夷萬壑千巖足嶮巇天上斗牛應共域人間江嶺自分岐尉佗椎髻遺風俗馬援飛鳶墮水時齊唐南雄城樓

淩江

清淺遶城流庾嶺南邊第一州惟有梅花傳遠信只憑萱草緩離憂章得象　一麾遠在百蠻中同上青草瘴深盧橘熟黃梅雨歇荔枝紅同上只見萬山連瘴海不知何處是長安同上百蠻梯盡來重譯千古輪摧恨七盤同上爲要澄清歸治道不辭艱險表忠誠余靖題庾嶺叱馭樓嶠嶺古來稱絕徼梯山從此識通津余靖題庾嶺通越亭嶺分東粤封疆闊天限中原氣象雄李公寅望遠亭地枕淩江渾水遠簷前庾嶺半雲埋黎侯望遠亭今日平安出嶺時瘴氣猶覺潤征衣　一條路入江南去萬里人從海上歸程師孟兩州南北護梅關盡日人行石壁間章穎英江今日掌

荆回上得梅山不見梅輟俸買將三十本清香留在雪中開嶺上有寺有婦人題云妾幼侍父任英州司寇既代歸以大庾有梅嶺之名而反無梅遂植三十株于道因題詩壁間云云婦人不知何時人也見南安志

折梅逢驛使寄與嶺頭人江南無所有聊贈一枝春荆州記云吳陸凱與范曄相善自江南寄梅花一枝詣長安與曄并贈詩云云

大庾嶺上梅南枝落北枝開白氏六帖

魚躍元無溪面凍雪光散作嶺頭梅郭祥正

唯有梅花報春早雪中傳信過江干章得象望安亭

四六

庾嶺第一之州孰膺遴選海內寡二之略宜屬大才余崇龜賀南雄州孔武博

惟淩水之名區號廣南之道院典刑猶

在乃章郇公舊治之邦詩禮相承亦張相國始生之地同上維淩江之爲郡有內地之遺風堂號景郇蓮婁間於呈瑞嶺踰大庾梅可助於賦詩同上眷始興之列壤實東廣之要區事迹楚越之交實惟襟要黃匪躬道院記

輿地紀勝卷第九十三

輿地紀勝卷第九十四 文選樓影宋鈔本

東陽王象之編　甘泉岑鎔淦晨生校刊

廣南東路

封州

封川　南靜

封溪　臨封

州沿革

封州 望 臨封郡軍事 九域志 古南越之地 皇朝郡縣志 星紀之次 臨封志 秦爲南海郡之地漢平南越置蒼梧郡今州卽漢蒼梧郡之廣信縣也 此並據元和郡縣志而西漢志云武帝元鼎六年開蒼梧郡領縣十治廣信兼領封陽縣東漢志蒼梧郡下亦有廣信封陽二縣又於廣信縣下註云漢官曰刺史治所 晉初仍屬蒼梧郡 晉志蒼梧郡領縣十仍治廣信而無封陽縣 東

晉又屬晉康郡輿地廣記云晉屬晉康郡然晉志尚有蒼梧郡仍治廣信有小不同象之謹按晉志廣州末序云穆帝分蒼梧立晉康新甯永平三郡是晉初屬蒼梧郡而晉末屬晉康郡也宋志有封興令往往即是封陽縣自晉武太康中避太后諱陽縣之名陽者多改避之意者封興即封陽縣耳宋文帝分置開建縣此據元和郡縣志而寰宇記以爲晉永嘉三年立開建縣屬臨賀郡而攷之晉志臨賀郡領縣七止有封陽而無開建則開建縣非置於晉也而輿地廣記亦云宋文帝分置開建縣當從元和志及廣記齊因之齊志臨賀郡領縣九而封陽開建並屬焉梁置梁信郡及梁信縣兼置成州隋志於蒼梧郡下註云梁置成州開皇初改爲封州於封川縣下註云梁曰梁信縣置梁信郡平陳郡廢十八年改爲封川縣大業初又廢封興縣入焉又隋志連州熙平郡下有開建縣隋平陳改成州爲封州元和郡縣志在開皇十年隋志亦云梁置成州開皇初改爲封州煬帝時州廢以縣屬蒼梧郡

元和郡縣志在大業三年唐平蕭銑復立封州寰宇記在武德四年改臨封郡唐志云臨封郡本廣信郡天寶元年更名臨封郡復爲封州乾元元年五代爲南漢所有輿地廣記國朝平嶺南地歸版圖通畧在開寶四年隸廣南東路在雍熙中陞爲望郡國朝會要在大觀三年中興以來併封州入德慶府未幾復爲封州臨封志云紹興丁巳臣僚請併封州屬德慶府未幾復爲州從父老區符等之請也今領縣二治封川

縣沿革

封川縣

下

倚郭寰宇記云漢元鼎六年置廣信縣屬蒼梧郡在封水之陽西漢東漢志蒼梧郡並治廣信縣吳晉宋齊因之晉志齊志蒼梧郡亦治廣信縣元和郡縣志云封川縣本漢廣信縣地梁於此置梁信郡開皇十

年改爲梁信縣隋志云梁曰梁信縣乃置梁信郡平陳郡廢十八年改爲封川與元和志不同象之謹按梁信之名當從梁之國號必非改於隋也當從隋志隋平陳屬封州隋志又云開皇十八年改縣曰封川縣大業初又廢封興入焉唐志云武德四年析置封興縣後省

開建縣 下

在州北一百七十里元和郡縣志云本漢蒼梧郡封陽縣之地宋文帝分置開建縣屬臨賀郡故南齊志臨賀郡下有開建縣元和志又云隋開皇十年改屬連州故隋志連州熙平郡下有開建縣註云梁置南靜郡輿地廣記云隋平陳郡廢屬連州後省唐志武德四年復置屬封州國朝會要云開寶五年省開建縣入封川縣六年復置

風俗形勝

風俗質朴民淳訟簡見臨封志據邕桂賀三江口誡控扼

之地臨封志東坡作司馬溫公神道碑云公薨封州父老相率致祭且作佛事公之至誠無所不感而封民獨見稱於坡公亦足見其民之知義也臨封志

景物上

東山在城一里舊於山下爲三舍學基

西山在州治隔江山下有資福寺

斑石在州東六里五色錯雜有風空石斑如虎漢輿地志曰廣信縣有孤巖巖有斑石石皆五色

聖石在修泰石上有人跡遇旱鄉人以水洗其跡能應雨澤

靈洲在封川縣西北十四里舊經云洲上平坦江流四合雖春夏波濤漲溢未嘗泛沒因名丨丨

鼠石元和郡縣志云在開建縣北二十里傍有三穴皆容人居止其石上時多石斛石高五十丈周迴五里

景物下

五友堂在城西沈清臣有記取江山風月與太守而五　二星堂去城西十里舊名天遠堂以兩部使者交承於此因名　雙清亭在西山西　步雲橋在封樂館西　齊雲樓在城北　望雲臺在城北近萬安寺沈清臣有記　堪翠樓在州東舊名吏隱　致爽樓在州西　浣花亭在城外西圍太守沈杞有詩　愛蓮亭在城外東闈取濂溪說爲名　愛山亭在州治東　吸江亭在州治東　知津亭在城西外圍　艤楫亭在通梧門側　乘槎亭在朝宗門側　宅生堂郭祥正寄題李封州丨丨丨詩云鱗鱗鴛瓦構新堂意在黔鳥惠澤長峴首去思猶墮淚召南遺愛有甘棠水光送月浮珍席山勢和雲插畫梁安得才如張相國爲君重賦宅生章　娟靜齋在州治宅生堂之西　華遠堂在行衙前瞰大江　封樂館在步雲橋東　金墉亭在州治東　金鏤村乃莫狀元桂讀書堂處　桂香亭在州西　桂巖亭在城外西圍　荔枝莊去城十里　橄欖墟在歸仁鄉

登高山在州治後舊有花藥圃郡人重九日遊此忠讜山在開建北七十里舊經云古人居此多讜直之言因名之忠讜水出忠讜山豐壽山在州東四十里寰宇記云山高一百三十丈多藏雷霆霹靂人呼霹靂山浪嶺山在封川風溪水在州南三十里源出豐壽山入大江月臺山在州之坊場鄉龍吟水在金鏤村莫狀元讀書堂山間水源清響父老呼爲龍吟龍石山見太平寰宇記山出石膏猿居山在縣北二十里山多猿猱蟠龍山在坊場鄉水源出東山側有古井名蟠龍因名靈鼠石舊經云山有靈鼠化爲石在封川東二十里麒麟山在州東八十里八表侵雲覗諸山最高白馬山在州東一百里有巨石狀如馬白鶴觀在開建縣東百餘步澤錦山在坊場鄉漢陸賈南來至此有池澄鮮因以浣錦後縫錦裹石遂名片玉亭因莫宣卿以狀元登第名大車山古號靈山青霧山在州東九十里白涯山在文德鄉三巖石在文德鄉萬家石在封川北五十

里周仁里有三石谷容萬家**東安水**在州北源出賀州**西江水**源出邕州經潯融象郴州入州界合桂江按南越志漢武帝自巴蜀檄夜郎兵下牂牁江會番禺即此水也**西安鄉水**在州北九十三里源出賀州封陽縣入賀江合封口西入大江**靈溪水**在州北六十餘里入大江源出懷恩縣思庥山合大江水**靈源水**在文德鄉**波羅水**去開建縣三十里**賀江水**出賀州會于三江口入大江**封溪水**源出賀州馮乘縣合封口入大江**古鬭山**元和志在封川縣西十三里**臨賀水**元和志云一名封溪水經開建縣西去縣十五步**開建水**在開建縣北三十八里源出廣州湊水縣界**孔生水**在州北四十里入賀江

古迹

古城州在州北六里周迴二百七十步高六尺**姚公石**在封川縣北舊經云昔有人姓姚居此**莫狀元讀書堂**在金鏤村**臨江三孔讀書堂**在郡齋桂堂見

官吏門

忠穆廟 卽太守曹覲儂智高冦封州以守城不屈死朝廷嘉其死節謚英澤侯賜廟額

官吏

劉幽求 幽州人臨淄王入誅韋庶人參預大策先天中爲相已而太平公主有逆謀幽求說明皇圖之謀洩睿宗流之

李宗閔 唐宰相會昌中貶封州

李甘 葛常之詩話云按唐史丨丨嘗論鄭注不可爲相故有封州之謫杜牧之贈甘詩云太和八九年訓注極虓虎吾君不省覺二凶日威武喧喧皆傳言明辰相登注和鼎顧予云我死有處所明日詔書下謫斥南荒去蓋深痛其之言不行而訓注得恣其謀也

本朝陳升之 祥符間守封州德化洽民時稱循良

孔延世 嘉祐間守封州遺愛在民三子曰文仲武仲平仲初讀書于黃堂後人榜曰桂堂

曹覲 建安人脩古之子也皇祐中知封州儂賊入境僚屬勸令避之覲曰吾父爲忠臣豈有不肖子耶取州印自佩遣妻子逃避民間且曰吾職在守土義不苟生遂率州兵禦賊兵潰爲所執三日不食遂遇害妻間

覲死亦自經其妹聞兄死節於封州亦赴井死後建州守臣魏矼奏賜謚忠肅墳亭名旌忠名士往來多留詩楹間有云轉戰譙門日再晡空拳猶自把戈鋋身垂虎口方安坐命棄鴻毛更疾呼桂下杲卿存斷節榜間杵臼得遺孤可憐三尺英雄氣不愧山西士大夫又詩云賊壯兵孤衆膽驚忠臣此日見專城負君罪大竄如死守土誠堅不問生報國寸心無自愧呼天浩氣幾時平潺湲多少英雄淚千古封江不斷聲方維有題忠臺詩云青膽雄於金斗大赤心堅比鐵山高

鄭夷甫 吳郡志云郡人也嘉祐中監高郵軍稅遇一術士曰年不過三十五自此忽有所見曰死生之理我知之矣調封州判官預知死日至期沐浴更衣公舍有面溪一亭夷甫至其間親督洒掃揮手指畫間屹然立化儼立如植木一手猶作指畫之狀見墨客揮犀筆談

周勳 張浚帥福建辟勳幕官時趙鼎貶潮州道過福唐人莫敢相顧勳獨沿檄往明州爲般家寓居福之外邑坐貶封州

鄭剛中 紹興十九年自復州量移封州

陳欽 漢書云封川丨丨字子逸漢武時治左氏傳莫故三輔決錄云元傳左氏逵在蒼梧郎欽也

宣卿 開建縣人唐大中間狀元登第

劉隱 五代史劉隱傳云南平王丨丨起封州遭世多故數有功於嶺南遂有南海

仙釋 闕

碑記 闕

詩

去程欲數莽難知三日封州更作遲青嶂足稽天下士錦囊今有嶠南詩 陳後山登封州小閣

秋冬三釀酒風景四時花守官眞吏隱唯放日高衙 田開臨封十詠

嶺中蕉子國海上荔枝莊民有百年壽家存十歲糧 田開臨封十詠

宦遊

無遠近樂處是仙鄉同上吏民相共樂渾不記鄉關同上東山畫屏展北阜翠虬馴同上山近南軒翠花開入座紅同上引鶴遊西寺攜琴上北山同上我愛臨封好從來禮義鄉江山足形勢風物半官裳同上身在江城抑何暮心遊魏闕不崇朝方維華臺題垣墉角占樓臺近城郭心藏洞府深方維秀臺

四六

敏於儒學志於政經自理臨封尋彰美化分憂是切滿歲宜遷陳諫嘗爲封州刺史元微之陳諫循州刺史誥詞云

輿地紀勝卷第九十四

輿地紀勝卷第九十五　文選樓影宋鈔本

東陽王象之編　甘泉岑鎔 淦 長生校刊

廣南東路

英德府

含光　眞陽　皐石

府沿革

英德府下慶元元年升府英州眞陽郡宣和二年賜郡名軍事九域志

禹貢揚州之域舊經以爲楊州之域新經以爲荊州之域二者不同象之謹按史記謂尉佗能集楊越以保南藩而西漢趙佗傳亦謂秦幷天下畧定楊越顏注云楊州之分故曰楊越今南雄英韶皆在五嶺之南皆古越地不應屬楚則不宜謂爲荊州之域范曄後漢書衛颯傳云先是浛光眞陽曲江三縣越之故地武帝平之內屬桂陽是浛光眞陽曲江三縣之地非素屬桂陽郡爲屬縣也蓋桂陽郡

乃置於高帝之時自武帝平南越取趙佗之地創置三縣跨據嶺表遠屬桂陽郡以控制南越耳今乃欲國漢武之更張而遂以定荆楊之封域其時則不同矣當從舊經曰楊州之域

越地牽牛婺女之分野

舊圖經以爲越地牽牛婺女之分野新圖經以爲楚地翼軫之分野新經言十二次分野本於班固地理志今據以爲正按眞陽浛光自漢晉南北朝以來皆隸荆楚之域至隋開皇二十年始分隸南海豈可以後世隸南海而改前古之封域新經之說似有所據象之謹按輿地廣記於江西之虔撫袁吉四郡皆以爲古百越之地謂戰國時吳起相楚悼王南平百越而四州之地始屬于楚自袁吉虔撫南去千里而方至英韶南容三郡又隔在五嶺之南乃謂其越袁吉虔撫而屬於楚則非其實矣新經第知罪舊經引隋地理以證漢晉之地理而不知舊經所引者乃秦漢已前春秋戰國之疆域歟當從舊經爲越地牽牛婺女之分野

古百越地戰國屬楚

輿地廣記

秦爲南海郡地

皇朝郡縣志

漢平南越內屬桂陽

此據范曄後漢書衛颯傳云先是洽

光眞陽曲江三縣越之故地武帝平之內屬桂陽後漢因之後漢志桂陽郡下有含洭湞陽
二縣吳晉屬始興郡晉志云始興郡吳置有含洭湞陽二縣宋屬廣興郡
通典云宋更始興郡爲廣興郡齊復屬始興郡通典云齊復爲始興郡南齊志始興郡領
縣十而含洭湞陽皆預焉梁置衡州及陽山郡隋書含洭縣下注云梁置衡州陽山
郡平陳改曰洭州廢郡二十年州廢圖經云梁天監七年分湘州於此置衡州陽山郡隋平陳
改衡州爲洭州廢湞陽縣入曲江隋志尋廢洭州隋志在開
皇二十年以含洭縣隷廣州隋志南海郡下有含洭縣是文帝年號未改州爲郡當隷
廣州唐平蕭銑以含洭眞陽二縣置洭州唐志云武德五年以含洭
眞陽二縣置洭州正觀元年州廢以含洭眞陽二縣隷廣州五代時南僞漢竊據
嶺表於眞陽縣置英州寰宇記云南僞漢乾和五年於此置英州按劉晟乾和元

年即晉出帝天福八年癸卯歲也皇朝平嶺南地歸版圖九朝通典開寶四年潘美克英雄二州初割洽光縣隸連州圖經在開寶五年尋復隸英州圖經在開寶六年隸廣南東路九域志賜名眞陽郡國朝會要在宣和三年中興因之今領縣二治眞陽

縣沿革

眞陽縣　望

倚郭元和郡縣志云本漢湞陽舊縣屬桂陽郡在湞水之陽因名吳屬始興郡晉志云屬始興郡宋改始興爲廣廣興郡縣亦屬焉齊復改廣興爲始興郡故齊志縣屬始興元和志云開皇十年改名眞陽屬循州十九年改屬廣州隋省入曲江唐志云本眞陽縣正觀元年改曰湞陽皇朝郡縣志云僞漢劉氏即縣治之東建英州以縣隸焉國朝會要云乾興元年以舊縣名同仁廟諱改曰眞陽

浛光縣 上

在府西七十五里元和郡縣志本漢舊縣屬桂陽郡吳屬始興郡晉志云屬始興郡宋改始興爲廣興郡縣亦屬焉齊復改廣興爲始興郡故齊志屬始興郡隋志云梁置衡州陽山郡平陳州改曰淮州廢郡二十年州初屬廣州唐志云武德五年以浛洭貞陽二縣置洭州貞觀元年州廢縣隸廣州國朝會要云開寶五年以縣名犯太祖御諱改浛光縣隸連州六年仍隸英州

風俗形勝

其地文通經史武便弓弩婚嫁禮儀頗同中夏圖經地接南海舟楫所通有魚鹽之利故富家樂商販經本業貧者始就農耕同上舜帝南巡至此故老相傳地接韶連有山澤之利眞陽志英之山石擅名天下鄉評云峯巒

聳秀巖竇分明無斧鑿痕有金玉聲眞陽志地廣人稀爲農者擇沃土以耕而於磽地不復用力眞陽志巨產之家得米則南下于廣糴買鈔鹽以取贏其貧無爲生者則採山之奇石以貨焉眞陽志

景物上

堯山在浛光北四十餘里寰宇記云四面有瀑布傾瀉萬丈始興記堯巡狩經此山或謂此山堯然而高故名堯俗悞爲堯山云隋志浛光縣有堯山米元章詩云信美北山高穹窿遠朝市暑木結蒼陰飛泉落晴翠　**銀江**自上龍山發源在浛光東北流五十里會于湟水隋志眞陽縣有銀江　**玉塔**在浛光開元寺僧師簡所建塔之頂足皆鹿石惟塔身光潤或者信其爲玉　**琅溪**在眞陽縣南十五里源自縣西大布山前　**羅溪**在浛光縣西四十六里源出縣西北重山下南流一十五里會光水

鳳溪自丁山發源合于羅溪

龜崗在州東八里地名丨丨村當平野突起故以名之蓋郡之印山

羊水在眞陽北一百里源出羊嶺下

龍穴在眞陽北五十里狀如龍

南巖在州南鳴絃峯之前枕眞水石壁上有唐人元傑所刻涵暉谷銘

西山在州西五里有曉空院

五山在浛光西北出入山間崎嶇難行

五溪在浛光縣北二十里源出堯山北流會桃溪舊經云水有五潤合流因名

團山在眞陽縣東南百五十里舊經云昔有樵者見飛仙于此卽眞陽峽

峽山在眞陽縣南五十里

長湖在浛光縣東二里源出堯山南流入縣郭內舊經云梁武帝所創

隆水在眞陽縣東一百四十里源出羊嶺下東南流合翁源水

禪石在眞陽縣西北五十里有禪龕舊經云昔有僧於此修行有碑載其事

翁溪在浛光縣西四十里源出浮雲嶺南流入光水圖經云以源出翁源縣故名

桃溪在浛光縣東五里源出縣東北重山下會光水

桂溪在浛光縣發源五山合于羅溪

鹽溪在浛光縣西二十里

風水在眞陽縣北一百里水源出重嶺下南流

合眞水**風穴**在涵暉合**清溪**在眞陽縣北六十里岑水曲江合流至此而狀蓋山有三灣水環山而豬澄澈可鑑元祐間廣帥蔣之奇作三灣亭詩**光水**在浛光縣西通湟水下流至縣前東南流至光口合眞水而南後漢地理志桂陽郡有涯浦是也以避廟諱改爲光水**江泉**在浛光縣西五十里北流會湟水東流入眞水**崗溪**在眞陽縣西六十里與光水合會于眞水**沱水**在眞陽縣東南九十七里源出若茶山北流合翁源**湞山**元和志云在湞陽縣北四十里湞水所出尉佗爲城於此上名爲萬人城**溱水**元和志云一名始興大江北自郴州曲江縣界流入圖經云齊屬始興郡故名始興江亦名眞水又云避仁廟嫌名改爲眞水南流合光水入於清遠界**眞石**一名賭婦石在府北二十八里東枕眞水**丹竈**晉葛洪煉丹之所也丹未成爲人所觸乃棄去今驟雨有物自泥土中流出如細石色如丹砂南山之側有亭曰丨丨

煙雨樓在府治之東疊千巖萬壑羅列遠近爲一郡登臨之勝熙甯改元漕使孫直言留題云漁樵村落林疎密水墨人家地淺深李知郡丹詩乾坤交泰氣氤氳煙雨標名望意云自是聖時多瑞靄莫疑蠻徼有妖氛胡侍郎詩云最好空濛山色裏煙蓑雨笠暮還歸傅雱詩云半淡半濃貪眺望似明似晦喜登臨郭祥正詩云江路分部廣城樓壓郡東妓歌星漢上客醉水雲中

衆樂亭在南山寺之東方守刻詩于石云重尋佳景冠南州天與邦人作勝遊百尺臺成偏得月四時花放不知秋當軒疊嶂高還下傍檻長溪咽復流只道使君能共樂有誰能會使君憂

寒翠亭在晞陽島之此石壁有東坡留題云蜀人蘇子瞻南遷惠州艤舟巖下與幼子過同遊聖壽寺遇隱者石君汝礪器之話羅浮之勝至暮乃去紹聖元年書

薰風亭在舜絃峯之下李修作記云步飛霞嶺歷樓雲洞攀緣危磴遂履平地下視千里如指掌間

英華堂在設廳後

蕃富樓在府治前雙門之西

翠陰堂

澄光臺並在涵暉谷

煮茗臺

凌煙嶂

淸和臺

來學亭劉仲堪詩云緣雲忽上征簷廡如翬翅橫經就一隅負笈來千里止同矍相圃闕類公超市靜聽絃誦聲

潛靈洞在涵暉谷

夢弼巖在涵暉谷

雪山院在城南五里太守汪公任詩云乘興挐舟到雪山松篁杳在層巒裏門徑望中寬𣇈思我佛修行處物景雖殊道一般

棲雲洞在涵暉谷

慈雲院在清溪場之西南壁門有畫龍墨蹟奇妙俗傳呂公筆遇雷雨輒變現人剜其目去

飛霞嶺在涵暉谷

浮雲嶺在浛光西四十餘里大嶺盤鬱其爪迄今猶存

晞陽島在涵暉谷南隅

通天巖在州西十五里與二十餘里峰巒屹立

碧落洞相去二三里有大竅通天濶六七丈仰望天日煥然

涵暉谷里橫崗峻嶺其中石乳聳峙千萬狀約行二

含光寺在浛光縣東三里朝議郎行浛洭縣令聶

在州南鳴絃峯下前枕湞水有唐人元傑所刻｜｜｜銘

湞陽峽在湞陽東南百十五里昔有樵者見飛仙于此元和志云一名皐石賡修造

山在縣南二十里崖壁千仞猱猿不能遊元祐問郡守廖君玉詠峽山其警句云清人耳目中流水壯吝

精神兩岸山東坡南遷覽前人留題大稱賞謂狀盡峽中景也　**湞陽水**在湞陽縣　**芙蓉山**在州西草市有惠豐院　**蓮花峯**在鳴絃峯前　**桃花洞**在涵暉谷後復嶺之西　**石蓮崗**在洽光縣西十五里有石似蓮花　**碧落洞**在州南十五里懸石如霓旌羽蓋狀南越志云昔有沈侍郎隱於此傍有小洞號雲華洞深不可窮唐元和六年湞陽令侯著來遊東坡詩云槎牙亂峯合晃蕩絕壁橫遙知紫翠間古來仙釋并陽崖射朝日高處連玉京陰谷吁白月夢中遊化城果然石門開中有銀河傾幽龕入窈窕別戶生虛明泉流下珠琲乳節交縵纓　**黃花水**自拓源九龍山發至地名黃花　**熊耳嶺**在洽光縣東四十里兩崖峯嵯峨狀若熊耳　**虎跑泉**在涵暉谷山後　**蛾眉崗**在洽光縣南高三百餘丈東西望如蛾眉　**鴈止嶺**在五山之間謂鴈飛不過嶺取此以名　**龍泡水**自上良山發源北會流于湟水　**白鶴觀**有上下□□□在府西北宜陽鄉離城二十五里舊記云晉永嘉中有雙鶴潔羽度嶺而來飛鳴初泊清溪里次寓眞石社遂分爲二一

入平林則上下白鶴之觀得以舉焉康定二年承奉郎大理寺丞梅佐記

白鹿山 在洽光東南十七里始興記云晉咸康中張方爲縣令感白鹿羣遊於此

白馬廟 在眞陽北六十里

牯牛石 在縣南十九里眞陽峽中眞水爲峽山所束已湍怒其下又有磯石橫截爲行舟之害里諺云過得牯牛抄石灘寄書歸去報平安

崑崙石 在眞陽北高一百五十丈枕眞水狀如龍

金山寺 在城北三十里舊經云唐長壽二年雷雨震開寺前石壁得阿彌陁佛像高丈餘蓮華乘座石上有六字云此是丈六佛跡又寺記云昔有二士游山中忽覩道人儀形甚偉自云西土人二士退告其閭里及衆人往觀但開金色恍耀遍山及石上字

寶峯院 在洽光縣

鍾乳穴 在眞陽縣北四十五里有乳水石若始興連山乳穴融結而成乳石

觀州嶺 在州東北五里蓋郡治之來山也盤礴適勁如蛇渡水登嶺上可以下觀一州故名

鳴絃峯 在州南二里南山之背故老相傳虞舜南巡撫琴於此因得名郡守劉仲堪詩云奇峯枕高岸迴合藏雲煙直上數百仞倒景浮清漣民傳舜南狩向此

鳴朱絃至今萬籟寂雅韻猶泠然查許國詩云木葉蕭蕭江水清幅巾藜杖遶山行忽然行到深山處聽得鳴絃兩聲

流盃池在洽光縣東北三里舊經云衡州刺史陳伯信每歲禊飲於此

傘頂岡在洽光縣西高七百餘丈形如傘頂故名之

石角院在洽光西南七十里

流眉水在洽光自香泉里發源會于湟水

沱口渡在洽光東二十餘里

潭嵐院在洽光縣西北五十里提刑李彥博題云堆積嵐光照碧潭山前萬一寺號潭嵐四時想見無窮景借問老僧能盡談

萬善院在眞陽北四十里堯山熙甯間米芾元章尉洽光游甜院中作北山養疾篇刻之石今置郡齋

麻江水源出眞陽縣西二十五里南入眞江

始興江輿地廣記在眞陽縣

古迹

衡州城在縣西二里周回八十步舊經云梁天監七年分湘州立衡州復以湞陽始興等一十二郡隸焉隋開皇十一年廢

陽山郡城在縣西二里梁天監七年置城基周二里陳湞明三年廢

故洭城元和郡縣志云在洊洭縣西二十步 洊洭故城元和志云本漢洊洭縣也在今縣東四里 萬人城在湞山尉陀爲城於上名爲萬人城 洭浦故關唐志在湞陽縣元和志云在湞陽縣西四十里山谷深阻實禁防之要地也 古堡在縣西十七里近羅漢寺三面涯水蓋前古屯兵之所 涵暉谷書院景德三年郡守奉詔建宣聖祠于南山涵暉谷之左郎谷中置書院慶歷中建學始移宣聖祠于州學 天慶觀金寶牌在州西天禧元年頒到天尊神化金寶牌在觀掌管 萬壽寺題梁在州南二里梁題大通五年建 開元寺題梁在洊光縣東三里題梁云咸通十三年又有石塔云咸通十五年師簡立 蛻仙臺在府東十五里碧落洞石壁嶮絕中有人蛻骨皆勾連崇甯閒廣帥王漁之北歸躋攀觀焉目爲丨丨丨好事者因鑿石函貯之并作丨丨丨記余靖詩云幽景前賢恨到難泉聲淸淺出巖間驅馳宦路重來此塵世難逢特地閒東坡詩云槎牙亂峯石晃蕩絕壁橫遙知紫翠間古來仙釋并 鸚鵡塔唐咸通中洊光

縣開元寺僧師簡有一鸚鵡能誦金剛經聞晨鐘則誦之日以爲常久之鸚鵡死師簡葬之佛側號｜｜｜

何公橋 容齋三筆云英州小市江水貫其中舊架木作橋每不過數年輒爲湍瀨所壞郡守何建安何智甫始疊石爲之方成而東坡還自海外何求文以紀坡作詩五五十六句刻于郡治今名政和橋

天子岡 在府東十五里峻極侵雲蒼翠可仰白鶴觀記云岡擧天子野稱皇后紹聖五年聖天子登寶位英爲潛藩此山蓋兆於千百載之前舊經不載故表而出之

堯舜二帝祠 在洽光縣北二十五里未詳創始於何代說者謂縣有堯山府有舜祓峯後人立祠奉之

禹廟 在洽光縣東一里洽光自隋唐皆隸于越地故有禹廟

峽山廟 藏先秦儀尊制作奇古宣和間嘗爲往來者以勢力取去舟出峽屬遭風濤之厄懼甚乃還之廟中迄今尚存

寨將夫人廟 在府西十三里麻寨岡夫人姓虞氏銀城鄉人故傳唐末黃巢之亂攻破西衡州虞氏與兄弟謀捍禦計夫人躬被甲胄率兄弟領鄉兵禦寇遇賊接戰亡於陣間後鄉人即麻寨崗立廟號寨將夫人紹興三十二年湖寇入州

謁廟祈禱神弗許欲焚其廟火自撲滅　城隍廟在府北一里其神漢紀信也　衡州刺史楊王陳伯信太妃高氏墓在縣西五十八步

官吏

東漢衛颯字子產建武中為桂陽太守先是浛光眞陽曲江三縣屬桂陽民居深山窮谷循習風土不輸田租去州遠者三千里公吏往來輒發民乘船名曰傳役百姓苦之颯乃鑿山通道五百里列亭置驛省勞役絕吏姦流民還業　張方有德感白鹿羣遊故縣中有白鹿山　唐侯著為眞陽令有題名在涵暉洞乃元和六年　本朝王仲達景德二年為守建涵暉谷書院　宋任慶歷二年為守修涵暉谷書院　臧制天禧中為守修涵暉谷書院　蘇緘知英州時儂智高反圍廣州緘蒐部兵募壯勇數千人赴難以功換供備庫副使　蘇軾紹聖初御史論軾出知英州道貶惠州過英州憩小廳西迄今思慕名為坡公堂　余靖知英州見歐陽修撰神道碑　陸起

新淦人擢慶[曆]二年第爲英州眞陽令有村巫以銀甕貯二蛇自嶺北至所經鄉聚率民具旗旛簫鼓迎且祠焉至眞陽觀者塞路起至蛇所曰吾欲見神巫偕者老嫂捧甕覆于地蛇旋走起斬之數段導從物悉焚之捕巫劾姦狀撻逐遠近駭伏稱爲神明事見臨江軍志

米芾在熙[甯]間作浛光縣尉事見本縣堯山萬善院養病篇刻石

唐介爲臺官廷疏宰相之失仁廟怒謫英州別駕仍命中官乘驛押赴任時朝中士大夫以詩送行者頗衆獨李師中待制一篇爲人人傳誦詩曰孤忠自許衆不與獨立敢言人所難去國一身輕似葉高名千古重於山並遊英俊顏何厚已死姦雄骨尚寒天爲吾皇扶社稷肯教夫子不生還事見皇朝類苑又東軒筆錄云梅堯臣作書竄詩五十四韻以送之其中及末章有云英州五千里瘦馬行馱馱莫作楚大夫懷沙自沈汨西樓梅子眞出爲吳市卒市卒且不慙況茲別乘秩

孔平仲字毅父元祐中入館爲郎出爲京西提刑坐黨籍謫知韶州又責惠州別駕英州安置事畧

鄭俠九朝通畧在熙[甯]八年夷堅志云俠字介夫福州福淸人熙[甯]中貶英州元祐初東坡薦之復

官紹聖初再謫英州時坡公貶惠山始與一相遇一見如故交政和戊戌介夫在福清夢坡遺詩一章坡時下世十七年矣其詩曰人間眞實人取次不離眞官爲憂君失家因好禮貧門闌多杞菊亭檻盡松筠我友迂疎者相從恨不頻又曰介夫不久須當來寤而嘆曰吾將逝矣時年七十八明年秋被疾口占一詩曰似此平生只藉天還如過鳥在雲邊如今身畔渾無物贏得虛堂一枕眠數日而卒

劉安世紹聖初章子厚入相安世坐謫英州安置尋又移梅州夷堅志云劉器之謫英州章子厚必欲寘諸死地福唐人林某以捕盜改秩入京往謁章曰今英州見闕願得爲相公了公事章荅言君能擧職當就以博運判官奉處林生兼程及郡境劉寓山寺有同行道人與孔目吏善告劉曰適孔目密報新使君諭都監引兵圍寺約鳴鐘將致害公必不免公曰死生前定何懼吾當就寢以俟忽聞鐘聲危坐待旦始知林纔到郡齋甓戶限仆地立死而鐘聲乃無常所擊

曾易占以太常博士知信州玉山縣州守錢芝誣以罪貶英州遊息於南山佛寺子布年甫五歲

洪皓既去三十年布來守廣州過南山歷訪舊遊

建炎己酉奉使敵庭敵歸太后及梓宮皓力多矣癸亥皓亦得歸東朝德之除直學士院有大用意秦檜嫉其功皓乞不發南歸之人及謂檜憶室燃否室燃者敵庭用事之臣也檜深銜之章出知饒又謫英州

何兌 舊師馬伸伸在靖康間爲監察御史與檜同臺兌爲辰州通判入文字訟伸之功云檜乞立趙氏伸實發其端檜怒得責英州

范致虛 建炎二年言者論南陽之陷告由致虛責安遠軍節度副使英州安置繫年錄

人物

石汝礪 眞陽人問學淹該撰易解易圖擬進于朝爲王判公所抑有水車賦刻南山石壁紹聖元年蘇東坡留題南山寺有遇隱者石公汝礪器之話羅浮之勝至暮乃去等語

馮安上 眞陽志云熙寧元祐間丨丨丨父子相繼登科

鄭敦義 字彥忠眞陽人知潮陽縣官市翠羽黃牛革峻急公不奉命郡劾之鄭上書哲宗言黃牛善耕農視之如子既奪民之產又教之犯法朝廷下令禁約徽宗郎

位上封事陳成周西漢所以長久者在於仁德善政以得民心暴秦東漢所以短促者在於凶德虐政以失民心遷一階告詞云朕何惜一官以爲來者之勸

鄭總 字清叟東坡贈詩云年來萬事足所少惟一死澹然兩無求滑靜空棐几公平生達性命了死生齊物我

鄭準

劉緯 英州進士預黨籍

譚氏 眞陽人吳琪妻｜｜紹興五年本邑盜起與女被執譚頗潔白盜欲妻之詬曰爾輩賊也官軍且至將爲虀粉我良家女何爲汝婦極口肆罵竟斃毒手聞者高其節爲之傳云

仙釋

沈侍郎 南越志云有｜｜｜隱于碧落小峒之雲華堂

掌丹野人 爲漢劉氏盤龍御室記乾和七年己酉歲中書舍人鍾允章文記劉氏來遊有道人稱野人云昔葛先生煉丹於此丹成輕舉俾予掌丹候五百歲有來者獻之今四百九十九祀乃捫蘿於峭壁中出一小石函上有金書古篆九光之丹四字中有丹七粒如黍粟大光彩射人既獻丹復人石壁縫間

師簡 洽光人廣平元年黃巢破

西衡州至開元寺將焚佛殿巢以劒擊柱問丨丨惜命乎惜殿乎簡正色厲聲曰惜殿巢遂斬之遍體皆白乳殿得不壞今柱間劒跡猶存

晞暘 眞陽人禪學甚博撰禪宗蒙求一部刋行又捉發軒記流傳洪丞相适內翰邁與之遊邁詩云古屋蕭蕭龍象悲壞墻何似當藩籬欲招鄉客同齋飲却恐闍黎謀白椎眼底靑山隨處有心中白玉少人知打包隨我東風去瘦嶺梅酸正及時

法廣 眞陽人儒釋兼通住金山裒諸僧記摘其要爲一集始自生滅暨于盛衰報應曰會要錄

碑記

衡州刺史蘭欽德碑 在縣城外梁天監七年立湘東王蕭繹文其石斷裂文字磨滅

南巖亭刻記于石壁 集古錄云唐李蕃撰周夔又作到難一篇同刻李蕃書元和六年立在眞陽縣眞陽志在元和七年唐李蕃文

果業寺開洞谷記 集古錄云唐元傑撰元和十一年立

涵暉谷石壁上刻 唐人元傑刻景德三年郡守王仲達於石壁間得元

傑所刻開洞谷銘及涵暉谷等字　唐人刻煮茗臺字因建宣聖祠及置書院於谷中在涵暉谷　唐人刻石難到篇周夔文在碧落洞　南僞漢盤御室記在碧落洞乾和七年鍾允章撰　碧落洞楷書三字乃鄧克柔書隸書三字乃潘侍書　洽光縣開元寺佛頂心經字書遒勁似虞柳所書　圖經無編集人姓名

詩

行舟傍越岑窈窕越溪深水闊先秋冷山晴當晝陰張曲江公眞水　英州五千里瘦馬行駃駃妻孥不用塗風浪過蛟窟　越林多蔽天黃甘雜丹橘萬室通釀酤撫遠無禁律醉去不須錢醒來弄琴瑟梅堯臣作英州別駕唐介詩

維舟亭下號三灣萬疊青山一水間偏愛澄江照天

碧飛來幾片白雲閒李孝博次蔣穎叔韻晚泊鳳凰驛得名知謂何鳳凰不可見篁竹空婆娑驛吏指英州兩舍皆平坡天寒無瘴癘虛市饒鷄鵝郭祥正鳳凰驛郡官不患無供給支與眞陽幾石山楊誠齋英山石莫遣鞲鷹飽一呼將軍誰志滅匈奴年來萬事灰人意只有看山眼不枯轉食膠膠擾擾閒林泉高步未容攀興來尙有平生屐管領東南到處山容齋隨筆英州金山寺題兩絕句廣州鈐轄俞似作趙夫人書詩句灑落不凡字畫遒健類薛稷書

四六

矧眞陽之小壘控東廣之上流知英州楊威謝表云云人稀土曠而田萊

多荒費廣入微而財用不足家乏百金之產郡無一歲之儲邈是眞陽介于南服昔仙風冉冉數千年碧落之洞天今佳氣葱葱五百歲潛龍之福地徐湘賀王守迺眷眞陽宏開新府仙風冉冉古眞人碧落之天佳氣葱葱今聖主潛龍之地同上維此東衡介于南服昔騰空冉冉翔碧落之仙風今遶郭葱葱鎮眞人之王氣適五嶺炎蒸之際思幾時淸冷之來徐湘賀連守桑榆暮齒適俸易卦之一周瘴癘孤城坐閱歲時之五變但自憐於骯髒敢有歎於嶮巇洪皓青詞南國生春亟丐瘦人之赴北轅改旆更遄遷客之歸同上

輿地紀勝卷第九十五

輿地紀勝卷第九十六　文選樓影宋鈔本

東陽王象之編　甘泉岑鎔銓長生校刊

廣南東路

肇慶府

高要　信安　四會　端溪　興慶

府沿革

肇慶府望。重和元年陞府。端州高要郡興慶軍節度。政和八年。古百越之地。輿地廣記。分野星土與廣州同。元和郡縣志以爲本秦時南海郡地，則分野星土當同廣州。本秦南海郡地。元和志。又西漢志四會縣屬南海縣。漢武帝平南越，置蒼梧郡。西漢志在元鼎六年。高要以縣屬焉。西漢志蒼梧郡下有高要縣，而四會則尙屬南海縣。東漢因之。東漢志蒼梧郡下亦有高要縣，而南海郡下有四會縣吳晉無所更革晉志蒼梧郡下有高要縣南海郡下有四會縣宋文帝割南海郡四會等縣置綏建郡宋志綏建郡文帝元嘉十三年立於四會縣下註云漢舊縣屬南海而南齊志綏建郡下有四會縣及化蒙縣又廢高要縣宋志南海太守下有高要子相又云漢舊縣屬蒼梧郡文帝廢象之按南齊志蒼梧郡下無高要縣則見宋文帝時已廢高要矣梁立高要郡元和志云梁大同中於此立高要郡陳高祖拜高要太守統制七縣圖經隋平陳廢高要郡立端州寰宇記云隋置端州取界內端溪以爲名隋志云舊置高要郡平陳郡廢元和郡縣志云開皇十一年置端州大業三年罷爲信安郡又廢綏建郡入四會縣隋志廣州四會縣下註云舊置綏安郡又置樂昌郡平陳二郡並廢大業初又併始昌縣入焉煬帝罷端州爲信安郡隋志云大業初置信安郡唐平蕭銑重立端州以州當入廣

西之要口也元和郡縣志云武德四年平蕭銑重立端州以州當西江入廣之要口也爲總管府以康瀧封三州隸焉皇朝郡縣志又以四會縣置南綏州唐志在武德五年改綏州爲眞州唐志在正觀八年尋廢眞州以四會縣隸廣州唐志在正觀十三年改高要郡唐志云本信安郡天寶元年更名復爲端州乾元元年五代爲南僞漢所有輿地廣記及五代史同皇朝平嶺南地歸版圖國史在開寶四年徽宗封端王東都事畧在紹聖三年以舊潛邸陞興慶軍節度國朝會要在元符三年廣東運判燕瑛奏興慶軍元係端州寅緣陛下潛邸欲望親洒宸翰賜以美名遂賜名肇慶府仍爲肇慶軍節度國朝會要云舊端州元符三年陞爲興慶軍政和八年改爲肇慶府仍爲肇慶軍節度國

朝會要云重和元年陞爲肇慶府不同象之謹按政和八年戊戌卽改重和元年同是一年中興以來仍隷廣南東路今領縣二治高要

縣沿革

高要縣中

倚郭元和郡縣志云本漢舊縣按二漢志並屬蒼梧郡吳晉亦如之故晉志蒼梧郡下有高要縣宋屬南海郡故宋志廣州南海郡下有高要縣宋志又云高要子相漢舊縣屬蒼梧文帝廢之故南齊志南海蒼梧二郡並無高要縣而皇朝郡縣志以爲宋齊屬高要郡與史志殊不相應今不取元和郡縣志云梁大同中於此立高要郡隋志云舊置高要郡平陳郡廢置端州以縣屬焉唐志云正觀十三年省博林縣入焉國朝會要云開寶五年廢平興縣隷高要縣

四會縣 下

在府北九十五里元和郡縣志云本秦舊縣屬桂林郡寰宇記云漢屬南海郡象之按二漢志及晉志南海郡下並有四會縣宋屬綏建郡而宋志南齊志綏建郡下並有四會縣隋志云舊置綏安郡又置樂昌郡平陳二郡並廢大業初又併始昌縣入焉唐志廣州下云武德五年以四會化蒙二縣置南綏州并析置新招化注化穆三縣正觀元年省新招化注以廢威州之懷集廢齊州之涍安隸之八年更名湞州十三年州廢省化穆以四會化蒙懷集涍安來屬國朝會要云開寶五年廢四會縣入南海縣六年復置是年又廢化蒙縣隸四會縣又云熙甯六年以廣州之四會縣隸端州

風俗形勝

有夷夏人織蕉竹紵麻都落等布以自給寰宇記所統二縣皆漢舊縣州郡之名雖更革不同而二縣之名

皆仍舊貫高要四會皆自西漢以來縣名至今不改州當西江入廣州之要口元和志隋置端州取界內端溪以爲名寰宇記南中氣候隆寒盛暑與中州不相遠但晴則暖雨則寒襲茂艮詩云晴雲當午僧揮扇曉候生寒人着綿此是嶺南春氣候日中常有四時天北望頂湖萬仞峙其後南瞻銅鼓四阜列其前白沙崗驅羊于左腐柯山臥虎于右圖經

景物上

鑒止在府治西楹裕民在府治西相堂在四會簿尉廳之東先是郭姓者作尉丞相梁公嘗館寓焉後因名之石洞在府北十七里天開巖穴空闊幽邃名曰丨丨廟居其中南北二門上虛通天洞與星巖相去不遠西水泛漫則巖之沒者數丈惟洞隆然屹立於水中未嘗濡溺世傳洞能浮四會寰宇記云四會者東有古津水湞江西有建水北有龍江四水俱臻因名西江輿地

廣記在高要縣**北山**在高要縣北七里接四會縣**金山**元和志在四會縣亦名金崗山**金場**在四會縣西一百里昔劉氏置場採金于此**鹽官**西漢志高要縣下有鹽官**嵩臺**在高要縣北五里南越志云高要有石室自生風煙南北二門狀如人巧意者以爲神仙居下都因名丨丨山

奢山寰宇記云在高要縣南九十里上有砂夷人語訛爲丨丨南有粟此石山有厨榆又多錦烏鮫魚又有阮鈎烏郎鵂鶹也鳴則雨至**漏山**元和志云在平興縣東四十里**滑水**元和志云廣州化蒙縣下有丨丨一名綏建水經南三十步圖經云在四會縣西南二百五十里源出康州悅城界合新招之水注于江**端溪**輿地廣記在高要**正里**寰宇記云四會縣南有丨丨昔里女許嫁未成其夫因虎而死乃不嫁而歸夫家奉養舅姑人美其行故名其里**定山**隋志高要縣下有丨丨

勞山在高要縣東一百五里故老相傳云山峽嶮採樵者憚勞俗因名之**峽山**在縣西二百里羣峯列岫連延環繞水流其下多良材美竹**浪水**按水經云出武陵軍城縣北界洸水各南至鬱

林又東至蒼梧猛陵爲鬱溪又東至高要爲界水又東至南海番禺縣西分爲二其一南其一東南入于海

蒙山 寰宇記云在四會縣西一百五十里

顧水 在四會縣北一百五十里源出清遠縣流至顧水口入子江水之上流有美材巨木商人從水口作巨栰而下貨於南海

杞山 寰宇記云在四會縣嘗聞笙歌之聲以爲越王之靈

景物下

靜治堂 在府治東舊曰清心郡守商侑易今名

勝果院 在府城江南岸六里

雲秀臺 在高要縣西北八里因大中祥符七年五色雲現於臺峯之上郡守范雍置

包公堂 在府治東靜治堂後

烈女山 在四會縣西南十里高千餘丈昔有女子許嫁而夫死於虎女歸其夫家奉養舅姑三年父母欲奪其志乃潛遁此山居於絕巘人所不至自藝蔗芋蕉竹績織蕉莞以自給親黨求之莫知所在傳以爲仙去

廣正山 在四會縣又曰眞山耆老傳云山至絕頂可十餘里上見

有池三旁有巨石如壇側有竹下垂風至輒自掃壇石前有龍池禱雨輒應

扶盧山
在四會縣東四十里百餘丈上有池水四時澄徹花木繁茂耆老相傳甲戌日卽有管絃之音又云昔六祖嘗隱于此六祖姓盧故名山有六祖菴

老香山
在廢平興縣西一里迴五十里吳祿之詩云端川有溪山有香木

銅鼓山
在南岸府治之對山卽此山也

金粟菴
在高要縣西南去府五十里僧祖泰歸眞處中書舍人李璆記

金崗山
按顧微之廣州記云行人往往見金人遊於崗側圖經云按縣境有銀崗在縣之北疑是此爾縣西江中又有金雞洲

金線紋
柳公權論硯端州有溪曰端溪其硯貯水處有赤白黃色點者謂之金線紋或脉理黃者謂之丨丨丨山曰斧柯山卽觀碁之所也

鈆穴山
元和志云在化蒙縣西六十里

石頭菴
鶴奔亭故址

石室山
元和郡縣志云在高要縣北六里圖經云唐天寶六年改爲嵩臺山南越志云高要縣有石室自生風煙南北二門狀如人巧號爲神仙之下都有聳石土人謂之嵩高臺又唐北海李邕有鐫石洞門之內今爲七星巖

石

澗山在四會縣西六十里有泉一穴水東注五里入于江舊傳穴中有巨鯉每游泳則不踰數日天必雨**石鷰山**在四會縣東六十里山有巖穴內有石佛石鐘又有石鷰因以得名**零羊峽**元和志云在高要縣水行三十里吳步騭爲交州刺史興軍取南海衡毅錢博等領軍逆之戰於峽口博等軍敗投水死者千餘人卽此處也郡國志云**騰豻**端州｜｜｜有羊化石因名之又名高要峽**嶺**南越志云高要縣有｜｜飛猵山翬｜｜沐猴之類也頭正方髮長尺餘色大類似人髮嘗覆面欲有所視輒搖頭兩手披開之**龍含院**去高要縣三十里有六環錫杖故老相傳六祖禪師錫杖又開山得石碑云有客問浮世無言指落花**龍江水**寰宇記云在四會縣東北源出萬金鄉**龍子嶺**　**鳳頭崗**在四會縣淳熙丁酉邑宰蘇邦平縣基得古碑乃鹿鳴燕士詩有龍嶺行歌龍已化鳳頭將見鳳齊鳴**獅子崗**在四會縣北五十里有石二高六尺方丈餘其一爲雷震斷又有石華表柱高一丈餘上鐫刻字漫滅不可辨**牛鼻山**顧微之廣州記云始昌縣有一

石望之似牛向江名丨丨丨始昌即隋所廢縣併入于此**雞籠山**元和志在四會縣西二里**鴝鵒眼**詳見金線紋下**粟砦山**在廢平興縣南四十五里與信安縣界相接郡國志云奢山南有砦又有茱萸江東謂之山棗葉似梅九月熟果子似荔枝宜子似胡桃**麥圃水**在廢平興縣東南六十七里源出曹幕水北流合清泰水**芙蓉山**甲戌日聞絲竹聲**桄榔亭**詳見碑記門**青岐嶺**元和郡縣志云在高要東八十五里**蒼梧水**在高要縣東南四十里一百步源出腐柯山初成瀑布飛流**清泰水**在廢平興縣經古勞山入于江**西江水**在城南六十步西接德慶府東接廣州入于海**安南水**在高要縣東北七十里源出四會縣界山南流經縣界入于江**望夫崗**在高要縣西北**思子山**在四會縣東二十五里隋末藉民爲兵有老嫗年八十餘止有一子亦預行後思其子登此望之悲哽而絕故名**天子嶺**在四會縣東五十里舊傳有人姓黃居嶺下狀貌魁岸家亦富饒其祖父葬於嶺間隸職廣州每乘二竹朝往夕還一日家人

誤斷竹乃不得去後有占氣者云此地有天子氣遂斷山形掘其父祖墓發棺見屍若蟻垤成文有天子二字蓋子字未成也遂滅其家後因號曰天子嶺或嫌其名呼曰天資

古建水 寰宇記云在四會縣東六十里

古武水 在高要縣東八十八里源出四會縣界藥岡南流入于江

古婁水 在高要縣東北七十里

新宅水 在高要縣南七里源出徑山北流入于新江

新江水 在高要縣南六里源出新州亂山北流入于江故名新江

三足山 在四會縣西百五十里昔有人姓蘇入此山遂仙去

子石千金 硯譜端州石硯匠識山石之文理鑿一窟自然有圓石青紫色琢爲硯可直千金故謂子石硯

端溪山 在廢平興縣西一里吳錄云端州有端溪石山有五色香水

高要峽 南越志云郡東有零羊峽一曰高峽川華翠之樹四時葱蒨

高望山 在四會縣西二百五十里山多茶木昔有人登此山及半忽晦暝迷不能進迺由他路歸

沛漢水 在高要縣東北八十五里

博峒水 在高要縣南三十里源出古鑿岡北流入子峒水合于新江

至

道觀舊名白鶴觀至道中改　落鞍山在四會縣西一百一十里昔有人見青衣人乘白馬者出于側輒復墮我而人馬俱失因號其山曰丨丨　鈎源水在廢平興縣西南二十三里源出老香山東流合宋崇水　倉岡山在四會縣西三里林巒聳秀舊傳僞漢劉氏嘗建倉貯兵儲于山上故名　頂湖山在高要縣東北五十九里北接四會縣界舊經云上有湖四時不竭　歌樂山在廢平興縣東二十五里郡國志云端州丨丨丨風起聲如音樂　服源水在廢平興縣東南三十五里源出東砦山流合產源水　湞江水寰宇記云在四會縣東自清遠縣來　綏建水寰宇記云在四會縣西二百步源出游水縣下昔置綏建郡於此

古迹

古綏州在城西六十里其地亦有綏州步云古錫場按唐志云化蒙有鉛卽此　宋熙故郡元和志云平興縣本高要縣地晉來分置平興縣宋志云元嘉十六年立宋熙郡十七年更名宋隆

孝建中復爲宋熙南齊志有宋隆郡治平興縣隋志平興縣下註云舊置宋隆郡平陳郡廢以所領縣入焉

廢平興縣 寰宇記云在高要縣東南八十里本漢高要縣地宋元嘉十二年置平興縣唐武德七年分置清泰縣正觀十三年省清泰縣入皇朝開寶五年併入高要縣

廢蒙化縣 寰宇記云本四會縣唐武德五年屬綏州正觀八年改南綏州爲湞州縣仍屬十三年改屬廣州皇朝開寶六年併入四會宋志綏建下有化蒙令本四會古蒙鄉元嘉十三年分爲縣南齊志綏建郡下亦有化蒙縣元和志云開皇十年郡廢以縣屬廣州

宋崇州城 在府東南三十里宋元嘉十三年初置宋崇州二十七年改爲宋郡隋開皇十一年廢

廢樂城縣 在府東南八十里宋元嘉十三年置隋開皇十一年廢

廢清泰縣 在府東七十里宋元嘉十三年置隋開皇十一年廢

太平場 在四會縣東三十里元豐五年嘗置銀冶元祐七年廢

青岐鎮 唐志高要縣下有□□□□

爛柯山 寰宇記云在高要縣東三十六里一名斧柯山在峽山南郡國志云昔道七王質負斧入

山採桐爲琴遇赤松子與安期生下碁而斧柯爛處

鵠奔亭

干寶搜神記云漢九江何敞爲交趾刺史行部至蒼梧高要縣暮宿｜｜｜夜未半有一女子從樓下呼曰明使君妾寃人也須臾至敞所臥牀下跪曰妾本廣信縣脩里人早失父母單無兄弟嫁爲同縣施氏妻薄命先死有雜繒百二十疋及婢致富一人妾不能自振欲之旁縣賣繒賃牛車一乘載繒妾乘車致富執轡至此亭外時日暮行人漸絕不敢復進因止此致富暴得腹痛妾之亭長舍乞漿火而亭長龔壽操刀戟來至車旁刺脇下立死又刺致富亦死壽於樓下合埋妾在下婢在上取財物而去殺牛燒車牛骨貯在亭東井中妾寃死痛感皇天無所告訴故來自歸於明使君敞曰欲發出汝何以爲驗女子曰妾上下着白衣青絲履皆未朽也妾姓蘇名娥願以骸骨歸死夫敞乃令吏捕壽考問具伏敞表壽殺人於常律不至族然壽爲惡隱密經年王法所不得治令鬼神自訴千載無一請皆斬之以明鬼神以助陰教初掘時有雙鵠奔其亭故曰｜｜｜

峽山寺

沈佺期序云｜｜｜者名隸端州連山夾江頗有奇石飛泉迴落悉從杉竹下過至山頂

石道數層齋房浴室眇在雲漢廣記云孫恪妻袁氏挈家過端州袁欲遊｜｜｜云舊老門徒既至若熟其道徑持碧玉環獻僧齋罷野猿數十聯臂臺上袁題壁云不如逐伴歸山去長嘯一聲煙霧深投筆化猿而去恪驚怛詢僧僧乃言爲沙彌時所養開元中力士過此憐其慧強以束帛易之歸獻天子後聞環擾于上陽宮內碧玉環本胡人所施亦當時隨猿者

陳霸先墓在府治南五十餘里有荀逕山者舊相傳陳高祖壠掘鑿之處砌石存焉皆不辨其爲穴處今山口有載碑碣石龜其大幾盈丈似非貴官大室所能辨

官吏

唐李紳滁州志及唐本傳云紳與李德裕元稹同時爲至交後紳失勢李逢吉因敬宗立誣紳以定策欲立深王事紳坐貶端州司馬後韋處厚言紳枉乃還滁壽二州刺史

楊收貶端州司馬吏具大舟以須收曰方謫去可乎以二小艇趨官見六帖云

萬憬自順州持節端州元微之行誥詞云

爾爲郡守無遺詔條以疾罷去今朕還爾符印俾臨高要之人守吾憲章儆則有辟

崔嘏 唐詩紀事云李德裕之謫嘏草制不盡書其過貶端州刺史

馮拯 淳化中與尹黃裳王世則洪湛伏闕請立許王元僖爲皇太子太宗怒出知端州事畧

鄭端義 眞陽人仁廟朝登科知肇慶府築府外城有修城記及躡雲樓賦事見英州圖經

陳堯叟 知端州事見詩門

包拯 五朝言行錄云包孝肅公知端州歲貢硯前守緣貢率數十倍以遺權貴公命製者纔足貢數歲滿不持一硯歸

郭祥正 以朝奉郎知

陳亞 知端州

許遵 字仲塗泗州人爲四會令悉意民事見事畧循吏傳

章元振 紹興二十五年知肇慶府｜｜｜廣東提舉元振與檜同登第甘於遠宦未嘗以私書干檜嘗知潮州監司薦其治績但籍記中書而已繫年錄

黃公度 繫年錄云紹興二十六年通判肇慶府｜｜｜引見上曰卿官肇慶嶺外有何弊事公度曰廣東西路小郡有至十年不除守臣者權官苟且郡政弛廢長受其弊上曰何不除人公度曰緣其闕在堂欲者不與與者不願上曰若撥歸部

當無此弊遂以公度爲考功員外郎

人物

李積中 寓居豫章良弼安國大性大巽大理大東大原伯堅爲時名宦皆其後也

梁順孫 兩貢辟雍第監邕州橫山峒金坑舊制監官多需擾峒丁致叛服不常爲朝廷患先是儂寇虜掠平民入峒者數十年無一人得還梁至撫以恩信故輸金悉從其便以身請使歸其人由是酋長畏服民之得歸者如市梁死於任護送者數百里諸臺聞于朝官其一子

譚性寅 梁榜乙科登第讀書一覽終身不忘嘗夜入衢州祥符寺閩僧借燭閱碑不得遂以手摸之既歸則畢錄黎明對本不遺一字

黃執矩 慕伊川濂溪之爲人從胡致堂張南軒遊叅訂中庸大學之義訓後生以理質朴有古人風

仙釋

晉王質 郡國志云昔道士王質負斧入山採桐爲琴遇赤松子與安期生下碁而斧柯爛此事衢

州端州所載不同而寰宇記並載於衢州端州二郡
之下不應一事分爲二郡也道書謂王質入信居山
中遇仙人下碁遂致柯爛歸來已百年矣今衢州與
端州皆名信安郡故一郡各書仙迹以爲一郡之奇
觀莫適與辨然亦豈無所考證者象之謹按道書所
載王質乃晉人而三衢在吳爲新安縣顧野王輿地
志載晉武太康元年平吳以洪農郡有新安縣乃改
衢之新安爲信安縣故謂王質遇赤松子至安期皆
婺州之境也於衢爲近而端州隋初始置至煬帝大
業初廢端州爲信安郡則端州有信安之名乃始於
隋而王質乃晉人不應以晉人而遊隋之州郡故杜
佑所作唐通典書王質之事但紀於衢而端州之下
無一詞及之而端州圖經拈出爛柯山道士四
王質等事以爲一郡之壯觀而非其實矣**蘇仙**會
縣三足山有人姓蘇入此山姓盧氏四會縣扶
遂仙去今山下人多姓蘇云**六祖**盧山傳甲戌日有
絃管之音耆老相傳高要人姓陳氏母初
昔六祖嘗隱于此山**石頭和尚**懷娠不喜葷茹雖在
孩提不煩襁母既冠禮曹溪六祖唐天寶初之衡山
南寺寺東有石臺師結菴其上號曰|||||作草

菴**僧祖泰**高要人姓容氏徧歷名山參禮大善胡敵歌亂華師乃避地歸林住四會之華舊嚴與左丞王安中右丞張瀫樞密路允迪寶學賈讜知郡竇仲詮等遊菴有會英堂四相軒諸名公作也

碑記

唐法華寺詩 大和八年集古錄云右法華寺詩唐越州刺史李紳撰其後自序題云大和甲寅歲遊寺刻詩于壁詳自序所言似紳自書然以端州題名較之字體殊不類

唐李邕端州石室記 開元十五年集古錄云右端州石室記唐李邕撰不著書人名氏考其筆蹟似張庭珪書疑庭珪所書也

李文饒題名 集古錄云唐李德裕題名字為八分稱丙辰歲題者開成元年也在滁州并朗州刺史温造長慶三年桃源宮題名端州司馬李紳長慶四年石室題名附造題名在鼎州坤題名

端州陞興慶軍詔 元符三年十月徽宗即位未改元詔曰惟高要之奧區乃南國之舊壤土風淳厚民物夥繁朕誕受多方紹承大統顧啓封於茲土實賜履於先朝茅土之榮是為

朞命節旌之重宜錫隆名可賜端州爲興慶軍

郭祥正遊石室記 記云洞開其上則七山建斗司天之喉舌其下則淵泉不流停碧一杯窺之毛髮冰酌之則煩心灰四傍皆石乳玲瓏中敞圓蓋窈窕萬丈莫窮其崖

李習之題桄榔亭 李習之題云翺與監察御史韋君詞皆自東京如嶺南約偕行翺居信安四十餘日北及江西韋君亦前行矣上桄榔高見韋紀姓名且有念我之言

唐李邕石室記

唐盧鋋陳氏忠孝兩全記

余襄公梁寺丞墓表

嵩臺記 繆瑜撰

嵩臺集 繆瑜編

詩

越井人南去湘川水北流江邊數盃酒海外一孤舟嶺嶠同遷客京華即舊遊 賈至送陸協律端州

南海風潮壯西江瘴癘多於焉須復手此別傷如何 張說端州別高六戩

舊館

分江口淒然望落暉相逢傳旅食臨別換征衣前人見說三聲巴峽深此時行者盡沾襟端州江口連雲處始信哀猿傷客心李紳聞猿雨中鵲喜喧江樹風處蛛絲颺水潯開拆遠書何事喜數行家信抵千金李紳江亭得家書合浦塗未極端溪行暫臨淚來空泣臉愁至不知心客醉山月淨猿啼江樹深明朝共分手之子愛千金宋之問端州別袁侍郎不覺南中歧路多千里萬里分鄉縣雲隨南散各飜飛海闊江長音信稀宋之問題端州驛寄杜審言王无競問我將何去清晨泝越溪人意長懷北江行自向西破顏看鵲喜拭淚聽猿啼宋之問發端州初入西江知君今向

端溪去願助清風泛怒濤青瑣高議詩話總龜云陳堯叟知端州艤舟於盧陵阻風數日有胡僧謂公曰虎目鳳鼻骨方氣清身當極貴但虎目猿身平地弗能爲也當有攀附然後有所食不日位極公卿僧題詩云虎目猿身形最貴祇因攀附即陞高云云

二李能書玉紐懸僭鋹未是眞王質人亡國變今幾年唯有文章記嵓崒郭祥正題石室

雙峽天開控江水水自牂牁來萬里端州正在雙峽間石室嵩臺壓孤壘郭祥正和吳翼道石室詩

新江自南來西與端州匯屹然鵠奔亭遺音溢千載郭祥正鵠奔亭

莫嗟荒僻又離羣且喜風搖嶺北聞銅柱雖然蠻徼接竹符還是漢家分春書來逐衡陽鴈秋騎歸看隴首雲相見會知南望苦病骸今似沈休文王荊公詩

端州硯詩

端州石匠巧如神踏天磨刀割紫雲輕漚漂沫松麝薰李賀紫硯歌

玉蜡吐水霞光淨彩翰搖風絳錦鮮劉禹錫

玉堂新樣世爭傳況以蠻溪綠石鐫嗟我長來無異物愧君持贈有佳篇久埋瘴霧看猶濕一取春波洗更鮮還與故人袍色似論心於此亦同堅丁寶臣字元珍知端州以詩送綠石硯於荆公所謂玉堂新樣者公以詩報之

四六

在昔信安于今潛府　銀柑錫貢石硯推奇　惟高要之奧區乃南國之舊壤陸興慶潭記

輿地紀勝卷第九十六

輿地紀勝卷第九十七 文選樓影宋鈔本

東陽王象之編

甘泉岑鎔 淦 長生 校刊

廣南東路

新州 新寧 新興 新昌 龍水 新戶 封水

州沿革

新州 下 新興郡軍事九域志 星土分野與廣州同皇朝郡縣志云在秦屬南海郡則星土分野宜與廣州同 古南越之地元和郡縣志 秦屬南海郡皇朝郡縣志 漢置臨允縣屬合浦郡西漢志合浦郡下有臨允縣 東漢因之東漢志合浦郡亦有臨允縣 吳屬蒼梧郡二漢屬合浦郡諸書第云晉屬蒼梧郡而不言其改屬於何代惟沈約宋志於蒼梧郡臨允縣下註云本漢舊縣屬合浦郡晉太康

地志屬蒼梧何志云吳廢蒼梧則是臨允縣在二漢則屬合浦在吳始改屬蒼梧耳西晉因之晉志蒼梧郡下有臨允縣東晉穆帝始分蒼梧立新甯郡又分臨允地置新甯縣以屬焉晉書地理志廣州後序云穆帝分蒼梧郡立新甯郡而不書年月元和郡縣志云晉穆帝永和七年分蒼梧於此立新甯郡宋志亦云新甯太守晉穆帝永和七年分蒼梧而立新甯郡下有臨允及新興二縣宋齊因之宋志齊志新甯郡下並有臨允縣而無新興縣梁武帝改置新州及新興縣元和郡縣志云梁武帝改置新州顧野王輿地志云梁武帝割廣州新甯一郡立新州隋爲信安郡通鑑梁大同五年有新州刺史盧子雄則新州已置於梁矣隋平陳郡廢而州存煬帝時州廢以新興縣屬信安郡隋地理志信安郡新興縣下註云梁置新州新甯郡平陳郡廢大業初州廢又廢索盧縣入焉隋末陷賊元和郡縣志唐平蕭銑又置新州唐志新州

新興郡本新昌郡武德四年以端州之新興置領縣二曰新興曰永順改新昌郡寰宇記在天寶元年復爲新州寰宇記在乾元元年後改新興郡輿地廣記五代爲南漢所有五代史南漢劉隱世家載初高州刺史劉昌魯新州刺史劉潛及江東七十餘寨皆不能制隱以兵事盡付龔悉平諸寨遂殺昌魯等更置刺史五代史年表新州盡屬南漢國朝平嶺南地歸版圖九朝通略在開寶三年隸廣南東路九域志在熙寧七年

中興以來因仍不改今領縣一治新興

縣沿革

新興縣 中

倚郭西漢志云莽曰大允元和郡縣志云本漢臨允縣之地屬合浦郡晉分置新興郡屬新寧郡而輿地廣記以爲晉置新寧縣屬蒼梧郡小有不同象之謹按新寧新興本是一縣初屬蒼梧郡則名新寧後屬

新甯郡因改縣名曰新興耳故晉志有新甯而無新興宋志有新興而無新甯則是置郡之後卽新甯爲新興也明矣寰宇記云梁置新州又晉志有臨允縣屬蒼梧郡宋志有臨允縣云吳廢蒼梧齊志新甯郡下有臨允縣至此臨允之名遂不顯恐廢於梁改郡之時隋志云平陳郡廢煬帝時州廢又廢索盧縣以入焉唐志云武德四年析置索盧新昌單牒永順四縣後省新昌單牒乾元後又省索盧國朝會要云開寶五年省永順縣及廢勤州之地入焉國朝會要又云廣州義甯開寶五年廢入新會縣六年復置太平興國元年改信安熙甯五年縣廢以地隸新興

風俗形勝

今州卽漢合浦郡之臨允也元和郡縣志瘴氣最惡皇朝郡縣志俗以雜骨占吉凶漢書云越巫以雞卜此也衣服卽都落古貝蕉布豪渠之家喪祭則鳴銅鼓召衆則

鳴春堂巧作木疊藤帽五色藤箱席記寰宇

山多香木寰宇記云山多香木謂之密香辟惡氣殺鬼精地僻境隘民薄産而多貧嘉祐三年崔頤郡守題名記

宦遊若神仙見景物下十仙園註

新之山川在嶠南爲特秀本州學記云｜｜｜｜｜｜｜唐垂拱間異人與焉得西方聖人之道號稱祖師其高明超異之資出於天成發言吐辭若雷霆焉不曰天人哉

景物下

道院在州廳東郡守魏彥林以廣東十四郡民淳事簡莫如新昌故名

滄庵在嶽廟東侍郎胡邦衡寓焉

定齋在西街趙善護所居之東湯朝美爲記

覺軒在龍山寺方丈後左丞王履道爲銘曰本自不迷何者爲覺惟無舌人滿口道著龍山名軒無病求藥從而銘之分一半錯

桂堂在僉州廳

龍山在州南

鐵嶺在州西北

錦山在州南

碧岡在州西南

金

臺 見金臺岡下

金山 寰宇記信安縣下云見金人遊焉

銀山 出銀爾雅云白金謂之銀其美者謂之鐐

桂山 寰宇記云在新會縣西南三十五里南越志云此山鳥則翡翠孔雀獸則黑猿幾鼠

竹城 筋竹刺竹也芒棘森然廣東新州舊無城桂林人黃濟守此郡以此竹環植之羔豚不能徑號竹城至今以為利傳聞交趾外城亦是此竹建武志

杜山 寰宇記云在信安縣東傾巖蔽景峯巒彌高

新江 元和志云新興縣南去縣二百里

老山 在城東北

封山 寰宇記云在信安鎮東六十里源出雲粟山下南流四里入新會縣界合威潭水南中風土惟稻無粟

索山 在城西

牢水 西漢志云此入高要入鬱過合浦郡行五百三十里入海

和山 寰宇記云在新會縣東一百七十里南越志云此山多沈香木

階端 寰宇記云永固縣南有丨丨魚鱉不可至雖呂梁之險無以過之石如階級故也

南海 在新會縣南一百五十里有穿洲襟帶甚遠山挺方木水含珠母海人以為鮓醬祕之而餌其肉又州有火齊雲母又云有浮石又云海目郡威寧縣有穿洲其上多綸

木註云似穀皮可以爲錦但獠緝以爲絮

景物下

愛民堂在道院前**瑞蓮臺**在城北舊名雪花樓乾道五年濠生瑞蓮故名**景和樓**在城東南**瀟爽樓**在城西南**澄映堂**在僉判廳後廖演建詩曰北顧谿山入望中一泓清徹動冲融登臨孰謂觀爲政食息何妨退自公身處冰壺聊自若氣吞雲夢始知雄十仙風月還如舊碑贊年來媿罔功**豐樂亭**在仁義橋之西**錦阜亭**在錦阜岡上岡舊名臘岡紹興間郡守黃義卿以近城而高莫如此岡可爲登高之遊築亭其上取其山自錦山來故名**雙清閣**在新興縣琴堂西**相遊亭**在秀羅寺方丈之後蔡持正喜遊之寺僧因以命名**天甯寺**在州南二十二里龍山本六祖故居唐神龍中賜額國安寺先天間師在韶州曹谿同龍山滅度皇朝加寺額爲天甯**天露山**在州東南二十里高甲於諸山之上神祠有巨石焉泉出其旁深丈餘魚物于中山

上有岱山寺

雲秀山在州東二十五里有廣隆院

雲粟山在州東八十里舊經云此山種粟即成因名

雲白鳥寰宇記云信安縣有丨丨丨一名曇鳥亦曰同力鳥千歲則化為鶴能超石禁蚍鳥形似雉尾如雀尾有絆文背上連錢文左足三距者其鳴先碩又有金鳥白口腳如金色

金臺岡寰宇記在信安縣東北九十里在海中形如覆船號覆船山行人惡之改為丨丨丨

銅石山寰宇記云在信安縣

銀銅山寰宇記云在信安縣

鉛穴山寰宇記云在信安縣出鉛錫爾雅云錫之善者白鉛鉛白錫也

寶冠山在州東南五里有福林院

寶峯山在州北四十五里有曉覺院

寶蓋山在州西五里有延明院

瑞峯山在州北七里有覺華院

岱山寺在州東南二十里天露山

三章溪南越志云允吾縣南有三章溪溪有三源也事見寰宇記

十僊園在城內西南謂新昌官屬自郡守而下止十員獄訟簡財用足宦遊若神仙故名園內有薰風堂延景亭明水軒藏山亭楊長孺李世美有詩李燊有十仙園記見新昌集

萬

疊崗寰宇記云在信安縣崗重疊無數古岱嶺元和志云在新興縣西南三十里出銀
新昌水經永順縣南二里新甯山在州西南峽崗水在州西南源出錦山流入
東口津合盧江水北流出肇慶府大江倚岡水在信安鎮六十六里出天露穿倚岡流因以為
名合新會縣成潭水東流入海思防山在城東思龍山在城南思龍水在城
南源出思龍山流至城南合盧江水至肇慶府疊蛇山寰宇記云在信安縣西南一百六十里山
形似蛇疊因名盧溪水源出義容鄉李峒嶺腳上盧村過龍山至肇慶界皆為盧溪六祖姓盧故
以命名觀江水寰宇記云沸騰流水淪沈必無出者名曰河伯下封歌舞崗郡國志廣
言南海事跡歌舞岡南越王佗三月三日登高處見寰宇記熙熙園在舊州學西有超然臺後
郡守張養正易為射圃仁義橋在東門外跨江三十六間覆以瓦屋紹興辛巳建佐王
山在州西龍境山在州東七十里有法相院贊聖大師化身甎塔三級肉身在光孝寺白

鱔坑在州西南佐王山流入城壕 **碧雲山**有州東二十里有寶眞院 **優曇鉢**寰宇記云優曇鉢似琵琶無花而實又有男青樹葉似女青但花異耳條藥皆朱色揷地便生又有末利樹葉如梔子花似薔薇也又有續斷藤山行渴則斷取汁而飲之號曰東風菜也一名臯蘆茗之別名南人以爲飲又有連理荔枝樹卽傍挺龍目側生荔枝是也又有朮葵可以爲扇又有越王鳥似鳶而口勾可受二升南人以爲酒盃糞似薰陸香南人以爲香一曰鷟鵰鳥也又有里出精草布又有勾緣藤南人績以爲布又有梟松鵝一曰水鵝又有四月海中黃魚至八月化爲鵝鳥又有侯鮨魚化爲豪豬又有潛牛形似魚每上岸與牛鬬角軟還入水輒堅復出 **乾闥婆城**寰宇記云在信安縣野鷄鸐鳥似山鷄以家鷄鬬之則可擒其翬有光漢以飾侍中冠

古迹

廢岡州寰宇記云今縣理也按廣州記四會有金岡新會卽岡州左側因岡爲州名也圖經云此

州最邊大海晴少雨多時遇大風則林木悉拔

廢永順縣 寰宇記云在州北四十五里元和志云武德四年析新興縣置天寶元年改爲永順縣國朝會要云開寶五年廢入新興縣

廢索盧縣 云唐武德四年析新興縣置唐志又云乾元元已後省索盧等縣入新興

廢信安縣 元和志云宋置岡州縣又爲義寧縣屬新會郡隋平陳屬岡州唐開元二十三年廢州縣又隸廣州太平興國元年改爲信安縣與輿地廣記大同小異然其間有併入縣鎮不同姑兩存之

信安鎮 輿地廣記云本義寧縣宋置屬新會郡唐屬廣州太平興國元年改曰信安紹興二年又省

夏院 六祖禁足之地在城東南舊有木塔三級以安祖師像

六祖故居 新之國恩禪寺乃六祖大鑒禪師故居唐中宗神龍三年賜今額爲寺寺有木塔以安祖師像

洪聖王廟 在南街康與之爲記又云休告禪師嘗於洪聖王廟中夜師語王曰竊以大王爲性嚴急往來舟楫遭風波溺死甚多王謹無爲此貧道今爲大王摩頂受記自茲以往勿害生靈保扶社稷即爲授三歸五戒而行蔣之奇題詩云休告禪師亦

異哉神靈爲害尚能迴海波舟楫無漂溺廣利元會受戒來

昭惠公廟在州東南二十里羅陳村唐武德二年立廟舊在孤峯絕頂故老相傳一夜風雨暴至廟亦隨下即今祠也昔人詩云千年劍戟神如在一夜風雷廟自移

宦吏自唐張東之以下皆遷客也

唐張東之通鑑中宗時授襄州刺史武三思使鄭愔告東之與王同皎通謀貶新州司馬

郭元振通鑑景雲中遷吏部尚書元宗講武驪山軍容不整流新州

杜宗初與杜甫同在嚴向書幕後位貶新州

本朝劉摯字莘老渤海人舉進士第一韓琦薦爲監察御史上疏論君子小人恐爲朋黨又論新法十害哲宗即位論蔡確之罪引朱光庭王岩叟爲言官遂拜相後言官鄭雍楊畏論摯摯坐貶新州

梁立則熙寧中守新州與修水利於郡西南十里得白鱔坑決其水灌西南田及城北溉附郭田至今爲利

王履開封人元符末坐上書入籍貶新州李若水之出使履爲之副

抗敵不同卒與俱死建炎初贈武勝軍節度使繫年錄

鄒浩 東都事略云浩字志完常州晉陵人

號道鄉先生初除右正言時章子厚用事已廢孟后遂立劉后浩上疏乞追停策禮别選賢族坐除名新州編管浩初除諫官入白其母母曰兒能報國我何憂時有會誕者嘗作玉山主人對客問以議浩不能力言復孟后又有田晝者志義之士也與浩善一日報立劉后晝曰鄒君不言可以絶矣及浩得罪約晝會于潁目及臨别浩出涕晝正色責之曰使君隱默居京師遇寒疾不汗五日死矣豈獨嶺海之外能死人哉願君無以此舉自滿士所當爲者未止此也浩茫然自失歎曰君之贈我厚矣遂别去

胡銓 字邦衡吉州人號澹庵居士以密院編修上書忤時相謫新州程史云胡忠簡銓既以乞斬秦檜擯新州之禍直聲振天壤王盧溪庭珪詩而送之今二篇刊集中日囊封初上九重關是日淸都虎豹閑百辟動容觀奏牘幾人同首愧朝班名高北斗星辰上身墮南州瘴海間豈特他年公議在漢庭行召賈生還又中興小歷十八年知新州張棣奏丨丨在貶所吟詩譏訕遂移吉陽軍

廖玖 字粹老連州人紹興

十四年守新州僉判廳壁記云廖侯之祖太中公玖嘗守此邦月得供給錢悉付公庫不取或訝其太過答曰吾惟有一子既已登科吾復何求與其取歸私橐以遺其子孫孰若留寘公帑以俟異時子孫之自請其後公之子果持節本部今侯又繼其兒官于是州則太中之言至是益驗矣 黃濟 靜江府人

紹興閒守新州種竻竹爲外城環袤一千一百八十四丈 胡寅 字明仲建州人建炎初爲起居郎言金人不可和後與秦檜書言尊主攘夷謫新州

人物

皇朝巢谷 字元修眉山人蘇軾謫黃州識之與游紹聖初軾轍謫嶺海谷自眉山徒步訪兩蘇谷既見握手道平生時谷年七十三矣將復見軾於海南轍止之又自循至儋至新遂病而死

仙釋

六祖大鑒禪師 劉禹錫集云元和十一年詔追褒曹溪第六祖能公謚曰大鑒實廣州牧

馬援以疏聞按大鑑生新州三十出家四十七年而歿百有六年而謚圖經云師姓盧新州人參五祖忍大師付以法寶及所傳袈裟祖跪受衣法南歸

贊聖大師 新盧人童齓削髮汎遊至新州住延長山後居龍境山法相院

碑記

唐光府君清德碑在新興縣

笏竹城記 紹興二十年郡守黃濟遣人取笏竹以爲城環袤一千二百八十丈胡寅爲記見新昌集

新昌集

龍山集 不知編集人姓名

新昌志 廖演序

詩

月在行人處千峯復萬峯海虛爭翡翠溪邏鬭芙蓉 許渾自廣江至新興往復題峽山寺詩註云南方呼市爲虛呼戍爲邏新州有翡翠虛芙蓉邏也

波

渾未辨魚龍跡霧暗甯知蚌鷸心夜傍歸舟望漁火一溪風雨兩巖陰許渾新興道中仁義橋邊楊柳斜洗亭崗畔種桑麻龍山水遶祖師塔夏院雲埋宰相家十仙園裏尋常到恰似桃源一洞花蔡持正新興郎事雨過畫橋跨蝃蝀月明玉塔臥晴瀾景全堪作吾鄉冠還有沈碑客未看彭德遠雙谿亭詩碑乃光府君清德碑云一沈大地東江之上正此處也故老言風月之夕往往浮水面有或見之者

四六

輿地紀勝卷第九十七

輿地紀勝卷第九十八　文選樓影宋鈔本

東陽王象之編　甘泉岑鎔淦長生校刊

廣南東路

南恩州

南陵　陽春　高興　海安　西平　杜陵　富林

州沿革

南恩州　下　恩平郡軍事九域志　禹貢揚州之分寰宇記　粤地斗牛之分野鼂山志　春秋百越地秦屬南海郡寰宇記　漢平南越置合浦郡今州卽合浦郡之高涼縣地也元和郡縣志　東漢因之二漢志合浦郡下並有高涼縣　吳屬高興縣此據輿地廣記又晉志高興郡統縣五海安西平預焉　置海安縣見上　宋屬東官郡宋志

東官郡下有海安縣注云太康屬高興齊置齊安郡海安以縣屬焉隋志海安縣下注云舊曰齊安置齊安郡平陳郡廢開皇十八年改名海安縣梁置陽春郡隋志云梁置陽春郡平陳郡廢隋平陳二郡俱廢入高州高涼郡以海安陽春二縣隸焉隋志高涼郡下有海安陽春二縣唐平蕭銑立春州唐志武德四年以高涼郡之陽春縣置春州太宗又立恩州唐志正觀二十三年以高州之西平齊安杜陵置恩州大順二年徙治恩平縣寰宇記置恩州亦在正觀二十三年而元和郡縣志以爲在永徽元年置恩州不同象之謹按舊唐志云正觀二十三年廢高州都督府置恩州又云正觀二十三年分西平杜陵置恩州移高州治良德縣又通典云正觀中置恩州則恩州之置非永徽矣然正觀之後即繼以永徽恐前後相承亦未可知改恩州爲恩平郡天寶元年復爲恩州乾元元年恩州有清海軍管戍兵三千人見元和郡縣志廣州

下都督五代爲南漢所有五代史年表恩州春州並屬南漢後唐陞爲
防禦州寰宇記在清泰元年皇朝平嶺南廢春州以其地隸恩
州寰宇記在開寶五年尋復置春州寰宇記在開寶六年仁宗時以河北
路貝州爲恩州仍於舊恩州上加南字作南恩州九朝
通略載慶歷七年王則以貝州叛八年文彥博討平
之曲赦河北貝州爲恩州河北既有恩州則此恩州
更加南字以別之國朝會要慶歷八年詔賜貝
州以恩州爲額而廣南路恩州以南恩州爲額分二
十三路隸廣南東路元豐九域志尋又廢春州爲陽春縣
隸南恩州國朝會要在熙寧六年皇朝爲刺史州寰宇記今領縣
二治陽江

縣沿革

陽江縣　中

倚郭元和郡縣志云本漢高涼縣地晉志云吳置高興郡統海安縣宋志齊志東官郡下並有海安縣齊置齊安郡海安以縣屬焉隋志海安縣下注云舊曰齊安置齊安郡平陳郡廢開皇十八年改名海安縣輿地廣記云隋末置陽江縣唐屬恩州後爲州治焉元和郡縣志又云武德五年於此置西平縣屬高州永徽元年於縣立高州天寶元年改爲陽江縣國朝會要云開寶元年併恩平杜陵二縣之地入焉寰宇記云因陽江以爲名

陽春縣　下

在州西一百五里元和郡縣志於春州載云漢置合浦郡今州即漢合浦郡之高涼縣下梁於此置陽春郡無屬縣陳置陽春縣以隸之隋平陳廢陽春郡以縣屬高州唐志云武德四年以高涼郡之陽春縣置春州國朝會要云開寶五年廢春州來隸南恩州六年復置春州省流南羅水二縣入焉熙甯六年廢春

州復來隸又銅陵縣開寶五年廢勤州來隸熙甯六年廢勤州富林縣省入銅林縣是年又廢銅陵縣隸陽春縣圖經云祥符曰新春縣盧多遜貶朱崖諫議大夫李符適知開封府求見趙普言朱崖雖在海外而水土無他惡流竄者多獲全春州在內地而近至者必死望追改前命亦以外彰寬宥乃置於必死之地普頷之後月餘符坐事貶宣州行軍司馬上怒未已令再貶嶺外普具述其事卽以符知春州

風俗形勝

恩平古郡漢屬合浦南瀕巨海耳目遠於中朝民庶僑居雜處多甌閩之人紹聖四年郡守丁璉建學記恩平爲郡其山川形勝與夫所產之珍蓋不弱於中州鼉山志序恩平與廣右接境阻山瀕海風俗淳朴圖經風俗門龍鼉山爲南服之冠金雞石亦舊壤所有山麓名勝之境海珍

果實之饒（鼉山志序）今陽江蓋併唐之三縣而陽春乃昔春勤二州之地焉（鼉山志序）東南水湊大海纔百餘里環山遶林襟巖帶洞與夷獠雜居其地下濕宜稻（春州記）四方言瘴癘者以春爲稱首故凡補吏得罷必加優賞焉（春州記春州既爲陽春縣附庸於恩平故附見焉）郡兼山海之利富於漁鹽（恩平志風俗門）土地多風少旱耕種多在洞中（寰宇記）當五州之要路（投荒錄云當海南五郡泛海路又云當五州之要路頗有賈人循海而至）吳越所產不乏於斯（寰宇記云恩平既當五州之要路由是頗有廣陵會稽賈人船循海東南而至故吳越所產之物不乏於斯）恩平孤絕海隅（郡守李觀翠巖亭序）

景物上

西樓卽會通門樓也郡守王亘有詩　東山在州東舊築熙春臺於其上　北湖圖經　小水源出陽春縣流入漠陽江　孤洲在陽江縣西南　浮山一名泉山在陽春縣北七十里舊經云陳霸先居此舊基存焉　臺水來自陽江縣東至廣州界臺峒山南流入海　峽崗在州東上有清泉魚出沒　雙輪水源出縣東穀崗　羅水出羅黃山　羅洲一名海陵在陽江縣西南　葛洲在陽江縣南　崑山見九域志　崑水九域志云崑水源出崑山　甘泉寰宇記云陽江望海崗上　神井在陽江縣東南　溫泉在縣北　陽江寰宇記云陽江縣因界有丨丨以爲名　鸞山輿地廣記曰在陽春縣　鵠山郡國志云在羅水縣界　鹿化圖經云海中有魚形夘鹿每五月五日夜登岸化爲鹿小於山鹿見寰宇記　牛山在陽江縣西北舊經云山形似牛　竻竹枝有刺相勾接若施戈鋋舊種於州之外城以爲障固　石林有自然樓臺仙

所以鑴百神石墨郡國志云元嘉中開郡塹得石墨數斛可以書銅山昔越王趙佗於此山鑄銅巨石南越志甘泉縣山有二石室有懸泉飛瀉金膏銀燭靈芝玉髓之異不可詳錄金膏者澤如膏銀燭者其光可燭其石自然成樓臺柱棟石牀石池石田制置皆如人巧素馨丨丨舊名那悉茗昔劉王有侍女名丨丨冢上生此花因名郡守黃公度詩云上林寄足雖無地猶有佳名萬里聞傳伯成詩云昔日雲鬟鎖翠屏只今煙冢伴荒城香魂斷續無人問空有幽花獨擅名鹽田紹興元年初權南恩州陽江縣田有潮水所浸田一頃二十四畝提舉鹽茶司募民墾之置竈六十有七歲產鹽七十萬八千四百斤收淨息錢萬九千餘緡遂命官領其事後二年又增萬二千緡繫年錄

景物下

望海臺在州學熙春臺在州之東北朝宗閣在郡治和理堂在郡治隆廥堂在州治羅領山元和郡縣志云在陽江縣出沉香木羅琴山在州

西二十里昔羅含嘗攜琴游此山故名山頂有石如碁盤云仙人常枰碁於此

羅黃山在陽春石上有仙人足跡有瀑布數十丈

羅鳳水源出陽春縣東北白水嶺經縣北五十里西流入漠陽江

翠鳥山元和郡縣志云在陽江縣東二十里

金雞石在州西北郡國志云石上每有雞見金色

龍鼉山志序云｜｜｜為南服之冠金雞石亦舊壤所有

龍鼉水在陽舂縣

鳳凰山一名北甘山有鳳凰巢其上呼為｜｜｜遇大風雨或墮其雛古謂鳳凰生於丹穴即南方也倦遊錄云南恩州北甘山壁立千仞有瀑水飛下猿狖不能至鳳凰巢其上彼人呼為｜｜｜所食亦蟲魚遇大風雨或飄墮其雛小者猶如鶴而足差短南人截取其觜謂之鳳凰盃古書謂鳳凰生於丹穴丹穴即南方也本朝嘗集清遠合歡樹

鸚鵡山在縣西南有石成巨跡俗名聖人跡

龜龍山圖經云在陽江縣類要云在恩平縣形似龍

龍濤廟在州城北

牛湖廟在州北三十里相傳云初有巨牛出沒湖水間因為立廟

鵝毛鯅按嶺表錄云｜｜｜出海畔恩州乃鹽藏鱎魚

見也甚美其細如毛而白故謂之｜｜｜｜焉　**鵲山單麻洞**在郡邑界　**峒石山**在陽春巖石幽邃內有古佛像咸平二年詔陽太宗皇帝御書藏於石室胡銓有詩　**射木山**在陽春縣春州記云射木之山以爲望　**瑞蓮亭**在州東城　**桃花山**寰宇記云下有桃花水事如武陵　**沉香木**見羅領山下　**木柵水**一名甘婪水源出縣西廉山腳東北穿巖底過合富林水夷語以穴爲甘穴爲婪　**鐵坑山**在陽春縣之東胡銓有詩　**鉛流水**源出廢銅陵縣界處卧嶺腳東南入佐峒水　**鉛坑崗**在陽春縣北出鉛銀砂鑛因以爲名　**磁石山**在陽江縣南五里山中出磁石因名　**石碌水**源出陽春縣西南石碌山下東入漠陽江　**石碌山**在陽春縣西南出石碌因名　**半亭水**在陽江縣來自龍鼉山南流入海　**單娘水**在陽江縣西　**三妹山**劉二妹春州人坐於巖石之上因名　**參峒山**在州北　**萬安水**在海中　**多寶院**在雲臺山　**蓮石山**至於重陽冥晦則雞鳴雲中　**大蠖洲**在州

東南小鑊洲在州東南長圍石郡國志云以居人遶之故名高僚水源出陽春縣東北流入漠陽江平城山在陽江縣東舊恩平縣西北博泥山在陽江縣東下有鹵田博學水在陽江縣西北霜黃山下至博學村南入勤州水博馬水春州記云射木之山以爲望一名雲靈山雲罩其上必雨開則霽博麻水源出縣東北譚來嶺過博霜村西南流入漠陽江博澼水源出陽春縣東南射木山西南流入漠陽江麻霜水源出陽春縣西南巢馬崗東流入漠陽江麻逢水源出陽春縣西南亂崗東流入羅水黃峒水源出縣東北麻元嶺黃峒村西南流入漠陽江烏石水自新州信安鎮界東流入陽江縣界入恩平江

朱華谷九域志崆峒巖生石乳有石鐘鼓扣之有聲郡國志云巖穴中有金膏銀液靈芝玉髓之崑崙山在古杜陵縣北浮弄洲在州西海中蘇羅山元和郡縣志在故羅水縣吉流水源出陽春西南盤僚山木綿村至藏峒流入羅水漠陽江在陽江縣

西自陽春縣界南流入海輿地廣記在陽春縣**衡峒水**自陽江縣界南流入漠陽江**恩平江**寰宇記云自州界平城山流入恩平縣東自廢恩平縣西平城山東流過下流入廣州新會縣界**雲靈山**見博馬水下**雲浮山**在陽春舊經云陳霸先嘗居此山上有偃松石林野花野果舊基猶存**雲臺山**有多寶院**岑經水**在陽春縣北水源出德慶府吒峒分界南流岑亇經村合帕峒水**望海崗**類要云在州南二里其上見海**望夫山**在古杜陵縣之西南**郎高山**在陽江縣西南際大海**新婦崗水**在陽春縣**將軍崗**在陽春舊經云唐李將軍屯兵於此因以爲名**仙人石**九域志云見郡國志**仙人室**圖經云在陽春縣**仙人牀**寰宇記云在州東北有湖闊一里湖北有石云是仙人飛下此石一曰丨丨丨**石人山**在陽春有石若人形因名

古迹

高興郡 輿地廣記云吳所立 齊安郡 輿地廣記云齊所立 桂陵郡 陽春郡 輿地廣記云並梁所立

高涼郡 寰宇記云隋所立龍山志序云以高涼為春州始於武德四年廢春州入陽春隸恩州徙州治陽江實開寶五年也

南陵郡 即春州輿地廣記云唐天寶時立

廢勤州 本銅陵郡理銅陵縣二漢屬合浦郡之高涼縣地唐武德年置勤州開寶五年｜｜｜省富林縣入銅陵縣隸春州

故春州 國朝會要云春州南陵郡領三縣開寶五年廢入恩州六年復置廢勤州以銅陵縣來隸祥符九年廢入新州天禧四年復置熙寧六年廢州省銅陵入陽春縣隸恩州

故恩平縣 輿地廣記云正觀二十三年立恩州而高州州徙良德後州徙治恩平而西平省入焉

故杜陵縣 輿地廣記云梁立杜陵郡隋平陳郡廢屬高州正觀二十三年來屬皇朝開寶五年省恩平杜陵入陽江有恩平江

故銅陵縣 輿地廣記云本龍潭宋置後改焉隋屬信安郡唐武德四年屬春州是年以縣立勤州治富林洞皇朝開寶五年州廢省富林入銅陵屬春州熙寧六年州廢

省入陽春國朝會要云熙甯六年廢州以縣入陽春縣隸恩州圖經云舊銅陵今陽山縣也

廢富林縣在勤州北九十里折銅陵縣置

廢羅水縣在陽春西南九十里天寶末置

廢流南縣已上二縣國朝併入陽春

廢西城縣本漢臨元縣地自流南縣與西城縣出十道志舊廢

馮將軍塋墓在東山

官吏

陳豐 豐字宜仲守南恩田野無秋毫之擾民歌之曰君不見恩平陳守賢優游治郡如烹鮮

張格 瑞州蜀江志載丨丨新昌人居官以清白著名其在南恩仁聞燁然一日遣介還諸子各有所遺啟緘唯臘酒器十他無物

李綸 李邴之子也寓居泉南所至有清操提舉廣東常平日適伯氏維出守恩平酌別江濱兄弟相勵以清白傳家之語綸慷慨臨江矢言曰儻負君民有如此水遂投盃于江時江流洶洶盃停不沒久之觀者無不驚歎民歌之曰石門之水清且清晉吏一歃千古榮爭如李公投盃

盟江流洶
洶盃停停

人物

林觀槃年錄紹興三十年時海賊陳演添等掠高雷境上觀爲所執既而殺演添及其黨九十餘人歸南恩州補承信郎

仙釋

鶴語茹有仁東鄉人舉進士不第因觀稼獨遊田野中有鶴飛至自語曰白鶴子有仁曰先生何方而來｜｜曰自丹田太液華池來有仁曰只問鶴戲芝之曰飲啄瑶池未聞丹田太液華池之說｜｜曰芝田有草丹田無根瑶池無寶華池有津有仁拜曰願乘先生之逸駕因誦希夷先生詩云自隱元都不會春幾囘滄海變爲塵玉階殿裏朝元始金闕宮中體老君漫去駕乘千歲鶴閑來醉臥九霄雲我今願學長生術誰肯流傳與世人鶴遂舉雙翎與之亦以鵲畫地作詩曰王喬舞鶴丹山路阿母繁桃碧洞春但

收白雪雙鍘在須見丹砂一鼎新鶴遂飛上紫邏而去

瑞靈山 在州東舊名煙蘿山唐時有瑞光屬天郡守白其事勅置院開山叢棘中發石龕得古經一函題大佛名經是知光相乃經所現古碑存

碑記

瑞靈山古碑 見仙釋門

鼉山志 序 黃睢

詩

幷邑峰巒疊郡城新臺高峙見南溟海瀾震蕩連空白星濆朝空徹底淸 熙春臺在州之東北高跨嶺首平林怪石間見層出知郡游公有詩

君恩寬逐客萬里聽歸來未上凌煙閣聊登望海臺山爲翠濤湧潮拓碧天開目斷飛雲處終身愧老萊 胡銓南遷還登望海臺

意得壺觴外心淸杖屨閒簿書休吏

早花鳥向人閑隆蔭堂在州之西園喬木陰森怪奇爭聳黄狀元度有詩入間怪泉石嶺外好山川寺近鯨晨吼林深犢晝眠郡守王旦翠巖亭詩西江横玉虹西山羅畫屏荒城斗椽大此樓何崢嶸炎嶺狀隴蜀三洲通蓬瀛人煙幾村落數點如晨星誰謂海一涯好峰無數青郡守王旦西樓詩翻思對青山一洗穢濁氣前人青山如高人可揖不可致胡銓揖翠軒詩兩山排闥來周遭似環翠同上路入陽春境杳然非世間初疑金谷嶺元是鐵坑山人言兹地惡我愛碧孱顔胡銓過鐵坑山縣古杉楓老人居水竹間字民無獄訟攜客有江山路遠旅愁積病多詩思慳又用前韻鐵坑山詩兹處川

皆石他山蓋不如圖非從地出疑是補天餘下漏一拳小高凌千仞虛奇章應未見名不到中書胡銓嶠山石詩

四六

鳳巢丹穴行將覽於德輝鶴寄霜翎倘可尋於仙遊爲二廣之名邦據七州之要地鼉山古郡鳳穴名邦董擬辭使君之五馬雙旌名目而已螃蟹之一文兩箇眞實不虛倦游錄云陳亞以滑稽著稱知南恩州到任作書曰云云巖泉有甘婪之奇石穴有金膏之異春州記射木之山以爲望漢陽之江以通舟

輿地紀勝卷第九十八

輿地紀勝卷第九十九 文選樓影宋鈔本

東陽王象之編　甘泉岑鎔溢長生校刊

廣南東路

惠州　博羅　海豐　寅山　河源

州沿革

惠州　下　博羅郡軍事九域志古南粤之地星紀之次圖經秦屬南海郡漢平南越復屬南海郡今州即漢博羅縣之地也此據元和郡縣志東西漢志南海郡下並有博羅縣晉宋齊因之晉宋齊志南海郡下並在博羅縣宋志文云二漢皆傳羅晉永康地志作博梁置梁化郡元和郡縣志隋平陳置循州此隋志之文元和郡縣志云開皇十年於此置循州取循江以

爲名也大業三年改爲龍川郡煬帝改龍川郡見上唐平蕭銑復置循州興地廣記在武德五年又通鑑武德五年嶺南俚帥楊世略以循潮二州來降惠州本循州之舊理也寰宇記廣南僞漢劉鋹移循州於雷鄉縣於舊循州立禎州仍割循州之歸善博羅海豐河源四縣以屬之寰宇記在僞南漢乾亨元年郎通鑑後梁正明三年丁丑歲也國朝平嶺南地歸版圖九朝通略在開寶四年避仁廟諱改曰惠州國朝會要在天禧五年屬廣南東路九域志在熙寧七年中興以來因之今領縣四治歸善

縣沿革

歸善縣

中

倚郭祥符圖經云本漢南海郡地晉爲欣樂縣地然攷之晉志南海郡下無欣樂縣惟宋志東官郡下有欣樂云本屬南海宋末廢則是欣樂本屬南海至宋末始屬東官輿地廣記見宋志有宋末度之文遂謂宋置欣樂縣與祥符經有晉宋之異今兩存之南齊志東官郡下亦有欣樂縣元和郡縣志及舊唐志並云宋置歸善縣今以宋志南齊志攷之並無歸善縣祥符圖經云陳正明三年改爲歸善縣按陳正明三年己酉即隋開皇九年己酉也隋文帝以開皇九年平陳即於是年置循州則循州與歸善縣之置實相先後耳新唐志云正觀元年省龍川縣入焉五代南漢劉龑乾亨元年移循州別置於雷鄉縣卻於循州舊治歸善縣置禎州國朝改禎州爲惠州故又爲惠州州治

博羅縣 中

在州北四十五里舊唐志及元和郡縣志云本漢舊縣屬南海郡故二漢南海郡下並有博羅縣東漢志注云有羅浮山自會稽浮往博羅山故置博羅縣吳晉因之故晉志南海郡下亦有博羅縣宋志云二漢

皆曰傳羅晉太康地志始作博羅通典亦曰傳羅南齊志尚屬南海郡歷梁陳至隋始屬循州故隋志云平陳置循州以縣屬縣而龍川郡下有博羅縣唐志云正觀八年省羅陽縣入焉五代劉龑乾亨元年置禎州故博羅又屬禎州國朝改禎州爲惠州故又屬惠州

海豐縣 下

在州東三百里通典云本漢舊縣寰宇記云漢舊縣屬東官郡元和郡縣志云東晉於此置海豐縣屬東官郡輿地廣記云宋置海豐縣屬東官郡三者俱不同象之謹按東西漢志交州無東官郡及海豐縣則通典寰宇記已無所據晉志於廣州後序云成帝分南海立東官郡而不載海豐縣建置之因宋志云永初郡國志不注置立之因蓋永初乃宋高祖即位之初年作爲郡國志已有海豐縣則是晉已有海豐縣則海豐非置於宋也明矣輿地廣記謂宋立海豐縣而舊唐志以爲宋屬東官郡二者不同切詳海豐之縣前既非置於漢後又非置於宋往往是東晉分立東官郡之時因而割置耳沈約宋志載廣州記云晉

成帝咸和六年分南海立東官郡領縣六今宋志東官郡丁正有六縣往往是晉成帝置郡縣時同立郡與元和志東晉置海豐縣之文相應南齊志東官郡下亦有海豐縣隋志云隋平陳循州後改龍川郡故龍川郡下有海豐縣唐志循州海豐縣下注云武德五年析六安縣正觀元年省五代劉龔置禎州又屬禎州國朝改惠州至今屬焉

河源縣 緊

在州北一百五十里元和郡縣志云本南海郡龍川縣地齊於此置河源縣縣東北三百里有三河之源故也舊唐志及輿地廣記並云隋屬循州隋志河源縣下注云開皇十一年省龍川縣入焉新唐志云武德五年析石城縣正觀五年省五代劉龔屬禎州國朝改惠州至今屬焉

風俗形勝

海上有山浮來（南越志云本只羅山因海上有山浮來相合故曰羅浮）朱明之

陽宮耀眞之陰室洞穴之寶徧海靈之雲術謝靈運羅浮山序

僞漢劉陟據嶺南與福建王審知分疆爲戰疆分潮汀漳三州爲閩界分舊循州歸善海豐博羅河源爲禎州爲南漢界圖經

古城之第進士張祕郎魁南宮皆惠人爲南越倡此邦文物不下宅州郡學記

朱明曜眞天茅君內傳曰羅浮山之洞周回五里名曰丨丨丨之丨

軒轅所居皮日休浮陵集題羅浮云云亂峰四百三十二注四百三十二山峰數

諸仙所避南海郡略曰羅山丨丨人丨丨之山也惡人不得上惡人妄上有獸博之投於巖下

羅浮二岳以風雨合離類要有載送良郢士人遊羅浮山序曰常聞說者云蓬萊一島浮海至與羅山合因命曰羅浮二岳

左帶牛頭右據龍尾南越至羅浮山丨丨丨丨丨丨丨丨丨丨山

十五嶺三十

二峯九百八十瀑泉南越志羅浮云云四百瀑泉雞跖集載古詩曰四百瀑泉海上排根連蓬島蔭天台神靈若爲移中土嵩華都來只一堆連蓬島蔭天台見上羅浮雲雷皆在山脚小說云中秋大雷雨有道人引路上羅浮山頂月色皎然｜｜｜｜海南集潮州以昌黎重吾州以東坡重圖經紅螺白餅紅螺蜆屬也冬間甚盛土人多以配白酒故有｜｜｜｜之語鰐潮平出公卿古識狀元出鵝城古識爲報舉人休就攝狀元非久出禎州

景物上

寅山南越志云攸業縣此有寅山青松紫幹四衢皆竦其下多茯苓葳山有趙王祠南海隋志云海豐縣下有漲海又寰宇記云南海則海寓連雲多鯨鯢其大吞舟又有鮨魚南越謂爲壞雷魚其大丈子朝出食暮則宿其母腹又有鋸魚南越謂之狼籍魚生齒如鐵鋸又鰻魚大如指美滑宜羹又

黃雀魚嘗以八月化爲黃雀到十月後入海化爲魚又有巨黿在沙嶼閒皆上生樹木如洲島昔有陷者

南嶺在郡東南一百餘里一名安懷嶺

南山寰宇記云有勞楩溪靈泉溪

西江源發於九龍山南二百里抵郡城會龍江入番禺

羅山在博羅縣漢志浮山自會稽浮來博於羅山故名羅浮山浮山蓋蓬萊之一島堯時洪水所漂浮海而來與羅山合而爲一

浮山羅浮記云從會稽流來今山上猶有東方草木又有翡翠五距越王山雞切詳羅浮之義分而言之或曰羅山或曰浮山合而言之則曰羅浮耳

浮水元和郡志云出浮山

釣潭在歸善縣之北抵江西有盤石小潭可以垂釣東坡嘗游因作江郊記曰江郊蔥朧雲水蒨絢碕岸斗入洄潭輪轉先生悅之布席閒燕初日下照潛鱗俯見意釣忘魚樂此竿線優哉游哉玩物之變

霍山山上有靈龕寺與甯寺山有鳥大如燕似鶻鵒銜泥點石爲巢蜂隨後結房見寰宇記

淡溪南越志云西有淡溪中號曰石亭北有古遼崗石溪之鄉有山曰營崗崗崗之澗有銅弩牙流出父老曰昔趙佗弩營在此也若有人取此弩牙卽有

風雨舟船淪沒見寰宇記

湯泉 東坡湯泉詩云鬱攸火山烈觱沸湯泉注豈惟溫獸駭坐使癡鬼怖安能長魚鱉僅可燖狐兔

豐湖 在郡城西廣袤十里治平間陳公偁領州經畫築隄截水今臺館爲廣東之勝

峩山 孔氏六帖云｜｜在博羅縣西北五十里

鵝城 古有木鵝仙城相傳古仙放木鵝流而至此因建城舊圖經云博羅縣北抵鵝嶺至今稱惠陽曰鵝城鵝嶺

鵝嶺 在羅浮山西北

鶴嶺 白鶴峰在江水東舊相傳稱惠陽爲鶴嶺者以白鶴峰得名

鰐湖 處豐湖之南闊不盈四五尺深倍之古老相傳云鰐湖多鰐魚又云｜｜亭榭二十餘所

龍塘 在郡治南有龍居之故名

龍山 隋志河源縣下有龍山寰宇記云在縣南大海上常有黑龍潛于山穴時興雲雨騰翔海水故曰｜｜

龍潭 在博羅縣袁彥伯山疏云有瀑布三十餘仞

修江 隋志河源縣下有｜｜

循江 元和志經河源縣東南去縣二十步

隱天 裴淵廣州記羅浮二山｜｜唯石樓一路可登

穴山 南越志云河源縣北有龍穴山聯巖亘地累嶂分天常有五色龍乘雲出入此穴漢書云龍川

縣有龍穴是也見寰宇記**石溪**寰宇記云鄉有介然孤石名越王闕下有石鑊可容數十斛常有懸注而竟不溢**石樓**南越志羅浮山有聳石如樓謂之石樓**金溪**在博羅縣羅浮山之東**鐵橋**羅浮靈異記有如鞍橋在石樓之間望之可高五十餘步故老謂之丨丨出孔帖

景物下

中和堂在州廳西**平遠臺**在豐湖西無量壽院前築臺極峻湖山一覽無遺爲遊翫之勝**文惠堂**在州治堂之前有文惠閣**孤嶼亭**在豐湖**平湖閣**在豐湖泗洲寺前枕湖倚山最爲勝遊之地名取鰐湖平之讖**荔枝圃**在豐湖**野吏亭**在州廳陳文惠所建**松風亭**在彌陀寺後山之巔始名峻峰植松二十餘株清風徐來因謂松風亭東坡有遊松風記**花首臺**羅浮記云其洞常有五百花首真人遊會開元二十六年奉敕建丨丨丨**合江樓**在郡之東二十步東坡嘗居焉詩云海山蔥朧氣佳哉二江合處朱樓開蓬萊方丈應不遠肯爲蘇子浮

江來

鰲峰亭在豐湖

峽山寺容齋三筆云東坡初赴惠州過峽山寺不識主人故其詩云山僧本幽獨乞食況未還雲碓水自春松門風爲關石泉解娛客琴筑鳴空山

河源水元和志云去歸善縣四十步

石埭山在郡之西五七里崖石壁立泉激如飛

水簾洞在石埭山峭石壁立清泉湶擊勢若飛簾因名水簾洞

雲溪泉浮山與羅山並體故浮山有四百四十二大峰通典云山茅君傳曰第七洞名朱明耀眞之天

夜樂池在博羅縣池中有泉聲夜聽之如音樂

明月灣在豐湖

聚霞峰孔氏六帖云其山在羅浮絕頂上常有紫霞在于峰上

飛雲壇在浮山頂有巨石砌疊數層常有雲氣繞其上號曰飛雲

披雲島在豐湖

歸雲洞在豐湖

青霞谷蘇眞修行處見惠陽圖經

白雲洞勵眞人修行處見惠陽圖經

白水山去郡二十餘里有瀑布泉百二十丈下有湯泉石壇佛跡甚異

錦繡峰在博羅縣浮山

金沙洞在博羅縣浮山

瑇瑁山在羅浮山之東山下有池池中

有瑤琯因以名山山南有相開元中充貢

瑤石臺在浮山上孔帖云有奇石高五百餘丈綵綺錯爛如霞錦謂之｜｜｜

香峰亭在博羅縣浮山

缽盂峰在浮山

石臼洞在浮山

刀子峰在浮山

阿耨池在羅山池中闊一里景泰禪師入定之所

羅漢巖在浮山

佛迹巖羅浮之東麓也在惠州東北二十里佛跡院有懸水百仞涯有巨人跡數十所謂佛迹也蘇東坡詩云何人守蓬萊夜半失左股海風吹未凝古佛來布武

麻姑臺高三百餘仞周回五百步

龍王坑在西龍潭直上二石夾之相傳景泰禪師講法於此

通天巖在浮山有穴見天故名

會仙峰在浮山又有會眞峰

棲禪寺在湖山紹聖三年東坡葬妾朝雲于寺寺容齋三筆云東坡既至惠州殘臘獨出至棲禪寺不逢一僧其詩云江邊有微行詰曲背城市平湖春草合步至棲禪寺堂堂不見人老穉掩門睡所營在一食食已甯復事客行豈無得施子淨掃地風松獨不靜送我作鼓吹

點翠洲在豐湖

漱玉灘在豐湖

拋毬峰在浮山

浮碇岡 在博羅縣城下寺有古記云相傳浮山初來碇石于此而成岡焉偽漢命於岡下建延慶寺今存 **濯纓橋** 在郡西曲三湖 **懷海山** 在海豐縣迤邐南入廣州界 **平陸山** 在海豐縣西 **安懷嶺** 在郡東南百餘里俗號南嶺其嶺南有水入于海 **安懷江** 來自海豐縣東懷海山一百九十里流至歸善縣東四百步會于龍川 **懷安山** 隋志在歸善縣 **歸化山** 隋志在歸善縣 **黃龍洞** 在羅山 **白鶴峯** 在歸善縣之北相傳稱惠陽爲鶴嶺者以白鶴名峯皇朝紹聖中蘇軾安置惠州卜居于此合江樓蘇軾所居 **碧雞山** 在羅浮山有碧雞羣飛於絕巘見孔氏六帖云 **龍川江** 來自贛州安遠縣嶺下流入縣西界又經歸善博羅縣界至廣川增城縣入于海 **龍穴山** 元和郡縣志云今名龍川山在河源縣東北三百四十里 **龍公竹** 羅浮山第三峯有竹大徑七尺圍長丈二謂之丨丨丨常有鸞鳳棲宿 **牛嶺山** 南越志羅浮左帶牛嶺山右據尾山寰宇記 **牛鼻山** 南越志牛鼻山去赤岸四十里西有夫盧山有

湖冬夏盈每至甲戌日嘗聞歌管鞞鼓之音見寰宇記

鳳凰山在博羅縣羅浮山之西

朱明洞在冲虛觀後云是蓬萊第七洞天

華芳洲亦湖心之一島也湖水環遶有三神山之氣象焉

新豐江在河源縣北湍磧嶮峻通灌田一千一百二十頃流五百五十里入縣界號新豐江

三合樹投荒錄云相思亭有木葳樹橄欖樹黃支樹此樹獨根大十圍去地二丈爲二支號日三合樹見寰宇記

六如亭東坡有侍妾曰朝雲字少霞姓王氏紹聖三年卒于惠州葬豐湖上偈云一切有爲法如夢幻泡影如露亦如電應作如是觀東坡爲亭以覆其墓名之曰六如且書其辭于石

七里壇在幽居洞有古松七株亦曰七星松

百尺壇舊記唐明皇嘗遣使祭山因開此壇

羅浮山東漢地里志博羅縣下注云有|||自會稽浮往博羅山故置博羅縣元和志云在博羅縣西北二十八里羅山之西有浮山蓋蓬萊之一阜浮海而至與羅山並體故曰羅浮峻天之峰四百三十有二焉事見袁彥伯記又南越志云高三千六百丈周回三百二十七里苟非羽化莫能登焉

因堯時洪水泛溢浮海而來倚於羅山合而爲一故以爲名茅君傳云勾曲洞天東通王屋北通岱西通峩眉南通羅浮是也山有洞房石室七十二所有卜竹皆十圍節長二丈謂之籠葱竹有瀑布垂流三十仞有奇石勢如削成謂之瑤石臺次有聳石如樓謂之石樓山上有湖岸周回數里中有藻石精即水精也常應海潮盈縮郭祥正詩云久憶觀滄海喜君語羅浮浮從會稽來與羅相獻酬**嘉祐院**在通湖門之側東坡嘗居焉有松風亭記**東新橋**在郡之東江谿紹聖三年道士鄧守安治作浮橋東坡名之曰東新橋有詩不云二子勞歎我捐饕犀蓋二士造橋予嘗助施犀帶**西新橋**在郡之西豐湖之上僧希固造東坡名之曰丨丨丨有詩云探囊賴故侯寶錢出金闓注云子由之婦史頃入內得賜黃金錢數十助施

古迹

龍川故城元和志云在河源縣東北水路百七十五里秦龍川縣也秦南海尉任囂疾召龍川

令趙佗授之以政卽此處也**歸善故城**元和志云在歸善縣東北七十里**梁化故郡**元和志云在歸善縣東南八十里**欣樂城**在縣南一百五十里江左屬廣州唐正觀元年廢**唐安陸縣城**在海豐東七十里按唐志云武德五年分縣地置正觀初後併入此城遂廢**晉長吉宮**在河源縣北百餘里洪聖王之舊居也**東坡故居**在歸善縣治之北白鶴觀基也紹聖間東坡請共地築室室中塑東坡像堂曰德有鄰齋曰思無邪又夷堅志云紹興二年虔寇謝達陷惠州民居官舍焚蕩無遺獨留東城白鶴故居及六如亭致奠而去**唐子西故居**政和間眉山唐子西於郡城南沙子步頭築廬曰寄傲曰易庵**陳侍講故居**紹興永嘉陳鵬飛侍講以言事貶寓居郡之舍人巷**陳使君堂**治平間陳公偁領州事時子了翁隨侍百姓生祠之榜曰陳使君堂塑二像一坐一侍坐者使君侍者了翁**李氏潛珍閣**郡人進士李光道所建在郡之南面龍塘東坡爲記**蘇公隄**在豐湖之左岸紹聖閒東坡出上所賜金錢築

焉郎官湖陳侍講鵬飛貶居郡舍人巷築室亭之前湖面湖榜曰｜｜｜唐子西題｜｜｜詩云湖邊冷艷浸秋蒲湖上寒光轉夜烏太白持盃問月罷爲予題作謫官湖葛仙丹竈在冲虛觀葛仙藥槽在水簾洞山間天漢橋側鐵佛像首唐開元中有西竺僧乾末多羅以鐵釋迦像一軀泛海至番禺不動置之羅浮山其像爲人所毁以鑄農器獨其首今在延祥寺銅佛像隋開皇中龍華寺僧惠善發其地得銅瑞像一軀後建中閣院以奉安之

官吏

陳鵬飛字少南永嘉人也以言事謫死惠州有羅浮集十卷林艾軒曰於宇宙中爲第一流孤立潔處不容於時陳堯佐許申郡守題名云陳堯佐咸平二年爲守閩州志載陳堯佐以潮州倅權守惠州攜潮之士許申僧行中道艤舟於岸舟子方擊柝俄有馬騎數人介胄百輩指呼甚嚴云今宵丞相遭使會宿於此其或疎虞毫髮不赦公與申相對驚喜莫測其由明日行訪其地有姚娘廟

在焉及居相位遣人祭告申
亦任本路轉運使一如其言

陳知柔清源志｜｜｜泉之永春人罷
賀州歸留惠陽三年明日泛豐湖登白
鶴峯追和東坡詩陶寫羅浮風物殆盡

詹範範知惠州
從東坡先生游先生
嘗有次韻桂酒二詩

蘇軾以紹聖元年謫惠州

陳偁知惠州有豐湖方十
餘里堤壞湖涸積十年而魚租尚存偁築堤扞江
魚鼈蒲蓮之利悉以予民歲免緡錢五十餘萬

人物

古成之河源人簡靖力學國初嶺嶠文風未振每取
士合一路以一人薦雍熙三年成之充賦督
府勸駕詩云寰中有道逢千載嶺外觀光祇一人道
潭州遇異人韓泳後成之宰漢州綿竹縣忽韓有書
來成之索酒大書云物外乾坤誰得到壺中日月我
曾遊留今留留古會留留得一醉浮生萬事休擲筆而逝
後聞成之方上謁漢州守家人
發棺則尸已解但遺靴一隻

梅蟠字子升博學强
記筆力豪放搪

元豐八年第歸日有詩滄海有風鵬翼健青雲得路馬蹄輕晚居豐湖號羅浮山人時眉川唐博士謫居與之遊

張宋卿字恭父警敏強記或借書於友人一閱成誦紹興丁丑以春秋爲天下第一正色立朝剛而有禮名重諸公兵侍胡銓對高宗曰張宋卿鯁直可任臺諫魏國公張浚力薦于朝

仙釋

單道開晉書藝術傳單道開敦煌人也石季龍時從西來日行七百里晝夜不臥佛圖澄與語不能屈也季龍末南渡至南海入羅浮山後卒以尸置石室袁宏爲南海太守登羅浮山至石室見道開形骸如生宏曰法師正常如蟬蛻耳乃爲之贊

葛洪寰宇記云字稚川句容人咸和初以年老欲煉丹聞交趾出丹砂乃求句漏令行至廣州洪遂入此山鍊丹晉中興書曰葛洪上羅浮山煉丹忽與廣州刺史鄧岱書云當遠行而洪亡時人咸以爲神仙

隋趙師雄還羅浮與花神遇

唐羅浮先生唐羅浮先生軒轅集者年過數百顏色不衰或民家具齋飯邀之雖一日百處無不分體

而至

陶仙 五代秦再思紀異曰顏眞卿使李希烈謂姻族曰吾曾遇道士陶授與一刀圭碧霞丹令服有厄卽吉眞卿爲希烈所害後商人至羅浮見兩道圍碁一以書寄商人歸洛陽乃眞卿眞翰子孫發棺卽已空矣

申大芝 靈異記天寶初詔道士申大芝祭山欲尋朱明洞以藤籠石斛垂一人下洞約五丈餘卻出云下視無底日月星辰無不備焉孔帖

魚肉道人 夷堅志云成都人生於大觀間隨張魏公出峽遇武當孫坦先生告之曰羅浮山黃野人宜徃拜之遂行至羅浮到上樓黃取魚肉與之自此能啖生魚肉紹興二十八年召入宮御製贊賜之曰不火而食太古之民不思而書莫測其神外示朴野內含至眞白雲無迹紫府常春

阿育王塔 名山略記曰羅浮山｜｜｜｜三十二所

僧伽 東坡大全集又志林云予在惠州被命責儋耳吾妻沈素事｜｜謹甚一夕夢和尚告別沈問所往答云當與子瞻同行後七十二日當有命今適七十二日矣豈非前定者乎

碑記

唐傳士佛跡記有巨人迹在湯泉之東瀑布之西散印於巖石之上深者二寸許瑞像記五代僞劉時僧惠進作瑞像記立於中閣院殿側圖經教授余嘉序新圖經郡文學黃以甯序

惠州詩

傳羅程遠近海塞愁先入瘴雨出虹蝀鬱江度山急常聞島夷俗犀象滿城邑殷堯藩寄嶺南張明甫見文苑英華

多謝相逢殊俗眼謫官猶作貴人看余襄公遊羅浮瑞禽至詩

投醪谷董羹鍋內掘窖盤游飯椀中蓋土人好生盤游飯取鮓劘膾炙皆埋之飯中又好作谷董羹取凡飲食雜烹之陸道士故有此聯東坡大喜親爲錄之

朝盤見蜜唧夜枕聞鵂鶹東坡詩蓋土人取鼠未生毛開眼者飼以蜜以著挾而啗之謂之蜜唧以其唧唧作聲也

鵂鶹者惡鳥土人惡之彷彿曾遊豈夢中欣然鷄犬識新豐坡詩蓋隋志有新縣開皇中省入龍川龍川後省入河源吏民驚怪坐何事父老相攜迎此翁坡詩嶺南萬戶皆春色會有幽人客寓公坡詩三年瘴海上越嶠眞我家坡詩登山作重九蠻菊秋未花坡詩惟有黃茆浪堆壠生蚴窊坡詩蟻舟蜑戶龍崗窟置酒椰葉桄榔間坡詩蜑酒蘗衆毒酸甜如梨楂坡詩何以侑一樽鄰翁餽黿蛇坡詩一盃羅浮春遠餉采薇客遥知獨酌罷醉臥松下石幽人不可見淸嘯聞月夕聊戲庵中人空飛本無迹坡詩淒涼羅浮館風壁頽雨砌栖禪晚置酒蠻果粲蕉荔栖禪寺在惠州豐湖上東坡和子過韻同游羅

浮道院及栖禪精舍已買白鶴峰規作終老計長江在北戸雪浪舞吾砌青山滿牆頭髮髯幾雲髻東坡在歸善縣嘉祐寺白鶴峰赤魚白蟹筯屢下黃柑綠橘籩常加糖霜不待蜀客寄荔枝未信閩人誇東坡海上仙人絳羅襦紅紗中單白玉膚不須更待妃子笑風骨自是傾城姝東坡到處聚觀香案吏此邦宜着玉堂仙東坡爲報先生春睡美道人輕打五更鐘東坡作此詩傳至京師章子厚見之笑曰蘇子瞻尚爾快活耶故有昌化之命丞相祠堂下將軍大樹旁東坡食荔枝詩引惠州太守陳文惠公祠堂下有公植荔枝一株郡人謂之將軍樹長條半落荔枝浦臥樹獨秀桄榔園東坡松風亭下梅開詩江雲漠漠桂花溼梅雨翛翛荔子

然聞道黃柑常抵鵲不容朱橘更論錢恰從神武來宏景便到羅浮見稚川東坡未誅綺語猶輕典更賜羅浮有底功蝦菜賤時皆丙穴茅柴美處卽郫筒着鞭要及春前到趁賦梅花庾嶺東唐庚南遷詩盧橘楊梅乃爾甜肎容遷謫到眉尖因行採藥非無得取足看山未害廉唐庚屛跡舍人巷灌園居士橋唐庚雜詩爲農沙子步附保水西鄉隱几江天遠開門佛土香時情荒徑草野色淡漁梁欲縱高秋目東偏短作牆唐庚詩手擷春畦爪甲香黃萎紫筍快先嘗我今駢邑無三百只有園蔬一味長陳鵬飛飽喫惠州飯細和淵明詩山谷

羅浮山詩

遊當羅浮行息必廬霍期越海凌三山遊湘歷九疑文選謝靈運君言羅浮上容易見九垠漸高元氣壯汹湧來翼身夜宿最高峰瞻空浩無鄰海黑天宇曠星辰來逼人劉禹錫欲問徵君何處尋紅翠數聲瑤室響皮日休詩注｜｜山鳥名山有璇房瑤室七十二不將眞性染埃塵爲有煙霞伴此身帶日長江好歸信博羅山下碧桃春高駢題羅浮別業浮山若鵬蹲忽展垂天羽蘇東坡人間有此白玉京羅浮見日雞一鳴南樓未必齊日觀鬱儀自欲朝朱明山有二石樓今延祥寺在南樓下朱明洞在沖虛觀後云是蓬萊第七洞天鐵橋石柱

連空橫山有鐵橋石柱人罕至者鐵橋本無柱石樓豈有門東坡次韻慧欽長老見寄鐵橋峰杖藜欲趁飛猱輕雲谿夜逢瘖虎伏山有瘖虎巡山斗壇晝出銅龍獰冲虛觀後有朱眞人朝斗壇近於壇上獲銅龍六銅魚一並坡詩羅浮山下四時春盧橘楊梅次第新日啖荔枝三百顆不妨長作嶺南人東坡食荔枝惠州風土隔世埃使我南望長徘徊昔年霹靂轟蓬萊六鼇跟蹌海面開一峰崒屼九霄落萬里濤怒推擁來至今浮在羅山畔玉闕石纍插天半世人可見莫可登雪棧雲梯知幾層近聞更有豐湖好環匝亭臺映洲島野叟忘機鷗鷺閒寒潭無浪蛟能老楊無爲集豐湖歌何處不堪老

浮山傾蓋覩潮田。無惡歲酒國有長春唐庚風前整頓紫荷巾歸向羅浮居來養神石磴倚天行帶月鐵橋通海入無塵曹唐送羽人王錫歸羅浮

四六

維時豐湖實望南粵流風未泯追還文惠之清規遺迹可尋時訪坡公之舊宅余崇龜賀惠州守啟剡茲偏壘邈在炎陬張孝貢俗陶朴野之風民業魚鹽之利同上夷居萬里煙瘴六年唐庚謫惠州復官謝表鵝城斗大鱷穴淵深飽惠州之飯讀淵明之詩茲亦奇矣使渤海之民沾宣帝之化所願學焉李公甫代新知惠州謝宰相啟豐湖十里而德有鄰

堂而環合東溪千頃並思無邪齋而落成留丞相正東坡故居記

輿地紀勝卷第九十九

輿地紀勝卷第一百　文選樓影宋鈔本

東陽王象之編　甘泉岑鎔 淦 長生校刊

廣南東路

潮州

潮陽　義安　鳳城　鰐渚　揭陽　海陽

州沿革

潮州下。潮陽郡軍事。九域志。禹貢揚州之域。通典：潮州隸揚州之封。部牽牛之分野。圖經。古閩越地，秦屬南海郡，秦末屬南越。寰宇記。漢武平南越，復屬南海郡。寰宇記。今州卽漢南海郡之揭陽縣地。此據元和郡縣志，而通典亦以爲漢揭陽縣地，又兩漢志南海郡下並有揭陽縣。晉成帝分南海立東官郡，宋志立東官郡在成帝咸和六年，陽縣安帝又分東官立義安郡宋志立義安郡在安帝義熙九年領縣五有海陽潮陽二縣又云潮陽故屬東官郡及海陽縣元和郡縣志云晉安帝義熙九年於此立義安郡及海陽縣宋齊因之宋齊二志義安郡下並有海陽潮陽二縣梁置東揚州又改瀛州及陳時州廢隋書志義安郡下注云梁置東揚州後改日瀛州及陳州廢隋平陳置潮州爲義安郡隋志於義安縣注云舊置義安郡平陳郡廢大業初復置郡有海陽潮陽二縣隋平陳廢義安郡置潮州隋志云平陳置潮州煬帝罷州爲義安郡大業中隋末陷於寇境唐平蕭銑復取嶺南嶺南俚帥楊世畧以循潮二州來降通鑑在武德五年元和郡縣志云武德四年復置潮州寰宇記以爲武德元年復置潮州不同象之謹按通鑑武德元年載蕭銑僭位於江陵銑之境土東自九江西抵三峽南盡交趾北距漢川銑皆有之至武德四年十月始平江陵至武德

五年始定嶺南則元年四年尙屬蕭銑通鑑武德五年循潮二州始來降則改郡爲州當在武德五年而元和志寰宇記年月非是今不取**復爲潮州**皇朝郡縣志**改潮陽郡**天寶元年**復爲潮州**乾元元年**五代爲南漢所有**五代史南漢劉隱傳載初盧光稠據虔州其弟光睦據潮州子延昌據韶州隱以兵事付龔龔遂出兵攻敗盧氏取潮韶二州寰宇記云南漢割程鄉置梅州**皇朝平嶺南地歸版圖**九朝通畧在開寶三年**分隸廣南東路**至道以後分廣南爲東西路而潮隸東路**今領縣三治海陽**

縣沿革

海陽縣 望

倚郭元和郡縣志云本漢揭陽縣地也晉於此立海陽縣爲義安郡治開皇十年省義安縣廢海陽入循州十一年置潮州又立海陽縣以屬焉以南濱大海故曰海陽南越志云｜｜｜南十二里卽大海東至

興甯縣水道八百里至廣州界二十五里有湖龜靈甲之類

潮陽縣 望

在州南一百三十里元和郡縣志云本海陽縣地晉安帝分東官郡立義安郡仍立丨丨丨屬焉南越志云以在大海之北故曰潮陽縣之南有小水而南流注于海中隋廢縣唐武德中再置輿地廣記云隋唐屬潮州唐志云永徽初省先天復置元和志云正元九年移於今理

揭陽縣 中

在州西七十五里皇朝郡縣志云本漢舊縣屬南海郡後廢象之謹按兩漢志皆有丨丨丨而晉志但存海陽潮陽二縣無揭陽恐在晉已廢矣國朝中興因漢舊名置縣國朝會要云宣和三年詔割海陽縣三鄉地置丨丨丨繫年錄云紹興二年三月廢潮州揭陽縣縣海陽地也宜和中以劉花三作亂析置至是省之八年復置丨丨丨仍移治吉帛村

風俗形勝

潮之士篤於文行延及齊民蘇軾作潮州韓文公廟碑云始潮之人未知學公命進士趙德爲之師自是潮之士皆篤於文行延及齊民至今號稱易治　能一潮人於詩書之習州人之知書自文公始潮陽圖經　稻得再熟蠶亦五收寰宇記　大海在其南韓退之鱷魚文潮之州云云　鱷魚稻蠏不暴天物皇甫持正集韓文公神道碑公爲州刺史洞獠海夷陶然遂生云云　州之南境漲海連天毒霧瘴氣日夕發作退之潮州表臣所領州在廣府極東界濤瀧壯猛颶風鱷魚患禍不測云云　閩南兩越之界韓文少府監胡公墓碑　東越王餘善至揭陽漢書東越王餘善請以卒八千人擊南越至揭陽以風波爲解即此也　一潮州耳或曰金城者以是山舊屬于金氏曰鳳

水者以鳳凰山一水緣溪而出曰鱷渚者以韓公驅鱷之舊曰揭陽者蓋有取於古之舊縣曰潮陽蓋有取於今之郡名圖經序太平興國間始有聯名桂籍者圖經云

景物上

蒙齋以水石之勝故信安令鄭君沂讀書之室也在湖山**瀛洲**陳公宏規刱于熙春之西**梅堂**在郡圃之後**月臺**在梅堂之北**湖山**與韓山對山之麓寺觀錯立**東湖**在韓山之後四山回環荷花彌望柳陰夾植湖中亭曰湖山觀曰清暑曰水月曰友堂**東山**在州東昌黎文公舊遊覽之地亭榭多見于此**西湖**縈繞于州之太平橋下徑湖以橋建亭其中曰倒景曰雲路曰立翠曰東笑**韓木**圖經云邦人於此卜登第之詳其叅名多寡視其華之繁稀有無亦如之

韓山與州山韓亭在州温泉湯田湯頭熱流湯沙皆
相對　偽　海陽之溪流熱水屬揭
陽會山寰宇記云在潮陽山出文貝杭山寰宇記云
可以解毒紫藻朱文削其狀在海陽縣
孱水寰宇記云惡溪有鱷魚韓退之作文逐之陳文
在海陽　惠公堯佐綱得爲圖記其狀
鳳水潮陽圖經云在鳳凰山下曰鳳臺在州鮀浦
水者以鳳凰山一水緣溪而出　治後
去州八鴨湖潮陽圖經云州蛇山皇甫持正送簡師
十里　治舊在｜｜　序適潮不顧｜｜
鱷水萬鱷渚潮陽圖經云曰｜｜鰐溪以鱷魚得名
里之險　者以韓公驅鱷之舊　舊傳爲惡溪
韓公剌潮謝表云過海口下惡水濤瀧壯猛是自廣
惠而循潮順流而下今程鄉松口俗號惡溪廟安濟
廟乃其所也廟有鱷魚餘骨尚存後　按嶺表錄
人留題有古廟巖巖鎮惡溪之句鰐魚異云｜｜
其身上黃色有四足脩尾其形如鼉而舉止趫疾口
森鋸齒往往害人南中鹿多最懼此物鹿走崖岸之
上羣鱷嘷叫其下鹿必怖懼落崖山都寰宇記云潮
多爲｜｜｜｜所得亦物之相懾伏也　陽縣有神名

山都形如神而被髮迅足

景物下

仰斗亭居州東山之腹北向名仰斗　就日亭在州治後韓公舊祠側　獨遊亭在城東　仙遊臺　宣美堂丨　清心堂　明遠堂並在州治　平遠堂在明山　橫照堂在西湖　水簾亭在潮陽縣東山泉溜四垂若張簾于楹且屈曲繞流于亭下可浮觴以飲　荔支亭在郡治後金山　梅花院在倅廳取陳文惠梅花廳院竹青青之句以名　桑浦山潮陽圖經云山與州相對名花異禽畢產其中　梅溪水太平寰宇記云在潮陽縣　翔鳳山九域志云鳳凰山南越志爲丨丨　鳳凰山寰宇記云在海陽縣一名翔鳳山昔有爰居來集此因名之山多相思樹樹中有神形如神被髮迅足山海經云南方有贛巨人人面長脣黑身有毛反踵見人笑亦笑笑則脣蔽其面因即逃也郭景純云即梟陽蓋此山也

鳳凰水在鳳凰山下　龍蛇水寰宇記在潮陽縣　龍首山元和志云在潮陽一名穫子山寰宇記云一名候子山　龍溪山元和志云在潮陽一名海甯嶺　瘦牛山潮陽圖經云雲落一山有銅鐵佛像寶貝之異或謂卽今之|||　鬬牛巖在西湖　獅子巖在郡東山坡上　白嶼洲寰宇記引郡國志云潮陽|||自海浮來後會稽人識之云會藏銅熨斗於洲上往取果得　綠陰巖在西湖　金城山見九域志有韓木韓退之所植也不知名士人以歲開花爲登第之兆　板溪水太平寰宇記云在潮陽縣　西陽山　西陽水元和志並在程鄉縣　西豐水寰宇記云在潮陽縣有銀石臨穴中有銀瓶不可取　西衡澤南越志云在潮陽縣　西津驛元和志云在州西　惡溪水見九域志　濁溪山寰宇記云在潮陽縣　苦竹山寰宇記云在海陽縣　懷遠水寰宇記云在海陽縣　分飛水寰宇記云在海陽縣　獨子山在揭陽縣西溪地曰淋田有山鼎峙一曰飾山一曰明山一曰

丨丨雙旌石圖經云州東山之肩有二峯舊曰丨丨

五子樹郡國志云潮陽丨丨丨實如梨有五核治金瘡及霍亂

九侯山寰宇記云在海陽縣

萬卷堂在州治東

大人跡在揭陽縣山地名隴內有一足跡甚巨

陰那山寰宇記云在海陽縣

海陽山在丨丨縣

揭陽樓韓昌黎建

房樂水寰宇記云在潮陽縣

海[甯]嶺元和志云龍溪山今名丨丨丨

鹽亭驛元和志云丨丨丨近海百姓煑海水爲鹽遠近取給

官鄣湖元和志云在海陽縣東南二十里出名龜以卜勝於舍涯龜也

靈山院故爲大顚師開山之地自開元十九年始每出入有虎尾其後夜不離側且有毛搭颭者身面俱毛本漳州三平山之神也凡僧之不律與館于寺而輒擾者必蒙擊治

古迹

義昭縣南越志云義安郡有丨丨丨昔流人營也海義熙元年立爲縣永初元年移上郡之西

甯縣 南越志云在郡之東六里西接東官縣界龍首山龍溪山龍𧉧水自此而出焉

綏安縣 南越志云在郡之東千里海道也東接泉州晉安縣之界北連山數千日月蔽藏昔建德伐木以爲舟船之處又綏安縣北有連山昔越王建德伐木爲船其大千石以童男女三百人牽之既而船俱墜于潭時聞得船者有唱喚督進之聲來往有青牛驄迴船側

侍郎亭 在州東山昌黎登覽舊地俗呼｜｜｜又曰韓亭

丞相嶺 因唐丞相常衮爲刺史得名有題詩者曰有唐常衮刺潮陽南出龍川驛路長自此呼爲｜｜｜茂林脩竹有輝光

思韓堂 見潮陽舊圖經

仰韓閣 圖經云在江之西岸以鎮江流名｜｜｜

越王走馬埒 去州五里平坦可容數百人九域志

鄭令君讀書室 在西湖

直講盧公讀書堂 乃盧公洞書堂

大顛泉 在潮陽闕牛巖故渴於水因顚師卜居而得名

昌黎伯廟 韓愈元和中貶潮州刺史至今廟食皇朝元祐五年封｜｜｜｜舊在州後今移水南

官吏

曹王皐 衡州圖經載唐｜｜｜上元中爲衡州刺史法成令修觀察使誣奏貶潮州刺史

常衮 爲潮州刺史今有丞相嶺見丞相嶺下注

韓愈 傳云愈爲潮州刺史問民疾苦皆曰惡谿有鱷魚食民畜產且盡民以是窮愈自往視之令其屬秦濟以一羊一豚投溪水而祝之是夕暴風震電起溪中數日水盡涸西徙六十里自是潮无鱷魚患柳宗元愚溪對亦言閩水生毒霧厲氣有魚鋸齒鋒尾而食人又皇甫湜撰韓文公神道碑云愈貶潮州刺史洞究海俗海夷陶然掠賣之口計庸免之未相直輒與錢贖及還著之赦令

李德裕 通鑑在唐宣宗大中元年爲潮州司戶

鄭餘慶 以詩自適不以遠謫介意

陳堯佐 皇朝類苑云咸平中陳文惠公謫官潮州時潮人張氏子濯于江邊爲鱷魚食之公曰昔韓吏部以文投惡溪鱷魚爲吏部遠徙今鱷魚賊人則不可赦矣乃命吏督漁者網而得之鳴鼓告其罪戮之于市

趙鼎 紹興十年坐與秦檜不協安置潮州十四年中丞詹大方乞竄

鼎遠方乃移吉陽軍安置時鼎子份力乞請侍鼎不忍使之俱死瘴地乃手書付之曰紹聖初呂微仲丞相謫嶺南惟一子曰景山愛之不令同行而景山堅欲隨去將過嶺呂顧其子謂曰吾萬死何邺汝何罪欲俱死瘴鄉耶我不若先死猶有後也呂遂縱飲而死吾不令汝侍行亦呂微仲意微仲大防字也

高登 紹興間爲潮州試官坐出則將焉用彼相賦直言不聞深可畏論貶容州而死

人物

唐趙德 韓文公潮州請置鄉校牒云趙德秀才排異端而宗孔氏刺史韓愈知檄攝海陽縣尉爲衙推專管當州文學以督生徒按韓愈有別趙子詩云我遷於揭陽君先揭陽居揭陽去京華其里萬有餘不謂小郭中有子可與娛

本朝林巽 字巽之天聖中應材識兼茂明於體用科對策鯁切有忤權貴有司不敢收慶曆中投匭論事仁宗鑒而異之官以徐州儀曹巽不屑就乃毅然南歸演易重象自著一書有卦元有卦緯有業辭有卦經有起律吹管有範餘敘和凡九篇名曰草範

林從周

林之族列於衣冠者十有七人從周其始也丨丨丨登進士終浙東提刑余靖其婿也丨丨墓銘襄公實筆之

許申 許氏之族總文武言之三十八人申其始也 申字維之未第時見知於文惠陳公公自潮州倅以漕檄攝惠州要申偕行中道艤舟新月初出舟人各登岸纔甲夜俄有介冑百輩乘騎數人指呼甚明云令丞相漕使宿此其或疎虞毫髮不赦申與文惠公驚喜固不知孰相孰漕也明日詢其地有姚娘廟存文惠自惠還潮親以文祭後居鈞軸申八歷廣西江西湖南及本路轉運皆如向所言者

吳復古 字子野有道之士見知於待制李師中師中於世少屈獨於復古曰白雲在天引領何及後東坡黃門與一時名士悉爲知己東坡名其居曰遠遊且爲銘又夷堅志云紹興二年海寇黎盛登開元寺塔見之問左右曰是非蘇內翰藏圖書處否麾兵救之復料吳氏歲寒堂民屋附近者賴以不爇甚衆

陳希伋 圖經潮州經行坊陳希伋以經行明修舉希伋第一希伋未第時薦太學生馬錫有文武全才乞擢用上奇之曰白衣而能薦人於天子自古未有錫後立功人以希伋爲知人

仙釋

僧大顛 姓陳氏舊云隋帝之後其祖以宦遊留于此然隋楊其姓今師豈主之裔哉又韓文公與孟簡尚書書云潮州時有一老僧號大顛頗聰明識道理遠地無可語者故自山召至州郭留十數日因與往來及祭神海上遂造其廬

慧元 姓倪氏州人削髮至京師有華嚴圓明法師者見而異之臨終陞座說偈曰五十五年夢幻身東西南北孰爲親白雲散盡千山外萬里秋空片月新言訖而化

碑記

韓退之題名 集古錄云唐韓愈元和四年題名在濟源井大顛壁記附

李公亭記 唐正元十三年立

韓文公廟碑 東坡文

金山石刻 金山有始開金城山及韓山祠記郡守題名並刊于石

招韓辭 陳文惠公爲韓公祠爲文以招之名曰一一一一

古瀛集 帙三凡著述之闕于州常侯禕命編爲集

潮州圖經 郡守常禕序

新圖經 教授

陳宗衛序

詩

一封朝奏九重天夕貶潮陽路八千韓詩不覺離家已五千仍將衰病入瀧船潮陽未到人先說海氣昏昏水拍天韓詩潮州南去接宣溪雲水蒼忙日向西客淚數行先自落鷓鴣休傍耳邊啼韓詩嶺南大抵同官去道苦遼下此三千里有州始名潮惡溪瘴毒聚雷霆常洶洶鱷魚大於船牙眼怖殺儂韓詩州南數十里有海無天地颶風有時作掀簸眞差事韓詩鱟實如惠文骨眼相負行蠔相粘爲山百十各自生蒲魚尾如蛇

口眼不相營蛤即是蝦蟇同實浪異名章舉馬甲柱鬬以怪自呈我來禦魑魅自宜味南烹韓詩過嶺行多少潮州瘴滿川賈浪仙寄韓湘此身曾與木蘭舟直到天南潮水頭隔嶺篇章來華岳出關書信過瀧流峰懸驛路殘雲斷海浸城根老樹秋一夕瘴煙風卷盡月明初上浪西樓賈島寄韓潮州文苑英華相府潮陽俱夢中夢中何者是窮通他時事退方應悟不獨榮空辱亦空白居易寄潮州楊繼之風雨瘴昏蠻海日煙波魂斷惡溪時嶺頭無限相思淚泣向寒梅近北枝李德裕惡溪詩潮民遺愛處八十里長隄朝士送太守畢朝奉記得幽人舊吟處獨遊亭在野

橋西陳文惠公憶潮陽詩潮陽山水東南奇魚鹽城郭民熙熙
當時爲撰元聖碑而今風俗鄒魯爲陳文惠公送潮陽李孜主簿
漳浦從來瘴癘深潮陽南去更難禁當時三載曾無
事不放閑愁入寸心陳文惠公寄題漳浦縣齋休嗟城邑住天荒
已得仙枝耀故鄉從此方輿載人物海邊鄒魯是潮
陽陳文惠送王生及第歸潮陽

四六

初入五嶺首稱一潮土俗熙熙有廣南福建之語人
文郁郁自韓公趙德而來稻再熟而蠶五收鳳翔集
而鰐遠徙掃除靑草黃茅之瘴霧髣髴十洲三島之

仙瀛□□□眷今古瀛實望南粤雖境土有閩廣之異而風俗無漳潮之分城號鳳棲溪傳鰐去訪古得文公之木手植猶存遠遊經子野之菴歲寒如昨余崇龜賀潮州黄守惟潮陽之偏壘實廣右之奥區千里秀民久已習韓昌黎之教七朝故老猶能言陳文惠之賢龔茂良代潮州林守謝宰執惟時嶺表莫盛潮陽儒雅相承乃韓昌黎之舊治風流未泯有陳文惠之淸規同上眷潮陽之小壘實海南之奥區揖餘慶之淸風有退之之遺化事迹魚佩虎符香自凝於燕寢鳳城龍首患何有於鱷溪李公甫回張潮州啓

輿地紀勝卷第一百

輿地紀勝卷第一百一　文選樓影宋鈔本

東陽王象之編　甘泉岑鎔溢長生校刊

廣南東路

德慶府　開陽　瀧水　晉康　端山　靈陽　羅田

府沿革

德慶府　望　康州晉康郡永慶軍節度越地牛女之分野（圖經）秦屬南海郡（寰宇記）漢置蒼梧郡（元和郡縣志）及端溪縣（宋志云本漢舊縣）今州卽端溪縣也（元和郡縣志）晉穆帝分蒼梧立晉康郡（此據晉志廣州後序又沈約宋志晉康太守下載晉穆帝永和七年分蒼梧立又云元嘉二年以龍鄉併端溪）宋齊以下因之（此據通典又宋志南齊志晉康郡下並有

端溪縣隋平陳廢晉康郡以端溪縣屬端州隋志端溪縣下注云舊置晉康郡平陳郡廢又元和郡縣志云開皇十二年省晉康郡以縣屬端州煬帝時屬信安郡元和郡縣志云大業三年罷州爲信安郡隋末陷賊元和郡縣志唐高祖平蕭銑置南康州元和郡縣志云武德五年平蕭銑置康州圖經及寰宇記並云武德四年分置南康州唐志云本南康州武德六年析端州之端溪置康州三者年月俱不同象之謹按通鑑武德四年李靖平蕭銑下嶺南建置州郡唐志當在五年又置康州都督府督端康封新宋瀧等州舊唐志在武德中尋廢唐志在武德九年太宗復置南康州唐志在正觀元年尋又廢唐志在正觀十一年已而復置更名康州唐志在天寶十二年仍去南字寰宇記改晉康郡元寶元年復爲康州乾元元年五代爲南漢所有五代史職方攷並屬南漢皇朝平

廣南廢康州諸縣入端溪縣隸端州長編及寰宇記並在開寶五年尋復舊從部民之請也寰宇記以瀧州瀧水縣來屬國朝會要在治平六年寰宇記九域志並在開寶六年然圖經亦以爲治平六年當從會要隸廣南東路九域志在熙寧八年高宗中興以潛邸陞德慶府國朝會要在紹興元年又朝野雜記云宣和三年十二月封康王至靖康元年卽位于南京故康州爲潛邸紹興元年康州奏據州民狀本州係是潛藩切見肇慶府是徽宗潛邸已蒙推恩建府及置軍額乞依肇慶府施行詔康州陞爲德慶府仍爲永慶軍節度國朝會要在紹興十四年今領縣二

治端溪

縣沿革

端溪縣　下

倚郭元和郡縣志云本漢舊縣屬蒼梧郡二漢志蒼梧郡下並有丨丨丨晉穆帝永和七年分蒼梧立晉康郡治端溪故宋志南齊志晉康郡下並有丨丨丨隋志云舊置晉康郡平陳郡廢以縣屬端州國朝會要云開寶五年廢康州爲丨丨丨隸端州又省悅城晉康都城三縣入端溪尋復置康州

瀧水縣 下

在州東北一百八十里卽古瀧州也元和郡縣志云漢武平南越置蒼梧郡今瀧州卽蒼梧郡之端溪縣地通典及隋志云梁置瀧州元和志云治丨丨丨舊唐志云瀧州本永熙之丨丨丨武德四年平蕭銑置瀧州長編云開寶六年廢瀧州尋復國朝會要云治平六年廢瀧州瀧水來隸康州

風俗形勝

男子耕農種禾稻紵麻女子桑蠶績織民有畜漢志其俗火耕水耨食稻與魚隋書康瀧一同夷獠相雜寰宇記

景物上

西江元和志在端溪縣

端山吳錄云端溪縣有丨丨輿地志云有樹冬榮其子號曰猪肉子大於杯元和志云彖而食之味如猪肉

端溪圖經

鬱水一名西江水經悅城縣南去縣十步

香山即利人山在端溪吳錄云端溪山有五色石石上多香草

茗山在端溪

藿山在端溪上生草如藿

杉嶺在端溪

勞山在端溪

息嶺在端溪

樝山在端溪

障嶺在端溪

抱水在瀧水

建水元和志在廢晉康縣

錦石在端溪陸賈使南越時設錦繡幃帳于此因名

鼎石郡國志云有丨丨之神在江中隨波出沒即赤松子鍊水玉金丹處側有赤松子祠兒寰宇記

焦石出端溪縣界異物志云悅城縣北百餘里有山中出丨丨

瀧峽張子壽瀧峽詩霜清百丈水風落萬重林

景物下

思會洞在瀧水　思容水在瀧水　思耆山在端溪縣見寰宇記　利人山在端溪吳錄云端溪山有五色石　順仁水在端溪縣　高良山在端溪　平定山在端溪縣　正儀洞在瀧水　壽康亭在府雙門內之南　石英山在瀧水出石英　石斛山在瀧水縣出石斛事見九域志　禮嶺山在端溪　端溪水在端溪縣南越志云端溪里人岑班於此遇一寶珠徑寸夜光照灼有如白日　羅田水在瀧水縣見輿地廣記　靈陽山在瀧水縣見輿地廣記　靈溪水在端溪縣　磔溪水在端溪縣　程溪水晏公類要在廢悅城縣東南　晉康水在端溪縣　武賴水在端溪縣　羅渾山在瀧水縣　龍興觀在端溪縣　龍龕山在瀧水縣東北七十里舊經云昔有人於此得龍骨　馬鞍山在端溪縣　果下馬虞衡志曰土產小駟也以出德慶之瀧水者為最高不踰三尺駿者有兩脊骨又號雙脊馬健而善行能辛苦湖南邵陽營道等處亦出一種低馬短項如豬鶩鈍不及

瀧水兼亦稀有雙脊者

掘尾龍 寰宇記程溪溪水在都城縣亦名零溪溪水南越志云昔有溫氏媪者端溪人常捕魚忽於水側遇一卵大如斗乃將歸置器中經十餘日有一物如守宮長尺餘穿卵而出能入水捕魚常游波中媪後治魚誤斷其尾遂去數年乃還媪謂曰龍子今復來也秦始皇聞之曰此龍子也詔使者聘媪媪戀土至始安江龍輒引船還如此數四卒不能召媪媪殞瘗于江陰龍子常爲大波至墓側縈浪轉沙以成墳土人謂之掘尾龍

雲卓洞 在瀧水縣南一百里

雲際山 在瀧水縣西南

雲泉寺 在端溪縣東

上饒水 在瀧水縣

定林山 寰宇記云山下有石方正似牀其傍羅生部子堪食

大力山 在端溪縣西

三洲巖 在端溪縣東舊經云卽西江之三島也

三鼎石 晏公類要云今名三奠石

橫翠亭 在府門之南今改爲晉康

艤舟亭 在府東

荆楊樹 一名豕樹皮白味如脂異物志云斯調州有木名摩厨汁如脂

柒棠菓 山海經云其味如李而無核食之使人不弱又有古斗樹猶番禺多荔枝

古迹

廢晉康縣 寰宇記云在州西南七十里本隋安遠縣唐改爲晉康

廢悅城縣 寰宇記在州東八十里本隋樂城縣武德改爲悅城縣今爲悅城鎮

廢都城縣 寰宇記在端溪縣漢端溪縣地已上三縣併入端溪鎮今爲都城鎮

廢開陽縣 寰宇記在瀧水縣本隋廢縣唐分瀧水置今爲開陽鎮

廢鎮南縣 寰宇記在瀧水縣本隋安南縣唐改爲鎮南縣今爲鎮南鎮

廢建水縣 寰宇記在瀧水縣唐置已上三縣皇朝開寶六年廢入瀧水縣爲建水鎮

廢瀧州 寰宇記在開陽郡晉分端溪縣置龍鄉縣今州郎其地唐平蕭銑置瀧州天寶元年改爲開陽郡乾元元年復爲瀧州

廢永寧縣 寰宇記唐置藥州領安遂永寧安南永業四縣正觀中廢藥州以永寧屬瀧州

古岷之營 按南越志云晉康郡本屬蒼梧端溪縣晉分置端溪縣古岷之營去郡百里又古茫石

尉陸兩公廟 夷堅志陸賈求詩云梁竑乾道六年入都赴省過晉康境

夜蟻船錦裹石下土人相傳謂漢陸賈使南越尉佗與之泛舟至此此山賈默禱曰我若說越王肯稱臣當以錦裹石爲山靈之報既奉使遂指出囊中裝募人植花卉以代錦以是得名後人因立廟祀尉陸兩公是夜夢一重客稱陸大夫來見云我抑鬱於此千歲矣君幸見臨願留一詩即賦詩書于廟壁

鼎石神 晏公類要云郡國志有鼎石之神在江中隨波出沒即赤松子煉水玉金丹處

忠景廟 在府城東趙師旦廟也儂智高反夫人請避不聽師旦曰戰死與戮死如何衆皆曰願爲國家死至城破無一人逃者師旦遂死之崇[甯]賜廟額曰忠景

龍母溫媼墓 在悅城鄉東

官吏人物

唐程知節 濟州人事秦王從破王世充等後爲隱太子譖出爲康州白秦王曰大夫去左右手矣身欲全得乎知節有死不敢去事平遷右武衞大將軍

李涉 謫康州事見詩

本朝趙師旦 字叔潛楚州人皇祐中以贊善大夫守康州會儂智高反至晉康公乘城而戰手殺數十人射殺賊

二驍將賊雖沮而力不敵力戰而死朝士賦詩有不愧山西士大夫之句又倦游錄云儂賊破邕州偶江漲遂乘桴沿流入番禺時趙師旦知康州到任始一日賊既迫境諭官屬吏民使避賊守城而死乃監兵泊吾之職也城陷趙與監兵皆死先是一日趙方出其妻藏於山谷道上生一子弃草中賊去凡三日復歸之尚生人謂忠義之感趙贈衛尉卿一子得殿直康人立祠祭祀紹興六年賜謚忠

馮拯 左正言知

仙釋

簡師 皇甫送丨丨序云昌黎既貶潮州浮圖懽快師獨憤訪予求序行以資適潮日吾將朝進拜而夕死可者

碑記

圖經 李宗諤編

詩

與子避地西康州洞庭相逢十二秋（杜甫送長沙李十一）唯將直道信蒼蒼可料無名抵憲章陰騭卻應先有謂已交鴻鴈早隨陽（李涉謫康州）一賊鳴銅鼓孤城隕使星形骸糜矢石忠義貫丹青皎皎張巡傳（聖俞）新新季子銘（荆公）吾詩愧涓滴何以助南溟（郭祥正題趙康州石磬編後）五龍兄弟古英名今日挐舟過悅城莫向草茅久盤屈早施霖雨活蒼生（蕭注字巖夫新喻人少侍父之官康州過悅城題五龍廟詩云云孔道輔見其詩曰未可量也登慶歷第爲番禺令儂智高圍廣州注突圍出募壯士二千人解圍與賊格焚其舟數百斬首五十級）

四六

巖巖清峙指仙洞之宛然浩浩恩波與牂江而共遠余崇龜賀德慶余守有地數百里官至刺史况茲龍邸之榮惟艮二千石入爲三公行應江平之讖余崇龜同上居東廣之上游爲中興之潛邸會元

輿地紀勝卷第一百一

輿地紀勝卷第一百二　文選樓影宋鈔本

東陽王象之編　　甘泉岑鎔淦壂校刊

廣南東路

梅州　敬州　程鄉

西陽　程江

州沿革

梅州　下　義安郡國朝會要宣和元年改名義安郡軍事九域志禹貢揚州之域通典潮州隸揚州之部封而梅州舊爲潮州之程鄉縣其分野封域當從潮州牽牛之分野潮州圖經古閩越地秦漢並屬南海郡寰宇記潮州下晉屬東官郡宋志云晉成帝咸和六年分南海立東官郡晉末及宋並屬義安郡宋志云晉安帝義熙九年分東官立義安郡齊立程鄉縣此據元和郡縣志攷

之宋志義安郡下無程鄉縣而南齊志義安郡屬義

下始有程鄉縣則程鄉之置當在南齊之時

安郡見上梁屬東揚州又改屬瀛州陳廢瀛州隋平陳

置潮州而程鄉以縣屬焉隋書志潮州下註云舊置義安郡陳郡廢平陳置潮州而潮州下有程鄉縣煬帝時屬義安郡大業初年唐平蕭銑復屬

潮州唐末五代僞漢劉氏竊據其地割潮州之程鄉

縣置敬州寰宇記云梅州本潮州之程鄉縣廣南僞漢乾和三年昇爲敬州仍領程鄉縣而皇朝郡縣志云梁正明三年僞漢劉氏竊據其地於縣置敬州年月不同象之謹按梁正明三年丁丑乃劉龑即位之初年改元乾亨而劉晟乾和三年乃後晉開運二年乙巳相去二十九年意者皇朝郡縣志所載正明三年丁丑乃指劉龑即位之年而寰宇記云乾和三年乃劉晟即位之三年乙巳也所指各自不同又按五代史劉龑傳其封諸王也初無梅王之封而劉晟乾和十三年始封子崇興爲梅王則敬州之

建當在劉晟之世特五代作史以國家之諱追改敬王爲梅王耳皇朝平嶺南國史在開寶四年以敬州犯翼祖諱改名梅州國朝會要云僞漢恭州開寶四年避翼祖廟諱改梅州領程鄉一縣長編年月同隸廣南東路九域志後州廢以縣屬潮州國朝會要云熙甯六年州廢以縣隸潮州尋復置梅州國朝會要云元豐五年復以程鄉縣爲梅州賜名義安郡國朝會要在宣和二年中興以來廢而復置國朝會要云紹興六年廢梅州爲程鄉縣隸潮州紹興十四年復爲梅州圖經云紹興七年發爲程鄉縣仍帶程鄉縣軍使隸潮州十年復置年月不同而繫年錄云十四年復置梅州當從會要今領縣一治程鄉

縣沿革

程鄉縣 中

倚郭元和郡縣志云本漢揭陽縣地齊於此置程鄉縣蓋分梅陽縣立焉屬義安郡開皇十年省十一年置潮州復立程鄉縣屬焉然寰宇記乃云隋立程鄉縣在程江之口以江爲名皇朝郡縣志亦云隋置程鄉縣輿地廣記苐云隋屬義安郡似與元和志齊置程鄉縣之文不合象之謹按宋志無程鄉縣而南齊志義安郡領縣六而程鄉縣附於諸縣之末則置於南齊也明矣而隋志程鄉縣下初不載其建置之因而元和志又云開皇十年省十一年復置寰宇記諸書謂之隋置程鄉縣苐知其再置於隋而不考其初置於南齊耳當從南齊志及元和志曰齊置程鄉縣

風俗形勝

寰宇記云與南海同然梅州本自潮州割程鄉縣則其風俗當與潮州同詳見潮州

州民乞添納二稅錢米與復梅州國朝會要在政和三年龔州民梁政等入狀云元豐中梅州亦曾併入潮州自後郡民自願添納二稅錢米乞行與復已蒙依舊還州額訖今來乞依梅州例依舊添納二稅錢米各一分依舊與復爲龔州從之

州境介汀贛之兩

閒在廣之極東圖經云郡土曠民惰而業農者鮮悉藉汀贛僑寓者耕焉故人不患無田而田每以工力不給廢郡俗信巫尚鬼捨醫卽神勸以藥石伐病則慢不之信

景物上

愁亭在東城之上銜遠山吞長江爲一城登覽之勝

程江在州之西北七十里自義化滁源浮于石坑達于程源歷安仁歸城南而會甯昌長樂二江以赴海焉江蓋因程旼姓氏而名也邦人仰程之風故名其所居之鄉曰義化所生之里曰程源所居之橋曰程橋於此江亦曰丨丨

曾井曾姓者所鑿也泉甘而令人若瘴癘一歃疾且去

西巖在州之西距城七里中有蘭若曰靈境依山爲宇景態萬狀元祐間元城先生登覽賦詩巖之勝狀品題殆盡

東巖亦名東安巖在州之東五里

南亭今爲祝聖放生之所也

蜑家蜑家卽江淮所謂魚蠻子也自爲雛時母負而躍已與風濤相忘若夫朝霞耀鮮夕風泛涼彼自得之而不與世接其亦有隱於漁者之風味歟

菱禾丨丨不知

種之所出自植於旱山不假耒耜不事灌漑逮秋自熟粒立纍纍間有穤亦可釀但風味差不醇此本山客輋所種今居民往往取其種而蒔之

景物下

平理堂 無訟堂 景程齋 松岡亭 雪香軒 遙碧亭 綠淨亭 梅香堂並在州治 望雲樓在城上 朝真樓 程江樓並在城之上 聳翠峯在州南五里 石窟洞距城八十里在摧鋒駐劄寨之旁穴竇深二十丈許中有石鼓石柱石天窗之屬又有小溪潺潺 西陽水元和郡縣志云在西陽縣南二十三里 西陽山元和郡縣志云在程鄉縣東南四十五里 南田石在州之西北六十里有奇葩異果人不知名采於山者間遇之其美可茹及懷歸則往往路迷而不得返有幽火於此此仙去郡之名士古姓者詩云仙客有靈千古在洞門無鑰四時開 李坑鎮九域

志

梅口鎮九域志 松源鎮九域志 雙派鎮九域志 六目龜九域志云按圖經有六目龜遊于池圖經云六目池在城之西隅古有龜出沒其間首生六目浮光炯炯 百花洲在城之南介兩水之間讖云百花洲尾齊州前此地出狀元 樂口鎮九域志 樂口銀場九域志 石坑鉛場九域志 龍口鐵場九域志 彌勒院在州北一里 地藏院在溪南一里

古迹

惡溪在州之東六十里導源自汀之武平溪溪有七十二灘急流湍險上下餘百里舟筏至灘謂之入惡過灘安流而去謂之出惡古有鱷魚爲害昌黎韓公以文逐之自是牽醜類而走 安濟王行祠在城東隅其廟在惡溪之濱崇甯三年賜額 感應廟在洒洋之東明山之下慶歷間江濤驟溢有神像三軀浮江而下至灑洋止焉迺迎置于岸祀以牲酒而與盟曰神其靈乎相我有年當

廟神而傳永叉不然則否已而秋果大熟民乃基其宮而歲祀之

官吏

劉安世 紹聖初章子厚入相謫知南安軍叉貶英州徙梅州梅之民俗風氣大畧與潮陽汀贑同元城先生七年謫南未嘗一日病問其故則曰絕慾斷酒以是得無恙後北歸十一年壽幾八十張公致遠詩云曾井有泉消毒建炎初責授梅州安置瘴程江無屋祀高賢

徐秉哲 坐使敵辭行也繫年錄

劉安雅 繫年錄云紹興二年冬虔賊陳顒等犯梅州圍其城守臣｜｜｜命取人刎草研取其汁投之酒醋散於民居賊遣人賫牒索金銀鞍馬安雅遽磔之盜入民居縱飲死者以百數餘多昏迷不省賊疑懼遁去圍遂解

方漸 知梅州嘗謂梅人無植產恃以爲生者讀書一事耳所至以書自隨積之至數千卷皆手自竄定就寢多不解衣林艾軒質之公曰解衣攤衾會有所檢討則懷安熟寐矣增四壁爲閣以藏其書牓曰富文

人物

程旼 九域志云昔有丨丨家于程江口鄉里推伏州
爲上言遂爲程鄉圖經云不知何代人或云南
齊人或云隋人爲人悃愊無華性嗜書恬榮達結廬
江濱環堵蕭然晏如人服其行義有不平不詣官府
輒質成於旼程源義化間墟墓猶存故
老相傳云程將軍祖塋蓋指旼言也

古成之 先是嶺嶠
之才每取士合一路歲以一人薦雍熙元年成之預
計偕元戎勸駕以詩云寰中有道逢千載嶺外觀光
祇一人是年報罷越三年端拱改元復
以成之薦進士者二十八人成之與焉

仙釋

招仙觀道士 招仙觀舊在明山之頂昔有羽流隱此
習辟穀法後尸解留偈云形容陋古守
眞無取海底明
珠照破秋浦

明山奕仙 明山在州之東三十里山
巔有古池池有荷花五色
昔有叟黃姓者採茶于山值兩人坐石而奕仙叟異
之拱其旁俄而奕者曰子何爲至此若知山有虎乎

我有拳石以遺子叟得石移步輒失奕者所在已而果有虎負嵎若將噬叟者叟擲石虎卽遁拾石以歸已三年矣投石于湖而湖涸後卽石乃白金也今人目其湖曰銀湖未幾叟絕粒竟不知其所終山有觀曰招仙

僧宗杲 坐與張九成謗訕還俗得責衡州又徙梅州檜死仍舊爲僧

碑記

州學記 滕侯元發守鄆郡學生食不給民有爭公田二十年不決者侯曰學無糧而以良田飽頑民乎乃請爲學田學者作新田詩以美之

三賢堂記 元符初元城劉先生以論事謫于梅至建中靖國初去徙于衡蓋在梅二年有奇立像於文公之側與程爲三

續學記 南海屬郡潮爲大潮之屬邑程鄉爲大五季僞劉陞其地曰敬州國初避諱以梅易敬周必大記

鼎剏貢院記 周必大記

詩

行盡天涯意未休循州過了到梅州平生不慣乘肥馬老去須教遇瘦牛 楊萬里題瘦牛嶺 深入循梅瘴癘鄉煙雲浮動日蒼涼連年踏遍嶠南土賴有仙翁肘後方 李丞相綱題黃土鋪 四百餘年鱷不歸七十二灘嶮莫枝千艘上下無傾欹波間小艇理筩絲 張致遠祭梅溪宮文 程旼當年一匹夫不操三尺正羣愚片言能使爭心息萬里江山姓與俱 徐庾詩 市小山城寂船稀野渡忙金暄梅蘂日玉冷草根霜 楊萬里 來朝還入鱷魚鄉未到潮陽到揭陽休說春風歸路遠只今去路不勝長 楊萬里 一行去聲 誰栽十里梅下臨溪水恰齊開此行便是無官事

只爲梅花也合來楊萬里詩自彭田鋪至楊田道傍梅花十餘里

四六

中和宣布一洗蠻煙瘴雨之餘稚耋歡呼如在春風和氣之内余崇龜賀梅守

輿地紀勝卷第一百二

輿地紀勝卷第一百三　文選樓影宋鈔本

東陽王象之編　甘泉岑鎔 淦 長生校刊

廣南西路

嶺外代答云唐分天下爲十道二廣不分東西也元和郡縣志云唐分嶺南安南桂管邕管容管爲五府各置經畧使而嶺南節度治廣州是合廣南五管並隷于廣州亦不分東西也通鑑懿宗咸通三年始陞邕管爲西道節度使而東西始分矣又汪應辰題名記云國初合二廣爲嶺南道端拱元年監察御史高象先爲廣西轉運使廣西分部命使實始於此嶺外代荅又云皇祐中儂智高平詔狄青分廣西邕宜融爲三路守臣兼兵馬都監而置經畧安撫使于桂州以統之國朝會要云大觀三年詔以黔南路併入廣西爲一路以廣西黔南路爲名依舊桂州爲帥府以觀四年仍舊稱廣南西路又張維廣西郡邑志云以漢志考之今之東路即漢之南海郡與夫桂陽郡之五縣曰桂陽湞陽浛洭陽山曲江是也蒼梧郡之三

縣曰高要端溪與夫廣信封陽之半是也其鬱林合浦珠崖儋耳四郡與夫蒼梧之七縣是爲西路而交趾九眞日南自唐置安南都護府歷五代遂爲化外國今廣西見管州二十有五縣七十有三

靜江府

桂州　桂林　桂府　臨桂　始安

府沿革

大都督府靜江府桂州始安郡靜江軍節度九域志廣南西路經略安撫使廣西二十五郡皆屬焉今制禹貢荊州之域元和郡縣志翼軫之分鶉尾之次前漢地理志云零陵楚地翼軫之分野蒼梧越地牽牛之分野今以漢志攷之始安屬零陵則始安爲楚地蓋翼軫之分鶉尾之次也荔浦屬蒼梧則荔浦爲粤地蓋牛女之分星紀之次也已上桂林志星分門古百越之地輿地廣記七國時服於楚爲楚越之交寰宇記秦始皇略取

陸梁地是爲桂林郡寰宇記在始皇三十二年桂林之名始此按晉志秦置桂林郡漢武更名鬱林乃今之鬱林州非今之桂林郡也特桂林之名同耳漢置零陵郡始興縣預焉置蒼梧郡荔浦縣預焉元鼎六年今州即始興縣地元和志東漢爲始安侯國東漢志吳歸命侯即始安縣置始安郡元和郡縣志在吳甘露元年屬荊州同上晉屬廣州晉書地理志廣州下有始安郡而荔浦亦屬始安郡宋及齊爲始安王國寰宇記云東晉改始安爲始建郡然晉志止有始安而無始建郡通典云宋改始安爲始建國齊復爲始安郡然攷之宋齊二志並無始安始建郡國更易之因故元和志第書云梁立桂州而隋志於始安郡下注云梁置桂州亦不及宋齊始安始建廢置一節象之謹按舊經云宋光祿卿顏延年爲始安太守嘗於獨秀峯下石室中讀書則尚若爲始安郡又按通鑑宋武帝大明五年立皇子子興爲始安王則宋雖建始安

爲王國而未嘗改爲始建國也通鑑齊明帝建武元年有始安王遙光亦不言齊復改始建郡爲始安國也通典所書不合今不取梁立桂州於蒼梧鬱林之境因桂江以爲名元和郡縣志在天監六年後移於今治元和志在大同六年隋平陳置總管府此據隋志而元和志在開皇十年即桂州始安郡下亦有荔浦縣煬帝初府廢復置始安郡此據通典而隋志云大業元年府廢唐平蕭銑復置桂州總管府此據寰宇記又通鑑武德五年李靖度嶺遣使分道招諭所至皆下蕭銑桂州總管李襲志率所部諸州來降改都督府元和志在武德七年置管內經畧使治桂州唐方鎮表開耀後置管內經畧使領桂梧賀連柳富昭蒙嚴環融古思唐龔十四州治桂州改始安郡天寶元年又改建陵郡唐志在至德二年復爲桂州刺史充經畧軍使寰宇記在乾元元年置桂管都防禦觀察招討

處置等使方鎮表在廣德元年陞桂管爲靜江軍節度通鑑唐昭宗光化三年陞桂管爲靜江軍以經略使劉士政爲節度唐方鎮表亦以爲在光化三年而桂林志引舜廟碑在大順二年與此不同當從通鑑及方鎮表厥後馬氏竊據其地通鑑昭宗光化元年馬殷既平嶺北引兵圍桂州數日劉士政出降桂宜巖柳象五州皆降於湖南馬殷以李瓊爲桂州刺史五代後周時嶺南諸郡盡入南漢通鑑後周太祖廣順元年楚靜江軍節度副使馬希隱知桂州南漢主遣吳懷恩引兵奄至城下希隱奔全州桂州遂潰懷恩以兵畧定諸州南漢始盡有嶺南之地皇朝平嶺南地歸版圖五代史劉鋹傳在開寶三年依舊爲靜江軍節度皇朝郡縣志領經畧安撫使皇祐四年平儂智高之後陞爲帥府爲大都督府國朝會要在大觀元年領廣西路兵馬鈐轄仍兼經畧安撫使同上中興以來以高宗

潛藩陞爲靜江府國朝會要在紹興三年又皇朝郡縣志云高宗初領靜江軍節度使桂州牧故以潛藩陞靜江府今領縣十治臨桂

縣沿革

臨桂縣 緊

倚郭舊唐志云本漢始安縣地州所治也漢志云元鼎六年置屬零陵郡寰宇記云吳分置始安郡梁置桂州隋末復屬始安郡隋志云舊置始安梁化二郡平陳郡廢唐志臨桂縣下注云本始安正觀八年更名臨桂縣元和志以爲至德二年更名臨桂年月不同當從唐志

興安縣 望

在府東北一百五十里本臨源縣地唐志全義縣下注云本臨源武德四年析始安置寰宇記云大歷三年土將萬重光誘臨桂等九縣構逆唯臨源縣獨守臣節改爲全義縣國朝會要云乾德元年廢溥州爲

全義縣來隸太平興國元年避太宗御名改興安縣

靈川縣 望

在府東北五十二里本始安縣地唐志云龍朔二年析始安縣置不同然舊唐志又云武德四年桂州領縣十而無靈川縣則靈川非置於武德之四年矣

陽朔縣 望

在府南一百四十里元和志云本漢始安縣地開皇十年分置陽朔縣取陽朔川以爲名舊唐志云本隋舊縣寰宇記云縣在灕水之東二十里永樂水西

永福縣 上

在府西南一百里通典云本漢始興縣地寰宇記云隋開皇十一年置新舊唐志及元和志並云武德四年析始安縣之永福鄉置年月不同象之謹按隋志始安郡領縣十五無永福縣則永福非置於隋也當

從唐志

修仁縣 中

在府西南三百四十里元和志云本漢荔浦縣地吳析置建陵縣梁武帝立爲郡隋開皇十年郡廢爲縣故隋志始安郡下尚有建陵縣舊唐志云隋置晏州新唐志云本建陵正觀元年置晏州十二年州廢以建陵縣來屬舊唐志云長慶三年更爲修仁國朝會要云熙甯四年廢永甯修仁二縣爲鎮隸荔浦縣元豐元年復置修仁縣

理定縣 下

在府西南三百里寰宇記云本漢始安縣地隋仁壽初分置興安縣隋志云大業初廢興安縣入始安唐志理定縣下注云本興安至德更名理定元和志云至德二年更名治定不同象之謹按唐以高宗諱凡言治者則以理字代之不應曰治定當從唐志曰理定舊唐志云隋分興安唐置理定

古縣 下

在府西南一百五十里唐志慕化縣下注云本醇化武德四年析始安縣置永正元年更名慕化乾甯二年分慕化縣爲古縣

荔浦縣 望

在府南二百二十里元和志云本漢舊縣舊唐志云屬蒼梧郡故二漢蒼梧郡下並有荔浦縣吳晉並屬始安郡故晉志始安郡下有荔浦縣隋志屬桂州始安郡舊唐志云武德四年以荔浦縣置荔州元和志云正觀十二年州廢縣復屬桂州在荔江北以江爲名

義甯縣 中

在府西北八十里皇朝志云本靈川縣歸義鄉石晉開運元年析置義甯縣寰宇記云石晉天福八年析靈川縣歸義鄉爲場復陞義甯縣年月小不同國朝會要云開寶五年廢入廣州新會縣六年復置

監司沿革

廣南西路轉運司

汪應辰題名記云國初合二廣爲嶺南道端拱元年詔監察御史高象先爲廣南西路轉運使廣西分部使始於此今廨宇在城中嶺外代答云廣右漕計多仰給鹽課自運使姚孝資置十萬倉于鬱林州官以牛自廉州運鹽貯之鬱林州庶可轉達諸郡至今尚有留臺在鬱林以運管涖之而運使亦時至焉其息以二分歸諸郡八分屬漕司其後張南軒爲帥乃請于朝以三分鹽息予諸州而免諸州民戶苗米之耗云又云攝官屬漕司廣西於靜江開場試斷案五場如大法家以闕員爲額

提點刑獄司

臺治在府城莫知其建置之年月也張維廣邑圖志云舊嘗置司象州故亦名象臺

提舉常平茶鹽司

臺治在府城政和三年提舉陳中復有廣西提舉題名序以載建置始末職源云政和以後始專官吏中興以來提舉司廢置不常建炎元年詔提舉常平司併歸提刑司二年復紹興四年詔廣西茶鹽司官吏並罷其職事委漕臣五年詔諸路提舉常平併入茶鹽司仍以提舉茶鹽常平等公事爲名十五年從王鈇請詔諸路提舉茶鹽官改充提舉常平茶鹽公事

風俗形勝

東控海嶺右扼蠻荒白樂天行嚴謨桂林制　水環湘桂山類蓬瀛李義山爲滎陽公黃籙齋文　樂郊福地詳見癸水注　遠勝登仙韓文｜｜｜｜去飛鸞不暇驂　居五嶺之表控兩越之郊唐蕭昕送桂州刺史序　俗比華風化同內地同上　南距雕題交趾西控夜郎昆明北洎黔巫衡湘彌亘萬里唐韓雲卿平蠻頌　桂林四郊多奇

山山多巖穴韜奇競秀隨處可喜（周刑龍隱巖寺記）桂州多靈山發地林立四野（柳宗元）萬山面內重江束隘聯嵐合暉（柳宗元訾家洲記）東制邕容交廣之衝南阨賓巒嚴象之隘（唐吳武陵陽朔縣令壁記）桂林郡郛千巖競秀（唐韋宗卿隱山六峒記）桂管五嶺之衝（通畧開寶三年道州刺史王繼勳奏）桂爲西南會府所以爲襟巒帶海用兵遣將之樞（崇甯二年李彥弼湘南樓記）山川雄秀爲廣右冠（沈長卿雪觀記）湘水之南粵壤之西是爲桂林秦以郡置唐以管分（崇甯三年李彥弼八桂堂記）遙制海疆旁控蠻寵宿兵授師衿喉二十有六州巍然爲會府（同上）左控荆衡右走甌越枕灕湘之間爲一都會（郭見義修城記）

桂於西南爲一都會蠻夷荒忽鎮撫有宜故於用人常謹其選王荆公行潘夙知桂州制其地南入于海去帥所治水陸幾四千里張栻府廳壁記南流爲灕北流爲湘輿地廣記桂嶺摩天灕波經地桂林志與湖南犬牙虞衡志云云一日四時之氣備嶺外代答云冬月久晴不離葛衣紈扇夏月苦雨急須襲裌重裘大抵早溫晝熱晚涼夜寒云云西連交趾南極炎海東接諸溪吳宗旦重建設廳記五筦之地桂爲大被山帶江控制數千里西通道於交趾大理之區南浮瓊崖盡烏夷之國唐弼安遠橋記桂之爲州山拔而水清士之秀美者夫豈乏人張栻三先生祠堂記二廣爲天子南庫范成大鹽法奏廣右乃炎方形勝要害之處范成

大論鹽法書經略使司與安南都護府埒見下經畧使與南平王比肩先是紹興二十六年安南嘗入貢參政施公帥桂循舊例以刺字報謁且用行厨宴於其館後後范公至能爲帥悉罷之使人諭之曰經畧使司與安南都護府埒經畧使與南平王比肩使者是都護府小官纔與桂林曹掾官比法當庭參不然不見也使者遂庭參乃奏其事且著于籍以爲定制

虞衡志桂林以桂名見後桂頌下帝錫嘉名同上桂山之奇宜爲天下第一范成大虞衡志桂州山皆平地拔起倦游錄云桂州左右山皆平地拔起數百丈竹木蓊鬱石如黛染陽朔縣尤佳四面峰巒皆騈立桂林秦郡也

東控海嶺右扼蠻荒地遠則權重俗殊則理難白樂天集

桂山得鴈山之秀鴈山不若桂山之多嶺南代答

景物上

堯山寰宇記云在府城東北四十四里圖經云堯山在水東　舜山在城北有舜廟并唐人碑　秦城桂林志云在興安縣秦始皇二十三年築以限越　漢城唐襲蔡築　桂管柳集嶺南節度使饗軍堂記云自領桂管又已逾年　桂林山海經桂林八桂在番禺東八桂成桂言其盛大也　桂江寰宇記云有桂水一名桂江　荔水通典云在臨桂縣亦曰荔江　荔江今名荔水漢志荔浦縣有荔平關源出崇仁縣西北荔山荔溪記云荔溪元出桂桂所生處不生雜木樵採皆桂　銀江輿地廣記在靈川縣　金山在興安縣西南　寶山在陽朔縣北有瀑布飛下　鑑山舊名鏡山在陽朔縣西南　甑山在陽朔縣東狀若甑然俗傳將有兵警則傾動皇祐中常驗　纈山在陽朔縣西南其文如纈　畫山在陽朔縣北蒼壁丹崖望之若屏然　藍水在荔浦縣西南三十五里　烏滸郡國志云陽朔縣有夷人名烏滸在深山洞內能織班文布以射翠取羽割蚌採珠爲業見寰宇記　牛山在臨桂縣　猿山在陽朔縣西相傳云山中產猿　甘水寰宇記云在靈

川縣其源出融州北界經靈川縣西南穿過大山下東流經甘棠驛南而東注灕水

靈渠　昔秦始皇南戍五嶺史祿於湘源上流灕水一派鑿渠渠內置斗門三十六所每舟至一斗門則復閘之俟水積舟以漸西進故能循崖而上達而下以通南北之舟楫名曰靈渠唐志在理定縣云丨丨引灕水故秦史祿所鑿後廢寶曆初觀察李渤立斗門十八以通漕餽又廢咸通九年刺史魚孟威以石爲隄亘四十里植木大爲斗門至十八重乃通舟

隱山　寰宇記唐李渤出鎮見石門大開有水淵濊乃夷薙蕪穢跡通巖穴石林磴道若天造靈府不可窮究因號丨丨

臥石　在荔浦縣郡國志云其形似人而舉體青黃隱起

癸水　灕池也桂林有古記父老傳之曰癸水繞東城永不見刀兵灕水自海陽行二百里由癸方至城下傳聞自始安爲郡以來四封之外數更大寇獨城下未嘗受兵父老以爲樂郊福地

陽江　寰宇記云在臨桂縣南二里源出靈川縣界思磨山下東流合于桂江

月山　在陽朔縣北二十里中空望之如月

灕山　寰宇記云在城南二里灕水之陽因以名焉一名沆水山其山孤拔

下有澄潭傍有洞穴廣數丈南北直透上有怪石欹危藤蘿縈茂世亂民保以避寇丨丨

灕水　輿地廣記云丨丨湘水二水皆出海陽山而分源南流爲灕北流爲湘漢討南越戈船下瀨將軍出零陵下灕水即此唐書桂有丨丨出海陽山世言秦命史祿伐粵鑿爲漕馬援討徵側復治以通餽後爲江水潰毀渠遂廢淺每轉餉役數十戶濟一艘李渤灑浚舊道郭泄有宜舟楫之利焉又清湘志載挪刺史開舟抵嶺下問其嶺之名即分水嶺也分水是湘丨丨也二水異流謂其東出海陽至此分南北而離也二水之名疑昔人因其水分湘灕而命之曰湘水丨丨

湘水　出全義縣東南八十里陽朔山下經零陵郡西十里

五嶺　李白詩桂水分五嶺衡山朝九疑又嶺外代答云自秦世有五嶺之說皆指山名之考之乃入嶺之途五耳非必山也自福建之江入廣東之循梅一也自江西之南安踰大庾入南雄二也自湖南之郴入連三也自道入廣西之賀四也自全入靜江五也

八桂　山海經云桂林八桂在番禺東八桂成柱言其盛大也

八桂　虞衡志云桂林以桂名而地實不產桂而出於賓宜二州今桂林郡

治在零陵之始安非古桂林也八桂之名本出仙經今灕江上有八桂堂前施帥嘗植八桂於堂前後范帥作桂頌凡木葉心皆一理獨桂有兩紋形如圭製字者意或出此葉味辛甘與桂皮無別而加香美

九疑 文苑英華云劉禹錫送嚴大夫之桂州詩旌旆過湘潭幽奇得遍探莎城百越北行路九疑南有地多生桂無時不養蠶

百越 同上

零水 在興安縣西北八十里出於鬱金山下南合灕水

方山 寰宇記云在荔浦縣對九疑山相類

建水 元和志云出建陵縣北建山南流經縣東

景物下

平易堂 **清簡堂** 並在郡治

逍遙樓 在郡城宋考功陪王都督登樓賦詩云晦日登樓望江山一半天即此也

訾洲亭 唐柳宗元記

五詠堂 孫覽記

八桂堂 在郡治

千山觀 西峯絕頂有千山觀羣峯回環西湖蕩漾實爲桂林登覽之會

羣玉亭 氏七星山上

羣峯驛 王漢謀題修仁縣羣峯驛詩檻前流水面前山幽鳥孤雲自往還農父不

知佳景好使車纔得片時閒桃榔樹暗寒溪上躑躅花紅暮雨間**無倦齋**張南軒承有記

甯閣陶弼登桂州｜｜｜詩云五代浮屠閣危層不易攀曉先諸寺塔晴露別州山

半雲山在靈川縣西南發基平地四畔孤高

獨秀山寰宇記在城西北一百步直聳五百餘丈平地孤拔秀異下有洞疑垂乳實路通山北傍同百餘丈谽然明朗宋光祿卿顏延年守此郡嘗於此石室中讀書遺跡猶存賦詩云未若獨秀者崔峩郭邑間圖經

雙女峯在陽朔縣東南七二峯相並故名

七寶山在南沙阿村

七星山七峯森列上直雲漢如斗杓焉故名山之頂有七星觀

百丈山在靈川縣北又名把仗山重嶂連延西南數里又云在陽朔縣北

多靈山柳文桂州｜｜｜發地峭壁林立四野

疊綵巖在八桂堂後山層開壁立石層層橫斷如積疊錦綵

東清水在興安縣源出武山下東流合灕水

東人山在陽朔縣東其形如冠帶而拱揖縣西一里有石如人冠帶西向而坐

南溪山寰宇記云在臨桂縣南五里其山聳拔千尺煙翠凌空其

溪東注與桂江合流泝五里却合陽江　**北潛洞**　**南潛洞**北潛在隱山之北有石室中有石果作荔枝棗栗之形南潛在西湖中自南竇持炬入數步則豁然　**龍蟠山**寰宇記云在輿安縣有石洞洞門數重人秉燭遊於回溪泥沙中嘗見龍跡其大如盌洞中之水有魚四足而有角人不敢傷恐致風雨嶺表異錄云全義嶺之西南有盤龍山山有浮洞斜貫一溪號爲靈水溪入靈川縣界溪內有魚皆修尾四足丹其腹遊泳自若漁人不敢捕之爾雅云鯢似鮎四足聲如小兒今商州山溪內亦有此魚謂之鰨魚即其類也　**龍隱巖**在水東七星山俗傳昔有龍蟠伏其間故名今江水汎舟至石壁下有大洞門高可百丈鼓棹而入兩壁石皆玉立仰視有龍跡舟行一箭別有洞門出兩門相射泊舟其間　**龍迴山**在陽朔縣東五里有石如迴龍之形　**龍門山**在陽朔縣南二十里二山若門俗傳其地嘗有龍遊　**龍頭山**在陽朔縣北一里其南雙山者攢眉山也下有佛閣　**虎踞山**在古縣山形狀如虎踞　**鳳巢山**在永福縣北元名華蓋山大業二年有鳳凰來巢百禽集

于山下本朝建隆雙鳳復集因號|||**馬溪水**在臨桂縣東　**馬鞍山**在古縣西南其山狀如馬鞍　**羊頭山**在陽朔縣北五十里二山皆以灘名　**魚立峯**在西山後雄偉高峻如植立一魚　**魚鱗山**在陽朔縣北石狀如魚　**臥龍巖**與珠明洞同麓而異道中有石柱甚光滑若龍蟠之痕故老相傳以為嘗有龍穴其中一夕雷雨飛去今柱下猶有水泓　**駮鹿山**在臨桂縣東山頂有古寺按舊經云初元康師居此唐元宗賜白鹿常出入騎之因號|||元和志云一名福祿山　**思鶱山**在永福縣西三里　**羚羊山**在陽朔縣北二峯相邇羚羊躍過其頂故名　**鳳凰山**在陽朔縣北狀若五鳳　**駱駞山**輿地廣記在修仁縣　**駱駞水**在修仁縣　**白龍洞**在南溪平地半山如龕然大石屋盛暑重裘而入　**白鶴洞**在陽朔縣東父老傳云昔有仙人於此乘|||而去　**白鶴山**在陽朔縣東南其山有一小峯故老傳云昔有一|||翔集因頂上名今有|||觀　**白玉山**在陽朔縣西　**白石水**輿地廣記在永福縣

白面山在陽朔縣東昭州境上壁立江東　翠眉峯在古縣北　黃源水在古縣西源出湧水東流入臨桂縣界名丨丨丨永福縣界名常甯永合白石流丨丨　丹崖峯在陽朔縣西七里俗名赤朱石山　繡山洞在新林驛北其山若繡然一名青衣洞其巖在陽朔縣北與臨桂縣接境乘舟入境先歷此亦可掉小艇遊其中　金泉山在陽朔縣西其山有泉尤清澈　金寶山在陽朔縣西上有池曰靈水　銀江水寰宇記云在靈川縣　珠明洞在白鶴山其洞門南向廣數尋盛夏暑氣不到　寶字山在陽朔東北道州界其山高廣深茂　石銀山在陽朔縣北嶺之前峯巒皆峭聳如削不能盡名　砂羅嶺在理定縣西　書筒山在陽朔縣東南　屏風巖在平地斷山峭壁之下入洞門上下高廣皆百餘丈如康莊大逵　彈丸山寰宇記云在臨桂縣東二里隔灕水按酈元水經注云山有湧泉奔流迅激東注于灕水山龕及溪中有石如丨丨丨因名　樹石屏高州出丨丨丨丨於石中洪內翰作記云祁陽石籍人力磨治此即混然天

成無斧鑿一跡 **華蓋洞**在翠屏驛後 **卓筆峯**在陽朔縣西獨秀如筆 **天村山**在古縣西南一百里山上有水人耕田如在天上故名 **雲翁峯**在凌霄東四里其峯獨聳衆峯環其下若子孫之侍故以翁名 **登雲山**在永福縣西 **清暑巖**在古縣東南三里巖上有水自石澗滴其中有石如佛像暑月清冷逼人 **凌霄峯**在陽朔縣書筒山南 **棲霞洞**在七星峯下 **元風洞**去棲霞洞數百步風自洞中出寒如冰雪 **水月洞**濱江而洞者三水月最善洞在宜山之麓其半浸江天然刓刻作大洞門透徹山背頂高數十丈其形正圓望之映空明皎端正如大月輪 **冷石山**寰宇記在臨桂縣出滑石 **浮石山**在興安縣南 **越石嶺**在興安縣北五里一名始安嶺卽五嶺從東第五嶺也 **越城嶺**通典云今謂之臨源嶺卽五嶺之一也元和志云｜｜嶠在全義縣北三里卽五嶺最西嶺也 **陽海山**寰宇記在興安縣一名陽朔山卽湘灕二水源也 **靈巖山**在｜｜縣西北三十里山下有巖南北相通若堂殿水灌其中

其色如藍山谷百源輻湊其下舟楫往來絕無滯礙

迴濤隄 唐志云在臨桂縣刺史王拱築以捍桂水

修仁山 在修仁縣西

永樂水 在陽朔縣西出武當山之靈跡源目曰聽聲泉歲旱集衆大呼則泉湧故名

相思埭 唐志云在臨桂縣長壽元年間築分相思水使東西流

禪定寺 在修仁縣陶弼詩云民歸新邑去古寺靜寥寥僧映水遮戶客隨雲過橋

福祿山 寰宇記在州東十五里

興平水 在陽朔縣北六十里其源出自寶子山南流者爲｜｜｜與桂江合出陽朔北流者爲零陵水出道州漢志云零陵水出陽朔山是也

安樂水 在陽朔縣

荔江水 元和志云在荔浦縣

楊梅山 在臨桂縣

橄欖山 在理安縣見九域志

蘭麻山 寰宇記云屬理定縣界在府城西南二百里其山自衡岳迤邐南亘于邵州融州等界到此過入郴州象州界柳文桂州西南又千里灕水鬭石麻蘭高注灕水水名卽桂江｜｜｜名

桂林乳穴 李義山四六集與浙東楊大夫云｜｜｜｜成夢中之舊遊

部音之澗 在虞舜祠側南軒張栻名

隱山六洞在西湖隱山上一曰朝陽二曰夕陽三曰平華四曰北牖五曰嘉蓮六曰白雀

古跡

廢溥州輿地廣記云開運三年立乾德中廢屬興安縣

廢晏州輿地廣記云正觀元年立十二年廢入修仁縣

福祿縣唐志武德四年置八年省入臨桂

慕化鎮輿地廣記云武德四年置純化縣永正三年改曰慕化後省入臨桂

故越城元和志云在全義縣漢高后時遣周竈擊南越趙佗踞險爲城竈不能踰嶺卽此也

越王城越城嶺西南有城曰|||桂林志

楚王城九域志

古秦城在興安縣西南四十里通鑑昭宗光化元年馬殷引兵趣桂州自秦城以北望風奔潰曹予方詩云海窮山盡尚南征髀肉銷殘只自驚回首長安八千里此中那得有秦城又張孝祥詩云塹山堙谷北防胡南築堅城更遠圖桂海永天塵不動那知壠上兩耕夫

秦城驛中興小歷云紹興二十四年靜江府有|||時呂愿忠約賓寮共賦秦城王氣詩以侈其事其不賦者

惟奉祠寓居劉芮、常平幹官李燮、支使羅博文三人，芮摯之孫也。

秦鑿渠 在興安縣，即秦御史史祿所鑿。

伏波巖 在城東北臨灕水，有伏波試劍石，下有洞，洞前浸江石磯瑩潤如磨蒼玉，波痕洶湧，日夜噏嚙迫水，燕坐非復人世間也。

會公洞 舊名冷水巖，山根石門研然，入門石橋，有水莫知所從來，右旋東流，復入于地，莫知所往。

訾家洲 在臨桂縣東二里。唐柳宗元云：桂州多靈山，在左曰灕水，水之中曰訾氏之洲。

廖家井 在古縣仙鄉觀北，鄉人傳云東郭先生廖扶家丹砂井，一族數百口飲此井水，皆壽百餘歲。

會仙里 寰宇記云：臨桂縣南五十里，舊有郡仙會於此，輜軿羽駕遍于空，竟日而去，里人聚狀聞之，因名｜｜｜。

顏延之讀書岩 顏延之為始安太守，郡有獨秀山，延之日遊其間，讀書爲文以自娛樂，因名。

唐帝祠 南軒奏狀云：去城二十里，有李唐衡嶽道士李彌明詩刻。

虞帝祠 南軒奏狀云：去城五里而近山，有大歷磨崖刻，載刺史李昌巙修祠事。李義山集有爲桂州刺史滎陽公賽祠文，云帝狩南荒，神畱下上。

越王廟 九域志云即趙

佗也李義山賽越王神文秦魚既爛則聊帝南荒漢鹿有歸則稱臣北闕覽英雄之載籍信王霸之朋遊言念遺祠猶存屬邑

伏波廟 寰宇記云在郭中府之東北二里即馬伏波之祠唐乾符二年勅封爲昭靈王

陳崇儀廟 王明清揮麈錄云狄武襄征儂賊責崇儀使陳曙斬之而桂人爲崇儀立廟東坡以書抵廣西憲曹子方云故崇儀陳侯忠勇絕世死非其罪廟食西路威靈肅然願公一削乞載祀典使英魂少信眉於地下隆興初帥臣張維奉詔賜其廟曰忠愍

裴中丞祠 在訾家洲上唐元和中御史中丞裴行立爲刺史作亭于此今有祠堂

歐陽都護墓 寰宇記云府北郭外松林盡處唐初安南都護名普贊本靈川人也舊宅今靈壽寺是也有廟在寺北垣下

雙女冢 寰宇記在臨桂縣北舊傳二妃尋舜而卒葬於此

官吏

宋顏延之 爲始安太守

齊裴明 爲始安刺史

隋侯莫陳潁 仁壽中爲

桂州總管十七州軍事大崇恩信民夷說服溪洞生越多來歸

唐褚遂良高宗時遂良諫立武昭儀徙桂州

張九齡自洪州徙桂州唐書

馬摠唐史元和中爲桂管經畧使

王晙開屯田數千頃

齊映爲桂管經畧使

常衮爲桂管經畧使

蕭祐不以塵事自嘗故韋溫號山林友

李渤寶歷初鎮桂管

韓佽爲桂廣觀察所部二十州自參軍至縣令无慮三百員吏部所補纔十一餘皆觀察使辟置

王拱唐王拱爲刺史築隄五百步捍水勢號迴濤隄

李襲志爲桂州都督守桂二十八年政尚清省南荒便之

皇朝陳堯叟字唐夫舉進士第一爲廣西轉運使上言苧布所種與桑柘不殊每端售百錢乃勸民廣殖麻苧收布二年已得三十七萬餘匹請以苧麻充折桑柘遂至今爲利

許仲宣青社人征交州爲廣西轉運士卒死於瘴癘者十七八大將孫全興失律仲宣奏乞罷兵不待報以兵屯湖南醫餌謂人日吾奪瘴嶺客魂數萬生還中國若更俟報將積屍於廣野矣誅一族活萬夫吾何恨哉太宗詔褒之見王壺清話

陸詵通畧英宗治平

元年先是知桂州陸詵至部而交趾使者黎順宗來議邊事從者五百人偃蹇用故態詵滅其禮倨見之召問所欲言果欲爭漢五朝言行錄儂智高叛地詵折其辯莫不懾伏**余靖**交趾請出兵助討賊詔不許公曰邕州與交趾接境今不納必忿而反助智高乃以便宜趣交趾會兵公曰使不與智高合足矣及智高入邕州遂無外援又遣人入特磨襲取智高母獻于京師**李師中**字誠之東坡手錄云仁廟時擢廣南轉運使四年孤處瘴煙以一心制衆弊遂寬南顧之憂郭祥正嘗從章惇入梅山洞洞主蘇甘家有畫像事之則誠之也**張田**通畧神宗熙甯元年張田知桂州異時諸蠻使者朝貢過桂與守臣抗禮田謂彼陪臣使引入拜庭下**蕭注**通畧神宗熙甯五年蕭注知桂州有獻策平交州者注輒火其書乃罷注以劉彝沈起繼知桂州而交趾始入寇矣**熊本**字伯通饒州鄱陽人知廣州被召會宜州蠻反叛改知桂州至則溪洞酋長請選將練土兵以代戍守益市馬以足騎兵宜州遂無事

李光字泰發宣和二年因進對極論時事黜知桂州陽朔縣**呂好問**中興小歷紹興間謫

桂州**胡舜陟**紹興十一年廣西買馬歲額一千五百匹至是舜陟爲經畧使買馬至二千四百匹見繫年錄**劉芮**　**李燓**　**羅博文**三人皆不賦秦城王氣詩詳見古迹秦城驛

張淵道紹興中趙忠簡公謫朱崖士大夫畏秦氏無敢寄聲張淵道爲廣西帥遣書持藥石酒麪爲餽忠簡答書今存于張氏事見容齋續筆

汪應辰繫年錄云應辰倅靜江帥臣吕愿中欲殺走卒王超應辰諫而止有錄事周某者恃與秦檜有舊嘗以國忌命妓應辰欲糾之周憾之使人持書告檜以應辰嘗遣使渡海餉趙鼎又與李光交通超以計竊其書易之應辰乃得免繫年錄

范成大廣西財計祖宗定制撥賜一歲共約七十萬緡自建炎以後改充他用故官自賣鹽紹興八年始行客鈔卒以二年方賣得一年鈔遂罷客鈔復許官般范成大書云

張栻從來漕司例收息六分將四分息錢與諸州充歲計自乾道四年再指官般之時鹽息以十分爲卒以八分充漕計諸郡止得息二分乞更與諸州增息一分漕司只收七分以寬州郡之力又張栻奏靜江所管十縣內陽朔荔

浦修仁三縣減稅米四分以寬民力計錢一千七百貫米三千五百石又嶺州代答云南軒爲帥請于朝以三分鹽息予諸州而免諸州民戶苗米每一石二斗耗

王輪 字德任臨賀人爲陽朔令受憲薦俄以爭獄事還其薦章且欲納告身而去

劉焞 淳熙六年知靜江府妖賊李接起容州攻鬱林容雷高化廉六州又陷鬱林僭號嶺外騷然焞分命諸將沙世堅等討捕遂收鬱林賊遂就擒事見朝野雜記

人物

王世則 皇朝郡縣志云世則靜江人太平興國八年以安州貫中進士第一端拱中爲右正言淳化中以言儲貳得罪知象州

仙釋

鄭冠卿 唐人鄭冠卿過日華月華君於棲霞洞中仙者與詩云不因今世行方便安得今朝會碧虛

劉仙 有劉仙巖在白龍洞之陽仙人劉仲遠所居也

草書巖僧 九域志云唐末有僧

雲巘居｜｜｜學王羲之草書

善資禪師續燈錄云｜｜｜一日上堂有問如何是廣南境師云地連南岳千峯秀水接西川一派清

碑記

桂林石瑞唐太宗時桂州獻石瑞文上有字曰聖主大吉子孫五千歲

韓雲卿平蠻頌九域志云唐李靖為嶺南安撫大使有平蠻頌碑韓雲卿文李陽冰篆額

訾家洲亭石記訾氏所居訾氏亭記柳宗元文

隱山六峒記唐韋宗卿

陽朔縣廳壁記唐吳武陵

全義縣復北門記柳宗元撰

修堯舜二祠祭器碑唐趙觀文撰

新開隱山記吳武陵撰

隱山六峒詩賦敘碑唐李渤撰

重修靈渠記唐刺史魚孟威撰

饗軍堂記柳宗元

唐衡嶽道士李彌明詩刻在唐帝祠

唐大歷磨崖在舜祠

虞帝廟碑唐李陽冰

象

桂頌（范成大所作也桂林以桂名顧弗植桂成大始收之賓植之正夏堂植已而去郡爲之詞戒後之人勿翦伐見賓州安城志）桂林志（鮑同序）桂林編（黃豈編釗褒序）桂海志（范石湖序）嶺外代答（周喜序）

詩上

我所思兮在桂林欲往從之湘水深（後漢張衡思桂林）南州實炎德桂樹凌寒山（文選謝靈運）城窄山將壓江寬地共浮西南通絕域東北有高樓神護青楓岸龍移白石湫（李商隱）桂林雖產千株桂未解當天映日開我到月中收得種爲君移向故園栽（曹鄴寄友人）桂水通百越（孟浩然）白林蓮宮北青袍桂水南（許用晦荔浦送人赴任）誰道桂林

風景暖到來重着皂貂裘戎昱湘山千嶺樹桂水九秋波露重猿聲曉風清月色多戴叔倫泊湘口英英桂林伯實惟文武材韓愈蒼蒼森八桂茲地在湘南江作青羅帶山如碧玉篸戶輸多翠羽家自種黃甘韓愈送桂州嚴大夫地壓坤方重官兼憲府雄桂林無瘴氣栢署有清風山水衙門外旌旗樓堞中白居易送嚴大夫旌旆過湘潭幽奇得遍探莎城百粤地荇路九疑南有地多生桂無家不養蠶聽歌難辨曲風俗自相諳劉禹錫送人之桂州五嶺皆炎熱宜人獨桂林梅花萬里外雪片一冬深杜甫寄楊桂州見說南來處蒼梧接桂林過秋天更暖邊海日長陰

盧綸寄嶺外故人鴈峯侵瘴遠桂水出雲流錢起送八赴桂州遙聞

桂水遶城隅城上江山滿畫圖爲問訾家洲畔月清

秋擬許醉狂無趙嘏寄桂州楊中丞桂水分五嶺衡山朝九疑

李白不知桂嶺居天末戎昱寄薛評事見澧州圖經桂水秋更碧李文

山送蕭綰之桂州嶺上梅花侵雪暗歸時還拂桂林香王昌齡送

高三之桂州嶺頭分界堠一半屬湘潭水驛門旗出山巒

洞主參辟邪犀角重解酒荔枝甘莫歎京華遠安南

更有南王建送嚴大夫碧桂水連海蒼梧雲滿山茫茫從此

去何路入秦關楊衡桂州與陳羽念別桂林南去與誰同處處

山連水自通兩岸晚霞千里草半帆殘日一江風瘴

雨欲來楓樹黑火雲初起荔枝紅愁君路遠銷年月莫滯三湘五嶺中許渾送杜秀才歸桂林瀑淺桂水湍漱石多奇狀鱗次冠煙霞蟬聯疊波浪李德裕疊石始安繁華舊風俗悵飲傾城沸江曲荔浦衡皐萬里餘洛陽音信絕能疎宋之問桂州三月三日詩

詩下

雨歇桂林秋更暖瘴連梅嶺月多昏木湜送陳堯叟赴廣西漕馬困炎天蠻嶺路棹衝秋霧瘴江流辛勤爲國親求病百越中無不治州楊侃送陳堯叟百粤封疆桂嶺崇十城縣弩爭趨府五管侯圭盡偃風曉奭送向綜通判桂州桂嶺花光

紛似雪荔江波色綠於苔張謨送向綜洞庭春暖浮仙鷁

桂嶺花飛擁侯旌范純僖送向綜冷逐江梅使先春下桂林

湖平三楚出嶺盡百蠻深陶弼水歸交廣盡天入斗牛

初陶弼亂草藏邊路寒禽下戍樓伏波渠水淺難載濟

川舟上同舊策掃開浪泊霧新詩裝就桂林春相離水

色秋前老獨秀嵐光霽後勻同上青羅江水碧蓮山城

在山光水色間陶弼入桂提封接九疑丁謂桂林風物舊

宜人雪片梅花五嶺春心喜大江流瘴霧眼看南極

異星辰劉弇送劉長官桂府機宜桂嶺環城如鴈蕩平地蒼玉忽

嵯峨山谷入桂西南天一握重江今古水雙流王安中來

踏三湘雪歸回八桂秋人忘五嶺熱山似九華尤日月通南極星河帶北流王安石跨嶺秦初郡巡方舜舊遊聲雖暨南朔事罕記春秋王安石行盡海北天笑指湘南路孫覿五嶺炎蒸地從來著逐臣沈晦秦皇開郡爲桂林古號名邦五嶺陰山琢玉參攢萬疊江分羅帶繞千尋汪應辰郡戟蒼山上平分二水流四時無癘氣五管有賢侯韓駒旁連九疑高遠控三湘大孫覿二十四州民樂否莫教一物怨途窮張孝祥朝遊七星巖暮上千山觀東西兩奇絕勢略嶺海半張孝祥桂林佳麗冠羣城父老從來不識兵南嶠昔雖多勝槩西湖今獨

擅佳名江文叔山接衡湘多爽氣湖如杭潁共佳名姚小彭舊說桂林無瘴氣今知離水辟刀兵雲深銅柱邊聲樂月冷珠池海面平范成大梅花夜夜湘南雨榕葉年年海北風前人癸水遶東城永不見刀兵前人列城二十五去國一百舍西夷蟻穴通南島鯨波駕梁安世九月無霜飛葉少四時有筍亂叢深桂林二十四巖洞杖屨十年供醉吟姚宋佐上詹帥雨下便寒晴便熱不論春夏與秋冬嶺外代答云此盡南方之風氣桂林氣候與江浙頗類過桂林南數十里則大異矣

陶潛彭澤五株柳潘岳河陽一縣花兩處爭如陽朔

好碧蓮峯裏住人家唐沈彬題陽朔縣青壁森森遶縣衙不離床祗見煙霞民耕紫芋爲朝食僧煮黃藤代晚茶瀑布聲中窺案牘女蘿陰裏勸桑麻欲知言偃絃歌處水墨屏風數百家陶弼朝夕雲山滿縣郭削成犀筍幾千株遊人借筆抄詩板遠客投詩乞畫圖陶弼入峽路盤深地底出瀧船下半天中陶弼登陽朔屏障山名山愛陽朔平陸遍峯巒郡境尖中拆人家缺處安穿青入梧峽載影下昭灘陶弼題陽朔山桂花香裏尋僧寺榕樹陰中掩縣門陶弼紅旌已逐春風到使節猶占夜斗行箭落皂鵰毚兔避句傳炎海鱷魚驚荆公送王棠州詩棠州即蒼梧之荔浦縣

熙寧五年廢

四六

矧今炎州號國南屏指麾部屬多至二十五城經撫郡蠻不知幾千萬落范成大表有唐分五管以建節度國朝專一道以制邊陲羈縻餘七十州封畛蓋四千里其外則羅殿自杞諸小蕃之種落其遠則占城大理數外國之梯航劉文潛桂居五筦地控諸蠻風土宜人亦宦游之可樂湖山在眼忘朱墨之爲勞王卿擇刺史一十五道視隆古方伯之尊踰廣右二十四州乃今日維藩之重朱晞顏勞侍從而厭承明袖手許間於

梓里閱禮樂而謀元帥宜人獨號於桂林余日華賀李侍郎炎熱全消見梅雪萬里之詠登臨遠望分江山一半之天同上外接西南六蕃南連交趾九道事迹梅嶺南疆桂林巨鎮事迹盛唐五筦之雄南越一都之會事迹俗雜華夷地兼縣道文身椎髻漸尉佗南越之餘叩鼓鳴鐘傳士燮交州之態李義山爲滎陽公謝表俗分蠻徼地控越城李義山爲滎陽公桂州舉人自代狀控聯谿洞參錯蠻髦水接重湖山當五嶺李義山爲滎陽公奏王克明充主簿玉簪羅帶江山分一半之天金節油幢庭戶行千里之地李劉同李經畧

輿地紀勝卷一百三終

輿地紀勝卷第一百四　文選樓影宋鈔本

東陽王象之編　　甘泉岑鎔 湰 長生校刊

廣南西路

容州

容管　普甯　繡城　容水　銅州　南流

州沿革

下都督府容州普甯郡甯遠軍節度九域志古越地元和郡縣志於天文其次星紀其星牽牛圖經引西漢志以爲粤地牽牛婺女之分埜今之合浦等郡俱號粤地又引韓退之送南海從事竇平序云踰閩而南皆百越之地於天文其次星紀其星牽牛秦開五嶺置南海桂林象郡圖經漢平南越置合浦郡屬交趾刺史今州即合浦郡之合浦縣地

也此據元和郡縣志又圖經云交趾郡有勾漏縣今勾漏在普甯北流之間則又疑其地隸交趾然考之東西漢志及晉志交趾合浦自是兩郡不應强合爲一當攷宋明帝分合浦縣立南流郡元和郡縣志在泰始七年故沈約宋志越州下有南流太守注云新立則是立於泰始七年也屬越州宋志明帝泰始七年立越州南流太守屬焉則南流郡與越同立於泰始七年也歷齊梁陳不改此據寰宇記而南齊志越州下亦有北流郡注云永明六年立元和郡縣志又云蕭齊分南流郡置南流縣廢北流郡置北流縣尋又省南流其北流縣屬合浦郡有小不同隋廢郡爲合浦永平二郡地隋志永平郡普甯縣下注云舊曰陰石梁置陰石郡平陳郡廢改縣爲奉化開皇十九年又改名焉而隋志合浦郡下亦有北流縣注云大業初廢陸川縣入焉隋末蕭銑遣張繡略定嶺表唐書蕭銑傳唐平蕭銑通鑑武德四年隋合浦太守甯日宣來降通鑑以合浦郡之北流

縣永平郡之普甯縣於今州理北置銅州此據唐志元和郡縣志及廣西郡邑圖又容州普甯志云蕭銑略定嶺表於此置銅州領北流豪石容川渭龍南流陵城普甯新安八縣唐典交州總管邱和以其地來降與此不同象之謹按唐志及通典皆云唐武德四年平蕭銑置銅州是銅州之置乃在平蕭銑之後非置於蕭銑有土之日也又按唐志銅州之置乃割合浦永平二郡之地以爲郡非割交趾郡之地以爲銅州也交趾合浦永平自各是一郡而唐史邱和傳和自爲交趾太守非兼統合浦永平二郡也不應引合浦太守來降一節却遠取交趾邱和來降所引不類今併不取改銅州爲容州以州西帶銅山因以爲名元和志及唐志並在正觀八年陞都督府寰宇記云在開元中改普甯郡寰宇記在天寶元年置容州管內經略使唐方鎮表在天寶十四載復爲容州都督府寰宇記在乾元元年增領都防禦使唐方鎮表在乾元二年陞容州經略都防

與使爲觀察使唐方鎮表在上元元年而容州志以爲元和中始置經略使與此不同象之謹按韓文公韋公墓誌云韋丹爲容管經略招討使注云以正元十七年除是德宗正元中已有容管經略招討使不應新置於元和中也容州志所紀非是今不取容州兵亂失守經略使僑治藤梧梧州圖經水井下載云唐大歷三年容州刺史元結過郡目曰水井而容州兵亂失守寄治於梧州尋復舊王翃代元結爲經略復取容州徙治普寧縣唐志在元和中初唐嶺南舊五管廣桂邕容安南皆隸嶺南節度自蔡京制置嶺南通鑑在懿宗咸通三年始奏以廣州爲東道邕州爲西道又割容管藤巖二州隸邕管通鑑在咸通三年又廢容管隸嶺南西道以供軍食通鑑在咸通四年後復以容管四州別爲經略使通鑑在咸通六年置寧遠軍於容州

通鑑在昭宗乾寧四年五代朱梁時寧遠軍節度使龐巨昭以容州自歸於楚楚王殷以姚彥章知容州通鑑梁太祖開平元年寧遠軍節度使龐巨昭當黃巢之亂據險拒之巢不敢入唐嘉其功以巨昭爲節度使及劉隱據嶺南遣弟嵒攻容州不克巨昭恐終非隱敵與高州防禦使劉昌魯自歸於楚楚王遣姚彥章將兵迎之彥章至容州巨昭迎降楚王殷乃以姚彥章知容州容州志龐巨昭以容州附庸於嶺南亦非也劉巖遣兵攻容州姚彥章不能守巖遂取容管通鑑在梁太祖乾化二年其地遂屬南漢國朝平嶺南地歸版圖國朝會要在開寶三年仍爲寧遠軍節度國朝會要及九域志云唐防禦經略皇朝開寶四年陞寧遠軍節度與通鑑所紀不同象之謹按通鑑梁開平元年姚彥章爲寧遠軍節度使從楚王馬殷之請也是時姚彥章已敗遂不及拜而容州爲南漢所有則其爲防禦州恐在南漢有國之時亦未可知又歐陽五代

史敘嶺南諸節鎮亦云桂州曰静江容州曰甯遠邕州曰建武廣州曰清海皆唐故號五代無所更易則容州在唐非防禦州也明矣　初朝廷禦邊重西北而輕東南王拱辰請倣唐制盆以東路之潮西路之邕容各爲總制與桂廣爲五管不果行王拱辰本傳　及儂智高反樞密副使王堯臣請析廣西宜容邕州爲三路以融柳象隸宜州白高竇雷化鬱林象藤梧龔隸容州欽賓橫潯貴隸邕州遇蠻入寇三路會支郡兵掩擊　令經略使居桂州以繞制焉詔狄青審議青以爲便後亦不果行九朝通略在仁宗皇祐四年　中興以來因而不改今領縣三治普甯張維廣郡邑圖志云唐後以禺州之陸川縣來屬本朝開寶五年省欣道渭龍入普甯省陵城入北流先是唐武德四年以鬱林郡之阿林縣及鬱平縣地置繡州乾封三年以白州之温水縣更曰嶲石辯

州之陸川縣竇州之扶萊縣容州之容昌縣置禺州大曆八年以辯州之龍化縣禺州之溫水縣羅州之南河縣白州之龍豪縣置順州至是廢繡州以縣入普甯廢順州以縣入陸川廢禺州以縣入北流故今

領縣

三

縣沿革

普甯縣 上

倚郭元和郡縣志云本漢合浦縣地晉分置宕昌縣隋開皇十七年改爲奉化縣十九年又改爲｜｜｜屬藤州永平郡隋志藤州永平郡｜｜｜下注云舊曰陰石梁置陰石郡平陳郡廢改縣爲奉化開皇十九年又改名｜｜｜二書所紀不同象之謹按隋志承梁舊縣名必不差互當從隋志容州志云唐武德四年自藤州割屬銅州正觀中改銅州爲容州又屬容州元和郡縣志云開元中移郭下北流縣於西南六十里又自州移｜｜｜於郭下唐志云元和中徙治普甯年月小有不同國朝會要云開寶五年廢省

欣道渭龍二縣及繡州省
常林河林羅繡三縣入焉

北流縣 中

在州西八十二里寰宇記云本漢合浦縣地隋置北流縣在廉州界屬合浦郡舊唐志云州所治也本漢合浦縣地隋置北流縣隋志云大業初以陸川縣地入焉新唐志云武德四年析置豪石宕昌南流陵城新安五縣正觀十一年省新安後又省豪石宕昌元和郡縣志云｜｜｜｜本在州郭開元中移於今理國朝會要云開寶五年廢禺州省峩石扶萊羅辯陵城四縣入焉

陸川縣 中

在州西南一百六十里皇朝郡縣志云本漢合浦郡地隋置｜｜｜屬合浦隋志云大業初廢陸川入北流縣容州志云唐武德四年復置屬南宕州正觀八年屬潘州總章初屬東峩州總章二年屬昌州唐志云本隸東峩州唐末來屬元和郡縣志云開元二十四年割屬容州有小不同象之謹按杜佑通典容州

領縣六而無陸川縣禺州領縣三而陸川隸焉杜祐通典乃在德宗之時陸川縣尚屬禺州不應開元二十四年乃先屬容州也由是言之則唐志載唐末來屬容州之說似亦有理當從唐志國朝會要云開寶七年廢順州省龍豪温水龍化南河四縣入焉九年移治公平淳化五年復徙治温水縣

風俗形勝

夷多亘少鼻飲跣行好吹葫蘆笙擊銅鼓習射弓弩無蠶桑緝蕉葛以爲布不習文學呼市爲虛五日一集人性剛悍重死輕生十道志此地多瘴氣春謂青草瘴秋謂黃茆瘴江水卽馬援云仰視烏鳶跕跕墮水中卽此地也郡國志云已上並見寰宇記容介桂廣間蓋粵徼也渡江以來北客避地畱家者衆俗化一變今衣冠禮

度並同中州容州志風俗門郡以容山得名郡國志云容州以容山得名

林巒洞蜒守條死要韓退之作房公墓誌爲容州經略使管有嶺外十三州之地云云

都嶠有三洞天不下桂林虞衡志在容州容州距城數十里有三洞天足多勝景濯纓石序唐管有嶺外十三州之地韓文見上五嶺以南禹貢職方所不載由漢以來始登版籍普寧郡志序天下洞天凡三十有六容乃得三焉勾漏山十洞記平川中石峰千百皆矗立特起周迴三十里其巖穴多勾曲而穿漏故古以是名山與其邑勾漏十洞記云

宋璟李勉杜佑馬植盧鈞李渤王翃輩皆一時名臣由五筦罷歸多至卿相唐容管經略刺史題名記

景物上

曉靜在郡治 雲錦在郡治 漫軒在郡治 牛山寰宇記云在陸川縣方輿記云有石如牛 象石寰宇記云在陸川縣有石如象 石湖寰宇記云在陸州縣 石印寰宇記云在陸川縣郡國志云禹州石印似印石文如篆 金溪寰宇記云在陸川縣水中嘗出金 金山寰宇記云在陸川縣 銅州唐武德四年置 繡江輿地廣記在普寧縣 帽山在普寧縣西南 䄎山在普寧縣西二十八里 臺井在普寧縣 容管唐五管之一 容江輿地廣記在普寧縣 容山寰宇記云在陸川縣其山迴闊無所不容故曰丨丨 冷石舊唐志云北流其土少鐵以礬石燒爲器以烹魚鮭北人名五候燋石一經火久之不冷即今之滑石也亦名丨丨

景物下

逍遙樓在城之正南 經略臺在逍遙樓之陰 清心堂在郡治 寧遠堂

在郡治

明遠樓在城之東南

迎富亭在滄浪亭相對容俗以二月二日為迎富節以是名亭

思賢堂祀元結次山王翃宏肱戴叔倫幼公韋丹文明本朝王次翁丹訓耕織興學校結身諭蠻酋綏定八州翃擒殄賊帥悉復故地叔倫招懷夷落威名遠暢

思元堂在郡治

野望閣在城之東北

遠意樓在郡治

繡江亭在州之西南子城外江流橫陳前羅都橋諸峯一覽可盡江山之勝

面面樓在郡治

粲粲園在郡治

讀書臺寰宇記云在普寧縣之東一十五里兩峯峭立擁溪東下舊傳漁者夜聞山巔琅琅有絃誦聲因目之為讀書臺

勾漏書院在州學

勾漏山在普寧縣上有寶圭洞內石室中有水故老傳云葛仙翁嘗於此山修煉丹竈石盆在焉平川中石峯千百皆矗立特起周迴三十里其岩穴多勾曲石而穿漏故古以是名山與其邑

不邏鐃山寰宇記云在陸川縣山多部石果味如荔枝俚人謂之丨丨丨丨

波羅峽在普寧縣東

崑崙水寰宇記云在陸川縣水中有石似崑崙九域志

丨丨丨都橋山即洞天之一也**鳴石山**寰宇記云在陸川縣郡國志云董奉死人見於鳴石之山

山海經云長石之山洪水出焉山多鳴石卽此也**峩石山**寰宇記云在陸川縣以石嵯峨故名

岑石山在普[圖]縣**石袍山**寰宇記云在陸川縣方輿記云山多竹木葱翠如袍山有肉翅

虎下山食人食訖卽飛還絕巖**石湖山**在陸川縣西北上有湖因名**寶子嶺**在州後架

亭其上四望平遠**寶圭洞**綵觀後北行二百步山如倚屏門闢象魏大榜其上曰勾漏山丨丨

丨此葛仙修煉所也**玉虛洞**吳元美記云此峯有念經觀衡二名皆不雅傳輒更之爲丨丨丨云

玉田洞吳元美記云丨丨丨在韜眞觀之西巫山寨之北緣石棧行百餘步傾側而入乃至石田

子謂此正仙人種玉處遂更名玉田**銅石山**寰宇記云在陸川縣上有銅湖出水銀硃砂**牛**

峰山寰宇記云在普[圖]縣之西南**鶴峒山**寰宇記云在陸川縣上多野鶴圖經云在普[圖]

縣之西北不同**龍化水**輿地廣記云在陸川縣**雞籠山**在陸川縣方輿記云在縣界

牢馬山寰宇記云在普甯縣之西北　**鬼門關**舊唐志云在北流縣之南有兩石相對俗號爲｜｜｜漢伏波將軍馬援討林邑蠻路由於此立碑石龜尚在昔時趨交趾皆由此關其南尤多瘴癘去者罕得生還諺曰｜｜｜｜｜十人去九不還唐宰相李德裕貶崖州日經此關因賦詩云一去一萬里千知千不還崖州在何處生度｜｜｜

元武嶺在普甯縣北二里一號北靈山　**羅漢溪**寰宇記云在陸川縣皆在郡邑　**佛子嶺**在陸川縣東北上有古佛塔　**獨繡峰**寰宇記云在普甯縣　**獨秀巖**吳元美記云度普照巖而西平野中鬱然孤峙者｜｜｜也洞門宏邃古木蕭森與韜眞杭衡室中可容數千人石乳掛壁上如彌陀大士像　**五侯石**寰宇記云在陸川縣　**都嶠山**寰宇記云在普甯縣山上有八峯曰兜子馬鞍八疊雲蓋香爐仙人中峯丹竈而八疊奇秀覩諸峯最高亦號蕭韶山有南北兩洞俱有石室南洞寬坦中刻浮屠大像儀制甚古北洞差狹爲星壇北八二洞虛爽天造地設非他處洞穴幽翳之比中峯絕頂有室曰中宮院　**都寶山**在普甯縣南一

百九十里

大容山 在州西北山陽有觀曰綦眞唐開元間有樵者見二人對奕今石枰猶存

普照巖 吳元美記云距韜眞山如覆釜登巖却顧則黃拔翠巘與石峯相間歷歷落落尤可觀也入洞仰視則玉山上京不可階升月夜扁舟於千巖萬壑中與玩靈無異其中仙壇佛塔低昂交錯靈幡寶幢霓裳羽衣皆獵獵飛動不知彫出洞天門其篆之奇繪繡之工果誰爲之也

韜眞觀 東曰｜｜｜觀中碣僞漢時中官陳君所經始觀當勾漏之中旁鄰玉虛面揖玉田東望寶圭西抵普照巖獨秀嵓

栖眞觀 在州南二十五里都嶠山寶元洞天咸平元年降到太宗皇帝御書一函大中祥符三年宜賜泰山芝草二匣並於觀中奉安

靈寶觀 在州西勾漏山寶圭洞天江之干古勾漏城也羣峯森羅在上而道出其間行者皆愕駭不敢前｜｜｜蓋直當其門戶觀後石峯拔起千仞獨以一柱擎天

景星寺 在州西有開元四年范陽盧藏用銘并序碑刻甚豐寺廢碑徙於報恩

綠藍水 其源出綠藍山

白石山 在陸川縣山色潔白四面懸絕上有飛泉瀑布下有勾芒木可以爲布俚

古迹

人斫之新條更生取皮績以爲布　白沙洞　吳元美記云｜｜｜兼燭從竇入俯傴扶服凡經六七竇每過益寬而所見益奇行里餘乃至中洞千態萬狀不可彈盡勾漏甲於天下而此洞爲勾漏第一　濯纓石　在城西金風門外枕溪有亭亭下有石溝詰曲水流其間可泛羽觴邦人因之而禊焉　射爐山　在陸川縣九域志云山形如香爐　簫韶山　在陸川縣南頂有古臺院昔九域志云常聞音樂因以爲名　桄榔山　寰宇記云在普寧縣　障江水　在普寧縣界　謝蘆山　在普寧縣　盧越水　寰宇記云在陸川縣亦名靈溪水在邑界　巫山寨　玉虛洞之坤維得焉道十石寨遠而望之天地設險隱然鐵甕城也　南靈山　在普寧縣南二里上有古壇　北靈山　吳元美記云｜｜｜俗名眞武嶺在邑東二里視之眞靈龜也天下峯巒巖石若龍若馬獅子之象多矣然彷彿十得四五獨此粹然逼眞顧不異哉　羅辨山　在普寧縣西南

廢繡州寰宇記云在陸川縣本漢阿林縣地隋以阿林縣屬尹州大業二年改尹州爲鬱林阿林武德四年置陵州六年改爲繡州天寶元年改爲常林郡乾元元年復爲繡州國朝會要云開寶五年省常林河林羅繡入容州普寧縣

廢禺州寰宇記云在陸川縣本溫水郡隋合浦郡之定川縣唐武德四年置南宕州正觀六年移治定川八年改爲潘州總章元年改爲東峩州二年改爲禺州天寶元年改爲溫水郡乾元元年復爲禺州國朝會要云開寶廢州省峩石扶萊羅辯三縣入容州北流縣

廢順州寰宇記云在陸川縣本順義郡在白州之東北皇朝開寶七年廢州縣入容州

古銅州城九域志

廢渭龍縣寰宇記云在陸川縣唐武德四年析普寧縣置唐志有渭龍縣

廢欣道縣寰宇記云在陸川縣唐置已上皇朝併入普寧縣唐志有欣道縣

廢龍城縣寰宇記云在陸川縣武德四年又析北流縣置皇朝併入北流唐志謂之陵城縣

廢常林縣寰宇記云在陸川縣本漢阿林縣地唐武德四年置常林縣屬林州正觀六年省歸城縣入常林縣仍移

理廢歸城縣故城　廢阿林縣寰宇記云在陸川縣廢州本漢舊縣元屬鬱林郡　廢羅繡縣寰宇記云在陸川縣唐武德四年析阿林縣　廢峩石縣寰宇記云在陸川縣本秦象郡地晉宕昌郡之邊邑爲禺州所治也　廢羅辯縣寰宇記云在陸川縣舊州西南一百里本隋高涼郡唐武德四年置名陸川□元中改爲□□□　廢扶萊縣寰宇記云在陸川縣舊州東南八十里唐武德四年置　廢龍豪縣寰宇記云在陸川縣廢州之郭下　廢南河縣寰宇記云在陸川縣　舊繡川城九域志　古勾漏縣城

官吏

唐元結後魏常山王遵十五代孫天下兵興逃亂入猗玗洞始稱猗玗子後家瀼濱乃自稱浪士及有官人以爲浪者亦漫爲官乎呼爲漫郎授容管經略使身諭蠻豪綏定八州民樂其教至立石頌德

王翃通鑑唐代宗大歷六年嶺南蠻酋梁崇牽據容州經略使王翃至藤州以私財募兵斬賊帥歐

陽珪詣廣州見節度使李勉請兵勉以爲難珪曰桂乞移牒諸州揚言出千兵爲援勉從之珪乃與義州刺史陳仁璀藤州刺史李曉庭等結盟討賊珪募三千餘人攻容州拔之盡復故地

韋丹 唐史傳云丹爲容州刺史始城容州周三十里置屯田二十四所化盛行韓文公銘其墓

崔方實 嘗爲容州兵馬使試殿中侍御史元微之行誥詞云蠻蜑之間有黃探者跧竄窟穴代爲侵擾南人患之而公素破其首長獲俘四檄奏以聞朕實嘉尚

蔡少卿 爲容管經略左押衙兵馬使元微之行丨丨兼監察御史誥詞云蠻之有黃賊者東南人之𧋍賊也經略臣公素嚬折妖巢收復故地撓音來上道路悠遠其勤可嘉

杜佑 爲容管經略使

戴叔倫 潤州人自撫州遷容管經略綏徠夷落威名流聞其治淸明仁恕所至稱最德宗賦中和詩遣使賜之見鎭江志

本朝陶弼 嘉祐中知容州

高登 紹興間爲潮州試官出將焉用彼相賦直言不聞深可畏論得罪時相謫容州

吳元美 福唐人爲福建安撫司幹官坐鄉人鄭暐告元美作夏二子賦譏時宰其家有潛光亭商隱堂暐作啟與宰相

以二名爲一對云亭號潛光蓋有心於黨李堂名商隱本無意於事秦元美坐謫容州

人物

闕

仙釋

葛洪字稚川欲煉丹聞交趾出丹砂來爲勾漏令曰非欲以爲榮爲有丹耳東坡次王鞏詩云遙知丹穴近爲斸岣嶁石

邵道士東坡之儋州經此惟都嶠|||從坡三年坡贈詩云乞得紛紛擾擾身結茅都嶠與仙鄰少而寡欲顏常好老不求名語益眞許邁有妻還學道陶潛無酒亦從人相從十日還歸去萬劫淸遊結此因坡又贈云耳如芭蕉心如蓮花百孔疏通萬竅玲瓏來時一去時八萬四千此義出楞嚴世未有知之者元符三年書

梁賢容有兩男子曰||曰植之德歲隆興甲申遊都嶠山椒有閣宇三間泉淸瀲多桃李梅林取一梅啗之自是不粒食莫知所往

廣禪師劉禹錫袁州楊岐山碑云乘廣生容州七歲尙儒十三慕道遵壞削之儀至衡陽依天柱想公以啓初地至洛陽依

荷澤會公以契眞乘以攝化爲心愍彼南裔不聞佛經由是結廬菓鄉縣楊岐山應念起教隨方立因邑中長者十方善衆仰茲高山知道所在

碑記

元刺史奏免科率狀在郡齋　唐盧藏用碑開元四年舊在景星寺今在報恩寺　十洞記吳元美　普寧志司法梁日成編　唐刺史題名序郡守

陶弼　王慶曾思元堂詩碑見斷碑門

詩

分命諸侯重葳蕤繡服香八蠻治險阻千騎踏繁霜

還將小戴禮遠去化南方陳羽儀送戴端公　容州幾千里直傍青天崖賈島送張校書季霞　秦吟宿楚澤海酒落桂花同上　鴣

首衝隴涙犀渠拂嶺雲莫教銅柱北長說馬將軍杜牧送唐中丞
池北含煙瑤草短萬松亭下清風滿劉禹錫傷秦姝行注北池萬松亭皆容州勝概
普寧都護軍威重九驛梯杭壓要津十二銅魚尊畫戟三千犀角擁朱輪風雲已靜西山寇閭井全移上國春不獨來蘇發歌詠天崖半是泣珠人陳陶贈韋中丞
和店茅軒向水開東頭舍賃一徘徊窗吟苦爲秋江靜枕夢驚因曉角催鄰舍見愁賒酒與主人知去索錢來眼看白筆爲霖雨首使鴻鱗便曬腮周朴寄蕭郎中
落日明朱檻繁花照羽觴泉歸滄海近樹入楚山長柳文酬徐中丞普寧郡館
遠慙勾漏令不得問丹砂杜甫嶠

南瘴毒地有此江月寒乃知天壤間何人不清安牀頭有白酒盎若白露溥獨醉還獨醒夜氣清漫漫仍呼邵道士取琴月下彈相將乘一葉夜下蒼梧灘東坡贈邵道士浪經蛟浦闊山入鬼門寒歐陽公歸田錄載曾惠崇送遷客詩天涯已慣經人日歸路猶欣過鬼門坡詩勾漏城中菡萏池池邊臺榭半空基頻年太守多新額池亭舊名不經所因易之異代思賢有舊基唐羅可經略碑先懷前守凌景陽復多改名陶弼比池詩有唐曾宿萬家兵節制東南十一城此若得人無寇盜昔之爲守盡公卿唐賢爲容管經略甚衆得其名氏凡二十九人一年勾漏守尋盡洞中天郡有勾漏白石都嶠等山所謂三洞天也佛記盧藏用盧藏用太

雲寺記石高一丈二尺仙壇葛稚川醒心西驛水韋丹建閣下有石泉水記云在城西南隅燒眼碧池蓮後唐李復作池木檝記曰此池植蓮數萬我豈無新事詩碑與酒泉陶弼銅鼓舊俗存瘴江春色早姜仲謙問津勾漏山散策實圭洞羣峰羅翠巘環合無缺空石盤與丹竈遺迹可捫弄李綱

四六

漢控百蠻關實雄於林邑唐維五管鎮尤重於銅州容州太守制容南寄重隆恩遂行謝肇上猶人唐廣明二年充容管經略處置使平叛卒詔答云卿業盛機鈐林雄通變一心許國三委竹符所爲皆及物之恩所到有字人之績朕以云云果能制彼兇妖全活黎庶布威令於一方息忿昏於千里公忠其在嘉歎良深

輿地紀勝卷第一百四

輿地紀勝卷第一百五　文選樓影宋鈔本

東陽王象之編　甘泉岑鎔淦長生校刊

廣南西路

象州　陽水　建陵　陽壽　象山　鬱水

州沿革

象州　下　象郡防禦　九域志　古百粵之地於天文屬翼軫之度鶉尾之次此據圖經屬楚分翼軫然漢志以爲粵地牽牛婺女之分野今之蒼梧鬱林皆粵分也今之象州既爲秦桂林漢鬱林之地當屬牽牛婺女之分野晉志南斗吳越之分野則不當以爲翼軫之分蓋翼軫乃屬荊州而牽牛乃屬楊州唐志自沅湘上流達黔安皆全楚之分自富昭象龔綉容白廉州以西亦鶉尾之墟此二者俱不同當考秦始皇南取百粵以爲桂

林象郡賈誼過秦論象郡之名始此然非今之象州也圖經云秦之象郡乃在日南非今之象州舊唐志云秦象郡今合浦縣也不同當考象之謹按西漢志日南郡下注云故秦象郡又有象林縣則今象郡乃今之日南國耳非今之象州也亦非合浦唐書地理志云因象山以爲名山形如象也以漢初爲南越王趙佗所據圖經漢武平南越以桂林地置鬱林郡漢志而秦之象郡更名日南漢志注云日南郡故秦象郡今之象州即鬱林郡之中溜潭中二縣也元和郡縣志於陽壽縣下注云本漢中溜縣之地寰宇記於武化縣注云本秦時潭中縣也今武化屬來賓縣則爲中溜潭中也明矣但通典以象州三縣俱屬中溜而不言潭中蓋唐武化縣隸封州及晏州至國朝始定屬象州耳東漢因之東漢志鬱林郡下有中溜潭中二縣吳孫皓分鬱林置桂林郡沈約宋志云吳孫皓鳳凰三年分鬱林立桂林郡晉桂林

郡領縣八有潭中而無中溜廣西郡邑圖云吳析中溜置桂林縣晉因之然晉志桂林郡自有八縣初無中溜縣故晉志於中溜縣下注云太康地志無不應八縣之外復有桂林縣近乎無據宋桂林郡領縣七有中溜而無潭中宋志齊桂林郡領縣十一而中溜潭中二縣並見南齊志陳置象郡象州志云陳置象郡又隋志陽壽縣下注云有馬平桂林象韶陽等四郡平陳並廢象郡既廢於平陳之時則是陳時已有象郡矣由是言之則象郡置於陳象州置於隋耳然元和郡縣志載象縣於柳州象縣之下則又非今之象州也隋平陳廢象郡及中溜潭中二縣以潭中爲桂林縣置象州元和郡縣志在開皇十一年而張維廣西郡邑志以爲梁置象州然考之隋唐二志皆無所據依今第依元和志通典寰宇記以爲隋平陳置象州此則今象州之所從始也象州志煬帝廢象州爲象縣屬桂林郡

元和郡縣志在大業二年而隋志桂州下有象縣及陽壽桂林縣然象縣今乃屬柳州非今之象州特名同耳唐平蕭銑以始安郡之陽壽桂林縣重置象州唐志在武德四年仍析桂林置武德西甯武仙三縣廣西郡邑圖其後省西甯武德入陽壽唐志又析桂州之建陵隸晏州又析長風縣隸晏州州廢二縣□來屬此據唐志而廣西郡邑圖以爲晏州廢在貞觀十二年仍自武德縣移象州於武化置此據舊唐志而新唐志在貞觀十年改爲象郡在天寶中舊唐書作象山郡新唐書及通典作象郡復爲象州在乾元初復治陽壽唐志在大曆十一年又省長風入武化唐志在大曆十一年唐末陷于湖南昭宗光化三年五代陷于南漢後周廣順元年皇朝平嶺南地歸版圖開寶四年廢嚴州併歸化入

來賓來屬國朝會要云在開寶七年陞爲防禦州國朝會要云在景祐四年中興因之今領縣三治陽壽

縣沿革

陽壽縣 中下

倚郭元和郡縣志云本漢中溜縣之地寰宇記云屬鬱林郡又改爲桂林郡象郡志云陳爲象郡縣亦不廢元和郡縣志云隋開皇十一年廢中溜縣入桂林縣又析桂林置｜｜｜隋志屬桂州始安郡唐志武德四年以始安郡之陽壽桂林縣置象州貞觀十二年徙治武化大歷十一年復治陽壽舊唐志云吳置桂林縣武德四年改爲武德於縣界置象州象郡志云咸平六年移縣於新安驛今縣治是也崇甯四年併武化來屬

武仙縣 下

在州東南九十里象郡志云秦桂林郡地隋屬始安郡桂林縣元和郡縣志云武德四年析桂州建陵縣南置唐志云乾元元年省桂林縣入焉

來賓縣

中下

在州西一百五十里唐志嚴州下載云乾封二年招致生獠以秦故桂林郡地置嚴州有來賓循德歸化三縣國朝會要云故條德郡領二縣開寶七年廢嚴州以二縣來隸省歸化武化入焉以丨丨丨屬象州國朝會要云開寶七年省武化縣隸來賓景祐元年復廣西郡邑志云熙寧四年省武化入陽壽寰宇記又云武化本漢潭中縣地屬鬱林郡唐武德析建陵置武化縣屬晏州貞觀廢晏州來屬象州皇朝廢入來賓縣不同當考

監司沿革

廣南西路提點刑獄司張維廣西郡邑志云提刑舊置司象州故曰象臺

風俗形勝

民有五畜山多麈麖象郡志踰桂嶺而南水清魚肥爲南方之最同上有登俎之味產受釆之花象州新井記其地宜稻粱其貨多珠犀象州瑤光堂記雖地居嶺表然民富魚稻水泉甘潔不減中州象郡志跋地連八桂密近湖湘稍接中州清淑之氣象郡志地無桑柘民不事蠶作雖閒有之不能繅絲第爲綿絮而已或水熟而紐縷之以爲麤紬婦女以緝麻織布爲業象郡志多膏腴之田長腰玉粒爲南方之最旁郡亦多取給焉象郡志象古名郡跨三邑之封當牂牁龍江之沿流封疆不啻千里

嶺西以南連屬桂林外接交邕控扼蕃洞往來要衝象郡志其俗火耕水耨食魚稻信鬼神好淫祀又云俗以雞骨卜吉凶舊經云人多驍獷家少秀民皇朝郡縣志

象州城門畫一白象嶺外代荅云象州郡治西樓正面西山山腹忽起白雲狀如白象移時不滅然不常案秦象郡乃交趾非象州也今象州城門畫一白象不審何義然象州自昔不遭兵革凡有大盜皆相戒以不宜犯象皐然則城門之畫象豈著此耶

象郡居嶺嶠之表接蠻貊之疆象州新井記漕使邊公珝撰

景物上

率齋郡守陳大和所建尚書孫公記云

象山在陽壽縣西五里山形似象因以爲名土人云時有雲氣結爲象形變化往來于山上

鹿池在陽壽縣居鹿山上舊經云天欲雨山上雲氣如鹿

龍巖 離城七十五里深邃清冷一石壁瑩白有龍形印于壁上鱗角爪牙悉具

龍洞 在來賓縣二十里陶弼嘗遊洞訪僧不遇留詩云一錫遊何處巖端靜掩扃獨尋危石坐閒把細泉聽野鼠緣齋鉢山花落靜瓶斜陽過溪去回首亂峯青

瑞象 瑤光臺記云郡之西山聳秀蔥翠四時寒暑陰晴顯晦變態不常當其天宇澄霽倏爾溟濛紅日朝暾游雲浮飛悉為白象之形宛如生成奔逐飄逸於西山之上出沒無時父老相傳號為｜｜

靈泉 在陽壽縣源自靈春臺湧出九域志作龍泉

聖塘 離城一百里石山高峻人莫能登昔有一藤蔓垂地一猺人攀援而上到絕頂見一池水清冷可愛亦有魚龜猿猴至多桃李環之猺人歸語後其藤蔓為風雨折去至今人莫有至者

仙巖 在武仙縣南四十里可容數百人石壁上有仙人影

雷山 在陽壽縣東百里舊經云雷雨皆從此山起

雷江 在來賓縣西北三十里流入縣界舊經云往有毛雷捕魚於此因名

陽水 元和郡縣志在陽壽縣

穿山 在來賓縣｜｜有穴南北相通馬援於此獲白鹿

寺巖 離城七十里平坦可坐百餘人

石壁上水乳滴成人像儼如一道士**西山**與象山相連尤爲高聳風土記云刀兵永不見｜｜最高現說者以爲州從來無兵亂雖儂智高陳進之猖獗郡人皆慮其侵害至境或自退或敗亡士人以爲應識**大江**舊經名潯江不述所出按九域志融州有潯江堡又唐書地理志融州有臨牂縣水所經也自融州順流合宜州江至柳州達象州則所謂潯江乃牂柯江也源出夜郎

景物下

寒碧亭在報恩寺**空明亭**在致爽門外**扶疎堂**在城外東南街土人謝氏建竹木深邃蔚有佳致王右丞孫尙書南遷皆寓于此壁間舊有留題**坐嘯堂**郡守李攸所建**靜賞樓**在北城上**中德堂**在州學**西峯樓**在城上**擬草亭**在南山寺前尙書孫公命名**瑤光樓**在西城上俯瞰溪山面對長江晴嵐煙靄景物之勝一目而盡今爲西峯樓**寒光亭**在扶疎堂側謝氏所建孫尙書有詩所謂空江耿耿月舒波千峯倒盡翠銷磨卽此

亭也圓光亭在西山寺靈泉水在陽壽縣東源自靈泉臺湧出東至武化縣合流出陽口

鎮九域圖九域志皆作龍泉水溫湯泉在陽壽縣東二十里洞出武單里峒心石穴水常熱可以

熟物冷水驛在武仙縣陽口溪在□□縣北五十里水源出潯州北山入潯江鬱林

水在武仙縣寰宇記云在湘陵南山邑界有古紵里里人績以爲巾居松山在來賓縣南半

山有石門上有石盆夏生蓮花常有魚戲于盆中龍泉臺在陽壽縣舊經云下有靈泉九域志

作｜｜｜龍舌州風土記云西北江心生龍舌南山不來接過城五里龍舌出科名方始達朝廷

猫兒山與西山相連形狀如猫首東北向下臨江潭燕子巖在城北遡流十里許近山

巖中空洞可容數十人多有燕巢下有碧潭舊號龍潭山馬鞍山在城東四十里形如馬鞍石

牛山離城百餘里極高峻常有雲霧鎖結天色晴霽儼然如一牛立頭頸角耳具焉石羊山

在武仙縣西五十里峭壁如粉屏俯瞰大江中有石影宛如一羊頭角尾蹄皆具居鹿山在城

北四十里上有鹿池水九域志云天欲雨山上雲氣如鹿

東山寺 在城東五里寺後有亭名秋屏

南山寺 在城南十里江流有聲斷岸千尺古榕盤龍松竹交蔭爲招提之勝境

西山寺 在城西五里其寺半山有一檻亭大江橫前飛湍千里郡城枕股萬瓦鱗次山川境物盡在目中騷人才士題詠爲多

北山寺 在城北

長峯院 在陽壽縣東元豐乙丑太守張唐輔遊焉賞其水亭之勝有一派平分三澗綠之句名之爲三溪閣院之勝閣據其要蓋三溪直前若鼎足分布皇流浩浩涵虛漱玉浮光爽氣千變萬狀愈見而愈不窮

大江水 在來賓縣西五十步沿流至武仙縣下通廣州入海其江有三源一都泥大江通牂牁勳訓州一通賓州上林縣一通述州

大藤溪 在武仙縣東南百五十里源出潯州大立山下注于潯江又有大藤峽

都泥水 在武仙縣西南七十里舊經云有泉穴流出通牂牁勳訓州一源通述州沿流經來賓縣合于潯江

雙髻山 在來賓縣南鄉遠望之若婦人綰丨丨

雙泉巖 在來賓縣西北一百里潤丈餘夏涼冬溫上人名於

巖中結課隷業舊傳山中常患無水忽一日雙泉湧迸因名

三溪閣 在長峯廣化院

六祖巖 在西山寺後磴道盤紆石穴空嵌可容數人塑六祖像其中

八德泉 在州城報恩寺

思玉山 在來賓縣舊經云昔有人於山下得白石如玉後再來求之不得因名丨丨丨

金峯山 在來賓縣南四十里山有寺寺中有雷神一龕舊傳殿前有大石不便拜跪僧師輔禱于雷神欲去其石忽一日風雨晦冥有頃開霽石已移在山中矣

銅鼓山 在武仙縣西十里下有銅鼓瀨昔馬援南征獲駱越銅鼓廣化記曰狸獠鑄銅爲鼓惟以高大爲貴面闊丈餘初成掛於庭剋晨置酒招置同類來者盈門

鐵牢山 在來賓縣西南五十里昔有寇賊百姓避難於此

鐵峽山 離武仙縣四十里乃三界首東通本州南入潯州西抵貴州人煙斷絕石徑險峭凡二十餘里

石牙山 在來賓縣南鄉平地有二石峭拔宛如象牙

華峯寺 在來賓縣西一十里有龍洞熙甯閒羅池僧保和尚雲游經此山見山中有石佛高丈餘內有三洞各澗三五丈下有兩漢合瀑而流景致蕭灑遂建寺

云。

白面山 順流取城五里近南山寺石壁屹立橫截大江江水為之折而西去山多白石故名

白雲洞 離來賓縣山水極佳今為邑人游賞之地

白牛洞 在來賓縣西六十里中有白石狀如牛脚

歌合溪 在縣東南源出潯州大立山縣前溪謂舊武化縣今延賓驛前溪是也

甘視山 離城四十餘里林木陰邃溪水交流其間百花無不有木犀蘭蕙尤多

覆載山 在城東百里有古招提在焉

武化溪 在舊縣前源出潯州北界大立山會歌合溪水

大王巖

小王巖 在城東八十里來賓縣界兩處相去九十步舊經云偽劉竊據日為聚集之所

九仙人山 江嶺表記象州武仙縣仙人山舊有神人聚集羽駕時見如建州武夷山有仙人換骨函九域志又作仙人嶺

仙女池 離城七十里在雷山頂旁有仙女廟石壁上有仙女脚跡

道者山 離城百餘里係石山遠觀若道者合掌狀

于仙巖 在來賓縣西北十里太守鄭如宗登高芟薙荊棘而得之岩有石刻

聖鼓廟 在武仙縣南一里廟西有亭名聚景古榕蟠遶縣令吳文林有詩云

榕蟠怪石渾如畫
樂奏寒〻潭似有靈

古迹

秦象郡 東西漢志日南郡下並注云即｜｜｜也

廢嚴州 唐志云秦故桂林郡地也乾封三年招致生獠置嚴州寰宇記云地在嚴崗之側因以爲名國朝會要云開寶七年廢嚴州省歸化縣入來賓縣隸象州

舊桂林縣城 在武仙縣界舊經云唐乾封元年廢桂林縣併入武仙縣舊城遂廢

舊武仙縣城 在武仙縣十里舊經云桂州裴懷古移今縣治舊城遂廢

古歸化縣城 在來賓縣北皇朝開寶七年併歸化入來賓縣此城遂廢

雷江古城 在來賓縣西三十里

舊古郎城 在來賓縣東南五十里倚古郎山周回一里以山得名九域志云在古郎山

象山舊城 在州界西北六十里舊經云唐乾封元年移於長風縣其城遂廢

舊陽壽縣城 在陽壽縣東南三十九里唐大歷二十一年移州治臨大江縣隨州移治舊城遂廢

舊武

化縣唐志云析桂州之達陵置本隸封州後隸晏州又析陽壽置長風縣縣隸晏州州廢縣屬象州廣西郡邑志云熙甯四年省武化入來賓

長風城在陽壽縣東六十里唐貞觀十三年廢晏州併長風縣入武仙縣其城遂廢

象臺山近柳州界去州三十里平地突起巋然一臺四望平遠蓋古州之治也唐武德始遷治陽壽今猶相承謂州爲象臺云

靈泉臺下有靈泉九域志作龍泉臺在陽壽縣東四十里

牂柯水郡國志嚴州州門有長水自牂柯流下來賓

龍母廟在陽壽縣

甘將軍正廟在陽壽縣北七十里公家富饒務賑濟一夕夢一神人告之曰汝處心公平幽冥已錄姓名公自是不治產業公兄弟詣之分其已分之田責其自耕公乃縛數茅人立於田旁次日視之插蒔已畢衆皆神之日聚諸鄰里曰吾已厭于世矣卽瞑目而去

官吏

陳大和乃莆田人紹興初爲守政事餘暇修學宇以養士建行館以待客鼎然一新遂爲壯郡云

唐李道宗唐宗室也高祖時封江夏王高宗永徽初與長孫無忌褚遂良有宿怨誣其與房遺愛善流象州

韋挺與王珪同得罪挺貶象州刺史

薛仁貴絳州人高宗咸亨元年吐蕃入寇命爲邏娑道行軍大總管敗於大非川貶象州後召爲都督擊突厥於雲州突厥問唐將爲誰曰薛仁貴突厥曰聞薛將軍流象州死矣安得復生仁貴脫兜鍪見之突厥相視失色因進擊大破之

本朝

王世則皇朝郡縣志云本靜江人淳化中以言儲貳得罪知象州

范正平元祐宰相純仁子也純仁薨有表言宜仁被誣事後蔡京當國謀陷善良小人附會妄言純仁遺表乃正平與門人李之儀撰造非純仁意正平坐羈管象州

張庭堅字平叔廣安軍人遷右正言坐言蔡京責象州

王安中字履道自號初寮道人宣和中爲翰林學士遷尚書右丞靖康初謫象州館于謝氏之扶疎堂

孫覿字仲益常州人紹興中謫象州

高頴紹興十一年以福建安撫司參議得責象州頴陷僞十年固窮守節以從岳飛被斥

人物

粟大用 武仙縣人年九歲祥符中以通五經應童子舉至京師入見眞宗出對句曰貴地貴人生貴子大用應聲曰明天明日照明君上喜賜登仕郎後任南雄太守

謝洪謝澤 洪字宋勳澤字宋霖兄弟篤學中朝士夫遷謫於象者無不館於其家從張正言庭堅作文王右丞安中履道尙書孫覿仲益學作詩今其家藏王右丞孫尙書墨跡甚多郡中扶疎堂與寒光亭乃謝氏之所建以待游客今遺址存

龔老人 一百單三歲王初寮詩云兩龔千載人其其裔亦近道行年百有三㓜婦已華皓誰謂五嶺南有此六朝老逌然瘴霧中却笑彭祖天

仙釋

于仙 昔有姓于人修行於巖後遂仙去其巖展轉旁達兩洞各一玲瓏夷曠西有天牕中可遠達秉火盡見怪石甚多奇形異狀有一石約高四尺丈異色雪光彩照人如日爍鹽下濺疑地眞奇觀也

盧

道者隱居陽壽之青金山去城八十里其山深廣虎狼甚多盧在山卓庵修行勤苦虎常蹲伏庵下每出入虎為守庵

武志士與師弟二人來來賓之武禪山學道修煉歷年每出赴齋供即架青布幕爲橋去五七里遠至市廛人見而奇之越數年道成皇祐初白日上昇後三年弟子亦成道昇山之絶頂立化爲石迄今存焉

黎彥明有道行老而貧出入常以一鶴自隨初賽贈以詩云世緣今似孤雲薄隨身翩翩惟一鶴縞衣赴節舞松風好伴先生卧林壑

瑩老圓悟佛日禪師來賓縣金峯山第一代祖也有戒行紹興已巳於獅子山文殊庵端坐而逝留偈云落落托托上無把摸出没太虚無繫無縛鐵馬倒地誰人摸索

承嗣瑩老金峯山第二代祖也律戒尤嚴紹興戊寅坐逝留偈而去

金峯山主來賓縣金峯山寺有雷師每大風雨即雷神現上人云舊主僧在日與之對坐良久後主僧歿餘僧不復敢坐

碑記

石羊山大字石羊山在武仙縣上有六行大字隱約如草書四傍皆無路可達莫能辨其眞土人相傳爲仙人留題

象郡志丁世英序

仙巖石刻詳見景物上仙巖下

詩

瘴水蠻江入洞流人家多住竹棚頭青山海上無城郭惟見松排出象州張籍

一鶚韋公子新恩嶺郡符島夷通荔浦龍節過蒼梧地里金城近天涯玉樹孤聖朝朱紱貴從此展雄圖陳陶南海送韋七使君赴象州文苑英華

行路雨修修青山盡海頭天涯人去老嶺北水空流夜市連銅柱巢居屬象州來時舊相識誰向日南遊張文昌送南客

惠雨隨風至炎涼頃刻分陶弼題太平驛

六載爲南郡歸時

雪滿巔一家纔度嶺單騎欲朝天郭祥正送象守賈正夫還臺孔子生闕里居不陋九夷象郡雖云遠王地各有宜疎梅香度水瘦竹筍穿籬坐待百卉芳春風兼四時惜哉此江山顧肯遊者誰王安中山川爲公來先已流瘴癘王安中踰桂林詩江山似慰天涯客花卉先回嶺北春同上後人誰促漁陽戰舊守猶遷象郡來王安中過嶺逢人問象州瘴雲如海蹴天浮孫覿詩見桂林集莫辭蠻酒一樽赤會壓瘴茅千里黃未省讒言遭薏苡直將空腹傲檳榔孫覿到象州古郡荒藉驛舍卑歲華羈思兩依依曉寒破暝清霜凜暮色籠煙落月微風物未諳惟近藥

曈涼無定只更　李邦彥　詎云嶺外皆炎熱此是西南第一州　太守趙伯光題寒碧亭

四六

象爲名郡克壯炎荒地控百蠻疆連五嶺屬戎妖之竊發當走集之犇衝而能張彼軍聲堅其城壘咸輸武勇式遏寇攘宜加禦侮之名用表盡忠之効　陞州爲防禦詔書

顧茲象郡邈在狼荒緊民瘼之難聞宜天心之曲軫　高子美象州謝表

眷此象臺邈在駱越雖彫題交趾之俗滋變華風而含哺鼓腹之人雅貪醇政　高子美謝相府啓

輿地紀勝卷第一百五

輿地紀勝卷第一百六 文選樓影宋鈔本

東陽王象之編　甘泉岑鎔 淦長生 校刊

廣南西路

邕州　永甯　南晉　宣化　晉興　邕管　和山

州沿革

邕州下都督府永甯郡建武軍節度 九域志 兼管內安撫都監 今制 禹貢九州之外揚州之南境 建武志 於天文其次星紀其星牽牛 建武志引韓文公送南海從事竇平序曰踰甌閩而南皆百粵之地於天文其次星紀其星牽牛據西漢地理志云越後爲楚所滅豈其地嘗屬楚乎陶弼詩云山川通蓋部星斗近交州其分野大略如此耳 古越地秦併南越爲桂林縣地

元和郡縣志漢平南越通鑑在元鼎六年改桂林爲鬱林郡又爲鬱林郡之領方縣地此據寰宇記又西漢志鬱林郡下註云故秦桂林郡武帝元鼎六年更名鬱林而鬱林郡領縣十二領方縣預焉爲都尉治所而領方縣爲都尉治所西漢志領方縣註文東漢因之東漢志鬱林郡有領方縣晉元帝分鬱林郡置晉興郡晉志云元帝分鬱林立晉興郡宋志云元帝大興元年分鬱林郡立又置晉興縣以隸焉元和郡縣志於邕州晉興縣下註云晉於此置晉興縣開元十四年省宋齊因之宋志晉興郡下有晉興縣而南齊志同隋平陳廢晉興郡爲晉興縣屬簡州元和郡縣志在開皇十四年建武志云簡州卽今之橫州是也又廢故晉興縣於此更置晉興縣元和郡縣志於晉興縣下云晉於此置晉興縣開皇十四年省武德五年更置十八年改爲宣化縣屬鬱林郡後屬邕州尋改晉興縣爲

宣化縣屬鬱林郡建武志開皇十八年改晉興縣爲宣化縣隸甯浦郡卽今橫州及甯浦郡廢始屬鬱林州年月不同象之謹按隋志鬱林郡有宣化縣則非隸於甯浦郡矣唐平蕭銑於此置南晉州元和郡縣志在武德四年唐志云武德四年以鬱林郡之宣化縣置初領宣化一縣寰宇記後析置武緣晉興朗甯橫山四縣唐志在武德五年見宣化縣下太宗改南晉州爲邕州唐志在正觀八年通典在五年元和志在六年不同以州近邕溪因以爲名寰宇記仍加都督府建武志在正觀六年元和志在乾封二年年月不同當攷後爲夷獠所陷移府於貴州及州界平定復於邕州置都督府元和郡縣志在景雲二年後又以廣桂容邕安南五府皆隸廣府謂之五府節度名嶺南五管寰宇記云在永徽已後元宗改永甯郡天寶

元年置經略使領州十三唐方鎮年表云天寶十四載置經略使領州十三曰邕貴欽橫澄賓嚴羅瀼山田籠後增潯省瀼田山復爲邕州乾元元年或爲防禦經略節度使唐方鎮表在乾元二年其後廢置不常皇朝郡縣志云廢於大曆復於廣德又廢於元和復於長慶尋置思龍封陵二縣廢橫山縣廣西郡縣志自懿宗朝以蔡京制置嶺南奏請分嶺南爲兩道以廣州爲東道邕州爲西道仍以京爲西道節度使通鑑在懿宗咸通三年又唐方鎮表咸通元年廢容管以容管所領十一州隸邕管三年陞邕管經略使爲嶺南西道節度使尋廢通鑑在咸通三年又置建武軍節度皇朝郡縣志不載年月而建武志以爲在乾甯元年而唐書方鎮表亦不載建置年月象之謹按通鑑昭宗光化元年邕州軍亂逐節度使李鐬雖不明言其爲永平軍節度而歐陽公五代史敘唐之節鎮舊號如桂之名

潯江容之名甯遠邕之名建武廣之名清海皆以五爲唐之故號五代無所更易則置於唐末也明矣代時劉隱據有其地五代史劉隱傳隱初據廣州而交州曲顥桂州劉士政邕州葉廣略容州龐巨昭分據諸管隱命龔取邕管皇朝平嶺南地歸版圖開寶四年更晉興爲樂昌開寶四年省朗甯入宣化封陵入武緣思龍入如和廣西郡邑圖並在開寶六年又省樂昌入武緣如和入宣化廣西郡邑圖在景祐三年今領縣二管溪洞羈縻州四十三仍兼安撫都監治宣化

縣沿革

宣化縣 下

倚郭舊唐志云州所治也本漢領方縣地屬鬱林郡秦爲桂林郡地元和郡縣志云本漢武緣縣地開皇

十四年遷故晉興縣於此置晉興縣十八年改為宣化縣屬鬱林郡唐屬南晉州後屬邕州新唐志云武德五年析置武緣晉興朗甯橫山四縣尋省橫山入焉國朝會要云開寶五年廢朗甯縣隸宣化縣是年又廢思龍縣隸如和縣景祐二年又廢如和縣隸宣化縣

武緣縣 下

在州東北六十里元和郡縣志云本漢之領方縣地開皇十一年於此置武緣縣隋志云梁置嶺山郡隋改嶺山縣大業初併武緣縣入嶺山縣屬鬱林郡舊唐志云武緣隋廢縣武德五年復置新唐志云武德五年析宣化復置武緣縣屬南晉州後屬邕州國朝會要云武化縣距州凡兩程又昌樂縣舊名晉興開寶五年改名昌樂景祐三年廢昌樂縣入武緣縣又開皇五年廢封陵縣入武緣縣

溪洞州縣

太平寨 至州八程領寨二十內十四州係熟洞六州係歸明洞

永平寨 至州十程領州洞八皆係熟地溪洞□□

古萬寨 至州四程領州洞十內五洞係熟洞內五洞係歸明洞

遷隆鎮 至州四程領州洞縣九內五州縣係熟地四縣洞係歸明

橫山寨 至州七程每歲市馬于此領洞縣六十有二內十六縣洞係熟洞內二十三州縣係熟洞內七州洞係嘉祐六年歸明內六州縣於治平四年歸明內五州於熙寧元年歸明內五洞相繼歸明

風俗形勝

正觀爲都督府 建武志正觀六年改爲邕州都督府 唐以邕州爲西道 唐大詔令咸通三年分嶺南爲東西道廣州爲東道邕州爲西道 三十六洞印 先時兩江州洞各執山獠古銅印至治平四年準朝廷給賜銅印左江十八面右江十八面今所謂三十八洞者此

也繼此續降印識固不止三十六也**號爲大府**皇祐五年丁寶臣作邕州新城記曰嶺南東西二部四十五州惟廣桂邕號爲大府見雄州圖經**厥惟邕邊南國之紀**見下九

洞襟帶列城脣齒余靖平蠻頌曰厥惟邕邊南國之紀云云**邕管所蒞最廣**廣嶺而西爲州二十有五而道里延袤與蠻錯居有永平橫山二寨永平通交趾暨于海外橫山通自杞羅殿諸蠻控連巴蜀見桂林乙編李大異書橫山買馬圖**併邕容兩管爲一道深合事宜**韓愈奏黃賊事宜然邕州與賊逼近容州則甚懸隔其經略使若置在邕州與賊隔江對岸兵鎮所處物力必全今置在容州則邕州兵馬必少伏請移經略使於邕州實爲至便**夢蛇示址**皇祐築城隨築輒壞役者苦之夜夢有蛇環地而行若示其址遂即其地而築焉**雲南頭楚分尾**杜光復風土歌

西樓在西城上**月臺**在宅堂後舊忠節堂**靈灣**在鬱水上流相傳潭中有二星每風息浪靜則出于潭岸頂有光彩**鬱水**輿地廣記云丨丨郎夜郎豚水也與溫水合又與歡水合亦名駱越水皇朝郡縣志云在城西北兩江所合其源皆出蠻地左江出源州自太平寨地名魚圓灘與溪洞羅陽分界右江自田州入至地名那久與洞峨利州分界去州城五十里外相合有鎮名合江鎮繚遶至州城下望東南流出橫州四百七十里勝五百石舟**邕溪**寰宇記云正觀改邕州近丨丨因名源出欽州**大江**水源出蠻界左江水出七源州界右江水出峨利州州界至合江鎮合爲一水流入橫州號鬱水**石魚**九域志云左江灘下有石壁壁間有魚形**銀甕**九域志云昔有仙人處是岩煉藥既成而去遺此甕人或上山觀之則失其處及下瞻望則復見之**銅柱**後漢馬援所立唐馬總爲安南都護廉清不撓用儒術教其俗政事嘉美夷獠安之建二丨丨於漢故處鑄著唐德以明伏波之裔故今左右江各有其一又其其一間在欽州蠻界其刻有云丨丨折交人滅至今交人來往累碎石於其下不絕

鼓馬援所製　蠻程自橫山寨七程至四城州方屬蠻界自四城州共六十八程至自杞國又一程至大理國自安城州又二十八程至羅殿國

景物下

清風堂在郡治　矗雲樓在城西北隅　梯雲閣在子城東隅踰街而過五花洲　平楚樓在城東隅　籌邊樓在子城上　安政堂在教場　瑞文堂在清風堂之後　雙梅堂在州治後　三公亭在望仙坡上詳見望仙坡門陶弼有丨丨丨詩謂狄青余靖孫沔三公也詩云異日誰相繼來書第四名　五花洲本廢地安撫聶公闢之在子城東洲上築渚亭曰南州壯觀有繁陰亭梅亭愛蓮亭熙春臺　仙人牀見九域志在左江溪洞臨流山上舟人望見之　道人山皇朝郡縣志云在城東三百里　公母山在左江永平寨之東　都茗山皇朝郡縣志云在城西六十里山出茶　龍興寺在州西　馬退山柳文丨丨丨茅

亭記曰是山岸然起於莽蒼之中馳奔雲矗亘數十百里尾盤荒陬首注大溪諸山來朝勢若星拱蒼翠詭狀綺繡錯雜蓋天鍾秀於是不限於遐裔也

馬跑泉 在城東十里狄武襄平蠻之時馬渴而跑地其泉即感而出

路越水 見鬱水下

白龍塘 在望仙坡下三公營于坡之始未知挈壺之所狄公望前草莽中有白若羊焉意其近民居十必有井令麾下前視塘在叢薄間有水穴深七丈闊十丈不見向之白若羊者謂中必有神物焉故以白龍名其塘

靈犀水 皇朝郡縣志云在鬱水上流相傳潭中有二犀

石驚山 九域志云天欲雨則丨丨出飛

石魚山 九域志云在江灘下有石壁壁下有魚形

思隣山 在武緣縣詳見仙釋門何隣注

望仙坡 在州東與羅秀山對昔有羅秀隱于此後昇仙遂目曰丨丨丨皇祐間狄青余靖孫沔平儂賊營于上後知州陶弼即其地建堂

崑崙山 在宣化縣東丨丨關在焉

鎮鄉山 在武緣縣南山形盤礴地勢險隘丨丨關在焉

思玉山 在州東

甘泉寺 在望京門裏丨丨之上

羅秀山 皇朝郡縣志云

在宣化縣北

武號山皇朝郡縣志云在城南

都護山在州西北

左江鎮在宣化縣西去二程

右江鎮在宣化縣北去二程

右江水虞衡志曰丨丨丨與大理大槃水通大槃在大理之威楚府而特磨道又與甚善闡府相接自邕道諸蠻至大理四五程北梗自杞南梗特磨故久不得至

左江右江左江隸太平永平寨右江隸橫山寨邕州有左江道右江道各管羈縻州陶弼右江詩云昔在觀地志此水出牂牁

橫山買馬中興小歷紹興二年初五路既陷馬極難得韓肖冑建議宜即邕州置市馬場取馬嶺表以資國用又李心傳朝野雜記云廣馬者建炎永廣西提舉峒丁李棫始請市戰馬赴行在紹興初隸經略司三年春即邕州置司提舉於羅殿自杞大理諸蠻未幾廢買馬司以帥臣領其事七年胡待制舜陟為帥歲中市馬二千四百疋詔賞之其後馬益精歲費黃金五鎰中金二百五十鎰錦四百端綵四千疋廉州鹽二百萬斤而得馬千五百疋必四尺二寸以上乃市之其直為銀四十兩每高一寸增銀十兩有至六七十兩者土人云其尤駔駿者在其出處或

博黃金二十兩日行四百里但官價有定數不能致此耳然自杞諸蕃本自無馬蓋又市之南詔南詔大理國也去自杞國可二十程而自杞至邕州橫山寨又二十二程橫山寨至靜江府又三十餘程羅殿國又遠如自杞十程宜州溪峒巡檢常恭者赴闕持南丹州莫延葚表來乞就宜州中馬比之橫山可省三十餘程張說在樞筦以其表聞李壽翁時爲檢詳文字爲說言邕遠宜近人孰不知前述其塗豈無意況今莫氏方橫乃欲爲之除道而擅以互市之饒誤矣小吏妄作將啟邊釁請論如法說不聽命從義郎李宗彥以提點綱馬驛程往宜州措置既而說罷政密院乃奏宗彥等所言邊防不便罷之時淳熙元年也

古迹

故澄州 國朝會要云澄州賀川郡領四縣開寶五年廢州省止戈賀水無虞三縣入上林縣隸邕州

懷化州 國朝會要云元祐三年以邕州溪洞建

故晉興縣 元和志云本漢領方縣晉於此置晉興縣開皇十四年省武德五年又置

故朗甯縣 元和志云本漢蓋增食邑縣地

也武德五年分置朗寧縣屬南晉州故屬邕州

故封陵縣 元和志云本漢合浦縣之地武德五年析欽州南賓安京二縣地置

故思籠縣 輿地廣記云唐乾元後開小洞置二縣開寶五年省入靈化

故如和縣 輿地廣記云唐武德五年析南賓安京置屬欽州景龍二年來屬皇祐二年省入靈化

故豐陵縣 輿地廣記云唐乾元後開山洞置皇朝開寶五年省入武緣

故樂昌縣 輿地廣記云本晉興唐武德五年析宣化置開寶五年更名景祐三年省入武緣

歸仁鋪 五朝言行錄儂智高守邕州狄青半夜時度崑崙關已近邕州賊方覺迎戰於|||青已縱蕃落馬二千出賊後至是前後合擊賊之標牌軍爲馬軍所衝突皆不能駐城遂大敗

漢高帝廟 馬援討蠻因建此廟

馬將軍廟

青龍烏龍廟 相傳築城之初隨築隨壞築者苦之後夢有虵環地而行若示其趾遂即其地築後立|卜|土|

陶閣使祠堂 即陶公弼也

孔中尹祠堂 即司戶孔宗旦儂智高反同陳拱守城城陷死之

懷忠廟

在朝天門外乃蘇緘之廟劉摯嘗銘其墓清源集顧杞忠勇蘇公祠記詳見官吏註

陳崇儀廟 王明清揮麈錄云狄武襄公征蠻儂賊責崇儀使陳曙斬之後人爲立廟詳見靜江府古迹門

官吏

圖經云自皇祐兵火失其姓氏

李翺 ||文集載正元中翺守邕州大首領黃氏帥其屬納質供賦黃氏周氏韋氏儂氏皆羣盜也韋氏不附率羣黃之兵以攻之而逐諸海黃氏既至羣盜皆服於是十三部二十九州之蠻甯息無寇

徐申 權載之集云申以御史中丞出蒞邕州領經略之任開南五里徼道宣明威信種人黃氏納質請命化條風行獷俗以清

呂仁高 寰宇記云州邊鬱江百姓居一岸每年秋夏江水泛溢郭邑沈溺景雲中司馬||||於南岸引開小水若有泛溢分流而過不沒人家

蕭注 皇祐六年知初注爲廣州下邑令會募兵三千人救廣州破儂賊後知邕州

陶弼 字商翁儂智高反安撫楊畋辟公參謀會蔣偕軍覆潰卒走山林公慮其亂以便宜招安送于帥司畋大喜謂平賊湖外所賴者||一人而

已知陽朔縣浚靈渠後知賓州容州欽州邕州撫定蠻獠總納萬餘口知鼎辰二州王師問罪安南再知邕州單騎先入左江峒丁聞公再至皆喜籍丁得二萬七千人公尤長於詩所至有賦詠黃魯直作誌銘

狄青

時智高再臨邕或以告襄公賊必走死何者儂處癰而潰勢不可久也已而果然又東軒筆錄云狄青之征儂智高也自過桂林即以辨色時先鋒行先鋒既行青乃出帳受衙罷命諸將坐飲酒一巵小餐然後中軍行卒以爲常及頓軍崑崙關下翊日將度關辰起諸將張立甚久而青尚未坐始至日高親吏疑之遽入帳周視則不知青所在諸將方相顧驚怛俄有軍候至曰宣徽傳語諸官請過關喫食方知青已微服同先鋒度關矣五朝言行錄云青入邕州獲尸有衣金龍之衣者或言智高已死亂兵中當亟作奏者公曰安知其非詐寗失智高敢欺朝廷也

孔宗旦

魯人也爲邕州司戶初儂智高未叛時宗旦屢白於知郡陳拱以爲智高必叛拱不聽及城陷宗旦罵賊而死朝廷不知未有封贈撫州布衣曾鞏以書上本州轉運使辯其事云始宗旦以爲智高必叛郡將陳拱以爲狂及智高入横山寨宗旦又

告之拱不聽宗旦乃遣其母往桂州而身與城守既行之二日智高果叛及城陷智高欲用之宗旦罵賊而死輩且謂宗旦之言早行則十州無被害者所謂曲突徙薪無恩澤況又重之以死哉

張拱 通略賊初圍邕州廣西都監||自賓州來援既入而城陷立罵賊不屈而死踰月得其屍如生

陸詵 通略英宗治平元年知桂州||||案邊至邕州召左右江四十五峒閱土丁得精兵五萬交趾恐因遣使朝貢辭禮加恭後用張田代詵上戒之曰毋得改詵法

蘇緘 字直父泉州晉江人舉進士遷祕書丞交趾謀入寇以緘知邕州寇至緘嬰城以守凡四十二日下無援者救兵不至城遂陷合門三十六人皆自焚死神宗聞之贈奉國軍節度使謚忠勇廟曰懷忠

譚必 字子思韶州人天聖間爲童子舉日誦萬言京師引試稱旨晚年調邕州推官交趾破邕城沒於王事見曲江志

人物

石鑑 邕州人舉進士儂智高攻廣州不下還據邕州鑑干余靖言若使智高盡得邕州三十六洞之

兵其爲中國患未可量鑑請說諭諸蠻酋長使之不附智高靖遣鑑說諸洞長皆聽命惟結洞酋長黃守陵暴強智高深與相結鑑說守陵智高父子貪詐不可不爲之備守陵由是稍疏智高智高怒遣兵襲之守陵先爲之備逆戰破之遂不敢入結洞而奔逃於特磨

仙釋

何鄰舊志云昔居人丨丨有道術百餘歲不知所適人思之號山爲思鄰

正恩大師羅秀山在宣化縣北天寶三載丨丨丨丨惠昕於此開山

定水佛沈存中筆談云邕州交寇之後城壘方完有定水精舍泥佛輒自動搖晝夜不息人甚懼有詔令置道場禳謝亦不已劉初知邕州乃舁像投江中

碑記

天威經新鑿海派咸通九年靜海軍營書記裴鉶撰

唐銅柱銘在左右江

其刻云銅柱折交人滅建武志尹安中編樂公明序太宗平蠻碑余靖文邕州馬退山茅亭記柳子厚文邕管雜記長編雍熙二年上覽丨丨丨歎其風俗乖異詔嶺南諸州民嫁娶喪葬衣服制度委所在長吏漸加戒厲俾遵條式

詩

龍約海船行有氣象隈銅柱臥成痕唐沈彬山川禹貢外城郭漢兵餘唐庾詩見建武志序念君又署南荒吏路指鬼門幽且夐韓愈贈張十一詩註云北流縣南三十里有鬼門關今君從署天涯吏韓愈和張十一詩分野窮禹畫人煙過虞循不言此行遠所樂相知新劉禹錫送華陰尉張苕赴邕府使幕見文苑英華山川通益部星斗近交州陶弼爾書行絕域銅柱入中原陶弼今日崑

崙關外將也能酣醉也能吟陶弼玉簪峯頂共登仙銅柱溪頭再得賢陶弼北人南斗外病過兩重陽陶弼重陽詩憂邊目遠南雲下戀闕心隨北斗回陶弼登朝天門詩海送晨光出天收斗柄低陶弼石西州詩南極諸蠻傲典刑斗間時復見飛星君王仁恕將軍老五十溪州六萬丁陶弼絕塞多秋色孤城易夕陽此間饒寵辱還我水雲鄉陶弼深入儂黃左右溪溪邊得此歲寒枝陶弼出撫驩兜俗親提季子軍隨人兩關月迎馬二溪雲陶弼五十溪州五寨城廣宣恩詔諭蠻情陶弼壘帳深千里窮邊令一隅北風家信息南斗客程途陶弼昔年觀地志此水

出牂牁陶弼左江詩恩浹黃儂族師還左右溪陶弼橫山詩路隨雲磴石梯行限隔華夷天意明自與大君爲外屏何勞諸將作長城陶弼籠州山路下牂牁水石間三分纔過二分山年光欲盡家猶遠嵐氣雖疏鬢已班陶弼田州驛荔枝林下千金絡菡萏池中十畫船陶弼漢節護諸蠻徘徊瘴癘間少稀銅馬式老厭玉門關陶弼

四六

再獲金城之固幾還銅柱之封狄武襄賀捷表地控龍編之遠歲通駿骨之奇顏敏德謝表眷此永甯常陛節鎭同上惟此建武之雄越在嶠南之外布揚威德俾踰銅柱之

封甯輯疆陲益等金城之固邕州謝表虎符出守蓋總五千衆之分屯馬政尤關要謹十二閑之差別謝表眷騋川之地重距蠻陛之天遥謝表互市散集關馬政之重輕兵籍盈虛爲夷獠之消長謝表牂南晉際窮荒之境乃羣蠻來互市之衝姚知才謝表謂鵰夷雖侏離之俗要當鎮靜以爲先而馬政誠恢復之圖猶當講明而深究同上

輿地紀勝卷第一百六

東陽王象之編　甘泉岑鎔淦長生校刊

廣南西路

昭州

平樂　龍平　昭潭　蒙山　荔浦　開江

州沿革

昭州下平樂郡軍事九域志禹貢荊州之域元和郡縣志云富州所載富州今屬昭州古百越之地昭潭志云又韓文云踰閩越而南皆百越之地牽牛婺女之分野漢書地理志謂｜｜｜｜｜｜今之蒼梧鬱林皆粵地也秦平百越爲桂林郡地寰宇記二漢並屬蒼梧郡地寰宇記及圖經以爲本荔浦縣地而元和郡縣志以爲本蒼梧郡之富川縣地不同象之攷之晉志平樂荔浦皆屬始安郡乃

今之桂州而富川乃屬賀州臨賀郡割隸之際各從近地則或者其荔浦之地歟當攷吳置始安郡仍置平樂縣以隸焉圖經云吳黃武五年割零陵之始安爲始安郡分蒼梧之荔浦屬焉始創平樂等七縣是圖經以平樂之爲縣乃析荔浦之地而爲之也又元和郡縣志云吳甘露元年分富川縣置平樂縣屬始安郡是元和志以爲平樂之爲縣乃析富川而爲之也舊唐志又以爲晉置平樂縣三者俱不同當攷晉宋齊因之晉志南齊志始安郡下並有平樂縣至隋不改此據元和郡縣志而隋志始安郡下有平樂縣唐平蕭銑以始安郡之平樂縣置樂州唐志云武德四年以始安郡之平樂縣置樂州圖經以爲隋置平樂郡與唐志不同象之謹按隋志桂州下有平樂縣而別無平樂郡則隋初未嘗置平樂郡也舊唐志云唐平蕭銑置樂州然通典云大唐置樂州則蕭銑亦未嘗置樂州也當從隋志及通典析置沙亭縣廣西郡邑圖又以蕭銑所置恭城縣來屬同上與永平縣

而四昭潭志壽省沙亭縣廣西郡邑圖在正觀七年更名昭州舊唐志在正觀八年取昭潭以爲名輿地廣記改平樂郡天寶元年復爲昭州乾元元年唐末爲馬氏所有通鑑唐昭宗光化元年馬殷平嶺北又五代史馬殷傳楊行密袁州刺史呂師周奔楚馬殷使率兵攻嶺南取昭賀梧蒙龔富等州殷表師周昭州刺史五代後周時陷于南漢通鑑後漢高祖乾祐元年南漢將吳懷恩擊楚拔賀州又陷昭州又後周太祖廣順元年南漢主遣將吳懷恩進取因以兵略定宜連梧嚴富昭柳象龔等州皇朝平嶺南地歸版圖五代史劉鋹傳開寶三年潘美平賀州十月平昭州廢富州以龍平縣來隸省思勤馬江二縣入焉國朝會要在開寶五年廢永平縣入平樂國朝會要在開寶五年又廢蒙州以立山縣來隸省東區蒙山二縣入焉國朝會要在熙甯五年今領縣四治

平樂

縣沿革

平樂縣 中

倚郭舊唐志云州所治也晉置平樂縣元和郡縣志云本漢富川縣地吳甘露元年分富川縣於此置平樂縣取平溪以爲名而寰宇記諸書皆以爲本荔浦縣吳分荔浦縣置平樂縣不同當攷自吳至隋皆爲平樂縣無所更改元和郡縣志云武德四年於縣置樂州正觀八年改樂州爲昭州國朝會要云開寶五年廢永平縣隸平樂縣祥符元年移治州城東

恭城縣 下

在州北八十里唐志云蕭銑置元和郡縣志云武德四年析平樂縣置有小不同當攷通典恭城縣下亦不載蕭銑建置一節姑兩存之

龍平縣

在州東南一百六十二里元和郡縣志云富州龍平縣本漢蒼梧郡臨賀縣地梁武帝分臨賀郡於龍平縣置南靜州開皇十一年州廢以龍平縣屬桂州正觀八年於此置富州縣亦屬焉國朝會要云開寶五年廢富州以思勤馬江二縣以入龍平以龍平隸昭州九域志云熙寧八年以龍平縣隸梧州元豐三年復來隸國朝會要又云宣和六年改龍平縣爲昭平縣

立山縣 中

在州南二百一十二里元和志云蒙州立山縣即漢蒼梧郡荔浦縣武德五年置立山縣屬隸州又於此置南恭州正觀八年改爲蒙州國朝會要云熙寧五年廢蒙州以立山縣屬昭州省東區蒙山二縣入焉

風俗形勝

取昭潭爲名寰宇記云正觀改樂州爲昭州｜｜｜｜｜湖南記云潭州亦取昭潭爲名則彼此皆有昭潭郡北有昭潭岡潭只在江中潭蓋因岡以爲名謹按元和郡縣志云平樂郡在縣南三里水約西岸有昭潭周回一里其深不測如此則方應昭潭之號不應便指昭崗以爲昭潭也當從元和志居蒼梧始安之間與全道地犬牙相入風聲氣習布衣韋帶之士肩摩袂屬視沅湘以南猶伯仲已上並昭潭志序與九疑淸湘接境其風俗大率相似昭潭志風俗門灘瀧三百六十所至昭而中分俗謂自靜江沿漓川合樂川以至梧云云自昭而上至靜江不甚險惡自昭而下至昭平及梧多鋭石灘高而水湍激兩岸皆懸崖峭壁決科人仕每每不乏朝廷興崇學校而中上舍者三人貢辟雍者二人鄒道鄉先生得志軒記

景物上

西山在平樂縣西二百步有巨石徑百尺屹立水中如神龍戲珠狀南亭在州市井泉舊圖經云古無井人飲澗水多惡毒飲者生疾咸平開井六所在立山縣昭潭昭潭志云在今光孝寺考槃澗之口漓川自州西合流東南過梧州會于邕容江至廣州入于海丨丨郎漢戈船將軍下漓水卽此水而樂川出道州九嶷山樂川見上蒙江晏公類要在平樂縣桃嶺在昭平縣南二十里上有仙桃數本粉巖在郡東徐村巾山在郡東五里兩穴相並明潔可遊觀帽山在昭平縣北六十里山頂常有雲如帽因名頓山在立山縣南四十里舊經云其山當龔州陸路山下有泉過者必投泉爲食因名頓山誕山在平樂縣東南一百里山峭峻不可登山前有廟卽二仙廟也紫山元和郡縣志云在平樂縣東三十里有木客郭仲產湘中記曰平樂縣丨丨中多曲竹有木客形似小兒歌哭行坐衣服不異於人而能隱形山居時出市易作器人亦無別雲嶺

在昭平縣東南四十里曲竹湘中記曰平樂縣縈山多曲竹壽竹類要云土產有丨丨齕鼠山多篾竹箴竹池澤中多鼠齕食之燒春鄉俗多酒皆謂之燒詳見梅公詩註

景物下

獨也亭在郡左東山之上前有四松雙榕閣在州治東二里江邊居兩榕之間三瑞樓在州治城上西隅七松樓三瑞樓也十愛亭在城光孝寺門之側景祐中刺史梅摯作亭有石刻載公十愛詩天繪亭夷堅志云廣西昭州最爲瘴毒之地而山水頗清婉郡圃有亭名丨丨建炎中郡守李丕以與金國年號同欲更之乞名於寓公徐師川久而未得有范某者爲易曰淸輝已揭牓徐謁李同坐亭上少焉策杖於四隅視積壤中有片石班班如文字然命取而滌之乃邱濬所作記其略云亭擇勝得此亭名曰丨丨取其景物自然也後某年月日當有俗子易名淸輝者可爲一笑考命名之日不差今亭在西山福聖寺天繪閣昭州山寺中有丨丨故老相傳云

鄒中丞居此三年不一下見浯溪集

捲雨樓 在子城西澄清樓之右

書雲樓 在州治南

澄清樓 在子城西

靈秀亭 在恭城護國寺之山麓舊經載山有古松一株上喬下樛中貫連理晦榛莽中熙甯間寺僧夜夢神人自稱大夫遲明焚山松屹然獨見鄉人神之因作亭其上

梅公亭 在州衙之東梅摯作亭以昭州所爲詩五瘴說刻石瞰于壁

目巖山 盛洪之荆州記云其岩間有兩目如人眼極大瞻子黑白分明因爲丨丨丨元和志在平樂縣北三十里

甘巖山 九域志云有泉甘美圖經云在恭城縣

古迷山 在立山縣南三十五里相傳云山深遠入者多迷而廖秀穎又曰山之項如眉彎俗號曰古眉

陶李峒 在樂平縣有二仙廟又有陶李二人姓世爲婚姻唐陶英太尉謫居與李氏聯姻此洞千數百家二姓獨存

松栢廟 在平樂縣西一里漓川之北樂川之西

木艮塘 在城北道鄉先生鄒公記得志軒曰仙宮嶺下有塘數十畝曰木艮塘即此也鄒道鄉僑寓于此

蓮花寺 在勞津之上一里許

茶山洞 在立山縣境與修仁

聯故所作茶片莫辨其爲修仁也

荔浦水 九域志源出桂州荔浦縣

沙亭水 在舊沙亭縣西北出海陽山

慶林寺 治平中開壕得石佛五尊即其地爲｜｜｜

平旦驛 在昭平縣西南五十里舊經有都管木桂八條咸平圖經注云雷州出能辟惡蛇或有所傷括爲末貼傷去其痛立止其都管八條置於館驛八處

平樂溪 元和志云在縣南三里水西岸有昭潭

平樂 元和志云西去恭城縣一百步

崇元觀 在恭城東五里觀有古木腔太平興國九年殿中侍御史周渭序云故若相傳觀有齋醮常有鬼運水滿腔應用不匱後觀徒泄之鬼乃罷運

開元觀 九域志云有唐明皇御容

光孝寺 殿貯銅佛一軀五代僞劉時所鑄云天寶四年

羅浮山 在立山縣舊注引郡志云博山浮海而來博着羅山遂以名之然彼乃惠州故事姑兩存之

銀殿山 元和志云恭城縣東二十八里有｜｜｜其下有鍾乳穴十二所山際明白有銀

玉虛觀 在州北一里半

金堆橋 在恭城縣

玉臼泉 在昭平縣龍門峽左去縣西北十里治平間刻

石上有龍門峽玉曰泉六字　**石佛池**在今慶林佛堂之前治平疏鑿得石佛因以爲池　**寶山寺**在昭平縣　**銅鼓山**州城望之隱然在西高隅有拱揖之狀係在荔浦界中　**金線陂**　**銀線陂**並在立山縣　**彈圓溪**晏公類要云溪中石如彈圓有蝦魚四足含水仰天不動小鳥就飲因而吞之故名　**印崗山**在昭平縣東五里山勢似印故名　**考槃澗**在州東二里泮水橋跨之　**鸕鷀渡**在平樂縣之北三十五里　**鐵馬廟**在平樂縣　**黃牛崗**在平樂縣西崗頂有石狀如黃牛故名　**白羊橋**在恭城縣　**白鶴觀**在恭城縣東口里有石聖母像與侍童三軀像本出南番唐開元中番舶歸番禺卜留不吉以舟載像至滴口舟挽不動遂歸是觀　**白土坑**在龍平縣嶺表錄云在富州城北隅其土白膩郡人取以爲貨終古不竭今五嶺婦女率皆用之又名鉛粉　**龍嶽峯**在平樂縣東北五里有峯十數排立如筆架道鄉得志軒記云有峯數十仞曰丨丨卽此丨也　**駱雍水**在立山縣南二十里舊經云其泉有靈若相爭是非

不決酌而飲之非者必致疾

三石山 在立山縣南十里父老相傳僞漢時有兵入靜江道過此黎明遇獵師持黃犬逐一鹿過前兵以槍刺鹿徐視之一巨石也已而人犬皆化爲石鼎峙道三方今石有刺痕不没云

大法場 嶺外代荅云嶺外毒瘴不必深廣之地如海南之瓊管海北之廉雷化雖曰深廣而瘴輕昭州與湖南靜江接境士大夫指爲｜｜｜言瘴乃毒之多也若深廣之地如橫邕欽貴其瘴殆與昭等不知小法場之名在何州又廣東以新州爲大法場英州爲小法場

陽里穴

郍溪穴 元和志云平樂縣東三十里有陽里穴｜｜｜新穴皆出鍾乳

和風山 在立山縣西南五十里

冷泉山 在立山縣西北七十里

清涼寺 在平樂縣北五十里

感應泉 夷堅己志云鄒忠公再謫昭州江水不可飲汲於數里外山中暑月殊以爲苦所居仙宮嶺下忽有泉湧清冷瑩潔因疏爲小池日得四五斛遂給用名曰｜｜｜將有北歸之命數日前泉乃涸旋有人大醉至門厲聲呼曰侍郎歸矣尋求不可見明日拜命故龜山楊中立爲公挽詞有泉甘不出戶客至豈無

神之句蓋指二事也**富豪山**輿地廣記在龍平縣舊經云此山產金因名富豪**仙女巖**在立山縣蒙山

古迹

昭州角蒼梧志載廣西遊語云梧州樂｜｜｜**故樂州城**九域志圖經在舊平樂縣西南三里**故孤州城**在平樂縣東南四十里舊經云唐天冊元年置光大元年廢**廢富州城**寰宇記云本開江郡理龍平縣秦桂林郡地漢屬蒼梧郡之臨賀縣吳大帝權置臨賀郡梁武分置南靜郡陳為靜尉郡隋始安郡之龍平縣唐平蕭銑置靜州尋又分置富州天寶元年改為開江郡乾元元年復為富州國朝會要云開寶五年廢州入龍平縣隸昭州**故蒙州**國朝會要云蒙山郡領三縣熙甯六年廢蒙州以立山縣隸昭州**故立山縣**國朝會要云熙甯廢蒙州以縣隸昭州**廢安樂縣**寰宇記云在龍平縣東北五里**廢歸化縣**寰宇記云在龍平縣北三

十里**廢博勞縣**寰宇記云在龍平縣北三十二里**廢馬江縣**寰宇記云在龍平縣南一百里隋開江縣唐長慶三年桂管觀察使奏其江是馬援所開請改爲馬江縣從之**廢思勤縣**寰宇記云在龍平縣北一百四十里臨賀縣也**故沙亭縣**在平樂縣東三十五里唐志云武德四年置正觀七年併入平樂縣**故永平縣**在平樂縣東北元和志云澄聖元年割平樂縣置國朝會要云開寶五年併入平樂縣**崑崙城**在平樂縣東南四十里**靖尉山**在昭平縣南二里舊經云者舊相傳開元中月夕唐明皇從葉靖雲駕下幸是山山有御座基尚存又幸前進士陳滿堂家滿堂初未之識已而見所服御器皆黃金始悟未幾其家生金筍滿堂尋亦不知其所往

鄒侍郎祠堂在城木艮塘之西得志軒左司張栻爲記**御史堂**在恭城縣東五里興國寺之西皇朝御史周渭爲殿中侍御史持節本路寺乃御史讀書之室故名**侍郎井**在木艮塘之西仙宮嶺之半鄒公在昭州之日所開**曾般井**在光孝寺東周匝甃砌每級有磚佛一層郡人

呼焉｜｜｜

舜祠 去平樂縣三十五里

昭靈廟 在昭平縣漢伏波將軍廟

御史廟 在城北木艮塘御史呂渭廟

葉靖尊師祖墓 在恭城縣西水島之平山古傳尊師祖葬于此每歲上元必來省墓去墓十里有大悲寺元豐初有客姓葉宿于寺因口占詩八句僧但記其斷章云明朝蓬島去白雪滿頭飛翌旦未啟扃而人馬遽失

官吏 遷客避地附

唐敬超先 唐杜子美人日寄高蜀州詩序云今海內忘形故人中獨漢中王瑀與昭州敬使君超先在

韋陟 天寶十二載貶平樂尉楊國忠忌其才諭守吏令脅陟使憂死土豪勸以輕舟泛溪峒陟曰我積信國朝無負神理命之合爾其敢逃刑歲餘起爲吳郡守

李珏 會昌元年再貶爲昭州刺史

呂師周 五代史馬殷傳殷以師周爲馬步都指揮使率兵攻嶺南取昭賀梧蒙龔富等州殷表師周昭州刺史

梅摯 以殿中丞出守昭州作五瘴說又作我愛昭州好十詩刻之郡國

汪齊治平中出守移州治于今所築子城石佛堂記云武德中遷州治于昭潭之北有江水之患乃易地于城清化營

嚴諷宣和中爲守徙夫子廟于城北買田入學以養仕

王正倫皇祐中儂賊寇二廣歸由館門太尉丨丨丨以兵邀戰不尅被害其子景仁卽其地結草堂祠之朝廷贈節度使紹聖元年贈忠顯

鄒浩東都事略丨丨傳云有田書者志義之士也與浩善浩除言官書見浩問曰平生與君相許者何如今君爲何官浩愧謝書歸陽翟一日報立皇后劉氏書曰鄒君不言可以絕矣又一日浩以書約書會頴昌中塗自云得罪書亟往浩具言諫立皇后時我之言驗矣上于時凝然若有所思也明日遂得罪二人留連三日臨別浩出涕書正色責之曰使君隱默官京都遇寒疾不汗五日死矣豈獨嶺海之外能死人哉願君無以此舉自滿士所當爲者未止此也浩茫然自失

胡銓紹興八年爲密院編修上疏乞斬王倫并秦檜孫近乃以銓監昭州鹽倉銓之行也鼓院陳剛中以啟送之云屈膝請和知廊廟禦侮之無策張膽論事喜樞庭經遠之有人身爲南海之行名若泰山之重又云知無

不言願請上方之劒不遇故去聊乘下澤之車坐謫卯贑州安遠縣

徐俯 繫年錄俯之母黃庭堅從妹也避亂抵昭州紹興二年上賜吕頤浩手詔曰比觀黃庭堅集稱其甥｜｜師川者聞其人在靖康中立節可嘉頤浩奏俯避地廣中乃除諫議大夫遂執政

路彬 紹興二十年廣西提刑｜｜代還言昭州夏稅折布錢最重乞蠲減戶部看詳欲於見納價上三分減一每匹折細錢一千從之繫年錄

人物

周渭 字得臣恭城人慷慨有大志五季之亂僞劉竊據嶺表乃客游湖湘建隆初由桃源舉進士左京師以書干藝祖皇帝晝下嶺表之策召對稱旨賜進士出身調滑州白馬簿遷贊善大夫符彥卿暴恣不法除渭爲屬邑永濟縣令俾繩之彥卿聞其來魂膽俱喪鞬橐郊迓渭但揖於馬上境上數强盜刼財傷人彥卿受賂縱之使逸渭出令敢有藏盜者斬不數日獲之不解府即時斬決以按具奏太祖大壯之太宗時爲御史乞不受錫賜願免昭州所收百姓莫秋苗耗米鄉人德公即其堂而祠焉徐俯爲廟記

節婦　長編云南漢人居昭州僞政酷暴周渭避地道州蒼惶北走不暇與妻莫氏訣二子留莫所莫少父母欲嫁之莫涕泣誓志乃親績碓舂以給朝夕二子皆畢婚嫁凡二十六年太平興國初渭爲廣南運副訪求得之渭時已改娶欲復迎莫莫曰君既有室我不可復往時人嘉嘆爲著｜｜｜傳渭亦具奏詔贈爵命之并其二子皆賜以官又皇朝類苑載朱昂撰｜｜｜傳所載畧同但昂謂渭還時夫婦俱已皓首遂偕老如初與此小異耳

韓迥　郡人知安樂縣以太子中舍致仕於東庄作東山書院號東山野叟年八十有三運使李師中以詩贈之曰未衰前已得懸車骨立清風八十餘松竹最宜貧宅舍江山偏照白髭鬚

張雲卿　字夢立居州城北木艮塘在其南龍岳峯在其東崇甯中鄒浩至完講居郡雲卿延之於家首尾四年鄒爲名其所居之軒曰得志爲作記

覃屮　字子虛居鄉里稱善人紹興辛亥樞密徐俯師川避地于昭所居有茂林脩竹名自強齋師川來居凡三年賦自強齋詩三絕日青蒹且作弦歌地白屋曾爲將相家莫倚田疇日富足門標六戟自光華

黃葆光　徽宗朝蔡京總

治三省侍御史黃葆光疏論之罷知立山縣貶昭州事略云

仙釋

二仙 有二仙廟在平樂縣宣和中李宗諒狀稱嗣李洞有名山父老相傳先是有二女遊此山修黃帝老子之術曰譚二娘後因不見隆興二年封嘉靜淑靜夫人

葉靖 里俗相傳云靖本昭平人有祖墓在恭城水西平島山與明皇乘雲遊靖尉山幸陳滿堂家餘見古跡門墓註

安昌期 夷堅志云丨丨丨昭州恭城人得爲横州永定尉去官不復仕與小童遊廣東放浪山水間治平二年游清遠峽山寺遂與童俱入山數日不返於洞前石壁上題詩曰蕙帳將辭去猿猱不忍歸琴書自爲樂朋友孰相攜丹竈非無藥青雲別有梯峽山余暫隱人莫擬夷齊後題云前横州永定縣尉安昌期筆

僧道光 喜作詩嘗吟雲詩曰縱横出岫長天窄消散歸山片月孤亦得僧體廉訪使李某喜之贈詩云蒙泉崇福丨丨丨只有詩腸無酒腸野鶴性情裝伴侶嘯吟風月獨昂藏

碑記

唐明皇丹霄驛詩刻　驛前南面架危橋久欲登臨畏路遙今日偶然尋得到直從平地上丹霄此明皇丹霄驛詩也

南漢銅佛識　報恩光孝寺殿前銅佛一軀趺坐蓮花中五代僞劉時所鑄高一丈二尺闊六尺座高七尺縱廣一丈巨拇圍五寸他稱之金蘭寶障皆銅所範妙極精巧後有識云維大漢大寶四年

玉臼泉石刻　在昭平縣龍門硤上有龍門硤玉臼泉六大字

鄒道鄉祠堂記　南軒文

五瘴說　梅摯作刻石在梅公亭云今觀瘴說謂杜有五瘴以急催暴斂爲賦租之瘴良惡不白爲獄訟之瘴昏晨酬宴爲飲食之瘴侵牟民利爲貨財之瘴盛揀姬妾爲帷薄之瘴其意以爲有一于此雖在轂下有不可追剡其瀕海之地表嶺之區耶

得志軒記　鄒浩

張夢立字序　鄒浩

昭潭志　韋楫編

詩

桂水春猶早昭州日正西虎當官路鬭猿上驛樓啼李義山昭郡詔移丞相木蘭舟桂水潺湲嶺北流青漢夢歸雙闕曉白雲吟過五湖秋許渾聞昭州李相公移拜郴州因寄云千家不禁燒俗名酒謂之燒故梅公十愛詩有千家不用燒之句此亦唐人燒春之義國朝以南方擁霧特弛其禁家自市釀酒務多而賤售人以其廉可滿引不知反以得疾江山天繪出留待主賓同鄒道州詞天繪亭邊不忍分還送我來同進步鄒道卿別張夢立詩斜日山西寺晚風天繪亭十詠詩假守昭平郡偷閒少送迎亭標梅句老堂識敬公名陶弼十家來負郭四邑入提封雙水碧一色群山青萬重崇甯閣名賢詩假守昭平郡公餘訪洞天陶弼假守昭平郡當門桂

水清海遙稀蜉迹峽近足灘聲陶弼假守昭平郡詩情比閩仙蟬聲風葉外鳥影月池邊同上峽猿朝夕聽此地類巴黔同上官卑逢酒強事簡作書勤同上終約夜舟乘月去蒼梧雲底望長安同上峽東江盤天影隨輕船雙下幾危機初晴古木猿三叫未晚陰崖日半規篁竹數家何處縣清溪一曲幾篇詩同上休哉退公後日與猿鳥共同上數家深峽裏燈火似魚村客夢稀星外蟲聲短草根髮疎憐枕軟意倦覺燈昏待曉酤蠻酒蒼梧奠舜魂陶弼過龍平詩輸稅地全無菽麥入城人半是漁樵立山縣劉君詩度著川夫守作衫立山縣里婦長於纏紵古川蕉落之類其

細輕紅邊之類謂之入筒叉能以竹作布
尤暑服劉詩云｜｜｜｜｜郎此此也兩歲昭潭
無瘴癘淸秋鬱鬱望神崗廬陵志徐俯昭潭詩黃花籬下十枝
秀紫雁雲中幾度還萬里來歸歸便得昭州何似謝
家山郭祥正次昭椽徐子美見寄韻

四六

昭邱舊郡平樂屬城李義山昭州舉試昏昏瘴海便爲省咎
之方兀兀閑居因得修身之道鄒浩貶昭州謝表

輿地紀勝卷一百七

輿地紀勝卷第一百八　文選樓影宋鈔本

東陽王象之編　　甘泉岑鎔 淦 長生校刊

廣南西路

梧州 蒼梧 廣信 桂江 戎城

州沿革

梧州 下 蒼梧郡軍事 九域志 舜帝南巡至于蒼梧之野 史記舜南巡崩于蒼梧之野葬于江南之九疑 禹貢荊州之域 元和志富州爲荊州之域富州昭州及梧州同屬蒼梧郡當爲荊州之域 越地婺女牽牛之分 西漢志蒼梧郡越地牽牛婺女之分野昭州志以爲楚越之交與元和志不同姑兩存 秦取百越屬桂林郡秦末趙佗自立爲南越王其地復屬焉 元和志 漢

武帝平呂嘉又以其地爲蒼梧郡之廣信縣元和志在元鼎六年初南越以同姓趙光爲蒼梧秦王漢武平南越光降封隨桃侯此據輿地廣記而西漢景武昭宣元成功臣表云隨桃侯趙光以南越蒼梧王聞漢兵至降侯三千戶校之輿地廣記卻無秦王字小有不同漢於蒼梧郡兼置交州通典梧州註云領郡七里於此武帝初置十三州刺史武帝元封五年置十三州刺史於禹貢九州之外加以幽并及交州朔方爲十三州也交州刺史部七郡曰南海曰鬱林曰蒼梧曰九眞曰交趾曰合浦曰日南凡七郡統以刺史東漢志廣信縣註引漢官云刺史治所去雒九千里而交州刺史治蒼梧郡之廣信縣見上漢志註東漢立交州牧治蒼梧後徙治番禺輿地廣記云建安八年立交州牧治此十五年徙治番禺象之謹按東漢初置州牧在靈帝中平五年戊辰而輿地廣記云建安八年癸未立交州牧相去十

有六年不同當攷象之謹按通鑑建安五年云初士燮爲交趾太守交州刺史朱符爲夷賊所殺朝廷遣張津爲交州刺史津又爲其將所殺劉表遣賴恭代津爲刺史又以吳巨爲蒼梧太守巨與恭相失巨舉兵逐恭恭走還零陵孫權以步騭爲交州刺史士燮率兄弟奉承節度吳巨外附內違騭誘而斬之由是嶺南始服役於權由是觀之獻帝時尚名交州刺史初未嘗置州牧也第恐以刺史領州牧之事耳又元和郡縣志云獻帝末孫權以步騭爲交州刺史遷州於番禺孫皓時以交州土壤太遠乃分置廣州理番禺而交州徙龍編云晉宋齊梁陳爲郡不改此據元和郡縣志而晉宋齊志蒼梧郡並治廣信縣梁析廣信縣置梁信縣及梁信郡兼置成州隋平陳廢梁信郡改梁信縣爲封川縣改成州爲封州己上並按隋志而唐志於封州云本廣信郡而臨封縣亦屬焉則所謂廣信梁信及成州之名皆當隸之封州而蒼梧靜州乃屬梧州則封州封川於今之梧州己判爲二郡不應尚隸於梧州也以其舊自

梧州析置而舊志不甚分別故爲剖析之耳隋又廢蒼梧郡於舊廣信縣置蒼梧縣屬靜州元和郡縣志云開皇十年罷郡爲蒼梧縣屬靜州又云罷郡於此立蒼梧縣隋志蒼梧郡自治封川而於蒼梧縣下註云舊置蒼梧郡平陳郡廢則今之蒼梧縣乃漢蒼梧之郡治也唐平蕭銑置梧州領蒼梧豪靜開江三縣舊唐志云武德四年平蕭銑置梧州領蒼梧豪靜開江三縣置通典云蒼梧縣卽漢之廣信縣城也廣西郡縣志云梁析廣信置梁信縣隋更曰封川仍徙治於此仍更廣信曰蒼梧縣是廣信卽今之蒼梧也割藤州之孟陵卽漢之猛陵縣并賀州之綏越來屬元和郡縣志云猛陵本漢舊縣隋省武德重置屬藤州正觀屬梧州唐志云正觀八年以賀州之綏越來屬十二年省豪靜其後又省綏越而開江復隸富州又以藤州之戎城來屬元和郡縣志云本廣信縣地梁置遂城縣開皇十年改爲戎城縣唐志云戎城本隸藤州永徽中來屬改蒼梧郡天寶元年

復爲梧州乾元元年容州經略使僑治於梧州圖經冰井下載唐大歷三年容州刺史元結過郡目曰冰井時容州兵亂容失守寄治於梧唐末爲湖南馬氏所有五代史馬殷傳楊行密袁州刺史呂師周奔楚馬殷使師周率兵攻嶺南取昭賀梧蒙龔富等州五代後周時陷于南漢通鑑後周太祖廣順元年南漢主遣將吳懷恩以兵略定宜連梧嚴富昭柳象龔等州皇朝平嶺南地歸版圖通略在開寶三年省猛陵戎城二縣爲鎮入蒼梧九域志在開寶五年復置戎城縣九域志在開寶六年後省入蒼梧九域志在熙寧四年以昭州龍平縣來屬後復隸昭州國朝會要云開寶五年廢富州以龍平縣隸昭州熙寧五年自昭州來隸九域志云元豐三年復以龍平隸昭州今領縣一治蒼梧封川縣唐更爲封州隸廣東

縣沿革

蒼梧縣 下 倚郭

舊唐志云本漢蒼梧郡治廣信縣即今治隋立蒼梧縣於此置郡元和志隋開皇十年罷郡於此立蒼梧縣屬靜州大業三年罷靜州復屬蒼梧郡武德五年於蒼梧縣置梧州而他書或以爲屬封州不同象之謹按隋志封州云梁曰梁信置梁信郡平陳郡廢十八年改爲封州元和郡縣志云封州卽漢蒼梧郡之廣信縣地也梁於北置梁信郡屬成州開皇十年改爲封州大業三年罷州以縣屬蒼梧郡武德四年復置封州至唐志封州尚名廣信則是封州乃自廣信縣析出置郡而通典於蒼梧縣下注云漢廣信縣城卽此地則是蒼梧乃廣信所治廣信與梁信郡則二者之名固不容以相亂也

監司沿革

都提舉廣南路監司 淳熙十二年創建十六年省罷

風俗形勝

地總百越山連五嶺人風婐盛地氣歊㾪史通曰蒼梧云云

於惟蒼梧交趾之域東漢喻猛爲蒼梧太守頌火山無火冰井無

冰嶺南問答曰梧州城東有方井二水泉淸冽非南方水泉比也謂之冰井其隔江有火山下有丙穴

嘉魚生焉元次山嘗爲梧州有||||||之句戶有犀渠南越志新甯縣多俚獠善

爲犀渠左太冲所謂戶有犀渠見晏公類要及郡國志云俗尚犀渠舞暘夷勃盧南越志云

暘夷之甲以錫薄飾之雜以丹漆照耀昱晃左思所謂||||山多鍾乳及石英

南越志云建陵縣||||||||山榮翠羽圖經嶺南氣候殊異中州

多熱少寒多霧少霽郡守王大夫奏樂音節閑美有京洛遺

風蒼梧志云云廣西俗語推遜亦謂梧州樂昭州角云蒼梧翠羽多於交趾舊孟

陵縣西接永平新安縣地山多翠羽故周書王會篇云云蒼梧志唇齒湖湘襟喉五羊距封圻於高要窮津源於邑江邱翔蒼梧郡賦蒼梧於南紀爲善地紹興元年吳興蒼梧七公祠堂記蒼梧爲郡南極水陸之衝也承桂海之源分鬱江之脈自嶺以南二十餘郡大率下濕瘴癘人性輕悍俚人則質直尚信諸蠻則勇敢自立皆重財輕死隋志

景物上

火山嶺表錄云每三五夜一見於山頂寰宇記云｜｜下水澄潭深無極其火每三夜一見于山頂每至一更初火起匝其頂如野燒之狀或言其下水中有寶珠光照于上或言山上有荔枝四月熟以其地熱故爲火也舊經又云守臣有德政則火見其山又云山之阿有神劍越王尉佗所藏也故深夜騰焰

炳耀如火

冰井在州東北一里澄湛不涸味甘且冷唐大歷三年元結過郡目曰冰井又爲銘刻石泉上國朝宣和間郡守蕭公磐訪求得之因有詩末章云井名未磨滅自我發沉晦

桂江在子城西五十步出始安郡海陽山出靈渠由昭潭南入蒼梧郡合大江東入海又有｜｜樓

三江郡國志云州有朱邱臨水南枕廣江左帶鬱江謂之｜｜

鬱水南去縣八里

雷水圖經云出戎城縣方輿記又名云大雷江

大江在州城南百步源出朗寗郡至潯江合象郡水漢孝武假夜郎兵下牂牁江江會番禺卽此也

班石輿地志廣信縣東有孤巖有｜｜皆五色

赤溪在大江之西有茂林脩竹小橋流水之勝傍有古寺與李太白讀書臺相對

神劒圖經云在火山之阿有｜｜南越王趙佗所藏也故深夜騰焰炳耀如火

金坑孟陵縣古錢村有｜｜三所

銅山九域志在丹城縣西

嘉魚虞衡志｜｜狀如小鰣魚味極腴美出梧州火山春末尤多

龍巖距州城一百二十里龍蟠村高數十丈周迴百餘丈窺見天旁有三石門中有寺

景物下

鳳棲驛在州南三十步鳳棲亭在子城上嘉魚亭之西嘉魚亭在子城南蒼梧記云丙穴出嘉魚故名白鶴樓在州城上之西祥光亭在火山漾月亭在城東舒嘯亭之下負東山跨鰐池水光山色照映左右蒼梧絕景也愛民堂在東圃讀書臺在州城五十里與赤溪山廣嚴寺相對其上有石如砥俗呼爲李白丨丨丨習隱堂太守李公亭伯東山記云東山行之百餘步長松參天分布行列縱步而游其勢自然若梯若棧乃作丨丨丨又西北底於冰井樂山堂在郡圃獨秀樓在子城上四望亭在城東北大雲樓在州東城上蒼梧道院在州治江山偉觀在子城上卽桂江樓也繫龍洲距州七里亦名七里洲林木深秀鷗鷺翔集秋潦至瀰漫際山而洲不沒亦名浮洲伏虎巖距州東五十里昔李上座修行之地也見仙釋門鶴奔崗漢太守劉曜嘗鑿斷崗脊

有雙鶴飛去見九域志　**鰐魚池**　搜神記云扶南王范尋嘗養｜｜十頭若犯罪者投與鰐魚不噬者乃赦之無罪者皆不噬　**大蟲山**　在州東三里搜神記云扶南王范尋常養虎五六頭若有犯罪投與虎不噬乃赦之因此得名山　**獨足鳥**　喙腳皆赤藻縟相輝見晏公類要　**白鶴觀**　在州西隔江壇側生白石英　**丹桂坊**　在子城東貢院前　**慶雲寺**　在州北二里　**通星山**　在縣北六十二里漢劉曜爲太守常登此山仰觀星歷因號｜｜｜　**雲蓋院**　在縣十里　**催官水**　蒼梧志在城西偶有詩云更決｜｜｜向東　**朝臺崗**　在州北三里按舊經宋范𨗳築臺山嶺每至正朔則帥郡僚登臺望朝而拜　**思恨洲**　在州西二十里大江心　**思化洲**　在州西二十五里大江心　**思良江**　在州北二十里一名多賢水其中多鰐魚　**始安江**　在廣信縣南樓孟陵水六十里北接臨賀富川三縣南則廣江西則始安江左帶鬱林江謂之三江口北有通星山思良江　**銅石江**　郡之江水也　**金石山**　在州東南四里有金石寺　**石**

乳山在州西四里石英山在州西桂江之上生石英石膏山裴氏廣州記曰蒼梧彰平縣有｜｜｜｜望之皎如霜雪倒銅江郡之江也雙龍洞在州東北一里羅漢寺接｜｜｜碑云冰泉之側有峒其上有菴菴前雙松干霄有飛騰夌夭矯之勢三河口漢陳稚升爲太守嘗釣魚於此五侯石寰宇記膋石縣生膋石號爲五侯石七里洲在州東七里大江心水漲洲獨不沒俗謂之浮洲七公祠在羅漢寺紹聖初知州李亨伯刱置于冰水之顚紹興初知州鄭鬲各序而贊之九龍廟在縣東南四里唐大中五年蒼梧令吳潯以亢旱祈禱于此俄有黑龍升天甘雨隨注百姓賴焉置此廟以祀之多賢水在州北二十里流入桂江巨人跡遂城縣夫任山有｜｜｜文理明朗在山頂長三尺六寸山之東有銀穴俚人常採鍊砂成銀

古迹

故戎城縣東北至州二十里梁於此置遂城開皇十年改爲戎城縣今廢唐志云本隸藤州永

徽中來屬光化四年馬殷表隸桂州**故丹城縣**西南有鉟山鉟湖朱砂銅邱亦出銀**孟陵縣**唐志云本隸藤州正觀八年來屬光化中馬殷表隸桂州**新甯縣**西接臨賀富川二縣有獨足烏喙腳皆赤藻碍相輝**建陵縣**在建水中因以爲名有山多鐘乳及石英**廣甯故縣**去郡桌沿流有金烏翰羽如玉喙腳如金號曰商羊**思安縣**去郡沿流七百里北接廣信縣隔大江有石井泉源騰沸注而不竭**龍都縣**刺史陸徽所立有巨石四面峻嶮俚人謂之乳石以爲名也**胷石縣**寰宇記云生胷石因以爲名今冷石不也古人鑿之爲器用故號爲五侯石**虞帝廟**在子城東**士燮冢**在縣西北四里許**吳武陵墓**在桂坊橋上

官吏

後漢陳稚升按圖經州南有朱臨水後漢陳稚升郡事多暇釣魚於此**陳臨**後漢爲蒼梧太守推誠而理嘗有殺人者爲吏所獲知其無嗣令其妻侍獄中後產一男郡人歌曰蒼梧府君

惠及死能令死人不絶嗣

喻猛 漢孝和世爲蒼梧太守以清白爲理郡人頌之曰於惟蒼梧交趾之域大漢惟宗遠以仁德出塗廣志

吳士燮 兄弟並爲列郡震服百蠻尉佗不足踰詳見人物門

宋范旿 爲蒼梧太守

唐駱峻 樂天集授丨丨梧州刺史

鄭畋 唐詩紀事云懿宗時韋保衡路巖忠宰相劉瞻誣以罪黜爲荊南節度畋爲制詞云安數畝之居仍非己有却四方之賄帷恐人知韋路大怒貶畋梧州刺史

皇朝梁適 爲梧州太守

陳執中 七賢堂序云公爲郡不鄙夷其民陶以豈弟愛山水爲篇章以道其登覽可樂者至作相猶眷眷弗忘

梁適 呂夷簡薦公知梧州五嶺自僞命時折稅己重其後轉運使以調不足又復折之公請於朝遂詔不復折稅至今便民

呂摭 紹興十七年左朝散郎丨丨貶梧州秦檜追恨呂頤浩不已故也繫年錄

吳之六士一門並爲二千石漢之三陳奕世盛以文

學稱邱翔蒼梧郡賦云

後漢陳元蒼梧廣信人明左氏春秋以才著名辟司空府復辟司徒府

吳士燮蒼梧廣信人爲交趾太守學問優博兄弟四人壹爲合浦太守䵋爲九眞太守武爲南海太守並有威名

潘盎郡人皇祐四年儂智高陷邕至梧州城下有潘盎者棄妻子儒衣嘗持一大翣行坐獨語南粵謂愚爲盎儂賊聞其異召而問曰吾形貌如何盎曰汝一賊爾他無所類又問曰梧州幾日可陷曰百年亦不可陷又曰吾欲據此城以有南粵如何曰汝將斬首豈能有粵耶賊遂害之一日城西有人疾呼曰城中將士宜無懈賊計窮矣明日當燒西門急備水以滅之問曰汝何人曰虎翼兵謝福也先爲賊虜不忍負國故以死告語罷賊殺之明日果以疏黃聚草燒西門賴水撲滅賊方解去湘山野錄

仙釋

吳時道士圖經金石山下載云吳時有道士牽牛渡江因語舟人曰船內牛糞聊以爲酬舟人

視之皆金也道士并牛並隱石下後置寺名金石寺

盧耽 昔耽仕爲州治中有棲仙之術善解飛步每夕輒夌雲歸家曉則還州嘗元會至曉不至不及朝列化爲百鵠飛至閣前迴翔欲下威儀以箒擲之得一隻履耽乃驚還就列莫不駭異時步隲爲交州城門書曰城國雖存無時年欲知此書盧耽還太守削之而隨削更生字今有｜｜祠頗靈響

李上座 巖距州東五十里有伏虎巖昔｜｜｜修行之所道成駭伏猛獸俗呼爲伏虎巖

碑記

元結冰井銘 井在州北一里唐大歷十三年容州經略使元結過郡目曰冰井并人爲銘刻石泉上銘曰火山無火冰井無冰｜｜｜｜甘寒可凝鑄金磨石篆刻此銘置之泉上彰厥後生

吳武陵墓石刻 在桂坊橋上有石刻云咸通二年七月五日吳武陵之墓

蒼梧志 薛誠之編

蒼梧集 見集賢堂下無編集人姓名

詩上

松陰如幄水如羅秋盡山青白鳥過獨坐一菴心正寂數聲何處竹枝歌白鶴觀在州西咸通末鄭畋守蒼梧建水閣題詩 瘴江山上重相見醉裏同看荳蔻花唐李涉送梧州劉中丞 楚江亭上秋風起看發蒼梧太守船千里同行從此別相逢又隔幾多年張籍送王梧州 身經火山熱顏入瘴鄉消沈佺期詩 隨風身不定今夜到蒼梧客淚有時有猿聲無處無 潮漆瘴海闊煙拂太山孤却憶零陵住吟詩半玉壺周朴次梧州却寄永州守見文苑英華 南國無霜霰連年見物華青林暗換葉紅蘂續開花宋之問經梧州見文苑英華

詩下

鬱鬱蒼梧海上山，蓬萊方丈有無間。東坡。自注：鬱州山自蒼梧浮來。

九疑連綿屬衡湘，蒼梧獨在天一方。孤城吹角煙樹裏，落月未落江茫茫。幽人撫枕坐歎息，我行忽至舜所藏。他年誰作輿地志，海南萬里眞吾鄉。東坡。

水有瀟湘色，猿同巴蜀聽。令人思舜德，一望九疑青。陶商翁梧州蒼梧郡詩。

南極蒼梧郡，江山號勝遊。海天晴動水，峽月夜隨舟。陶商翁送吳利見主簿之蒼梧。

川流入桂末，地勢九疑餘。不憚勤酬唱，江通丙穴魚。陶商翁寄梧守。

峽口蒼梧縣，城依南斗魁。江渾潮海上，地熱火山來。草沒嘉魚穴，雲封拜表

臺到應無獄訟豈蔻酒頻開陶商翁送呂濤典獄蒼梧詩　冰井有

泓閑漱玉火山無燄謾生煙歐陽燾　恭公遺洽傳耆舊

元結雄文載簡編同上　寄聲此冰井爲我畱遺愛蕭磐冰井詩

吟拾江邊金翠羽醉騎海上玉麟腰清談試茗遊

冰井至樂觀魚坐鑑橋郡守蕭磐　聞道嘉魚出火山我來

那得一鱗看胡長卿過梧州火山客有談嘉魚之美者長卿有詩云云　惟君萬里

分符去蒼梧之邦舜遊處九疑七澤皆相連墨海濡

毫寫長句郭祥正和梧守蔡希蘧畱□詩

四六

大舜隱眞之地達人遁跡之鄉唐太宗謂李靖曰碧桂之林蒼梧之野云

云乃授靖西海北接湖湘而爲唇齒之邦下通番禺
大總管桂林志

而有咽喉之勢郡縣紀
原序

輿地紀勝卷第一百八

輿地紀勝卷第一百九 文選樓影宋鈔本

東陽王象之編　甘泉岑鎔 淦 長生 校刊

廣南西路

藤州　永平　岑溪　感義　鐔津　鐔江　古藤

州沿革

藤州 下 感義郡軍事 九域志 漢地理志曰粤地牽牛之分野即唐志所謂詔南以西珠崖以東爲星紀之分是也 圖經分野門 古百越之地秦屬南海郡 輿地廣記 漢平南越置蒼梧郡屬蒼梧郡之猛陵縣地 此據元和郡縣志而兩漢志蒼梧郡下並有猛陵縣晉志猛陵縣尚隸蒼梧郡而於廣州卷末云晉穆帝分蒼梧立永平郡而无年月

晉穆帝分蒼梧立永平郡（沈約宋志云晉穆帝升平五年分蒼梧郡立而宋齊猛陵尚隸蒼梧而不隸永平）宋齊以後因之（宋志及南齊志並有永平郡）隋文平陳廢永平郡於此置石州（元和郡縣志云在開皇十年而隋志亦不載置石州一節隋志第云舊置永平郡平陳郡廢置藤州）又改石州爲藤州（元和郡縣志云在開皇十二年）煬帝罷州爲永平郡（元和郡縣志在大業三年）隋末陷賊（元和郡縣志）唐帝蕭銑置藤州（唐志云在武德四年）初領永平猛陵安基武林隋建陽安普甯戎城甯人淳人大賓賀川凡十二縣（新舊唐志）後以武林屬龔州普甯屬容州（並正觀七年）猛陵屬梧州（正觀八年）以隋建屬龔州（正觀十二年已上四縣之更易並據寰宇記而唐志云隋安賀州縣係正觀以後併省而甯人隸容州永平隸昭州大賓隸鸗州後又徙

治安基而戎城縣割入梧州已上十一縣並割隸他處元置十二縣惟存淳人一縣更名感義云改

感義郡天寶元年復爲藤州乾元元年初屬南海節度後屬容管經略圖經五代朱梁時爲南漢割據圖經在梁正明元年皇朝平嶺南開寶三年地歸版圖省甯風義昌三縣入鐔津九域志在開寶五年移州治於大江西岸寰宇記在開寶六年又廢南儀州以岑溪縣隸藤州九域志在熙甯四年今領縣二治鐔津

縣沿革

鐔津縣中

倚郭舊唐志云本漢猛陵縣晉於此置永平郡隋置藤州按新唐書地理志藤州本永平縣初州理永平

无丨丨又有隋安賀川甯人等縣皆正觀後併省更置國朝會要云開寶五年省甯風義昌感義三縣隸丨丨丨九域志所載亦同

岑溪縣 下

在州東北一百八十里元和郡縣志云義州本蒼梧郡猛陵縣之地也陳於此置永業郡開皇十年罷郡爲永業縣屬永熙郡隋末陷賊武德五年分永業縣置龍城縣仍於縣置南義州正觀元年州廢二年復置義州唐志云五年又廢以縣隸南建州六年復置長編云開寶四年改義州爲南義州開寶五年廢南義州六年復置南義州太宗即位避御名下字改爲南儀州國朝會要云熙甯五年廢南儀州以縣隸藤州今縣治自皇華墟遷至

風俗形勝

俗以青石爲刀劒郡國志曰丨丨丨丨丨丨丨如銅鐵法婦人亦爲環玦代珠玉也

夷人往往化爲貙郡國志曰夷人死往往化爲貙貙小虎也其初穴棺而出如鼠漸如狗犬

俗不知歲唯用八月酉日爲臘長幼相慰賀以爲年初男兒以白布爲頭巾女兒以布爲衫寰宇記見南儀州風俗門

景物上

永平廣西郡邑志云晉析置｜｜郡隋更爲藤州

鬱江即鐔｜｜源自辰州之鐔嶺

繡江自容州來經州東南隅與鬱江合

羅山寰宇記云在故南儀州山有冷泉飲者愈熱病

劒江在鐔津縣

鐔江元和志云在鐔津俗名潯江寰宇記云源出辰州鐔嶺流經是郡

瘴江元和志云在縣東南寰宇記云俗呼名濤江自鷰州入永平縣

盛山在岑溪縣

鳳山在岑溪縣

鷰州瘴江自｜｜入永平縣

嘉魚舊經云每歲春首有鱏魚夏初有｜｜從南海來直至象

州來賓縣有龍門灘鱘魚常踴躍而上不即退歸海今按||產鬱水中邕貴以來皆有之或至蒼梧以東近海則不復有此魚矣**孤夷**郡國志云||夷人名也有兩牙長二寸食人**容江**在鐔津縣**濛江**自昭州立江縣來經本縣甯風鄉至古藤州地與潯江合**瀼江**自高州信宜縣界來經本縣至平潯村與容江合**東臺**在岑溪縣**糖霜**土人沿江皆種甘蔗彌望成林冬初壓取汁作糖以靜器密儲之經夏結霜瑩如石榴子乃天之成也

景物下

南浦亭在州城外東隅臨江**光華堂**在州城外北隅建秦觀祠堂刻其畫像併其文於石**浮金堂**在鐔川縣衙東山**鬱繡樓**在州城頭東**岑雄臺**在岑溪縣**登高嶺**在岑溪縣**羅幔山**在鐔津縣西**鎡鑪山**在鐔津縣西有||佛舍因名**鉛穴山**輿地廣記云在鐔津縣寰宇記云陳王穴吉水皆在郡界**鐔鬱江**在城下出辰州鐔嶺流經

是郡龍驤水寰宇記云在故南儀州昔||將軍陳隱鎮此故名龍城砧寰宇記云在故南儀州山形似砧也今屬岑溪縣龍溪院在鐔江縣西一百七里馬頭嶺在岑溪縣雲蓋山在州城西百步高城嶺在岑溪縣廣德廟唐李靖祠也以收蕭銑兵至此廣法寺在鐔津縣東二里即高僧契嵩受業院有御書閣藏先朝所賜御製十七卷御書十七軸餘卷軸甚多太富嶺在岑溪縣圓明寺在岑溪縣皇華江在鐔津縣赤水峽在李白書臺赤水山在鐔津縣東有赤泉湧出因爲名白沙灣在鐔江縣東五十里丁蘭山在岑溪縣來蘇山在岑溪縣永靜山在岑溪縣上有廟秀峯山在岑溪縣七峯山在岑溪縣八賢堂在鐔津縣西隅廣法寺御書目錄在鐔津縣衆福院在鐔津縣西七十里如歸鎮在岑溪縣隨化山在鐔津縣昭州界感義江在鐔津縣界扶留藤左思吳都賦所引石帆水松東風扶留此其一也土人採

取雜蜃灰并檳榔啖之名曰蔞 **竹子布** 類要 **密波羅樹** 寰宇記云生絕石懸崖間至堅白堪爲器

古迹

古鸞州 唐武德五年置析貴州之桂平置 **故南儀州** 國朝會要云唐義州開寶四年加南字五年廢入竇州六年復置太平興國二年改儀州熙寧四年廢入藤州 **連州縣** 元和志云本漢端溪縣地武德六年立||寰宇記云皇朝廢入岑溪縣 **永業縣** 元和志云在義州西南本陳永業郡隋改爲縣屬藥州永徽後割屬義州寰宇記云皇朝廢入岑溪縣 **廢龍城縣** 舊屬義州今廢 **廢寧風縣** 寰宇記云在州西一百里 **故義昌縣** 元和志云本名安昌縣梁證聖元年置天寶二年改爲義昌縣正元元年移義昌縣額於林安鄉置今縣其舊縣改爲鄉隷入鐔津縣九域志云開寶五年廢入鐔津縣 **李白書堂** 在赤水坡 **風伯山古臺** 在岑

溪縣唐衛國公廟在岑溪縣西銅鼓神在岑溪縣東二十五里逍遥神在岑溪縣南三十里靈威致福夫人廟在鐔津縣西北僞漢劉氏封此名貢福靈讚侯廟在潭津縣西舊經云昔三江泛漲州人得競渡船內有神像因刱廟僞漢劉氏封此名

官吏 遷客過客附

隋裴業爲永平縣丞甚得民吏之心

蘇軾蘇轍東坡自惠州再謫昌化子由亦貶雷州相遇於藤同途至雷

秦觀字少游紹聖初御史劉拯論其增損實錄謫藤州少游嘗作詞有醉卧古藤陰下之句或者以爲讖

李光字泰發會稽人爲參政與秦檜論和敵徹備爭於上前遂奉祠中興遺史紹興十一年丨丨以宮祠歸鄉秦檜素憾光直畏其得人望恐復進用乃令臣寮誣言其指斥之罪責藤州

仙釋

僧契嵩字仲虛藤州人詩類老杜楊公濟蟠深伏其才答嵩詩有千年猶可照吳邦之句嵩以熙寧四年没於餘杭之靈隱火葬不壞五物睛舌耳毫數珠以烈火煆之愈堅仁宗賜號明教大師

詩

松如遷客老酒似使君醇繫舟藤城下弄月鐔江濱江月夜夜好雲山朝朝新東坡

四十八驛是藤州李泰發謫藤州過婺憩于城北之觀音寺婺泰發之舊治也泰發之孫孟博有詩曰道上何嘗識故侯解鞍聊復小遲留莫向漳江更南望｜｜｜｜｜｜

閉門覓句陳無已對客揮毫秦少游正字不知温飽未西風吹淚古藤州山谷荊江卽事

嶠南瘴癘地有此江月寒東坡江上夜月

輿地紀勝卷第一百九

輿地紀勝卷第一百十　文選樓影宋鈔本

東陽王象之編　甘泉岑鎔淦壆校刊

廣南西路

潯州　潯江　潯水　桂平　鬱江　大賓　陵江

州沿革

潯州　下　潯江郡軍事九域志　粵地牽牛婺女之分野西漢志　其次星紀其星牽牛韓文公文序唐地理志乃以南越分屬翼軫翼軫楚分屬荊州其星鶉尾蓋指韶廣以東爲星紀星紀牛女之分也桂柳以西及安南爲鶉尾鶉尾翼軫之分也一越之地而兩隸星分豈非以二廣之東西而分牛女翼軫之異乎不知班固分諸州分野之時交廣尚合爲一郡未分東西也不應反因後之分路而使與班固之分野而强合乎今兩存之以待博古之君子

秦平百越屬桂林郡潯江志漢改桂林爲鬱林郡今潯州之桂平即鬱林郡布山縣之地也寰宇記云布山爲鬱林郡所治而兩漢志及晉宋南齊志鬱林郡並治布山縣梁於桂平縣置桂平郡隋平陳郡廢隋志隋又以鬱林郡之布山縣地置桂平縣屬鬱林郡圖經唐初屬鷰州太宗以鷰州之桂平大賓二縣置潯州唐志在正觀七年尋廢隷龔州唐志在正觀十三年後復割龔州桂平皇化大賓三縣重置潯州唐志及諸地理書第云後復置部不載年月及縣名惟元和郡縣志長壽元年又割龔州桂平皇化大賓三縣重置潯州所載差詳故錄之云改潯江郡天寶元年復爲潯州乾元元年皇朝平嶺南廢潯州隷貴州國朝會要云在開寶五年尋復置國朝會要云在開寶六年此潯州

沿革之大畧也漢又置蒼梧郡今龔州之平南卽蒼梧郡猛陵縣之地也元和郡縣志云今州卽蒼梧縣猛陵縣之地也晉分猛陵置永平郡而龔又爲永平郡之武林縣地元和郡縣志唐置鷰州於今州六十五里又於鷰州舊治置龔州都督府仍置平南縣爲龔州治所元和郡縣志在正觀七年改臨江郡天寶元年復爲龔州乾元元年皇朝平嶺南省陽川武林隋建大同四縣入平南縣開寶六年又廢思明州以武郎縣來隸同上又省武郎入平南嘉祐二年廢龔州爲平南縣隸潯州政和元年尋復置政和三年中興以來再廢龔州爲平南縣隸潯州此龔州沿革之大畧也自是以後合潯

龔二州以爲一州而潯龔二州元止各領縣一故今

領縣二治桂平

縣沿革

桂平縣 下

倚郭寰宇記云本漢布山縣地鬱林郡所治也隋爲桂平縣唐武德年間屬貴州正觀初屬鸎州七年屬潯州十二年州廢屬龔州併省陵江入桂平以隸焉後復置潯州縣亦隸焉國朝會要云開寶五年併皇化大賓縣入焉

平南縣 中下

在州東一百三十里寰宇記云本漢猛陵縣地晉分蒼梧置永平郡仍置武成縣唐正觀七年分置平南縣後自武陵移龔州治於此國朝會要云政和元年廢龔州隸潯州存留平南縣屬潯州政和三年復爲

龔州國朝會要又云紹興七年廢龔州復爲平南縣隸潯州

風俗形勝

龔州都督府唐時——因龔江以爲名元和郡縣志見元和郡縣志

春多寒秋多熱舊經風俗門　思得淑人君子通我德教以坯以冶俾其向風而內心洽而孚鄱陽石珹龔州廳壁記　自唐大中以後並服禮儀衣服巾帶如中國焉舊經曰今武郎縣地

潯之爲郡封域廣袤實有三州之地繡州鬱林云云

州龔州是也潯江志疆域門　潯之爲州南北限以二江潯江志城濾門

潯雖爲古荒服沃壤頗多山水奇秀民淳訟簡人多業儒潯江志風俗門　桂林之南州郡以十數潯爲善地鬱

江東注士無氛惡蠻溪獠洞不際其境民之從化豈間然哉（潯江志慶歷建學記）左翼注黔江其源出牂牁右翼覆鬱江其源出交趾合于山之麓曰潯水（姚嗣宗記）桂管之東潯爲支郡鬱黔二水環回南北交流城隅西有近山其勢穹然鍾釜秀峙映帶州宅（顯惠廟記）潯江窮瘴嶺之南郡雖僻旁與都嶠勾漏爲鄰而白石近在境上其江山氣象之秀有足佳者（李邦彥畱題白石）平南二稅舊無身丁錢獨桂平有之（劉敏文鐲丁奏檢）潯州在廣西諸郡之中僻處山間地瘠民貧（趙善惹鐲丁奏檢）

湛軒在郡圃與清心堂相對雪觀在西門樓之北西園在城西三里南湖在州南一里長三里俗名結塘湖上有洲洲上舊有平波亭臨岸亦有南浦亭郡官多乘綵舫以遊賞、橫嶺在桂平縣南九十里潯江在桂平縣北二十步自貴融象柳宜而來合鬱江圖經云乃鬱黔二水合流東去經藤梧封德慶肇慶至廣州入海鬱江在州南一里其源出交趾至邕州左右江東行經橫貴州至州與黔江合暢岩在西山龍華寺之上郡守姚嗣宗有詩云寒谷常畱九秋氣｜｜別是一壺天今名姚公岩黔江在州北二十步其源出牂柯自宜州東南行經柳象至州之城與鬱江合流渌水在南平縣南十五里曠野之中天然怪石甃其榜泉水深碧而清澄中有巨魚人不敢龔江元和志云一名潯江亦名都泥江圖經云在平南縣南西通邕宜二江東流藤梧州會諸川入海鷟石元和志云在平南東南十二里圖經云春夏羣燕巢其上唐置鷟州取此糖牛大賓縣布山有｜｜一本作堂牛與蛇同穴牛嗜鹽里人以皮裹手塗鹽入穴探之牛舐之出外則不得

入取其角以爲器蓋其角如玉甚光瑩也盧越類要

景物下

吏隱堂在正廳後平遠樓在北門上平政堂在吏隱堂之東率正堂在平南縣清心堂在平政堂之東舊名湛軒思古樓在東門上觀風樓在南門上捲雨樓在西門上磨雲山在平南縣一百里舊經云山頂常有雲霧凌波閣在平南縣澄霽閣在平遠樓之東淨練閣在平遠樓之西欹欖閣在城東北清涼境界舊名疊翠在郡圃繡江水在桂平縣西三十里入江羅叢岩在州西南六十里岩中明快可容二三百人遇重九于此登高内有三教殿殿東則名曰碧虛洞由石穴而入通行平坦其屈曲約半里餘出于岩之東洞內則有石佛石磬石獅子石牀石鐘殿西則名曰靈源洞由石穴而入通行平坦其屈曲約一里餘出于岩之西洞内則有石羅漢石象石馬石魚石筍石鼓岩之外西則有水月岩

外則有超然亭實潯之勝槩**羅繡墟**在桂平縣**羅葉水**在桂平縣**羅影山**在桂平縣**銅鼓灘**在桂平縣潯江**玉泉臺**在桂平縣**金沙寺**在平南縣**寶子嶺**在州南三十里山勢磊落如聚寶玉云**木賴水**在桂平縣源出貴州鬱林縣界**石勞山**在平南縣舊經云山有二石對立狀如神人或亢陽祭之必雨**石門鎮**在州西**石梯鎮**在州西**石人山**在平南縣上有石如人形下有廟**石鷰山**輿地廣記云在龔州**石鹿山**在桂平縣有石如鹿**龍華寺**在桂平縣**龍門灘**在桂平縣潯江之中**鵬化鄉**五代時梁公作狀元改鵬化鄉｜｜｜折桂里**鳳巢山**在州西六十里山峯峭拔下有龍王廟**獅子崗**在州西四十里狀如｜｜**馬平場**在州西七十里爐戶取採砂寶烹鍊黑鉛**蛇黃崗**在平南縣北五里出｜｜其｜勢盤行數里每九月邑人掘深七八尺始得之大者若雞子小者類彈子其色紫磨之可付腫毒尤治小兒驚癇**清眞觀**一名陽明

觀在州南七十里白石洞天有太宗皇帝御書清流寺在桂平縣烏江水在平南縣西半
里隍化水在桂平縣來自容州普甯縣界白石山在州南六十里下有巖峒即白石洞
天內有清眞觀傍有壽聖寺洞門自下入透容州勾漏洞天世傳葛仙翁煉丹往來于其間洞之上會仙
巖有煉丹竈及八仙在焉白鷗驛即行衙在平南縣白馬廟五代時梁公作狀元因跨
白馬遊東壕墟過渡偶沉于水今廟在平南縣獨秀峯在白石山之側孤翠飛騫百里所瞻三
清巖在西山三江廟去州五十里五將廟在平南縣會仙巖在白石山
之上澄道險峻攀緣而上甚廣可容數十人中有八仙葛仙翁丹竈都耶水在桂平縣源出縣界
崇姜里高陽巖在平南縣與思鵝巖相峙其巖宇高廣而明豁前瞰平野大烏江類要
在龔州大隍水在桂平縣源出象州武仙縣界大安山在平南縣大唐山在平
南縣東壕墟在平南縣南界驛在平南縣南頓嶺在桂平縣利賢山在平

南縣

思苑水在桂平縣　思鵝巖在平南縣州經謂之丨丨石狀若八角樓　包髻岡在州五里狀如丨丨　橫眉水在桂平縣　盤石鎮在州東　閶石山在州北有讀書巖傳梁狀元於此讀書　吉分山在桂平縣　古漏山在平南縣　古崙山在平南縣北　仙人山元和志在故龔州陽川縣　湖叟巖在平南縣高陽巖之陰有治平中名賢題跋　須羅大山在平南縣　盧越水元和志在故龔州隋建縣　崑崙岡在桂平縣　陵層岡在桂平縣　芙蓉墟在桂平縣　花伶水元和志云在故龔州大同縣東北二十步　浮畱藤按左太冲蜀都賦云蒟醬流味於番禺之鄉本草蒟醬註云蜀都賦謂流味於番禺者蔓生葉似王瓜而厚大實似桑椹皮黑肉白其苗爲丨丨丨丨合檳榔食之辛而香今呼爲蔞藤

古迹

故武林縣通典云本漢猛陵縣地元和志云宋元嘉二年置武陵縣屬永平郡輿地廣記以爲

武陵縣開寶六年省入平南 **故隋建縣** 寰宇記云本漢猛陵縣地元和志云開皇十九年分武陵縣置屬藤州輿地廣記云開寶六年省入平南 **故大同縣** 元和志云本漢鬱林郡布山縣之地也正觀七年於此置大同縣輿地廣記云開寶六年省入平南縣 **故陽川縣** 元和志云本漢布山縣地正觀七年於此置西平縣屬龔州輿地廣記云開寶六年省入平南 **故皇化縣** 寰宇記云本漢阿林縣屬鬱林郡元和志云開皇十一年置寰宇記云開寶五年併入桂平縣 **故大賓縣** 通典云本漢布山縣地元和志云開皇十五年分桂平縣置寰宇記云開寶五年併入桂平縣 **故宣化縣** 通典云本漢阿林縣地舊屬潯州 **廢平原縣** 寰宇記云在武郎縣開寶五年併入武郎縣屬龔州仍廢州 **廢思明州** 開寶五年廢 **思唐州** 唐永隆二年立 **武郎縣** 輿地廣記云唐永隆二年立思唐州又置丨丨開寶五年改州曰思明六年州廢省思和入武郎來屬嘉祐二年省武郎入南平 **故陵江縣** 唐志云武德七年置陵江縣武德十二年

省陵江縣入桂平圖經云
初隸龔州後復隸潯州

廣祐廟 在思靈山郡嘗苦虎守禱于神信宿虎夾死廟樹間范文正公嘗書于策郡守姚嗣宗記述廟神之靈顯

范龍圖祠堂 在平南縣東開元寺側

井一十三所 咸平六年以澗水毒惡飲者多病於是開鑿井一十三所

官吏 遷客附

恭輔 石瑊龔州廳壁記云殿中丞恭輔之貳是州豈弟之政優優于生民治休事肅裕然有近古意

姚坦 嘗守潯州按東都事畧越王元傑傳元傑嘗作假山既成召僚屬置酒共觀之翊善姚坦正直之士也頫首不視元傑强使視之坦曰坦見血山安得假山元傑問其故曰坦在田舍時見州縣督稅上下推剝里胥臨門捕人父子兄弟送縣鞭笞流血滿身愁苦不聊生此假山皆民租賦所出非血山而何太宗亦爲假山未成或以坦言聞太宗曰傷民如此何用假山爲亟命毀之元傑有過失坦必盡言規正左右教元傑詐疾太宗憂之召元傑乳母入宮問疾增損狀乳母曰王本無疾以翊善檢束王起居故不

樂成疾耳太宗怒曰吾選端士爲王僚屬者固欲輔王爲善今王詐疾欲使朕去正人耶且王年少未知出此必爾輩爲之因命杖之數十召坦慰安之

胡旦 坐王繼恩累謫潯州

胡則 景德中知潯州與丁謂厚丁謫海外士夫莫敢遣書惟則遣人渡海往來不廢見衢州志

程珦 皇祐間守龔州二子隨侍乃明道伊川也

趙子崧 東南道都總管因言事貶潯州

曾幾 中興初避地于潯有詩見後

韓璜 紹興元年右司諫責監潯州商稅繫年錄

范直方 紹興五年知潯州行刑部員外郎繫年錄

杜天舉 紹興十五年知潯州入對言廣西列郡無教官昨沈晦請於土官內差撥敎諭未足爲後進模範乞令見任有出身或特奏名兼攝從之繫年錄

人物

梁嵩 白馬廟神 郡人南漢時狀元及第仕至翰林學士古龔以公爲大魁歷顯仕因獲蠲一郡之丁賦以迄于今郡人感公立廟祀之象之按近年郡守劉敏文蠲丁奏云平南二稅舊無身丁錢獨桂

平有之則是平南縣爲龔州時梁公嵩奏免也明矣

陳坦然（字正平潯江人舉進士不第景德中）宜州兵殺守師脅判官盧成均以叛僞稱南平王擁衆攻象州坦然單騎行賊圍爲書約矢射成均帳下爲陳禍福成均得書欲歸計未決而官軍至城乃全又别將趣容境坦然入語容守陳延賞願入賊諭以逆順於是率首領詣降賊平有旨令赴闕不受賞願就殿廷試知漳浦縣收縣政績彰彰余襄公撰墓誌

碑記

南海乾和白石秀林之記（乾和三年歲次乙酉奉勅鐫石玉皇儀像侍衛九軀并修金籙齋慶讚記臣吳可一撰）

余襄公學記（在慶歷中詳見修貢院記）

潯江志（教授黃鍾序）

白石洞陽明觀記（景祐二年立）

陳坦然墓記（余襄公撰）

龔州廳壁記（潘陽石珹撰）

太守題名記（大觀二年郡守張浙云）

詩

兩巖長濺雨五月便驚秋姚嗣宗暢巖詩雞犬圖書同一舸老夫蕩漾兒扶柂潯江一繫欲生根夢下湖南向江左曾文清詩自廣直邕分十郡綿龔引象列三江水歸東海流無盡山拱西祠勢若降蕭𠛬不記開山日煉丹惟葛仙淸泉沿石滴孤嶂與天連只就巖爲屋何須木作椽唐季度淸眞觀詩三里之城渺大荒兩江橫截壯金湯唐家設險基猶在聖代增陴慮更長廖德明南樓詩孤鶩去邊天浩渺萬家窮處水灣環嶺外此州爲道院風煙殊弗類南蠻石應孫題南山井邑倦炎酷西巖境獨淸姚嗣宗寒亭西頭

輿地紀勝卷第一百十

輿地紀勝卷第一百十一　文選樓影宋鈔本

東陽王象之編　　甘泉岑鎔淦長生校刊

廣南西路

貴州　西騶　甌越　馬嶺　馬度　懷澤

州沿革

貴州下懷澤郡防禦九域志虞舜曁周並爲荒裔寰宇記古西甌駱越之地通典牽牛婺女之分野漢志其次星紀其星牽牛韓文而唐志乃以韶廣以東爲星紀桂柳以西爲鶉尾是以廣東諸郡爲星紀屬揚州桂柳以西諸郡爲鶉尾屬荆州不同當攷秦平百越置桂林郡而貴州乃桂林之南境懷澤志徙謫人以居之通典秦末尉佗自

王其地漢武帝平呂嘉改秦桂林郡爲鬱林郡晉志鬱林郡下註云秦置桂林郡漢武帝更名鬱林郡廣鬱縣隷焉兩漢志鬱林郡下有廣鬱縣而懷澤志云又以廣鬱縣地置鬱林縣詳懷澤志之文似分廣鬱縣地別置鬱林縣而西漢及東漢鬱林郡下止有廣鬱縣而無鬱林縣懷澤志分置鬱林縣之文似無所據今不取通典云貴州乃秦廣鬱縣地吳立陰平縣晉武更名爲鬱平縣晉志有鬱平而無廣鬱而晉書又不言鬱平縣建置之因惟沈約宋志於鬱林郡之鬱平縣下註云吳立陰平縣晉武更名元和郡縣志又云鬱林縣本廣鬱縣吳改曰陰平晉改曰鬱平宋齊因之宋齊志鬱林郡下皆有鬱平縣梁武割鬱林甯浦二郡立定州寰宇記後改爲南定州隋志隋平陳州廢及置鬱林郡元和郡縣志在開皇十年改南定州爲尹州開皇十年又改尹州爲鬱州元和郡縣志在大業二年尋罷州爲

鬱林郡元和郡縣志在大業三年隋末陷賊元和郡縣志唐平蕭銑於郡置南尹州元和郡縣志在武德四年張維廣西郡邑圖志云南尹州領鬱林鬱平石南桂平嶺山安城馬嶺等縣又析置興德懷澤潮水等縣五年以桂平隸鸞州嶺山隸横州正觀五年以安城隸賓州八年省馬嶺麟德二年以石南興德鬱林三縣置鬱州攺通典貴州惟嶺鬱平懷澤潮水義山四縣耳改南尹州爲貴州唐志在正觀八年治鬱平縣通典貴州領縣四曰鬱平懷澤義山潮水而治鬱平他書直以鬱林而不曰鬱平與通典不相應惟輿地廣記云開寶四年改鬱平縣曰鬱林縣庶與通典相應耳更貴州爲懷澤郡唐志云在天寶元年復爲貴州乾元元年五代爲南漢所有圖經云朱梁時封劉隱爲東海王後其弟陟盡有嶺表之地號爲南漢國朝平嶺表地歸版圖圖經在開寶四年改鬱平爲鬱林縣國朝會要云鬱林舊名鬱平縣開寶四年改鬱林又廢懷澤義

山潮水三縣入鬱林縣國朝會要云懷澤義山潮水三縣開寶五年隸鬱林縣圖經云今鬱林所領之三鄉即唐之三縣也中興以來孝宗爲貴州防禦使朝野雜記云紹興三年除貴州防禦使此事懷澤志不載亦不曾陳乞恩例舊制天子即位嘗所領州鎮自防禦州以下皆陞軍名若節鎮州則建爲府如英宗自齊州防禦使登極陞齊州爲興德軍神宗自忠武軍節度使建儲陞許州爲潁昌府之類孝宗受禪以始封洪鼎宣建州舊有軍額則建爲隆興常德寧國建寧府而劍州陞爲普安軍紹興中始再升爲隆慶府蓋用此例光宗自榮州刺史進封恭王寧宗自英國公出就傅後封嘉王四州皆爲支郡然三州躐升爲重慶英德嘉定府而榮州軍名蓋中書之誤至今不錫貴州亦類此今領縣一治鬱林縣

縣沿革

鬱林縣 下

倚郭元和郡縣志云本漢廣鬱縣地沈約宋志及元和郡縣志並云吳改廣鬱爲陰平縣晉改爲鬱平縣歷代因之然晉宋以下諸志止有鬱平而無廣鬱是改廣鬱爲鬱平也元和郡縣志又云隋開皇十年於此置鬱林縣是鬱林縣始置於隋也故隋志於鬱林郡下始並列鬱林鬱平二縣通典云大唐以鬱平懷澤潮水義山四縣置貴州是鬱平縣隸貴州也又云大唐以石南鬱林等五縣置鬱林州是鬱林縣隸鬱林州也舊唐志云秦置桂林郡漢改爲鬱林郡地在廣州西安南府之地邕州所管郡縣是也隋分鬱平縣在鬱江之東則鬱平之名又自鬱林分出耳國朝會要云開寶四年廢鬱林州鬱林縣隸與業縣又云開寶四年改貴州鬱平縣爲鬱林縣則是開寶四年既廢鬱林州之鬱林縣故移鬱林縣之名冠之於鬱平縣而由是言之在漢則爲廣鬱在晉則爲鬱平在隋始分建鬱林縣以與鬱平並置唐始以鬱平縣隸貴州以鬱林縣分屬鬱林州故二縣之名隸于二州至國朝開寶平嶺南廢鬱林州之鬱林縣入廣業縣而改貴州之鬱平縣爲鬱林縣而二縣之名始合爲一新唐書志卻以鬱平縣隸鬱林州而以鬱林縣隸

貴州與通典殊不相應蓋杜佑唐人也紀唐之縣名必不差謬而新唐書以本朝更易之縣名而定唐人之縣名始不得其實矣不可以不辯

風俗形勝

人性輕悍而椎髻箕踞乃其舊風（隋志）又郡北連山數百里有俚人皆烏滸諸夷率同一姓（異物志云烏滸南蠻之別名也）巢居鼻飲射翠及羽剖蚌求珠爲業　蕞爾之區閒田瘠土茅葦彌望而無原隰膏腴之地（知州趙汝鉞奏狀）　有唐盛時負郭二千餘家（圖經）　懷澤乃漢廣鬱之地與夷獠雜處自谷永陸公紀出守是邦始廼以詩書禮樂之化（圖經風俗門）　有唐盛時更置州縣風俗一變車書混同迄今衣冠文物之

盛益彬彬矣懷澤志民力耕爲業不產蠶絲人物純和無行諂詐風土記云士風尙朴不事華飾不機巧趨利懷澤志民以水田爲業類要鬱林之區民貧地瘠崇甯二年加封二侯廟志水南之懷橘坊尙仍唐舊而城西之吉善坊亦曰廉孝益取陸史君載石懷橘之義圖經自漢以下與鬱林郡同通典古西甌越駱之地秦雖立郡仍有越駱之名輿地志水足嘉魚州西有嘉魚井井泉通江風土記云水足嘉魚臨水觀之歷歷在目有亭臺舊基存

景物上

東山在州東二十里峯巒秀峙古經云唐時有何特進麗光二人隱此山化爲石今山狀如二人立

西北一峯望之如婦人搭帔簪花俗號爲新婦巖

南山 在州南十里羣峯秀異甲於一郡山中石室有石筍佛像周回四門殆非人力所及相傳葛仙翁於此煉丹

西山 在州西三十里多躑躅花

北山 在城北十餘里山高聳上有瀑泉千仞禪人羽客多棲止其上

東井 在州東北二里中有怪石踴躍而出流入地出上郭石口江施詩云深隨石竇千尋去遠自雲峯十里來

鬱江 來自邑橫經州界東流入清濤漢地理志云鬱水首受夜郎

豚水 漢志云丨丨東至西會入海

潮水 在州西六十里或盈或竭

汎水 在縣之南

溫水 寰宇記

紫水 鬱江有丨丨兩派若流出卽有異對出州門流下者太守必除擢移換在州向上而流下者應在職任

銀山 在州東北上有石涵塗之如銀俗爲仙人函

寶江 在州西二里卽符江水一曰丨丨來自賓州界入鬱江

石牛 九域志云石牛歲旱則割牲取血和泥塗牛背則雨

石井 詳見司命井下元和志云亦名司命井

石鐘 風土記云南山有丨丨不可輒擊擊之風雨立止

龍山 在州北五十里山有茶利

摘茶而鬻者不耆二百餘家

龍田在南山之陽提刑宗公詩云龍田亦有耕痕在提舉黃公詩云耕餘龍躍雲津去並見南山石刻

嘉魚見前風俗門

景物下

懷澤樓在郡城北 景陸堂在州治西 含山驛在潯州界懷遠縣 愛蓮閣在清燕堂後 甘露亭梁詔字君俞貴州人仕爲將作監簿事母孝謹母蓬萊縣君卒廬墓東坡名其墓亭曰甘露詳見人物門 薰風亭梁詔有讀書樓東坡易名曰薰風扁皆東坡親染 南澗亭在城西二里守唐弼詩云伏泉地脉能通海疊玉山峯喜近城 清燕堂在州治景陸堂後 蓮巢亭在郡治蓮池之北有東坡書帖石刻 景祐寺在州南十里南山石室虛曠巖穴幽奇中有石湧成佛像者三咸平元年賜太宗御書二百二十軸藏於山有御書閣以奉安所賜御書熙甯中李左藏時亭詩云石柱虹梁勢入雲玉鸞金鳳鎖絲綸曾文清詩云僧居負高青佛閣俯深翠又

寺有郡守俞括詩云岩排星斗七石濕佛身三。**龍影山**在州南風土記云石壁上有五色彩畫出龍影因名。**龍山府**唐地理志云貴州有府一日龍山舊經云古｜｜｜在縣北五十里。**馬嶺山**在州西北七十里形如馬南中志云嶠多虺其毒殺人有冷石可以解之屑着瘡內即活又名馬度山。**龍腹水**在城北二十里水深三尺觀之則濁汲之則冷祈禱多應賜號靈信廟。**龍馬山**在州西北一名馬嶺山有馬嘶及奔蹏之聲則人多疫癘。**龍石山**類要。**仙女嶺**在州北七十里。**新婦巖**在東山。**文章嶺**在舊縣南四十里以山名文麗故名之。**宜貴山**即北山一名宜貴。**顯朝岡**在州北二十里郡國志云陸績爲太守每登北岡制混天儀之所。**司命井**在州西北郡國志云半甘半淡潛通江波郡人多耆年必有以主之。**登仙巖**在北山路傍接仙女嶺山上或聞宴鼓之聲即歲豐人安聞戰鼓之聲則兵戈起。**禮星壇**在南山有丹井丹竈。**石室山**類要。**金箱山**在義山鄉北。**寶勝寺**在州西四百步。**香**

江水在古懷澤縣入于鬱江浮江水在州西三里雙淸閣在州學之南傳汶留題云森森古木藏鬟舍閣瞰長江景倍淸疊嶂望中供遠翠小灘耳畔碎寒聲七星巖在南山上葛仙翁煉丹處孔延之詩云穩安樓閣貫空嵌絕頂磨霄凝翠嵐若到白雲猶未半憑君更上七星岩余艮齋有詩云氣鬱葱中藏世界山嵌空處見樓臺二十四峯太守俞括詩丨丨丨丨尖參差列郡南藉細布寰宇記云一號鬱林布比蜀黃潤古稱云筩中黃潤一端數金淮南子云弱緆細布也漢書云白越卽此布也

古迹

廢懷澤縣寰宇記云在州南一百五十里本宋廢縣武德四年又置國朝會要云開寶五年廢入鬱林縣廢義山縣寰宇記云在州北八十里唐末置唐志云武德四年更馬嶺日馬度正觀後省天寶更置日義山與寰宇記唐末置之說不類象之謹按通典已有義山縣則非置於唐末杜佑作

書在於肅代之世豈可謂之唐末乎寰宇記所紀非是國朝會要開寶四年廢入鬱林縣

廢潮水縣元和郡縣志云在州西五十里唐志云武德四年分鬱林縣置國朝會要云開寶五年廢入鬱林縣地

漢銅虎符竹使符俚人口氏有銅虎符竹使符相傳云漢朝所賜至今存

谷永井在州治之東北後漢谷刺史所鑿

陸績井在城內東偏有橘一株乃乾和中刺史劉傳古所種

郡城舊經云丨丨郎吳陸績爲鬱林太守時所築也

鬱林石三國陸績爲鬱林太守罷歸無裝舟輕不可越海取石爲重人稱其廉號丨丨丨

懷橘坊取陸績懷橘之意在州城

謝鵬池唐刺史謝鵬於州治北穿池種蓮

羅口溪水寰宇記

唐開元觀在左廂風土記云觀有梁朝御眞

潮水神廟在潮水鄉僞漢封爲澄瀾公其水或滿或竭因以潮水名遇人祈饗或日有三四十潮

官吏

後漢谷永 後漢南蠻傳云谷永爲鬱林太守廣鬱古西甌駱越所居永靈帝建寧三年以恩信招降烏滸人十餘萬內屬皆受冠帶開置七縣郡人立祠祀之

三國陸績 字公紀仕吳爲鬱林太守加偏將軍績意儒雅雖有軍事著述不廢遠俗人未知學績廼以詩書士慕其風樂其教皆舍里居而從其學

國朝姚孝資 字榮祖乾道二年知州事先是州民有戶長催科之擾公勸諭四鄉俾其自賫常賦及時輸納革夫戶長催稅科擾之弊百姓樂輸至今四鄉不差戶長自公始也

林次齡 太守丨丨丨有政績部使者贈以詩云戶長盡蠲民不病室家相慶酒頻沽農桑課績無遺恨循吏聲名並兩都

人物

梁詔 州東下郭人少孤事母孝任廣東提幹母封蓬萊縣君將之官廣東而蓬萊不肯行乃俾其弟奉養於家之官未幾聞蓬萊病乃掛冠而歸母病卒廬于墓側手蒔松栢經歲成林號日碧林亭次年甘

露降芝草生東坡自海外北歸道出于貴聞其孝節往見焉坡爲易其亭曰甘露林曰瑞松坡皆爲親染墨蹟尚存

俞仲昌 居慶林坊高蹈之士也居嘗以養性爲事鄉人尊之稱爲老先生至和中郡守李某贈詩云家對南山第一峯誰知大隱隱松蓬閒身悟道持心得俗事隨緣見性通門外高居無俗客篋中靈藥是陰功年來吏喜兒孫盛俊筆香名紹素風事見圖經人物門

仙釋

葛仙翁 故老相傳丨丨丨煉丹於南山石室有丹井丹竈及禮星壇猶存

採茶仙女 僞漢時謝元爲太守乘春出遊龍山遇仙女採茶行歌於龍山之下

南山儲老 住南山四十三年章貢陳般贈詩云四十三年住此間八十八歲尚紅顏

碑記

懷澤志 教授譚景光序

詩

煉丹垂老心猶健懷橘當年事已非折彥質

白雲來去本無蹤占定仙山四六峯俞仲昌題南山

南國冠儒林任推詩南國冠儒林年高便息心

試上江樓望懷澤暮雲千朶碧連天陳講寄郡人詩

勝遊懷橘偏思陸高隱燒丹擬問洪太守許居仁

冬來行部駕輜車一日之間氣候殊朝衣駝裘暮揮扇未應嵐瘴得全無陳亨伯詩蓋言南中氣候寒燠靡常故也

二十四州稱小桂郡守陳嗣昭鹿鳴燕

二十四峯尖參差列郡南半空擎梵宇絕頂寄僧龕郡守俞括

鬱江清徹底十里郡城南運判董敦逸

萬山飛不出守令最相親運使王繁舍山驛

明朝江上一

同首二十四峯何處尋石安民

四六

況懷澤之爲州亦南冠之樂土甚無瘴癘粗有人民財用少而歲可支吾魚米賤而俗頗淳古陳讜知貴州謝宰執

睠今懷澤析古鬱林賦少而供億亦希民淳而訟訴頗簡未離五嶺覺瘴霧之稍輕何幸全家乘舟航而良便同上

眷今懷澤即古鬱林附於諸侯不過一縣城小而民社所係地遠而委寄匪輕陳讜謝廣西朱帥

輿地紀勝卷第一百十一

東陽王象之編　甘泉岑鎔塋淦校刊

廣南西路

柳州　羅池　柳城　象縣　龍江　柳江　龍城

州沿革

柳州下　龍城郡軍事九域志　古百越之地輿地廣記　牽牛婺女之分野圖經引漢志云粵地牽牛婺女之分野　秦平百越屬桂林郡　漢改桂林爲鬱林郡又爲鬱林郡之潭中縣地寰宇記　自吳分鬱林爲桂林郡又爲桂林郡之潭中縣地晉志　南齊志桂林郡下並有潭中縣　梁置龍州張維廣西郡邑志云梁大同三年八龍見于江乃即

江南置龍州及龍城縣隋廢龍州廣西郡邑志云初置州在三江南隋開皇初徙置江北尋廢州以馬平縣置象州元和郡縣志隋開皇十一年廢象郡及中溜潭中二縣改潭中縣爲桂林縣置象州煬帝廢象州爲象州屬始安郡隋志始安郡下有象縣唐平蕭銑以始安郡之馬平縣置昆州新舊唐志在武德四年尋更爲南昆州新舊唐志亦在武德四年領馬平新平文安賀水歸德五縣改歸德爲修德文安爲樂沙以賀水屬澄州並在武德四年又省樂沙入新平以廢龍州之龍城縣來屬圖經在正觀七年改南昆州爲柳州唐志正觀八年以當柳星之下郡國志又置崖山縣正觀九年省新平入馬平正觀十二年後省崖山以修德隸嚴州以桂州之象縣來屬又置

洛封洛容縣唐志云正觀中置改龍城郡天寶元年領縣五龍城志云五縣曰馬平龍城象縣洛容洛曹復爲柳州乾元元年更洛封曰洛曹元和末年唐末爲湖南馬氏所有通鑑唐昭宗光化三年馬殷悉平嶺北引兵趣桂州靜江軍節度使劉士政出降而桂宜嚴柳象五州皆降於湖南五代後周時陷于南漢通鑑後周太祖廣順元年南漢主遣將吳懷恩以兵畧定宜連梧嚴富昭柳象龔等州皇朝平嶺南地歸版圖通畧在開寶三年以洛曹隸宜州淳化元年改龍城爲柳城景德三年省象縣入洛容九域志在嘉祐四年今領縣三治馬平

縣沿革

馬平縣

中

倚郭舊唐志云州所治也本漢潭中縣地屬鬱林郡隋置|||武德四年於縣置昆州又改爲柳州也輿地廣記云吳分屬桂林郡後置|||及郡隋廢郡入象州煬帝時州廢屬始安郡唐立昆州後改曰柳州縣亦屬焉今爲州郡之治所

洛容縣 中

在州西北百二十里寰宇記本漢潭中縣地唐志正觀中置|||九域志嘉祐四年省象縣入|||

柳城縣 中

在州西北八十里皇朝郡縣志云本漢潭中縣地隋志云梁置龍城縣唐志云武德四年置龍州并置柳嶺縣正觀七年廢龍州省柳嶺縣以龍城縣來屬九域志云景德三年改龍城縣爲|||

羈縻州一

思順州 本名差峩鎮唐儀鳳三年土戸首領洛光棼等上表乞置州額其年賜額爲|||

歸化州

本名鄎倉峒唐儀鳳二年陸元積奏請爲州其年賜額爲歸化

風俗形勝

柳州古爲南夷子厚柳州孔子廟碑椎髻卉裳攻刧鬭暴父老相告語莫違侯令昌黎羅池廟記柳侯爲州不鄙夷其民昌黎羅池廟記嶺南登科自柳州甘翔始龍城圖志翔景祐元年張唐卿榜進士輕千里之遊柳宗元爲刺史南州爲進士者走數千里從宗元遊經指授者爲文詞皆有法出相弟長入相慈孝以爲柳河東教化之及龍城圖志地近桂林號無瘴且山水清曠中朝名士如王初賓輩嘗避地寓居耳濡目染或者恥於爲非韓碑言云云其所由來者遠矣命守遐壤柳文平淮雅表注謂宗元爲柳州也柳州名重於他郡以子厚故也郡守題名序柳雖古荒服而實連湖湘風俗與全

永閒不相違（圖經風俗門）蠶不能帛率以爲纊（同上）郡產不死草木食之令人多壽（圖經云今俗謂之不死草）武陽小魚大如針一斤千頭（圖經水族門）候蟲異於他所（圖經||||特窮冬促織猶鳴）兩過南宮鴈行侍從（進士題名載柳有巷談||||蓋言其邑里之盛爲張亞卿王之才登科設也）絃誦爲嶺南諸州最（大觀中士之絃誦者至二百人爲嶺南諸州之最汪藻學記）越地物產絕於天下（曾鞏李柳州材叔序云越地物產之美有荔子龍眼蕉柑橄欖花有素馨山丹含笑之屬食有海之百物累歲之酒醋皆絕於天下）以州界柳嶺以爲名（寰宇記及元和郡縣志云以柳嶺爲名）山石奇秀平地忽崛起數百韋曲鄠杜蓋無之（龍城圖志序）自唐以來多着遷客山哀浦思翰墨具存（龍城圖志序）

景物上

東亭在就日門外柳子厚有記**南樓**龍城志云譙樓也摹鄂州張安國||大字榜之**鈞軒**在報恩寺前對立魚石故名**龍江**同上源出宜州會于柳**龍壁**陶弼詩云曾看柳侯山水記信知||好煙霞誰能寫作新屏障寄與長安富貴家**馬平**龍城圖志柳州治||縣**象縣**寰宇記云漢潭中縣地唐正觀中置元和志云陳置||不同當攷**鵝山**在馬平縣西十里山嶺有石狀如鵝故名鵝水出焉**靈溪**同上靈溪寺前有泉如車輪豬而爲池每日潮湧盈縮者三未嘗愆期**靈泉**在水南之魚山山下水暗流爲湫**聖山**通雷塘在柳城縣南五里**甑山**在馬平縣東南一里如甑**屏山**在馬平縣東南一里其山方正類屏故名陶弼詩云一峯高起塞天關堪作皇家外屏山可惜化工安着遠半遮中國半遮蠻**潯水**柳文柳州山水近治可遊者記云古之州治有||南山石間今徙在水北**雙山**北有||夾道軒然日背石山**柳城**廣西郡邑

志景德中更龍城以爲柳城**柳水**一名潯水源自牂牁出辰沅經融州西北一百里曰龍水北八十里曰古清江南十五里曰三江東五十里曰桂江東會于郡又東過潯藤至廣州入于海**雷塘**在水南距城七里四壁高山巖穴黝黑神靈所憑直下有潭無底遇旱沈以牲幣能興雲致雨**新洞**在郡水南十里洞可坐百客石乳融結奇怪如人物者不一有穴上燭天**潭水****賀水**寰宇記云在溶容縣**羅池**唐柳宗元貶爲刺史死三年神降于州之後堂部將歐陽翼見之其夕夢翼而告之曰館我於丨丨即此也**秀石**柳子厚山水記**蛆草**高一二尺狀如茅夏月揷一枝盤筵中蚊蠅不近食物亦不速腐

景物下

清心堂在郡治**平理堂**在郡治**無倦堂**在郡治**觀風樓**在郡之東**柳星樓**在郡治**待蘇樓**在郡治**思柳亭**在就日門外陶弼詩云羅池刺史眞

塵緣畫戟牆頭築望仙黃鶴與誰同一去碧桃無主又千年

恩柳堂在郡治

延桂閣即郡城門後改延桂

翠微亭在水南報恩寺後

明秀堂在郡治王初寮扁堂中龕石刻甚富

望仙閣以前揖仙人山故名

希隱亭舊在報恩寺左

柑子堂有黃柑二百株世傳子厚所種詩碑尤存

羅池亭政和二年太守朱輅始刻柳侯像於其中紹熙二年太守涂四友徙故基左築新亭館侯于方丈高明閎麗得江山之勝

立魚山在馬平縣狀如植鰭下有巖巖出靈泉甘而冽

鴐鶴山在馬平縣傍臨大江山水記謂其山壯聳環立古州治負焉有泉在坎下嘗盈而不流

龍崗山寰宇記云在洛容縣

龍跡寺距州西南居山澤之間峯巒峭拔湍流涌激父老傳石上有龍拏痕故名

蜈蚣珠蜈蚣有極大者柳州種甘堂頃年夜有光出柱上蠹穴中滿堂如月剔視見鱗甲大如鏡太守知異物集吏卒持斧鋌齊刺之有聲砉然血迸流地上破柱乃大蜈蚣長竟柱腦中得珠如鶉卵圓走盤光遂不見外臺索之太守不與典獄守死其子憤鑽穴之外臺

不復索賣在民間獅子崗在柳城縣北二里勢如獅子故名犀角山寰宇記云在洛容縣馬鞍山在柳城縣東一十里觀音寺在柳城縣南五十步壯麗爲柳州之冠觀音巖在柳城縣西北相通西有臨西閣北有丹霄亭內有石田石盆池巖東有會仙巖中有仙人跡煉丹爐竈如來山在洛容縣南舊經云有神女顯故名仙人山九域志寰宇記並云有石形如仙人仙奕山龍城圖志山水記云山之西有穴穴有屏有室有宇始登者得石枰於上黑肌而赤脈十有八道可奕因名會仙巖在洛容縣西十里中可坐數十人巖下有潭水中多怪石靈泉寺在州南岸三里仙奕山立魚山之中紹興丁巳改爲報恩有翠微亭崖石刻王初寮詩碑靈溪寺在靈溪壽聖寺舊名龍泉寺距城西南一百十里有山曰臥龍中有石室流乳如人形下有泉曰龍泉烏蠻山在柳城縣南五里臨大江下有潭水湛而深白露水寰宇記云在洛容縣銅盤山寰宇記云在洛容縣箜篌山在馬平縣南三里落艷

水寰宇記云在洛容縣**湧珠泉**在柳城縣之西七十里洛好市自地湧出市民汲飲**屏角山**寰宇記云在洛容縣**降鑾山**寰宇記云在洛容縣**雲蓋山**在柳城縣東三十里高大壯聳雲霧嘗瀚鬱覆其上故名**西巖山**在柳城縣

古迹

故象縣象郡志云隋置象郡隋志於陽壽縣下注云舊有象郡平陳時廢元和志云陳於今縣南四十五里置象郡開皇九年廢郡為縣總章元年割屬柳州九域志云嘉祐四年省象縣入洛容縣**柳文惠廟**柳宗元為刺史將卒謂歐陽翼令館於羅池韓愈記其事其碑存郭祥正詩云種柳江邊不得歸歿將靈鬼寓羅池名參韓子猶為幸黨入王生最可悲繫年錄云紹興二十八年加封文惠昭靈侯**劉賢良廟**公諱蕡對制策貶柳州之戶曹以卒郡侯許尹請于朝為立廟**雷塘廟**柳子厚山水記謂雷山兩崖雷水出焉能蓄雲氣作雷雨**趙矜墓**矜河南人國子祭酒宏安之曾

孫也舉明經歷襄陽丞客死柳州官爲斂葬後十七年子來章始壯自襄陽往求其喪不得野哭再閱旬卜人秦誗爲筮曰金食其墨而火以貴其墓直丑在道之右南有貴神冢土是守宜遇西人深目而髯乃其得實明日有老人過其所問之得矜墓直社北遂歸葬宏安墓次人哀來章孝皆爲出涕唐書

遷客寓客附

官吏

柳宗元 字子厚唐元和末爲刺史韓文公廟碑云柳侯爲州不鄙其人動以禮法民皆自矜奮莫敢違侯令又云侯棄於時而寄於此

劉蕡 唐書本傳蕡以對策直言下第令狐楚牛僧孺表之入幕府竟爲宦人所嫉誣貶柳州司戶李商隱贈詩云漢庭急詔誰先入楚路高歌自欲翻萬里相逢歡復泣鳳巢西隔九重門及蕡卒後以二詩哭之曰一叫千回首天高不爲聞又曰已爲秦逐客復作楚冤魂併將添恨淚一灑問乾坤

田欽祚 太平興國八年爲守九朝通畧云開寶三年契丹以六萬騎寇中山上遣欽祚以三千兵赴之與敵接戰自旦至晡殺獲甚衆値暮入保遂城敵圍之數日欽祚整衆突

圍而去至保塞軍軍中不遺一矢北邊傳言三千打六萬

畢君卿三山人郡先無城公爲版築柳有外城自畢始元祐四年

常同邛州志云元祐二年作守

許尹鄱陽人紹興十四年爲守增修學宮奏置教授立劉賢良祠汪藻有建學記

王安中字履道北岳居號初寮道人建炎初避地于郡與吳少宰汪丞相折樞密遊得郡人熊氏園植桃數百本號小桃源

折彥質開封人號葆眞居士建炎間謫居

劉洪道中興遺史云洪道山東人岳飛辟洪道爲參謀飛死洪道責柳州卒

人物

白聳郡人也唐爲義勝郡將光啓三年蘇日朝寇郡境盡驅其民掠其財帛公率所部敗賊奪而歸之邦人爲之立祠

宋士堯馬平人儂智高寇廣南公領兵至邕州城下極力與戰斬首畧相當已而敗北賊斷其首屍不肯仆猶犇馬以還後以子貴贈屯衛大將軍

甘翔景祐元年張唐卿榜

官至朝散大夫爲嶺右擢第之始　張亞卿種學績文潁老不褱皇祐元年嘗擢第廷對見黜後不預計偕郡守鮑安上奇其才以遺逸薦於朝五年鄭獬榜中第

仙釋　闕

碑記

柳州文宣王新修廟碑柳子厚文　黃柑堂碑在黃柑堂柳子厚所題詩刻今存　乾明寺碑柳子厚來刺是邦而建寺有碑　東亭記前人　大雲寺柳宗元碑見存　柳州山水記前人　柳侯遺碑學有夫子廟碑蓋子厚親筆久小無聞淳熙已酉太守趙彥禮復得舊斷碑并蓋於學宮草莽間遂龕於郡治明秀堂　羅池廟碑韓文公作集古錄云長慶元年立　靈泉寺磨崖碑王安中　重修學記汪藻

詩

手種黃柑二百株春來新葉徧城隅方同楚客憐皇樹不學荆州利木奴幾歲開花聞噴雪何人摘實見垂珠柳宗元　柳州柳刺史種柳柳江邊談笑爲故事推移成昔年垂陰當覆地聳幹會參天好作思人樹慚無惠化傳柳宗元　宦情羈思共悽悽春半如秋意轉迷山城雨過百花盡榕葉滿庭鶯亂啼柳宗元柳州二月　梅嶺寒煙藏翡翠桂江秋水露鰅鱅柳宗元　郡城南下接通津異服殊音不可親青箬裹鹽歸峒客綠荷包飯趁虛人鵝毛禦臘縫山罽雞骨古年拜水神柳宗元柳州峒氓詩　仙山不屬分符客一任凌空錫杖飛柳宗元　林邑山聯

瘴海秋牂柯水向郡前流勞君遠問龍城地正北三千到錦州前人秖應長作龍城守剩種庭前木槲花柳宗元桂州西南又千里灕水鬭石麻蘭高柳宗元寄韋珩林邑東迴山似戟牂牁南下水如湯柳宗元崩雲下灕水劈箭上潯江柳宗元海畔尖山列劍鋩秋來處處割愁腸柳宗元聖代提封盡海壖狠荒猶得紀山川華夷圖上應初録風土記中殊未傳柳宗元南省轉牒令道風俗故事瘴江南去入雲煙望盡黃茆是海邊山腹雨晴添象跡潭心日暖長蛟涎柳宗元嶺南江行城上高樓接大荒海天愁思正茫茫驚風亂颭芙蓉水密雨斜侵薜荔牆嶺樹重

遮下里目江流曲似九回腸共來百越文身地猶自音書滯一鄉柳宗元登柳州城樓荒山秋日午獨上意悠悠如何望鄉處西北是融州柳宗元登峩山詩融州在柳州北三十里寄書龍城守君驥何時秣韓退之寄元十八協律詩謂子厚也唐室衣冠四百秋元和臺省盡名流誰人肯爲交朋死乞以羅池換播州陶弼黃柑無樹井無泉思柳亭中兩愴然蠻越至今猶畫像聖唐何事獨遺賢陶弼子厚才名甲有唐謫官分得荔枝鄉羅池水盡黃柑死獨有空碑在畫堂陶弼柑子堂人說羅池表歲功深爲豐稔淺爲凶陶弼羅池廟詩注云皆作正旦占也鵝山夏曉雲漫郭龍壁春陰水抹川陶弼八

事少陵詩外見人煙子厚記中行吳敏回首風光橫萬里他年應記柳侯城吳敏莫學柳儀曹讀書教蠻獠城詩儀曹唐禮部郎

四六

龍城屬部象縣分封李義山四六集柳州牒眷龍城之小邦有唐賢之遺化會元山兼象縣江帶龍城中謝上柳州表李義山爲鄭郎

輿地紀勝卷第一百十二

輿地紀勝卷第一百十三　文選樓影宋鈔本

東陽王象之編　甘泉岑鎔淦長生校刊

廣南西路

橫州　烏巖　永定　甯浦　簡陽　從化

州沿革

橫州下甯浦郡軍事九域志古百越之地寰宇記牽牛婺女之分野圖經趙佗王越地亦屬之元和郡縣志漢平南越置合浦郡合州即漢合浦郡之高涼縣地今在高州界元和郡縣志吳孫休分合浦郡立合浦北部以都尉領之晉志廣州前敘云吳分合浦立合浦北部以都尉領之又宋志引吳錄云孫休永安三年分合浦立

爲合浦北部都尉領平山興道甯浦二縣晉武平吳改合浦屬國都尉立甯浦郡沈約宋志云甯浦太守晉太康地志云武帝太康七年改合浦屬國都尉立甯浦郡晉志云吳置甯浦郡圖經序亦云吳建安二十三年吳立甯浦郡與晉志合而沈約宋志以爲晉武平吳立甯浦郡與吳錄合甯浦建置之因有吳晉之異不同當攷宋齊因之宋志及南齊志並有甯浦郡梁分立簡陽郡隋志甯浦郡下注云舊置甯浦郡梁分簡陽郡平陳郡廢置簡州十八年又改爲緣州大業二年州廢爲甯浦郡屬鬱林郡隋平陳廢甯浦簡陽二郡仍於甯浦縣置簡州寰宇記在開皇十年改簡州爲緣州隋志在開皇十八年煬帝初州廢爲甯浦縣屬鬱林郡隋志在大業三年唐平蕭銑以鬱林郡之甯浦樂山縣置簡州舊唐志在武德四年改南簡州舊唐志在武德六年又改南簡州曰橫州舊唐志在正觀

入年以橫槎爲名寰宇記改甯浦郡天寶元年復爲橫州乾元元年五代爲南漢所有輿地廣記又歐陽公五代史州郡年表橫州亦隸于南漢之下皇朝郡縣志云在梁正明三年國朝平嶺南地歸版圖九朝通畧云在開寶四年併樂山從化二縣入甯浦縣又廢巒州以武羅靈竹二縣入永定縣來屬開寶五年今領縣一治甯浦

縣沿革

甯浦縣

倚郭舊唐志云甯浦州所治也圖經云吳立昌平縣晉更名甯浦沈約宋志云甯浦令晉太康地記云本名昌平武帝太康元年更名吳錄亦有此縣則昌平縣恐是吳立元和郡縣志以爲吳置甯浦縣寰宇記以爲隋煬帝置甯浦縣然晉太康地志及吳錄以爲吳置昌平縣晉改曰甯浦非吳及隋置甯浦也輿地

廣記云梁分立簡陽郡隋於此立簡州改爲緣州唐爲南簡州改爲横州皆以縣屬焉國朝會要云開寶五年廢樂山嶺山從化三縣隸甯浦

永定縣

在州西七十里唐志云故秦桂林縣地武德四年立復州寰宇記云永正元年避唐廟諱改爲巒州國朝會要云開寶五年廢巒州來隸省武羅靈竹三縣入永定來屬熙甯四年省永定入甯浦元祐三年復置永定縣圖經云崇甯四年改曰永淳尋復舊名寰宇記云以郡多山巒而巒州非州郡佳名當從唐志曰巒州

風俗形勝

以横槎爲名寰宇記　三梁故縣烏滸所巢寰宇記　俗惟種田服用惟焦葛舊經　甯浦地名金城南越志　對境之前有

南山焉峯巒疊翠泉石清深可先覺撰寶華山應天禪院記橫居廣右地隘民瘠南瀕海徼西接徭洞云自吳分鬱林爲甯浦而郡立歷隋唐迄我宋而橫之名定徐守安國重建學記橫拒邕爲鄰境實犬牙相制之地修城記易祓撰橫爲郡居邕管欽廉賓貴之輿云東聯懷澤西接欽江實二州車馬之衝章守鎬貢院上梁文

景物上

蠻江鬱江水俗名蠻江　鰐江經故涼風縣今甯浦縣有鰐水　蟲絲嶺外代答云楓始生多有食葉之蟲似蠶而赤黑四月熟如蠶之將絲橫州人擘取其絲就緒手引一絲七尺光明如琴絃以之繫弓絃扇既固且佳士人賣與海上魚蠻子爲釣緡　鬱水大江在永定縣南一百里今甯浦縣

亦有金城南越志云甯浦地名金城冷水在甯浦縣西五十里清江在甯浦縣東十五里有嘉魚穴東山在甯浦縣南三十里社倉橫州土瘠民貧家無餘藏脫遇旱潦人無假貸之所紹定元年太守張垓置米一千碩立為ㄧㄧ委四鄉上戶主之有田而無種糧者家貸一碩秋成償官不取其息惟許主倉之人量收一斛以補鼠雀之耗不使吏人干預

景物下

望雲樓在郡志探春軒在郡志治春灣在甯浦縣西四十里昭回閣在州學靖康初守曹公袞建樓浦樓在城上譙樓之右太守陳大紀重建清華樓在城上令易名瑞錦快活壚在甯浦縣西二十里浮槎館天機閣並在城西南隅

僊槎亭在登高嶺淮海堂在安民坊慈福寺在安民坊天王院在安民坊

應天院在寶華山觀音院在製錦坊秋風江在永定縣南二十里源出欽州靈山

縣界流入鬱江

鳴石山山海經云長石之山洪水出焉山多鳴石卽此也

威武廟在甯浦縣漢馬伏波之祠也

蘇摩嶠董奉亡後人見之於此

簡陽嶠在甯浦縣

空籠山在甯浦縣東昔邑人獲一禽人皆異之欲獻於郡至此山透籠飛去獻者空歸

古鉢廟在甯浦縣西北十里

香桶水九域志

寶華山在甯浦縣南二十里山頂嘗有寶異之氣陶弼有寶華亭詩

掛榜山在永定縣南二里

登高嶺在甯浦縣西二百步九月九日居人多聚於此

鳳凰巖在城東四十里

鸕鷀灘在甯浦縣西三十五里

游魚石在永定縣南三里

震龍山在州北八十里

飛龍山在甯浦縣西一百五十里昔有白龍自出飛去故名之

龍牙山在甯浦縣南五十五里山上有石如牙因此名山

龍鎭山在甯浦縣北六十里山下有大水一條流出嘗有龍見於此

龍興寺在甯浦縣西一里

龍章山在永定縣北四十里昔有龍出入山上文彩炳然

魚流山在永定縣西六十里中有溪每

至水潦泛漲水流甚急魚自溪順流而下烏蠻山九域志在寧浦縣東地六十里昔有烏蠻人居此秀林山在寧浦縣西十里山林秀蔚綠礬山在寧浦縣西六十五里綠礬泉在寧浦縣西綠礬山下綠礬嶺在寧浦縣西南五十里洪崖山在城南五十里

羅蠶山在寧浦縣東北三十里東班江在永安縣東北五里源出賓州嶺方縣流入鬱江南里鄉在永定縣南二十里北口鋪在寧浦縣西六十里新平墟在寧浦縣南四十里古辣泉桂海虞衡志云古辣乃賓橫間墟名以墟中泉釀酒既熟不煑但埋之地中日足取出色淺紅味甘而致遠雖行烈日中不亟壞南州珍之古辣場在永定縣北一百十里又有古辣鋪古文橋在寧浦縣東北五十三里古帝墟在寧浦縣西二十里古鉢嶺在橫州城北之七里外望夫崗在寧浦縣西三里香稻水在寧浦縣南四十里苦竹水在寧浦縣東四十五里傍多苦竹林苦竹灘在寧浦縣東四十二里簕竹鋪

在永定縣二十里　靈竹鄉在永定縣東北七十里

古迹

廢巒州寰宇記云唐志淳州永正元年改爲巒州國朝會要云開寶五年廢巒州以武靈羅竹二縣入永定縣隸橫州　廢樂陽郡隋志云陳置樂陽郡隋平陳改爲樂山縣唐志云正觀屬橫州今廢　廢樂山縣輿地廣記云本漢高涼縣地屬合浦郡梁立樂陽郡隋廢爲樂陽縣開皇十八年更名皇朝開寶五年並省入甯浦縣　廢從化縣寰宇記云唐初置淳風縣永正元年改從化開寶五年併入甯浦縣　涼風縣元和郡縣志武德四年析甯浦縣北界置　廢嶺山縣元和郡縣志云本漢高涼縣地梁於此置嶺山郡開皇十年廢爲縣皇朝開寶五年廢嶺山縣隸甯浦　廢武羅縣輿地廣記云武德四年置開寶五年廢　廢靈竹縣輿地廣記云武德四年置開寶五年廢　橫槎廟在甯浦縣西南六十里故橫州城內　慈感廟舊圖經云唐正

觀中婦人陳氏居朝京門外有鬻魚者忽白衣人謂陳曰魚不可食既市可擲于水急上山頂避之陳如其言比至山巔回望所居皆陷而爲池矣陳既没郡人即山頂立祠

威武廟 在甯浦縣漢馬伏波之祠也

鱣水廟 在甯浦縣東八十里旁有鱣魚穴俗因立廟

崇儀廟 在新市坊秦

少游次題海棠橋 海棠橋者附城郭抱林麓大江橫鶯澗流屈折政爾幽趣故老云此橋之南北舊皆海棠有書生祝其姓家其間少游嘗醉宿焉明日題一詞而去所謂醉鄉廣大人間小是也郡城僻而少游嘗居焉見懷古亭記梁該撰

官吏

唐杜正倫 顯慶二年由中書令出爲橫州刺史本傳

本朝杜杞 慶歷二年歐希範反襲破懷州奏至上曰丨丨曾爲廣西知州屢言邊事除廣西安撫環賊以平賜詔獎諭本傳

王嗣宗 皇朝類苑云太宗時知橫州土遣武德辛之嶺南訪察民間嗣宗執而杖之械送闕下因奏曰陛下

不委任天下賢俊而猥信此輩以爲耳目切爲陛下不取上怒命械送嗣宗詣京師既至上怒解喜嗣宗直節遷太常博

士通判澶州　蘇子元忠勇公緘之子也任西京左藏庫使充廣南西路兵馬都監兼知橫州

人物　闕

仙釋

董奉奉死後人或見之於蘇摩嶠　安昌期見昭州仙釋門

詩

揮汗讀書不已人皆怪我何求我豈更求聞達日長聊以銷憂秦少游寗浦書　橫槎三月江如束風浪縈行接天綠郡樓新刱插雲飛盡日江山對雙目樓中刺史幽

興長百斛載春供不足賈成之橫浦樓郡嶺中推古鉢尊山川羅列掌中存亭臺突兀聖婆廟邱垤逶迤山子村徐守安國登古鉢嶺謁慈感祠下秀出城南號寶華翠微深處衲僧家百年臺殿歸煨燼一逕蒼苔落晚花前人有時風雨連村暗夜半龍遊古鉢歸徐安國陷池詩古辣觴客醉寶華鑴句淸前人出郭扶笻上翠屏卻從雲隙望莎城前人萬疊山圍城堞古一彎江抱海槎浮徐安國橫浦

四六

剡橫槎之爲郡與建武以連疆傅誠賀橫州徐守

輿地紀勝卷第一百十三

輿地紀勝卷第一百十四 文選樓影宋鈔本

東陽王象之編 甘泉岑 鎔 淦 塁 校刊

廣南西路

融州

融水 羅城

融江 清遠

州沿革

融州 □都督府融水郡清遠軍節度圖經春秋戰國爲百越之地輿地廣記漢志以爲牛女之分野唐志以爲翼軫之分野圖經云昔在盛時南撫交趾春秋以來析爲百越秦開百粵置桂林郡今融宜柳象邕賓橫鬱林是其地也漢唐二志不同當攷漢爲鬱林郡潭中縣地東漢志鬱林郡下有潭中縣孫吳分漢鬱林郡置桂林郡沈約宋志云吳孫皓鳳凰

三年分鬱林郡立桂林縣晉以後亦如之晉志南齊志桂林郡下並有潭中縣惟宋志無之蕭齊於此置齊熙郡此據元和郡縣志但齊志潭中縣仍隸于桂林郡之下而齊熙郡止掛名于廣州之末而不領縣不同當攷梁置東甯州元和郡縣志云梁大同中於此郡治｜｜｜又隋志云舊曰齊熙縣置齊熙黃水二郡及東甯州平陳郡廢隋平陳改東甯州爲融州又廢齊熙郡爲義熙縣此據元和郡縣志又隋志云開皇十八年改州曰融州縣曰義熙大業初州廢并廢臨牂黃水二縣入焉煬帝時州廢爲義熙縣隸始安郡隋志卽今之桂州也唐平蕭銑置融州新唐志云武德四年析始安郡之義熙縣置融州復開皇舊名舊唐志云武德四年平蕭銑置融州復開皇舊名也領義熙臨牂黃水安脩四縣寰宇記改義熙爲融水武德六年省安脩入臨牂正觀十三年改融水

郡天寶元年省臨牂黃水置武陽縣天寶元年復爲融州乾元元年
五代爲南漢所有輿地廣記皇朝平嶺南地歸版圖開寶四年
以桂林之球州洞地置羅城縣廣西郡縣志在開寶五年後省武
陽羅城入融水廣西郡縣志在熙寧七年又以宜州之天河縣來
屬廣西郡縣志在大觀元年仍割宜融柳及以平允從庭孚觀爲
黔南路置黔南路都督府尚書省牒在大觀元年又以桂州之
古縣柳州之柳城來屬大觀二年尋罷都督府併入廣西
爲一路大觀三年陞清遠軍節度仍隸廣西大觀三年而天河
柳城古縣各復其故已上並係廣西郡縣志中興以來廢平州
爲王口寨來屬後改爲懷遠縣今領縣二治融水

縣沿革

融水縣　中

倚郭舊唐志云本漢潭中縣地隋置義熙縣武德改融水州所治也元和郡縣志云本潭中縣蕭齊於此置齊興郡隋開皇十一年改齊熙縣爲義熙縣屬融州武德六年改融水縣又寰宇記云宋元嘉七年置齊興縣唐武德六年改爲融水縣與元和志所引有宋齊之異象之謹按國家建置郡縣多以國號而冠之美名漢則置漢嘉縣魏則置魏興郡吳則置吳興郡晉則置晉安郡宋則置宋甯宋興郡今齊興置縣當在蕭齊之時而寰宇記乃以爲宋元嘉之際方當劉宋有國而蕭齊未興不應預爲齊興之號寰宇記所引非是今不取國朝會要云開寶五年以桂州之球州洞地置羅城縣熙甯七年廢羅城縣爲鎮隸融水縣又廢武陽縣爲鎮隸融水縣

懷遠縣

去州治□□□里本王口寨皇朝至和初置崇寧四
年三月因工江古州蠻人納土賜名懷遠軍八月改
爲平州仍置倚郭懷遠縣宣和二年賜名懷遠郡國
朝會要云紹興四年廢平州爲王口寨來屬五年準
勑王口寨改爲
懷遠縣隸融州

沛溪場 寰宇記云本融水縣沛溪洞以其地
偏遠輸賦甚艱因置場以便於民

樂善州 寰宇記云在州西北一百五十里
皇朝雍熙二年歸化今爲羈縻州

風俗形勝

風俗與柳州同 寰宇記 東南接桂林都會之境西北有
牂牁夜郎之地潯江一水合荆湖數路之水 圖經州境門
鎭壓諸蠻安靜邊界 乞蓮爲節鎭奏 黔南帥府 廣西郡邑志大觀元年置
黔南路帥府三年
罷仍陞清遠軍 有靈巖眞仙洞世傳不下桂林 虞衡

志

氣候與荆湖不殊 圖經

風俗門

州之西北民傜雜居 圖經 傜俗門昔石湖范成大帥桂林時嘗請于朝分預聖節錫宴每歲與宴除屬縣寨保外州庭幾至千人列坐兩廡下皆椎髻竇衣以青紅染紵織成花纈爲服吹瓠笙爲樂聽之如聚蚊聲十數連袂迭轉而舞以足頓地爲節刻木爲契約字畫如梵書不可曉

新民教授 元豐十年古融江三班借職楊晟燦乞於文村鋪起學請唐遂良充教授經畧司申與補攝官教養融潯江等新民從之

眞仙書院 去州南五里眞仙岩之前慶元王子知州李興時建中有老氏藏書之室

玉融山水爲天下最而眞仙老人巖之類又其最也 附郭山水岩洞序

由州界內江西北行百里遙見瀘州界上之燧樓有黑潭八十里隔之人迹不通 紹熙庚戌大水瀘州譙樓榜從江而下事見圖經云江水下但瀘州譙樓之事未詳當攷

融水並邊兼撫夷落 曲阜行李巽知融州制

景物上

南樓在子城上丹溪在融水縣西潯潭在州南七里潭水無源因山間水積而爲潭徑眞仙岩會潯江一名靈潭香山　栢溪並在融水縣西瑶溪在州東北蓉山筒嶺並九域志船山近銅鼓山遠望髣髴一船尾插絕頂岩間世傳洪水避者泊其中水退不能下泿溪在融水縣東北潯江九域志又寰宇記在融水縣源出敘州西界合邵州靖州水注本州入柳州東南至廣州潭江寰宇記在融水縣源出黃水縣西北融水寰宇記在州北六百里接連敘州界

景物下

廉靜堂在郡治有荔子清蔭可人飛躍亭在子城上祝聖之所燕香堂在宅堂碧寒亭在通判廳刻玉樓　致爽堂在郡治裛香亭在司理廳正

己堂在刻玉樓之側　坐嘯堂在五籤堂之東　超覽樓　觀瀾樓　清暉樓並在子城上　風雲亭在州學　潯陽亭在潯陽渡口　雙桂堂　五籤堂　玉融道院並在郡治　靈壽溪圖經云老君以丹投水中使飲此水者咸得延壽溪流數里八一洞落名靈壽民皆高年有見三甲子者　眞仙巖在州南五里洞高二十丈仰覩高遠淸日綰羅靈壽溪貫串中出玲瓏淸響有環佩聲中有白石高四五丈巍然一天尊像道服冠髯偉岸如眞舊傳老君南游至融語人日此洞天絶勝不復西渡流沙我當隱焉一夕身化爲石匪彫匪鐫大質興焉石獅月竈羅列後先玉柱擎天龍鱗印地仙遊履迹顯然可攷本名靈岩山又名老君洞咸平中勅改爲丨丨丨頒降太宗御書一百二十軸藏岩內張孝祥磨崖大書天下第一眞仙之巖　老人巖在城西五里舊傳有垂白老人拄杖悠揚其上洞在山半高峻不可登旁有一洞穿出闊五六丈深二十丈郡因其勢增延屋閣凭欄一覩如在半天大江橫其前支流逵其下縈迂淸淺可濯可

游老子山在融水縣西仙女山近朱欄鋪山峯峭絕有清泉石牀茂林脩竹珍禽奇獸每七夕有仙女浴于泉石人山在融水縣西百八十步山形類人思柳溪在融水縣南出都峯山思龍江在融水縣莫龍山在融水縣鸕鷀山在融水縣西鵜頸山在融水縣西武陽寨之東彈子巖在眞仙巖後舊傳有煉丹于此者今石牀石室儼然餘元委地石如彈子獨秀峯在舊黔南府城北門外拔地凌空壁立萬仞多福寺郡城啓建之所都林江在融水縣樂善寨都峯山寶溪水朱蘭溪並在融水縣界朱砂山在融水縣西玉華洞在融水縣西北銅鼓山元和志在城西二十里舊經謂諸葛武侯浮牂江而下以銅鼓散埋之以壓蠻獠後得於山故名石門山縣西十八里其山相對如門日上石門山縣北有下石門山懷遠縣南亦有石門嶺古粵山去城二里有寶慶寺古龍山在融水縣東北二百二十里九域志有古龍溪融江水元和志在

融水縣北圖經在懷遠縣南一百步受潯江王江口水合流至柳象潯藤梧封康靖廣州入海

王江 在懷遠縣西一百步按前漢地理志鬱林郡廣鬱水縣下注云鬱水首受遯水東至四會入海後漢西南夷傳夜郎縣下註云有遯水東至廣鬱華陽國志云遯水通鬱林有三郎祠即此水也初楚威王特遣將莊蹻從沅水伐夜郎軍至且蘭椓船於岸而步戰既滅夜郎因留王滇他在蘭有椓船牂牁處因改其名爲牂牁異物志云牂牁繫船筏也

颸颾溪 在懷遠縣南二十五里源出小溪合流至溪口大江有灘極險土人謂之|||

古迹

廢武陽縣 輿地廣記唐天寶初置熙甯七年省爲武陽鎭

廢羅城縣 輿地廣記云開寶五年分桂州置熙甯七年省爲羅城鎭

羅城鎭銅鼓 嘉定五年村民掘得銅鼓闊一丈圍鼓旁水蟲極精巧

義熙縣 廣西郡邑志隋大業初廢融州更縣曰義熙武德四年更曰融水

廢安脩縣武德四年置正觀十三年省入臨牂縣**虞帝廟**在融水縣之廟三而永樂之廟最靈在州西南謂銀瓶玉盃廟邦人奉祀至謹徭獠甚畏不敢越其境**順應廟**卽後漢西南夷所謂竹王三郎也今號三郎廟

官吏

李拱繫年錄建炎元年賜故廣西路兵馬都監知融州ㄧㄧ家銀帛百四匹兩錢百千以拱領兵入援京城死於敵也**岳飛**爲淸遠軍節度使**傅自得**淸源集云忠肅公察之子也知興化軍以體究趙令衿在泉時事劾徙融州四年杜門讀書無復有軒冕意陳文恭公奏聞得徙自便乾道復故官

人物

仙釋

老君南遊隱靈巖山**戴道者**盛雪嘗浴寒泉臥石上蒸氣如霧知禍福尸解後人會于中都

碑記

唐平蠻刻久視元年玉融志楊昱天下第一眞仙之巖張于湖書

詩

溪僧過此說山公避遍眞仙洞府中乳石崖邊得靈草可能封裏寄袁翁陶弼題眞仙巖

四六

融水粵區潭中舊壤山居谷聚控並海之蠻夷地大物荒據列城之襟帶陞軍額制詞渙綸西掖分竹東甯余元一賀余守地接窮途節分淸遠接彼武岡之險介於夷獠之居城南雅稱於遨遊雪片可驅於炎熱同上

輿地紀勝卷第一百十四

輿地紀勝卷第一百十五　文選樓影宋鈔本

東陽王象之編　　甘泉岑鎔、侄長生校刊

廣南西路

賓州

嶺方　思干　南方州
琅琊　澄州　思剛州

州沿革

賓州下　安城郡軍事九域志　古越地也元和郡縣志　天文於漢志以爲牽牛婺女之分野漢書地理志謂牽牛婺女今之蒼梧鬱林皆其分也韓文公亦謂嶺南其星牽牛　唐志以爲翼軫之分野唐地理志以爲南越分屬翼軫楚分屬荆州其星鶉尾一越之地而漢唐二志兩隸星分今兩存之　秦平百越以其地置桂林象郡賈誼過秦論曰南取百越以爲桂林象郡漢志云秦桂林郡屬尉佗

漢屬鬱林郡漢平南越更桂林郡爲鬱林郡漢志武帝元鼎六年更桂林郡爲鬱林郡今州卽鬱林郡之嶺方縣也元和志又爲都尉治所西漢志嶺方縣注吳改嶺方縣曰臨浦晉武復舊沈約宋志載在鬱林郡嶺方縣下宋齊因之宋齊志鬱林郡下並有嶺方縣梁立嶺方郡隋志嶺方縣下注梁立嶺方郡平陳郡廢隋平陳郡廢以嶺方縣屬尹州隋志尹州卽故鬱林州平陳改爲尹州隋末陷賊元和志唐平蕭銑以嶺方縣地置南方州唐志云武德四年以鬱林之嶺方縣地置南方州正觀元年更名澄州領思干上林無虞止戈賀水五縣又以柳州之賀水來隸太宗又析南方州之嶺方琅琊思干南尹州之安城縣置賓州唐志云在正觀五年更南方州曰登州唐志云在正觀八年省思干縣唐云在正觀十二年改

安城郡天寶元也又改嶺方郡唐志云在至德二年復爲賓州乾元元年五代爲僞漢所據圖經云在朱梁正明三年皇朝平嶺表開寶四年廢賓州以瑘入嶺方隸邕州尋復舊國朝會要云開寶五年州廢隸邕州六年復置又廢澄州以止戈無虞入上林隸邕州尋復置澄州澄州之廢亦在五年復在六年又廢澄州以上林縣來屬端拱三年又廢思剛州以遷江縣來屬是唐以南方州地析爲賓州與澄州至本朝合而歸之賓州又益以思剛州是以唐之三州併爲一州而三縣即唐之三州也

今領縣三治嶺方

縣沿革

嶺方縣　倚郭輿地廣記云二漢屬鬱林郡晉宋以後因之梁於縣立嶺方郡隋平陳郡廢以縣屬鬱林州舊唐志云武德四年屬南方州輿地廣記云唐正觀五年於縣立賓州唐志云正觀十二年省思干縣入焉圖經云皇朝開寶六年與州同移治干舊城北二十里併琅琊寶城二縣入焉輿地廣記云今治故琅琊縣

遷江縣　在州東北八十五里本唐之思剛州立於大歷之九年輿地廣記云唐爲羈縻州隸邕州都督府皇朝天禧四年改思剛州爲遷江縣隸賓州

上林縣　在州北七十五里舊經云上林縣本賀水郡舊名高州未入版籍舊唐志云武德四年析嶺分縣置圖經又云武德六年韋厥開拓化外改曰南方州正觀元年改爲澄州國朝會要云皇朝開寶五年廢澄州爲

上林縣隸邕州端拱三年以邕州上林縣來屬圖經以爲唐末廢澄州爲上林縣非是當從會要

風俗形勝

西接建武北拒慶遠欽象橫貴皆擬其境在越駱爲逼都余鏞譙樓記以賓水得名郡國志賓州以賓水得名嶺方都尉治所漢志云嶺方縣賓水都尉治所又廣西郡縣志賓州漢鬱林郡之嶺方縣都尉治所也嶺外邑居猶有冠冕之風寰宇記云其姓陸者績之遺嗣尚有銀章青綬銅虎符鄉里重之皆云績物也其俗有禮會擊鼓吹葫蘆笙以爲樂寰宇記賓人計口築室如巢窟范太史言行錄云云又云屋壁以木爲筐竹織不加塗墍嶺南人相呼不以行第吳處厚青箱雜記云惟以各人所生男女小名呼其父母元豐中余任大理丞賓州奏案有民韋超男名首即呼韋超作父首韋遨男名滿即呼韋遨作父滿之類金

龜出海勢風土記云且說賓州一片地金龜出海勢正骨乾來自嶺方此地稍安康巢居崖處盡力農事圖經百粤之地風氣之殊著自古昔韓退之民醇事簡俗阜物廉爲一路佳關視他州爲樂土圖經工鮮設色民雜素冠虛市所集白黑相半圖經云蓋習俗然也婦不識蠶野不植桑賓俗工於織布責練如雪績密可愛婦不識蠶野不植桑野蠶乃食楓葉蠶繭野蠶乃食楓葉有絲漁者取之爲綸或取織紬博扇羅奉嶺去城七里春秋二社士女畢集男女未婚嫁者以歌詩相應和自擇配偶各以所執扇帕相博謂之博扇歸白父母即與成禮賓之細民生計頗艱有終不能嫁者不責備焉可也羅紈絲帛仰給他郡俗多採木綿芧花揉作絮綿以禦冬寒圖經賓無大江以泄水氣民所居前後皆沮洳卑濕人多腿重

腳軟之患圖經病者不求醫藥惟事雞卜圖經云知郡蔣國博作喻民一篇并刻方書一冊邦人感之稍爲之變韋[炅]之叔姪羽化而仙去者二[炅]隱居於羅洪洞古祿山有採茶遇仙之童思鄉山有何鄉隱遁之迹漳江有異僧葬母之應麻江有盧六得道之靈並圖經人物門五代蠻獠雜處郡治遷徙靡定皇朝開寶始遷于此圖經賓去天遠中州名公巨儒罕有至者惟遷謫入嶺遊宦落南間有人焉圖經

景物上

天梯在州學前城上錢山九域志云昔有人曾藏錢於此故謂丨丨寶水元和志在嶺方縣西南十五里有陂堰水東流合項水方山元和志云在上林縣南五里與鎮鄒古山連接頂

山在州南五里舊經云相傳陸賈曾過此山頂水在州西南自山絕頂流下因以爲名賀水在遷江縣賀水鄉流入柳江廖巖在州東二十五里自巖口直入有平地可容數十人賓水在州西五里龍水在上林縣虎巖在遷江縣馬潭在州東七里過旱暵投潭以虎頭謂之鬬龍即感應也青蚨蠍蝸蟲郡國志云形如蟬味美可食子如蠶種着草葉中得其子則母飛來就謂之青鳧束哲云青鳧可以還錢或云青蚨見寰宇記錦鳥寰宇記云似鵲而大茶山在遷江縣

景物下

靜治堂又名無倦堂愛民堂正己堂坐嘯堂思敬堂中和堂並在郡齋環山堂舊名凌霄亦名觀風芙蓉樓在東城上熙春臺在郡宅喜雨樓即松壽樓翠中樓在城北墉最高環覩豈象柳宜山勢河環

樓在其中琅琊奇觀在郡齋傅接隘在上林縣感化鄉離州六十里永昌巖在遷江縣崇奉古佛雙髻山在遷江縣巾子山在遷江縣都幔山元和志云在上林縣之東十二里舊經云昔有居人都幔住此山下都傍水元和志云在上林縣南二十里源出於鏌鋣山都泥江元和志云在遷江縣北出宜至本縣東經象入藤潯州又有都泥水潮泉水在遷江縣西八十里有泉水三日一潮澄江洞在遷江縣之西徭人所居無田可耕惟恃山畬刀耕火種造楮為業椎髻卉裳攜弩佩劍徭女耳環綴纍水滴珠子富者以銀為之浮江水元和志云在嶺方縣南二十五里源出南山麓流入象州都婪水林波泉元和郡縣志云在遷江縣南三十里暖水隘在遷江縣上林洞九域志思婆山在上林縣東二十里昔有鄉人至孝祖母死哀思不已持服於此故名思鄉山在上林縣西昔有居人何鄰隱此頗有道年百餘歲不知所適鄉人思之故名古祿山在上林縣西七里上有石壇號仙殿雍熙中有

盧氏年十歲登山採茶遇仙於此又有古祿水在上林縣南五里**古漏水**元和志云在嶺方縣北自古漏山麓過頂山咸平二年知州王舉重開濬入古漏今漕運米咸由此**古漏山**在州西南四十里又有古漏關在州南四十五里**武祿山**在州東十五里**武陵水**在州南瑯琊鄉**扶嵐山**元和志云在上林縣之北六里山峽峻下有暴風穴蠻夷呼風曰嵐**智城洞**去城四十里唐韋厥所隱之洞一山峭壁千仞勒碑其上**光明山**在上林縣南父老相傳嘗有大蛇珠光燄於山因以爲名有一峯雲霧嘗鎖其上**寶積山**在遷江縣**銅錢山**在州東一十五里孤絕倫阜舊經云昔有居人藏銅錢於此因以爲名**瑯琊水**元和志云在故瑯琊縣西十里**鏌鋣山**在上林縣南三十三里昔人有得古劍於此故名上林縣又有鏌鋣關**明鏡湖**在州三十五里闊五頃**羅村潭**在州北六十里先是羅村人葬墳于此嶺上紹興七年有二白羊闕于墳所時黑雲蔽墳風雨雷動嶺忽崩陷化爲潭**羅文山**在上林縣東五十三里舊經云

云昔有人羅文居此羅降隘在上林縣上林鄉去州二百一十里羅蒙水元和志云在遷江縣西五十五里羅富山元和志云在上林縣東北二十六里羅鈎社山在上林縣西九里舊經元山勢崖峩俗因立爲社神羅洪洞在上林縣西八十里中有淸溪茂林乃元祐中白雲先生韋旻所居之地羅奉山在州北十三里盧仙巖在遷江縣葛仙巖在州西十五里有洞深窈非執炬不可入左右有石龕佛像巖之後有門其中虛明通照緣石磴而上直至巖口西南諸山田野村曈皆在目前佛頂山在遷江縣仙影山在解鞍驛北陶弼詩云月髦星冠七大夫遠看還有近看無瑶池侍女雙成過遺下羣仙聚飲圖龍章山元和志云在遷江縣北四十里昔有龍出山上文彩炳然龍江水在遷江縣北二里與都歷小江合流鷓鴣山在遷江縣南二十里富答泉元和志在遷江縣西二十里可零水元和志云在故保成縣西平地北流東班江元和志云在遷江縣西北五里秋風江元和志云在遷江縣

東南二十五里**明山茶**其味苦與修仁所產相似**古辣酒**廣右酒品非一而古辣酒有聲蓋去南五里有一泉極甘美土人取以釀酒故其味醇醲

古跡

廢琅琊縣寰宇記云在州東二十里元和志云武德四年析嶺方縣置屬南方州正觀中割屬賓州**廢保成縣**寰宇記云在州東八十里元和志隋置安成縣至德改名保成皇朝併入嶺方縣**廢澄州**唐志云本南方州武德四年以嶺方縣地置南方州正觀八年更名澄州皇朝廢澄州爲上林縣屬賓州**廢賀水縣**輿地廣記云武德四年析馬平置屬柳州八年屬澄州開寶五年併入上林縣**廢止戈縣**寰宇記云在州東北三十七里唐武德四年析嶺方縣置皇朝併入上林縣

慱帶廟在州城南二十里馬伏波將戴仁也因征南越死于此立廟**陳崇儀**在州治西即本朝崇儀使陳曉也皇祐四年**威顯廟**曉以廣西鈐轄知賓州狄青以袁用失律併

害曉諭民泣下立祠祀之東坡嘗與提刑曹輔言之云軾居閒偶念一事故崇儀使陳侯忠勇絕世死非其罪廟食西路威顯肅然願公陳乞載祀典使英魂少信冒於地下乾道中始賜額曰威顯廟崇眞

廟李將軍祠在遷江縣廟下有一陂水清湛徹底毫髮可數產赤鯉魚故老相傳舊有人居其上因得一赤鯉魚烹之累日不熟其家陷成陂至今鄉人不敢食其魚

官吏

宋王鎮之字伯重補安城太守在官清潔妻子無以自給

南漢蒙延冰長沙人也知賓州以忠義死節後太守楊居政憐之刜田宅於郡南使其二子居之其後延冰之孫傳登祥符第然郡守題名不載延冰居政二守之名象之謹按圖經載郡舊治婺村僞劉時蒙延冰知郡與其弟延錫俱爲賊所害皇朝開寶六年楊居政始遷于今郡治郡守題名郡無二守之名如蒙延冰以僞國之守不錄可也而楊居政乃皇朝收復之後來守于賓乃併其名而畧之簡陋甚矣

皇朝楊居政開寶

六年知賓州築今城

王舉　咸平中知郡事開古漏關路鑿崖燒石舊來險絕人迹不通今可通車馬

陶弼　乾興壬戌公之父出守是邦後三十九年至嘉祐六年而弼繼之至元符四年公之姪達又繼之一門三人出守于此事見繼政堂記弼尤長於賦詠

曹靖　黃庭堅文集曹侯善政頌云靖郴人嘉祐中爲益陽令有美政知賓州

范祖禹　紹聖初言者論祖禹朋附司馬光責永州賀州移賓州事略

王鞏　字定國素之子也從蘇軾問學嘗坐軾貶賓州酒稅軾既北歸出侍兒柔奴勸東坡酒坡問柔奴嶺南應是不好柔曰此心安處便是吾鄉坡因綴定風波其詞曰誰羨人間琢玉郎天教乞與點酥娘自作清歌傳皓齒風起雪飛炎海變清涼萬里歸來顏愈少笑時猶帶嶺梅香試問嶺南應不好卻道此心安處是吾鄉

狄青　五朝言行錄云丨丨宣撫廣西時儂智高守崑崙關青至賓州值上元節令大張燈饗軍校次夜二鼓時青忽起如內久之使人諭孫元規令暫主席行酒至曉客未敢退報者云是夜三鼓狄宣撫己奪崑崙關矣

孫拱　通畧交趾圍邕州廣西都監張拱自賓州來援既人

而城陷立罵賊而死踰月得其尸如生**許德言**宣和間以顯謨閣待制南遷至賓州嘗與白雲先生論治心養性守氣安神之說問答甚詳

人物

韋厥漢韋元成之裔唐武德七年持節壓伏生蠻開拓化外詔領澄州刺史後隱於智誠洞公與諸子皆封侯廟化內徙忠義勇敢儂賊犯邊食為廟者九**梁仲保**募卒衆鼓勇力戰陣亡今有梁太尉廟**李安**面半黑如墨收叛賊楊維明等蠻人畏懼號為鐵面將軍**廖世英**累舉不第不復求仕惟閉門觀佛書**李寶**郡人紹聖三年范祖禹自賀州謫賓州寶以所居屋舍之太史自賓移化寶又為經營入十八人自後部役至化而歸後太史役至北歸寶皆來會

仙釋

韋旻上林人也於書無所不讀元祐鄉舉不第遂隱居羅洪洞後遇異人有所得章子厚招至象臺

勉章不以榮辱爲念則身安而道成後年八十五無疾而逝

盧仙往樵太谷中見兩白衣人對奕遂遇仙

異僧李綰上林人幼事漁釣遇一異僧問津於綰以舟載同歸宿于其家時綰母未葬僧遂爲卜一地而葬焉二年後綰累取鄉薦慶[歷]中歷任至浙西發運使

僧德之郡人也有道學遊方參知識得法於翠巖圓璣以歸住報恩十九年一日告衆歸方丈跏趺而逝

壽[寧]寺觀音廬陵人劉彰宿于壽[寧]寺夜夢白衣人云三年當有應旦視堂上有木觀音丹粉彫落命工新之次年二子登甲乙科

碑記

韋厥碑智誠洞去縣四十里蓋韋厥所隱之洞也碑乃廖州刺史韋敬辨所撰

葛仙巖三大字在州西十五里葛仙巖

安城志吳遠編

詩

如折芙蓉栽旱地似抛芍藥挂高枝雲埋水隔無人
識惟有南賓太守知白居易木蓮樹春蔬黃土軟凍筍蒼崖
折東坡和王鞏賓州在何處爲子上栖霞東坡勤把鉛黃記
宫樣莫教弦管作蠻聲東坡問君謫南賓野葛食幾尺
逢人瘴鬢黃入市胡眼碧東坡何處登臨好城樓對萬
山新青上孤壘遠黑落諸蠻陶弼竹引風穿壁苔隨雨
上階有時甯免俗銀燭閙金釵陶弼官曹惟識簿書字
民俗不知金鼓聲陶弼昨夜書中得新記夢魂飛入鎮
鄒闕陶弼往歲傳聞南詔檄近時方築伏波城安城太
守知邊計菡萏花中閱水兵陶弼廣右開炎服思剛置

縣府羈縻唐世及正朔聖朝加見下鄉分今賀水邑隸古琅琊泉脉通明鏡封鄰接鎮鄉此皆邑令秦密遷江紀實益縣爲石羈縻思剛州本朝改爲遷江縣又有明鏡湖及鎮鄉山簫鼓不分憂樂事衣冠雜辯吉凶人前輩詩詠俗者如此金鼓聲闌劍戟收使君迴上雅歌樓罇前一闋清商曲消盡窮邊萬里愁陶弼雅歌樓

四六

眷是賓陽遠在廣右周師道地雖云於小壘境實界於羣蠻同上

輿地紀勝卷第一百十五

輿地紀勝卷第一百十六　文選樓影宋鈔本

東陽王象之編　　甘泉岑鎔淦長生校刊

廣南西路

化州　龍化　高興　陵水　羅水
吳川　石龍　陵羅

州沿革

化州下　陵水郡軍事九域志　禹貢職方之所載不及五嶺之外此據圖經而圖經又云禹貢揚州之南境寰宇記　古越地寰宇記　牽牛婺女之分野圖經云班固地理志以蒼梧鬱林等郡爲牽牛婺女之分野而合浦預居一焉質諸星經自斗十一度至婺女七度一名須女曰星紀之次諸郡既屬牛女則皆當隸星紀矣而唐志嶺南道特以廣韶羅辯等州爲星紀分而鬱林梧廉之屬後隸鶉尾豈二史自爲異同邪蓋漢置九郡唐析而爲七十

二州攷其因革今之化乃唐之羅辯唐之羅辯乃漢之合浦合浦今屬於廉其距化已幾五百里則餘郡亦可槩見郡邑分合之不常而星次區別史氏亦各有據而云然羅辯在漢既爲合浦封域則化之屬於星紀無可疑矣秦平百越屬象郡寰宇記漢爲合浦郡高涼縣之地高涼縣在今高州界元和郡縣志東漢末吳孫權於高涼縣立高涼郡縣仍屬焉東漢志高涼縣下注云建安二十五年孫權立高涼郡宋志云建安二十三年吳分立高涼郡吳又立高興郡晉志云東漢立高興郡辨見高州宋志云吳立高興郡太康中省併入高涼晉武平吳併高興郡入高涼郡見上宋又立高興郡尋省宋志梁復置高興郡輿地廣記仍置羅州唐志云唐置羅州而隋志於石龍縣下注云舊羅州高興郡平陳郡廢大業初州廢切詳羅州之名雖見於隋志而注第云舊置羅州而不言其始於何代象之謹按通典云梁陳置羅州元

和郡縣志於羅州載云梁置羅州辯州下載云隋開皇十一年於此立石龍縣屬羅州而高州高涼郡夫人洗氏廟記云夫人高涼洗氏之女梁大同初羅州刺史馮融爲其子高州太守馮寶聘焉是梁大同初已有羅州刺史矣而羅州非自唐始也舊唐志云宋將檀道濟於陵羅江口築石城因置羅州則羅州之名始於宋也唐特因梁之名而復置羅州耳今唐志諸書遂直以爲唐初置羅州非其實也

隋平陳廢高興郡隋志又立石龍縣屬羅州元和郡縣志云在開皇十一年

煬帝時州廢以石龍縣屬高涼郡隋志

唐平蕭銑以高州之石龍吳川二縣置羅州唐志云在武德五年次年徙羅州治石城於舊所置舊唐志在武德六年元和志云武德六年徙羅州於石城縣於石龍縣置南石州

於石龍縣置南石州見上元和志唐志又云武德六年以羅州石龍等六縣置南石州正觀九年更名辯州

尋改南石州爲辯州唐志云在正觀九年

改羅州曰招義郡辯州曰陵水郡天寶元年後復爲羅州辯州乾元元年唐末朱全忠以辯汴聲相近更名勳州尋復故唐志在天祐元年五代爲南漢所有五代史隸于南漢皇朝平嶺南地歸版圖開寶四年廢羅州入辯州國朝會要及九域志並在開寶五年又改辯州曰化州國朝會要云太平興國五年改今名又長編太平興國五年改南辯州曰化州中興以來復置石城縣廣西郡邑志在乾道三年今領縣三治石龍唐初以石龍吳川二縣置羅州又析置南河石城招義零淥龍化陸川慈廉羅肥共八縣武德六年以羅州之石龍陵羅龍化羅辯慈廉羅肥置南石州共六縣更陸川曰羅辯正觀元年省慈廉羅肥入石龍乾封中以羅辯隸禺州天寶元年改石城曰廉江招義曰幹水大歷初以南河龍化隸順州州開寶五年省陵羅入石龍廢羅州省廉江幹水零淥入吳川隸辯州乾道三年復置石城縣

縣沿革

石龍縣 下

倚郭舊唐志云石城州所治也漢合浦縣地宋將檀道濟於陵水江口築石城因置羅州屬高凉郡唐復置羅州於縣元和郡縣志云本漢合浦郡之高凉縣地隋開皇十一年於此置|||初屬羅州正觀初改屬辯州隋志於石龍縣下云舊置羅州高興郡平陳郡廢大業初州廢隋志不言|||之置於隋又與元和志不合唐志云正觀元年省慈廉羅肥二縣入焉國朝會要云開寶五年併陵羅龍化二縣入焉太平興國五年改辯州爲化州仍爲倚郭國朝會要又云舊改羅州縣紹興元年依舊

吳川縣 中

在川南一百十里元和志云本漢高涼縣地宋於此置|||以縣東吳川水爲名後因不改寰宇記云

本漢高涼縣地隋置縣屬羅州輿元和志所載有宋隋之異象之按沈約宋志及南齊志高涼郡下初無｜｜｜惟至隋志｜｜｜名始見於高涼郡下則吳川非置於劉宋也舊唐志亦云吳川隋縣當從隋志及舊唐志又國朝會要云羅州陵水郡領縣五開寶五年廢州省廉江零淥幹水三縣入吳川隸化州

石城縣

在州南一百三十里皇朝郡縣志云本漢高涼縣地唐武德五年始置｜｜｜屬羅州六年羅州自石龍徙治于此天寶元年更名廉江縣皇朝開寶五年廢羅州併廢縣隸吳川乾道三年廣南西路諸司言吳川縣地廣民衆乞將吳川縣所隸西鄉置｜｜｜詔從之國朝會要云乾道三年析吳川縣地置｜｜｜圖經云以縣有｜｜崗其山如城因以名之

風俗形勝

州治在陵羅二水之間大海環其南三江遶其東北

陰陽家謂其得浮黿之形圖經夷俗悉是椎髻左衽寰宇記化州以典質爲業者十戸而閩人居其九閩人奮空拳過嶺者往往致富范氏舊聞合遺云其俗信鬼好淫祠今化之爲俗士民被禮遜之教出入頗衣冠相尙雖賤隸服亦襟袒無復文身斷髮之舊圖經境內多土山盤礴無甚峻嶺圖經濱海數郡惟此地爲最炎風不蒸三水遶城以泄嵐瘴民少痁疫圖經序

景物上

黿軒在州治　蓮館在州治　靈山在石龍縣西八十里舊經云土俗嘗聞山上有音樂聲居民歲時祈禱　韶山寰宇記云在羅之邑界　麗山在古榦水縣東北二十里其山自州

界迤邐入幹水縣界山西有水源自州**陵水**寰宇記
舊陵羅縣南流經縣界西入古廉江云在石
龍縣北自容州扶來縣界流**羅水**寰宇記云在廢陵
入廢陵羅縣界會羅水合流羅縣西北五里自
羈縻禺州羅辯縣界南流下合陵水故名陵丨**東山**
丨圖經云南流七十里經州城下合三江水
起于高涼至本州城**南山**起于雷陽至本州城外拱
外拱于州治之左于州治之右上有龍母廟
俗又呼之乃陵水羅水是也舊經云陵水自容
爲龍母山**二水**州扶來縣界流入陵羅縣界八十餘
里會羅水羅水自陵羅縣西北五里南流一百一十
餘里會陵水昔有陵羅二姓居二水之濱因名之陵
羅二水合流七十里經州城東下合三江水爲三水
東北一派自高州信宜縣順流一百餘里至州城西
北一派自容州北流縣經州界扶來羅辯等鄉合流
下至三江會而爲一東百餘里至吳川縣通大海每
歲運鹽及**耨山**在吳川縣**幹水**寰宇記云在廢縣西
通商往來東三十里二百步從廉州大廉
縣界來**吳川**寰宇記云在吳川縣西水中**大海**東去
合廉江有三川石又有扅洲在海中吳川

縣四里南去縣一十八里 **黎山** 元和志云在羅州幹水縣北三十里幹水所出也 **白香** 與木栖類株幹差大以斧斷之名曰斧口而香氣始聚焉其木合抱中有結爲沈爲漏者爇之氣味清和不減沈水

景物下

節愛堂 在州治 **清心堂** 在州治 **陵水臺** 在州治 **水月臺** 在吳川縣西北五里 **歸鴻亭** 在龍母山之巔淳熙辛丑接寇方就擒以歸歸鴻名亭取歸民安集之意 **鳳凰井** 在城南道側水皆清潔甘寒日汲不竭 **龍化水** 寰宇記云在羅川界元和郡縣志云在廉江縣 **石龍岡** 寰宇記云在州西南三里上有石高六尺周廻六丈左邊有文似龍形 **石榴岡** 在廢幹水縣北四十里 **石城岡** 在舊廉江場北十里遠望似石城因以名 **石城水** 見郡國志 **石頓山** 在石龍縣西北九十三里 **銅崗山** 在石龍縣東北十里 **帽子**

山在城南五里其形如帽　零烈水寰宇記云在廢縣南三十里源從廉江流入大海　特思山在吳川縣西北五十里舊經云以峭然特起爲名　招義山寰宇記云在廢縣西北二里圖經云昔有譚氏招義於北山聚會以討僭耳因名　近信山在吳川縣西北三十五里舊經云昔有仙碁客遊此山因名　定光寺在報恩寺之左中有定光菩薩乃汀州南安白衣巖主也今州廳有石碑　南山寺城南二里　南廉水在古廉江縣東七十步水源自容州陸川縣龍豪鄉東南流經窖口入海通廉州合浦縣界　洞岡山在城東北一十里　洞雷水寰宇記云在吳川縣東一百七十步無水源隨潮上下　零洞水在舊零淥縣西三十里源出零洞山透入大海　敷復山在舊零淥縣西二十五里　郍蘇山在舊零淥縣西南二十五里　社父岡在舊幹水縣北四十里昔上俗嘗春秋此會因名　射存山在石龍縣北一百三十五里　謝獲山在石龍縣西三十里　茂名水元和郡縣志云在吳川石龍縣北二十步

水元和志在吳川縣東三十里潭峩山輿地廣記在信宜縣信義縣輿地廣記在信宜縣高涼山輿地廣記在電白縣

古迹

廢羅州 寰宇記云在吳川縣西北一百一十里元嘉三年檀道濟巡撫於陵羅江口築此城因置羅州以江爲名屬高涼郡齊至陳因之隋平陳郡廢而羅州如故煬帝初州廢其地入高涼郡唐武德五年於石龍縣地復置羅州領石龍吳川陵羅龍化羅辯南河石城招義零淥慈廉羅肥等十一縣六年移羅州於石城縣於舊所置南石城割石龍陵羅龍化羅辯慈廉羅肥屬南石州天寶元年改招義郡乾元元年復爲羅州皇朝太平興國五年州廢

故羅州縣 輿地廣記云昔宋將檀道濟於羅陵江口築城立羅州梁陳因之是指羅州以爲州郡之州也然攷之宋齊二志初無羅州象之謹按江左制度每州以統郡以郡統縣然宋志高涼郡下有羅州縣令且謂新立則是宋將檀道濟所立郎此羅州縣名而

非州郡之州也齊志高涼郡下亦有羅州縣不過因其舊縣之名耳通典及元和志並云梁置羅州恐是因梁因檀道濟所建羅州縣陞而為州庶幾首尾相應耳

廢陵羅縣

寰宇記云在州北一百二十里漢高涼縣地唐武德五年置羅州六年改為南石州即此縣也開寶五年廢入石龍

廢羅辯縣

寰宇記云漢高涼縣地唐武德五年分置開寶五年廢入石龍

廢龍化縣

寰宇記云漢高涼縣地唐武德五年分置開寶五年廢入石龍

廢零綠縣

寰宇記云在廢羅州西南百二十里本漢高涼縣地唐武德五年析石龍縣置取縣西二十里零淥水以為名

廢幹水縣

寰宇記云在廢羅州西七十三里本漢高涼縣地按南越志云招義縣昔流人營也義熙元年立為縣後改為幹水皇朝太平興國五年廢入吳川縣

故良德縣

輿地廣記云本務德陳置後更名隋屬永熙郡唐武德中來屬正觀中州自高涼徙治此而高涼更名西平分屬恩州

故保甯縣

輿地廣記云本連江梁立連江郡隋平陳郡廢屬高州唐開元五年改曰保安至德二載更名皇朝開寶五年皆省

人焉

故懷德縣 輿地廣記云本漢端溪縣地屬蒼梧郡梁置梁德縣及梁德郡隋平陳郡廢開皇十八年改縣曰懷德屬龍州大業初屬永熙郡唐武德四年立南扶州後徙治信義

故潭峩縣 輿地廣記云武德四年置特亮縣五年置皇朝開寶六年三縣皆省入信宜

故茂名縣 輿地廣記云西甌之地後置茂名縣皇朝開寶五年廢入省南巴潘水二縣入茂名來屬

惠讚王廟 在子城外西偏

唐羅州刺史馮士歲并妻吳川郡夫人墓 在吳川縣西五十里特思山上

范龍學太史墓 內翰諱祖禹挨晁氏所記公元符初徙于化未幾以疾不起聞賓人李寶善地理諭公之子冲使窆之南山且預言當獲歸葬已而果驗冢在郡南二里而於南山寺未經寇燬墓左有碑乃崇甯五年所立大書龍學范公墓揭于碑額

官吏

李丹 長沙丨丨命工以甎甃郡城周迴堅固守禦有備李接寇鬱林踐蹂五州引兵圍城凡八日夜

不能廖顒凌鐵之擾公奮不顧身備禦益固漕何偉
拔　使委以招諭賊遂釋甲受接來降
值李接之叛圍城數匝范祖禹紹聖初言者論祖禹
公堅壁以拒賊不能破　朋附司馬光永州安
置再貶賀州移賓州又移化州卒祖禹嘗進唐
鑑十一卷帝學八卷仁皇政典六卷學者尊之龔夬
繫年錄云河間人元符末殿中侍御史黨籍餘官第
三十五人化州編管紹興初上以其名德尤著贈直
龍圖邵大受繫年錄云紹興十一年左奉議郎｜｜
閣　｜化州編管以言者恐其浮言橫議如
李光之沈長卿先是紹興戊午李光自洪州召歸長
沮和也　卿以啟賀之云縉紳競守和親甘出
婁欽之下策夷狄難以信結孰虞吐蕃之劫盟與其
竭四海以奉豺狼之歡何至辱萬乘而下穹廬之拜
至紹興甲戌通判常莫汲莫國正汲字子及湖州人
州以吟詩得責化州　以月河自號紹興間謫此
邦之秀民毛士毅字伯任賀州人累舉推恩爲化州
多從之學　吳川簿就移石城令李接反攻石
城士毅語邑尉曹君曰吾與君當以死衛百姓糾合
義丁得二三百人與賊戰衆寡不敵尉死於鋒鏑士

毅罵賊而死劉淳經略廣西爲文以祭之曰公以卑位爲國捐軀少伸忠憤雖致禍之甚慘而垂芳之無窮事聞于朝孝廟嘉其忠義贈承事郎告詞云爾徇國家而捕寇冒鋒鏑以捐軀摧敗兇徒留名萬代朕有懷壯士嘉想英風優加命秩之崇庸賁九泉之寵尙期精爽不昧欽承事見賀州圖經

人物

鞠杲吳川進士元符上書隸黨籍

碑記

石碑亭去城六七里因陵鐵寇平紀功刻于道左連山廖[illegible]立歲久碑已斷仆今郡守劉伋取石於雷陽重刊焉

唐羅州刺史馮士歲并妻吳川郡夫人墓記二碑

陵水志劉奕序

譙國夫人廟碑有行狀刊于碑碣蓋高涼冼氏之女也

詩

羅川帶郭古南州陵水環城小庾樓雲淡青山無過鴈雨涵丹荔集鳴鳩叨承銅竹三經夏勸課農桑屢有秋好趁湍流下吳會章臺無柳繫歸舟郡守詩

四六

輿地紀勝卷第一百十六

輿地紀勝卷第一百十七　文選樓影宋鈔本

東陽王象之編　　甘泉岑鎔淦長生校刊

廣南西路

高州　電白　西平　潘山　懷德　譚峩　永熙

州沿革

高州　下　高涼郡軍事　九域志　古越地也　元和志　牽牛婺女之分野星紀之次圖經云漢始通南粵班固地理志以蒼梧鬱林等郡爲牽牛婺女之分野春秋元命包云牽牛流爲揚州分爲粵國杜佑通典云牽牛婺女粵之分野高涼國屬粵地然槩謂牛女之分則其論未確唐地理志以韶廣康端藤羅雷崖爲星紀分漢郡國志自斗十一度至婺女七度爲星紀高處康端藤羅之間今之化州乃昔之羅州高爲星紀之分灼然矣　秦屬南海郡

輿地廣記漢武平南越置合浦郡今州卽漢合浦郡之高涼縣地元和志東漢末孫權以高涼縣立高涼郡東漢志合浦郡高涼縣下注云孫權立高涼郡宋志云建安二十三年吳分立高涼郡高涼縣仍屬焉見上吳又立高興郡宋志云吳分立高興郡太康中省併入高涼晉志及元和志云東漢威帝分立高興郡靈帝改曰高涼與宋志不同象之竊謂東漢更改郡縣之名東漢志必有紀載今東漢志既云建安二十三年孫權立高涼郡而宋志亦云建安二十三年吳分立高涼郡證援明甚元和志乃引晉志之說以爲據遂謂東漢威帝立高興郡後爲夷獠所據亦不言晉武併入高涼郡一節恐失其實要之論東漢郡縣之廢置當以東漢志爲主不應下引晉志也殊不知東漢志及宋志之作時皆在江左而晉志乃作於正觀之時論作書之先後亦當以漢志宋志爲定故書曰吳立高興郡晉武平吳併高興郡入高涼郡宋志宋又立高興郡尋省宋志

後爲夷獠所據梁討平俚洞置高州隋志梁置高州元和志云云又通典梁大同七年有高州刺史孫問則是高州置於梁也明矣隋平陳嶺南高涼郡夫人洗氏以其地來降通鑑開皇九年平陳嶺南未有所附數郡共奉高涼郡太夫人洗氏爲主號聖母保境拒守詔遣柱國韋洸等安撫嶺外陳豫章太守徐璒據南康拒之洸等不得進晉王廣遣陳叔寶遺夫人書諭以國亡使之歸隋夫人集首領數千人盡日慟哭遣其孫馮魂帥衆迎洸洸擊斬徐璒入至廣州說諭嶺南諸州皆定表馮魂爲儀同三司冊洗氏爲宋康郡夫人馮盎爲高州刺史洗氏爲譙國夫人開幕府通鑑開皇十一年番禺夷王仲宣反圍廣州高涼洗夫人遣其孫馮盎將兵救廣州擊仲宣仲宣衆潰廣州獲全夫人親被甲乘介馬循撫二十餘州詔拜馮盎爲高州刺史洗氏爲譙國夫人開幕府聽發部落六州兵馬煬帝時州廢爲高涼郡隋志云舊置高涼郡平陳郡廢大業初復置唐李靖平蕭

銑馮盎帥所部來降以盎爲高州總管通鑑唐高祖武德五年隋漢陽太守馮盎承李靖檄帥所部來降以其地爲高羅春白崖儋林振八州以盎爲高州總管封耿國公於是嶺南悉平自是復置高州唐志云武德六年分廣州之電白連江置本治高涼正觀二十三年徙治良德大歷十一年徙治電白然唐志云武德六年置高州而通鑑武德五年已有高州刺史矣當在五年仍爲刺史後改都督府元和志盎卒子智戣又爲刺史元和志在正觀二十三年敕遣太常丞薛寳積析高州所管縣爲恩潘二州分盎諸子爲刺史以撫其人仍移高州理於良德縣舊唐志在正觀二十三年元和郡縣志在永徽元年不同又移置於保甯縣元和志云在開元元年改高涼郡天寶元年復爲高州乾元元年移州治於舊州南三十里電白縣界置元和志在大歷

十一年五代爲南漢所有五代史劉隱傳隱初據廣州劉昌魯據高州皆不能制隱命盡以兵事付龔龔悉平諸寨遂殺昌魯更置刺史皇朝平嶺南地歸版圖九朝通畧云在開寶四年廢潘州併良德保甯二縣入電白來屬國朝會要云在開寶四年又廢高州入竇州國朝會要云在景德元年尋復置高州國朝會要云在景德三年又廢竇州爲信宜縣併屬高州今領縣三治電白圖經云隋大業三年復置高涼郡領連江電白杜陵齊安陽春石龍吳川茂名高涼九縣唐武德五年復置高州改高涼縣爲西平縣永徽元年以茂名入潘州移州治良德大曆十一年州治電白領電白良德寶甯三縣皇朝開寶五年併良德寶甯二縣入電白仍廢潘州之南巴潘水入茂名景德元年廢高州三年復置割茂名來屬熙甯四年改竇州爲信宜縣併屬高州今領縣三電白茂名信宜

縣沿革

電白縣

倚郭元和志云本漢高涼縣地梁於此置電白郡隋志云梁置電白郡平陳郡廢爲電白縣又有海昌郡廢入焉輿地廣記云唐大歷中自良德徙治此九域志云皇朝開寶五年省良德保甯二縣入電白景德元年以屬竇州三年復置高州縣附郭

信宜縣

中下

在州北五十六里圖經云本蒼梧郡地唐武德四年置信義譚峩二縣立南扶州正觀元年州廢以縣隸瀧州六年改縣爲竇州因羅竇洞得名皇朝開寶四年平嶺南十年併譚峩懷德特亮三縣入信義太平興國元年易義爲宜景德元年廢高州以電白來屬三年復置高州熙甯四年廢竇州爲信宜入高州

茂名縣

在州西南十五里。圖經云：縣本西甌駱越地，秦屬桂林郡，漢屬合浦郡。晉道士潘茂古於東山採藥煉丹，於西山昇仙。鎮南大將軍馮游請於二山間築城，遂以道士姓名建潘州茂名縣。梁開平中改爲越裳縣，後唐同光初復舊。開寶五年廢州及南巴、潘水二縣，屬高州。景德元年置竇州。熙寧四年竇州廢，縣來屬。

風俗形勝

穀熟時里閈同取戌日爲臘，男女盛服，椎髻徒跣，聚會作歌，悉以高欄爲居，號曰干欄，三日一市。此一項係竇州風俗，今竇已廢隸本州，當附入。寰宇記云

高涼郡土厚而山環，遠高而稍涼，因名焉。寰宇記據投荒錄

地不濱海，依山爲郡，一日常具四時天氣，至三伏間反無甚畏暑，命名似亦不苟。然郡境自有高涼山，意昔人名郡之義或取於此。舊圖經

銅魚三山揖乎其前寶峯絕頂拱乎其後劉棠州學記高州居二廣之間國初寇攘未平故用武守嘉祐以來境土宴安奏易文臣圖經五嶺之南號爲瘴鄉高實雷化俗有說着也怕之諺高在粤地民尚簡儉易於取足元城先生謂此間飲食粗足絕無醫藥土人遇疾惟祭鬼以祈福圖經郡據叢山之中去海百里四時之候多燠少寒春冬遇雨差凍頃刻日出復如四五月天氣雖與內地不同然亦無甚瘴癘圖經

景物上

擷高在州治 甜策在州治 香鏡在州治 茶山寰宇記云南越志滇陽縣北五

里有茶山山有熱泉源自沸湧卉服鼠之不感于化百姓荒居昔有俚豎牧牛于野一牛隨而舐之舉體白淨如洗旬日而殞其牛竟爲人殺而噉之者百許人一日俱變而成獸吼喚驚懼各走入山初尚有衣裳形未甚異時知還家後性狀稍改遂不復歸由是羣黨相逐連城爲患今貙似貍猩而小於獸或能化爲人形隨復化爲獸謂之貙即此類也

寶山 在州治之後去城二里創登高亭於上憑高一眺郡之山水城市表裏如畫爲一郡登臨勝處圖經云有麋鳴則赦書至

銅鼓 高尺餘廣二尺欵識精巧縣而擊之其聲頗震嘉泰元年信宜縣民得之地中次年山發洪復湧出一面太守義太初以其一鎮郡庫以其一寘之誠敬夫人廟夫人行宮舊亦有一面并此而三

石船 信宜縣橫楂村有石船旱迎山祈禱必獲甘霔

丹竈 在茂名縣東一百五十步乃道士潘茂古煉丹之處

毛山 寰宇記在舊縣東二十里古老相傳昔有毛女隱此

監山 在寶山之北舊有銀坑

潘山 在茂名縣東三十五里舊經云有道士潘茂古於此山採藥煉丹

仙山 在茂名縣西舊經云潘茂古於此山得仙

浮

山寰宇記云其山高七百尺堯時洪水泛溢此山獨浮人居山上得免沉墊人呼爲浮山　麗水在信宜縣東山源出白馬山　樂山在信宜縣東南二百二十五里　宜山在信宜縣東二十里　定山元和志云在縣東十八里　南洲在茂名縣南茂嶺崗之一舊經云唐天寶五年天大雷風湖心湧出一洲縣令許仲溫建小亭名曰小瀛洲　宋山在信宜縣西七十里上有福正侯廟　龍塘宜信鄉龍山村有巨石成塘號曰丨丨歲旱祈雨立應　巴山方輿記云在電白縣　樓山方輿記云在電白縣　大海寰宇記云南越志平定縣界東有巨海海鳴波浩蕩出騄馬似馬而牛尾一角水犀似牛魚似龍一曰龍鯉又云宋康郡化隆縣海多珠鼈壯如肺有四眼六腳而吐珠又有文魮及鹿魚文魮鳥頭魚尾鳴如磬而生王

景物下

登高亭在郡北二里寶山之巔今廢　甘遠山寰宇記云在保寧縣界去州一百二十里

兩山相對，雲雨連接。**雲岫山**在信宜縣北七十三里，上有光正侯廟。**霧嶺崗**寰宇記云：在茂名縣南五里，天寶二年因大風雨，湖心忽湧出小洲，至今生章木。**胡鼻崗**在茂名縣東南一百七十里。**送龍崗**在郡北三里寶山下。**要龍山**在電白縣東六十里。**畫龍山**在電白縣北。**皓鸞山**在信宜縣西。**大鳳寺**在電白縣南三十里。**射狼山**在電白縣北，昔有異人於此射白狼，獲之，因以爲名。**龍湫山**在郡東二十里，下有石穴，泉源四時不絕，遇旱禱之，雲雨立至，邦人因立廟焉。**龍湫井**在電白縣東二十里，一泉出巖石之下，四時常湧，有以竹木刺之，則雷雨立至。**龍灣井**在電白縣東八十步，古老相傳有龍蟠於此，異跡尚存。**鳳凰山**在信宜縣南。**銅魚山**與郡治對，賴仙翁作高涼風土歌云：一條丁水銅魚塞，三十年來舊相識。**石佛寺**在電白縣北三十九里，古記云：有大石佛飛來，後因風雷不見，有腳跡存焉。**白鶴觀**在電白縣北三十里，舊有仙人乘鶴止此，因名。**白馬山**在信宜縣北一百里，上有

石如馬

大花山方輿記

雙甑山在電白縣東六十里賴仙翁作風土歌云巧妙四山雲岫落要龍雙甑月燈明

百祿山在茂名縣南一十五里見方輿記

千歲山在電白縣北四十里雲霧常罩其巔

高涼山在郡西四十里經云羣山森然盛夏如秋因名

高源水在信宜縣西北源出高源嶺合譚峩水入茂名縣界

昇眞觀在茂名縣西二百步仙山之巔咸平元年降到太宗皇帝御書藏于此

思乾井寰宇記云在茂名縣東一里潘眞人煉丹之水味甚香美煎茶試之與諸水異力士奏取其水歸朝

思賢嶺在信宜縣西九十里

信義水九域志

特亮江在茂名縣西一百里源出末山下

流連井在郡北二里賴仙人歌云寶山流連井久立方知省

雅德橋在州東二里政和間李作登第還鄉因名坊曰擢佳

麗水江在信宜縣東北八十里源出白馬山流入宜州界

古祿山在茂名縣南

武壇山在茂名縣西高一百步以其山圓淨如將壇

茂嶺崗在茂名縣南六里舊經云草木鬱茂四時不彫

因名寰宇記作霧嶺山浮來水在茂名縣西北百二十里帽滂山在電白縣東北三十里郡國志云高州有帽山以其狀如帽舊經云或遇乾旱其山有雲如帽天即降雨波浪山寰宇記云在良德縣東去州七十里嶺瓏如波浪古老相傳海沫漂成射合嶺寰宇記云在保甯縣界去州二十六里射合水在電白縣東北三十九里出帽滂山下流入茂名縣界譚峩江在茂名縣西源出思賢嶺下流經縣城西南與高源水會成大江又九域志譚峩山峩石山去信宜縣五里廟嶺山在郡東六十步舊立廣利王行宮於此北帝觀在電白縣東入十里開陵山元和志云在保甯縣北一里

古迹

廢竇州寰宇記云唐武德四年置南扶州正觀元年廢六年改南扶州為竇州國朝會要云熙甯四年廢入高州廢潘州寰宇記云唐武德四年置南宕州治南昌縣正觀八年改為潘州國朝會

要云開寶五年廢州入茂名縣隸高州　廢良德縣　寰宇記云在舊州西北三十七里唐志云本隸瀧州武德來屬高州國朝會要云開寶五年廢隸電白縣　廢保定縣　寰宇記云在舊州東二百二十五里唐至德二年改爲保定皇朝併入電白縣　廢保[甯]縣　元和志云隋於此置連江縣屬高州唐志云至德二年改保[甯]縣　廢南巴縣　寰宇記云在縣東一百里隋廢縣　廢潘水縣　寰宇記云唐武德五年置　譚峩縣城　在信宜縣西南二十里唐武德五年置皇朝開寶七年併入信宜縣　特亮縣　在信宜縣西北百一十里唐武德五年置皇朝開寶七年併入信宜縣　馮家村　寰宇記云馮盎即此界人也　唐[元]宗聖容　寰宇記云按郡即高力士舊鄉開元中詔天下鑄聖像郡皆一而潘獨二力士以其本鄉故自鑄其一也　高力士亭　在茂名縣西二百四十步乃力士舊宅　高力士椰子株　按郡國志云高力士即此縣人手種椰子一株高百尺餘尚存　靈順誠敬夫人洗氏廟　夫人高涼洗氏之女梁大

同初羅州刺史馮融爲其子高州太守馮寶聘焉後高州刺史李遷仕叛夫人擊之大捷歐陽紇謀反夫人發兵討紇紇潰散賜繡幰油絡駟馬安車麾幢旌節鼓吹一部嶺南數郡敬奉夫人爲聖母蠻人黄仲宣反夫人詔之嶺表遂定隋高祖封爲譙國夫人賜五千匹段及皇后首飾宴服一襲每歲大會陳于庭以示子孫賜臨振縣湯沐邑一千五百戶卒謚誠敬夫人

唐李衛公廟 靖僞漢劉陟封光政侯

洗氏墓 寰宇記云高涼人乳長七尺

馮益墓 寰宇記云在舊縣東南十五里有碑云馮府君之墓

官吏 遷客附

黄朝奉 景德初遷荆郡學教養生徒居民編茅織竹以爲廬舍公始教民造瓦屋力不給者以官錢助之歲免回祿之患

劉安世 元城先生丨丨丨自英州安置移高涼

馬淘 淳熙六年丨丨丨守此適鄰郡草寇李接猖獗漸入州境公於郡前整軍陣備戰器嚴約束賊聞風不敢進一郡獲安

杜介之|||瓊州人爲高州司法眞俓野逸有隱士之風李光有詩贈之云南極多老人及見九代孫君生古崖州氣質清且溫今年八十二顚覽行步奔白鬚映紅頰疑是義皇人

劉昌魯 通鑑開平二年黃巢入寇高州刺史|||領羣蠻據峻嶮以拒之巢衆不敢入境

人物

唐馮盎 字明達祖馮業燕人浮海奔宋居新會自業至孫融世爲羅州刺史融子寶爲高涼太守聘蠻酋冼氏之女爲婦李遷仕反冼氏擊定之孫盎隋仁壽初爲宋康令潮成等五州獠叛盎馳至京師請討之文帝詔楊素與論賊形勢素奇之詔盎擊賊平之拜漢陽太守隋亡奔還或勸盎自立爲南越王盎曰吾居越五世矣牧伯惟我一姓常恐忝先業尚自王哉武德五年以地降高祖析爲高羅春白崖儋林振八州授盎上柱國高州總管通鑑唐太宗正觀五年高州總管馮盎入朝未幾羅竇諸洞獠反敕盎帥部落二萬爲前鋒獠數萬人屯據險要諸軍不得進盎持弩謂左右曰盡吾此矢足知勝負矣連發七十

矢中七人獠皆走因縱兵乘之斬首千餘級上美其功前後賞賜不可勝數盎所居地方二千里奴婢萬餘人珍貨充積然爲治勤明所部愛之

梁楚 艮德鄉人紹興間攝廉州博白縣令時交阯犯郡境楚堅城守力與賊戰引弓連斃數賊會官軍不援城被賊執楚以火炙楚罵賊不絕口被害敕贈禮部侍郎

陳壽 電白縣人瞽目十年紹興間母死將葬壽欲送柩至壙人或止之壽曰母生我鞠我今日親入土壽忍以疾辭不送索塗一二里雙目頓明後壽終

李周士 字貴卿兩請鄉薦以詩名會觀察使韋公訊遷寓於此朝夕從游韋公還朝聯騎至京薦之朝特授郡王府教授經年辭官還鄉

仙釋

潘茂古 潘州人永嘉中入山遇二道士奕碁立觀久之道士顧謂子亦識此否答曰入猶蛇竇出似鴈行道士笑可其說因語之曰子項骨貫於生門命輪齊於日月腦血未滅心影不偏若修煉則可輕舉授以服黃精不死之法於東山採藥煉丹自於西山百日上昇今有潘山石船丹竈遺跡

許毛 幼

至老兩頰處丹風雨未作水旱將至歲時豐歉預以語人無一不驗一旦隱跡莫知所之人以爲仙

碑記

誠敬夫人廟碑 石極古礲錯雖不平整而其光瑩然遇天日清明迫而視之可洞見人物往來影者舊相傳以此碑乃鑑石所製 圖經 教授劉棠序

詩

巧妙四山雲岫合要龍雙甑月燈明 賴仙翁風土記

北鳥飛不到南人誰去遊天涯浮瘴水嶺外向潘州 唐詩紀事李明遠謫爲潘州司馬潘州今屬高州

晝角吹來歲月深譙樓無古亦無今不如歸我龍山去松竹青青何處尋 紹興初吹角老兵一日忽題此詩於譙樓上遂遁形而隱

輿地紀勝卷第一百十七

輿地紀勝卷第一百十八　文選樓影宋鈔本

東陽王象之編　甘泉岑鎔淦長生校刊

廣南西路

雷州　海康　驚雷　南合州
徐聞　鐵把　東合州

州沿革

雷州　下　海康郡軍事　九域志　古越地也　元和郡縣志　牽牛婺女之分野　前漢志又通典云斗則吳之分野牽牛婺女則越之分野唐志云鄙廣康端封梧藤羅雷崖以東爲星紀分　秦平百越置三郡此屬象郡　元和郡縣志　漢平呂嘉置合浦郡　元鼎四年　統縣六其一爲徐聞卽雷州也　圖經引前漢地理志云自合浦徐聞南入海得大洲東西南北方千里武帝元封六年畧以爲儋耳

珠崖郡則今雷州實漢合浦徐聞縣地無疑徐聞縣隷合浦郡自漢晉迄于宋齊無改此據圖經攷之兩漢志及晉志皆屬合浦無所更革而宋志越州合浦太守下云徐聞令故屬朱崖晉平吳省朱崖入合浦與漢晉志所載不同當攷南齊志越州合浦郡亦治徐聞梁武帝分合浦郡立合州元和郡縣志又改南合州隋平陳又爲合州隋志海康縣下注云梁大通中割潘州合浦立高州尋又分立合州大同末以合肥爲合州此置南合州平陳以此爲合州置海康縣置海康縣見上志注隋煬帝時廢合州以海康縣屬合浦郡元和郡縣志在大業二年隋亂陷賊唐平蕭銑置南合州元和郡縣志在武德四年唐書地理志本南合州徐聞郡武德四年以合浦郡之海康隋康鐵把置南合州改隋康曰徐聞唐志在正觀二年又改名雷州唐志在正觀八年後置遂溪縣唐志不載年月改海康

郡天寶元年復爲雷州至德二載五代爲劉漢所據五代史皇朝平嶺南地歸版圖開寶四年省徐聞遂溪入海康國朝會要在開寶四年中興以來復置遂溪國朝會要在紹興十九年復置徐聞廣西郡圖志在乾道六年隸廣南西路節制高容廉化四州軍馬繫年錄紹興三十一年知化州廖顒言軍賊夌鐵等嘯聚雷化境內望將雷州改除武守時東南第十二將高居弁會五州循尉官兵與戰鐵敗死乃命高居弁知雷州兼節制高容廉化四州軍馬今領縣三治海康

縣沿革

海康縣 下

倚郭元和郡縣志云本漢徐聞縣地屬合浦郡梁分置南合州元和郡縣志又云開皇十八年於此置齊

康縣十年改爲｜｜｜象之謹按隋志合浦郡下有海康又有隋康則海康隋康自是兩縣不應强合爲一故隋志於｜｜｜下注云梁置｜｜｜後於此置合州即今之海康也又於隋康縣下注云舊曰齊康置齊康郡平陳郡廢縣改名焉又唐志云徐聞本隋康正觀二年更名徐聞則隋康乃徐聞非海康也元和志以齊康改爲海康似乎牽强寰宇記云朱梁開平三年曾移於驚雷江源至劉氏僞命日却歸海康

遂溪縣

在州北九十里元和郡縣志云本漢徐聞縣地開皇十一年於此置鐵把縣因縣西鐵把水以爲名天寶元年改爲遂溪隸雷州國朝會要云開寶四年省遂溪入海康圖經云紹興十九年知州王趯申雷州舊管三邑開寶中撥徐聞遂溪兩縣併歸海康一縣經今及二百餘年比之開寶人物百倍欲望朝廷將徐聞遂溪兩縣依舊復置本路諸司相度乞先置遂溪一縣繫年錄云紹興十九年復置雷州｜｜｜

徐聞縣

在州南二百二十里元和郡縣志云本漢舊縣也屬合浦郡自兩漢晉宋齊地理志並有徐聞縣隋志云舊曰齊康置齊康郡平陳郡廢屬雷州縣改名曰隋康唐志雷州徐聞縣下注云本隋康正觀二年更名徐聞元和志又云其縣與南崖州澄邁縣對岸相去約一百里國朝會要云乾道六年知州戴之邵申云紹興十九年知州王趯乞復置遂溪徐聞兩縣已蒙朝廷復置遂溪外徐聞未復乞將遂溪海康縣入都撥作徐聞縣仍將隷角場作縣治本縣於乾道七年復置

風俗形勝

郡以雷爲名投荒錄云郡南濱大海以雷爲名以其雷聲近在簷宇之上雷州之北高州之南數郡亦多雷聲似在尋常之外漢置左右候官在徐聞縣南七里積貨物於此備其所求與交易有利故諺曰欲拔貧詣徐聞元和郡縣志地濱炎海人惟夷獠多居欄以避時

鬱寰宇記州居海上之極南氣候倍熱所謂除夜納涼者容有之圖經州多平田沃壤又有海道可通閩浙故居民富實市井居廬之盛甲於廣右圖經州人循習以立冬後己酉日爲臘先祭其先然後集親故而共飲焉或云路伏波之關九郡也徐聞之人以冬己酉日遇害故州人臘祭必祭其先潁濱先生和陶淵明停雲詩有曰人飲嘉平漿酒如江注云雷人以十月臘祭蓋其年己酉日在十月耳州三面並海圖經本州實雜黎俗故有官語客語黎語今語言之間官語則可對州縣官言也客語則平日相與言也黎語雖州人或不能盡辨圖經海康郡瀕海之樂郊也地域雖遠風俗頗淳聖訓涵濡人多嚮學余襄公學記雷之爲州窮服嶺而並南海士生其間不得與中國先生長者

接於見聞爲寡南軒學記嶺南人見逐客盡呼相公折彥質記陳瑩中云嶺南人見逐客不問官之尊卑盡呼相公豈非相公愛遊此方乎近日瑩中赴龍城士美相繼過桂又報伯紀來因念瑩中之言眞可發一笑四州之人以徐聞爲咽喉南北之濟者以伏波爲指南伏波將軍廟碑嶺表當陽炎熱尤早希白先生張紘忠亭記颶作海渾天水溟濛蘇文忠公和淵明停雲詩

景物上

思亭在通堂之後希白先生易今名楚閣在宅堂後北樓卽楚閣也太守張綱易名颶風州人以鵲巢爲占蓋巢低則有丨丨高則無之螺岡寰宇記云在海康縣北八十里鹿洲在海康縣東南百八十里海中卵洲在海康縣西南海中舊經云羣鳥伏卵於上或有船過採其卵有鳥千萬飛隨十里竈山寰宇記云山上有炭坑又有木綿樹一實得綿數兩冬夏花而無實米

豆 元和志云｜｜枝葉似柳花如烏豆一種之後數年收實淮南子云豆之美者有｜｜此是也 懪牛 元和志云海康縣其地多牛項上有骨大如覆斗日行三百里爾雅所謂｜｜也 雷耕 投荒錄云雷州陰晦之夕土人謂之｜｜｜田必有開墾之迹焉 雷彘 國史補云雷州春夏多雷無日無之秋日則伏地中其狀如彘人取而食之

景物下

宴寂堂 見希白先生思亭記 嘉會亭 見思亭記 通和堂 今為常衙廳 不欺堂 在郡治 平易堂 在設廳後 瑞芝堂 在郡治舊名無訟瑞芝產于堂因名 百花堂 在正堂西 康沂亭 在宅堂之南趙不過有詩見詩門 雲章閣 在郡學 蓬萊館 太守戴公嘗於蓬萊坊因英祿山為｜｜｜有蓬萊亭歲寒亭瀾柯塢寒泉亭菊坡山店杏花村易菴無言榭採芝隱凡十所 淨行院 在敬德門外西湖之西北隅舊號西山寺有人竊多廉村淨行

院東坡先生所書院碑來遂以爲額東坡自雷適廉宿淨行院有詩詩題作興廉村**思靈島**寰宇記云在海中有木豆**英高山**在海康縣西南百三十里兩峯聳然高峭相並而立頂上有泉水湧出**徒會山**在海康縣南百三十里地名下步村之西海中山巔有石奇怪萬狀巖穴崎嶇有泉青冷**擊雷山**在海康縣南八里寰宇記云昔被雷震成水**擊雷水**在海康縣南一十里源出遂溪縣界**鐵把溪**寰宇記云溪有石似鐵把**石門山**在海康縣北一十里**羅湖水**在海康縣西□里今日西湖**麻囊山**在海康縣東北八十里枕海**博袍山**在海康縣西八十里**博袍水**在海康縣西南一百六十里源出南山**博黎水**在海康縣東北九十里源出那射張洪山**珠母海**寰宇記云出珠之處**烏蛇山**寰宇記云在海康縣北百里出烏藥俚八呼藥爲蛇**老鴉洲**抵瓊州界四里渡海至瓊州折四百十里**三鴉水**寰宇記云從舊羅州南流于西海水南屬當州**三水池**在海康縣南百步**虎頭山**在海康縣

東七十里枕海

潭望水 在海康縣西南六里源出遂溪縣界

郁射山 在海康縣

時禮山 在海康縣東南八十里四望之最高者也

古迹

威化雷公廟 嶺表異錄云雷州之西有雷公廟每歲配卒造連鼓雷車置廟內有以魚彘肉同食者立爲霆震人皆畏憚

擊雷水陷湖 圖經云本陸地陷爲湖

顯震廟 在州西南八里丁謂撰記曰舊記云州南七里有擊雷水今南渡也始者北里居民姓陳氏者家無子因射獵中獲一大卵圍及尺餘攜歸家不知其何名置之忽一日霆霹而開遽生一子鞠育撫養遂承其家鄉俗異之曰雷種陳天建二年也

忠烈王廟 在忠顯王廟西前漢伏波將軍路公也至和中封忠烈王

威武廟 兩漢有二伏波前漢伏波將軍路博德武帝時討南越遂開九郡後漢伏波將軍馬援光武時討交趾二女子側貳之叛遂平其地東坡先生作廟記則以爲兩伏波教授夏侯安雅作廟記

又以爲馬伏波至和中始剏立路伏波廟

寇萊公廟

在敬德門外報恩寺西繫年錄云紹興五年九月名雷州寇準廟日旌忠

蘇子瞻子由繪像

子由既謫雷州子瞻亦謫儋耳同至海康月餘郡人吳姓名特起屋以處焉其後黨錮浸密屋亦漸廢靖康丙午海康令余貫而有之且開遺直軒繪二公像于中

甯國夫人廟

廟在鎮遠門外五代郡有一女子失其姓勇敢强力衆皆信伏相與築城以禦寇而女子爲之帥僞漢歸順餘黨尙行剽掠皆爲女帥所敗一方賴之女子死衆私謚丨丨丨立廟祀之

眞武堂

在子城外西南記曰天聖元年秋杪中夜一星隕乎州之附池中蓋寇萊公所舍之側也翌旦萊公使人沒而求之得一石因即其地以建丨丨丨

正女臺

故老相傳云昔有女子父母歿後獨居此

相公泉

李師中詩云海畔忠魂不伏招周公辛苦賦鴟鴞此泉不竭名長在千載君臣鑒本朝

大蜈公皮

東漢志云合浦徐聞縣出丨丨丨以冠鼓圖經云大蜈公不詳是何物郡人云恐是蚺蛇

銅鼓

大者可五尺圍或云馬伏波所製非也按

晉書地理志諸獠並鑄銅爲大鼓初成縣於庭中置酒以招同類讐怨欲相攻則鳴此鼓到者如雲有鼓者號爲都者則非馬伏波所製明矣

官吏

張採陳聽思 太守題名序云雷在唐爲下洲置刺史見於紀表者惟張採陳聽思而已

李邕 唐紀事詩云邕始與張柬之善貶雷州

崔彥融 咸通十一年同昌公主薨以待詔韓宗紹等醫藥不效殺之收捕其親族三百人繫京兆府宰相劉瞻上疏論行法大過其上怒叱出之貶所親善刑部員外郎丨丨丨爲雷州司戶

寇準 字平仲再相眞宗天禧末爲丁謂所誣再貶雷州司戶及境吏以圖獻郡抵海岸凡十里公悅然悟日少時有到海秖十里過山應萬重之句乃今日意爾人生得喪豈偶然耶今眞武堂東其所寓也嘗游英靈村酌井泉稱其甘列郡人後亦珍之號萊公井丁謂貶崖州公從者聞丁當來有欲釋憾謀不利於丁公知之陳大席一廡閽設戲具悉召坐且命之博奕因隱几觀焉

聞丁行迺罷又上庠錄云公之貶雷州也丁晉公遣中使賚勑往授之以錦囊貯劍揭於馬前旣至萊公方與羣官宴飲驛吏言狀萊公遣羣官出逆之中使避不見入傳舍中不出問其所以來之故不答上下皆皇恐不知所爲萊公神色自若使人謂之曰朝廷若賜準死願見勑書中使不得已乃以勑授之萊公迺從錄事參軍借綠衫着之短纔至膝拜受勑於庭升堦復宴坐至暮而罷

丁謂 天聖元年爲眞宗山陵使內侍雷允恭擅移陵域貶崖州司戶後徙雷州東都事畧云謂之貶崖州也作陳情表假家書煩土人商販者賚投洛陽雷守守不敢拆遂奏之其表敘受遺冊立之功有云臣有彌天之罪亦有彌天之功章獻與仁宗覽之遂徙雷州事畧

陶弼 知雷州見陶閣使詩集序

張紘 廣漢人也至和元年守雷有思亭記及西湖記修城記皆在雷日所作獨思亭記存南軒先生跋思亭記云皇祐四年朝論以黎人不甯擇可爲雷州者有言曾大父豫公久佐西邊熟兵事亟命往守自四明數百兵轉海比至寇盜屏息乃以閒暇時延見長老諸生授條教始雷之俗未知禮遜長子之子常爲長易數世之後至叔

父反拜猶子公諭以長幼之序親疎之宜悉革其舊又爲之增治城壘行田積水爲久遠計雷人愛敬之召還監都進奏院年踰六十郎致仕自號希白先生

蘇轍

字子由元祐六年爲門下侍郎李邦直鄧聖求同在政府論議不合二人者從而媒糵之紹聖四年責雷州安置蘇文忠公亦自惠州安置移昌化軍與公相遇於藤同行至雷而別太廟齋郎吳國鑑起屋以處公今猶號其處爲蘇公樓後移循州

章子厚

徽宗朝貶雷州司戶初蘇轍謫雷不許占官舍遂儆民屋至子厚以爲强奪民居下州追民究治以儆券甚明乃己及子厚謫雷州亦問舍于民民曰前蘇公來爲章丞相幾破我家今不可也人以爲報

范柔中

元符末以選人上書言事且進所著春秋見微雷州羈管紹興五年贈直祕閣繫年錄

鄒浩

元祐二年正言丨丨以言事貶雷州太學生多賫金帛出祖于郊事發覺下國子監學錄劉安節上書論林適等六人悉送大理寺根治將盡杖之久之許贖

陸升之

字仲高會稽人任浙西提舉紹興二十四年以言事忤時宰安置雷州三十二年詔許自便

何庚

紹興戊寅爲太

守興修水利築堤以溉東洋之田凡四千餘頃皆成膏腴

戴之邵　乾道中爲守作萬頃閘引水以灌田渠成號戴公渠

王趯　中興遺史紹興二十年王趯知雷州趙鼎入界趯留鼎飯鼎轎壞趯假一橋雇四夫送行通判申朝廷秦檜委經略方滋鞠勘趯坐夫轎送鼎得責全州王明清揮麈錄云胡邦衡在新州常賦詞爲太守張棣繳上移送吉陽軍棣乃擇使臣之刻核者游崇押之過海至雷州太守王趯以使臣者行囊中有私茶遣人捕獲送獄奏治別差使臣護送仍厚餽以濟其渡海之費邦衡賴以少甦錄此賢士大夫多推重趯云

人物

吳國鑑　海康人爲太廟齋郎紹聖中蘇轍貶雷州僦國鑑宅居爲創小閣元符元年本路走馬承受段諷言其事詔提舉常平董必具實狀以聞必至雷追獄根治詔轍移循州知州張逢以下降罰有差國鑑編管

仙釋

僧獨琮　嶠南僧罕遵戒律||師隱居湖巖終身不至城市超然拔俗聞李公綱稅駕海康策杖見過與語殊可人知其爲飽參衲子也

碑記

伏波將軍廟碑　東坡文有兩伏波前伏波指路博德後伏波指馬援也

雷州新學記　嘉祐八年余襄公文

李丞相留題　余謫萬安行次雷陽適海南黎寇猖獗艱阻雷寓天寧丈室累月聞官軍既破賊卽日戒行南渡次瓊筦不三日祇奉德音蒙恩聽還往返才一十日復次天寧舊館建炎三年歲次己酉李綱伯紀書

威武廟碑陰記　故翰林蘇公謫儋耳既北歸作漢伏波將軍廟記迨今踰三十年未克建立綱以罪謫居萬安遣子宗之攝祭默禱于神異時儻得生還當書蘇公所作碑刻石廟中以答神貺時建炎三年李丞相綱文

雷州城記　胡銓南

軒先生修學記前記在乾道六年再記在淳熙四年

詩

風露淒清西館靜銷然懷舊一長歎海雲消盡金波冷半夜無人獨凭欄寇萊公海康西館有懷登臨時一望海樹與雲平寇萊公莫嫌瓊雷隔雲海聖恩尚許遙相望東坡寄子由老去仍棲隔海村東坡寄子由以儋耳在海南故云隔海村與子各意行同落百蠻裏東坡見子由於雷州回望古合州屬此琉璃鐘離別何足道我生豈有終東坡寄子由海康別駕復何爲帽寬帶落驚僮僕相看會作兩臞仙還鄉定可騎黃鵠東坡聞子由瘦雷州別乘應危坐跨海清光與子分東坡

參橫斗轉欲三更苦雨終風也解晴雲散月明誰點綴天容海色本澄清空餘魯叟乘桴意粗識軒轅奏樂聲九死南荒吾不恨茲游奇絕冠平生東坡我遷海康郡猶在寰海中子由我遷海康實編于民少而躬耕老復其眞子由南土四時都熱愁人日夜俱長安得此身如石一時忘了家鄉秦少游責雷州見冷齋詩話二蘇翰墨仙謫墜百蠻裏弟兄對牀眠此意孤一世折彥質蔡公英特姿譚笑安社稷流離死窮荒志士氣益塞同上死謫憐忠愍生還喜子由荒祠連舊宅幾見海雲秋折彥質更說此州奇特事寇公歸後二蘇來梁安世百尺危樓

四遠明人從鰲背戲滄溟乾坤到處皆在目山海何人更作經黃奕雷瀕桂海號炎陬自笑區區亦宦游若使民康無愧古誰云此地不徐州趙不遏題康沂亭海康雜蠻處禮俗久未還我居近閭閻願先化衣冠潁濱韻子瞻和淵明擬古阻涉鯨波寇盜深中原回首涕成霖凊愁萬斛無消處賴有幽花慰客心李綱寓居天寧丈室後小堂下有鬬提花數株連月盛開玉雪可愛

四六

海康小壘廣右奧區會元身錮陋邦地窮南服夷言莫辨海氣常昏出有踐蛇茹蠱之憂處有陽淫陰伏之

瘴子由

謫居江外已閱三年再斥海康通行萬里子由謝表

輿地紀勝卷第一百十八

輿地紀勝卷第一百十九　文選樓影宋鈔本

東陽王象之編　甘泉岑鎔淦長生校刊

廣南西路

欽州

欽水　安京　欽江　靈山　南賓

州沿革

欽州　下　甯越郡軍事九域志　古越地非九州之域元和郡縣志　於天文其次星紀其星牽牛西漢地理志以爲牽牛婺女之分野韓文公送南海從事竇平序曰踰甌閩而南皆百越之地於天文其次星紀其星牽牛　秦爲象郡地寰宇記　尉佗王越地亦屬焉今州卽合浦郡之合浦縣地也元和郡縣志　按合浦在廉州界同上　二漢吳晉並屬

合浦郡此據圖經故西漢東漢及吳晉志合浦郡下並有合浦縣宋分合浦縣地置宋壽郡隸交州張維廣西郡邑圖志後隸越州宋志云宋壽太守初隸交州後隸越州齊屬交州南齊志云宋壽郡建元二年割越州來屬梁武帝於今欽江縣南置安州元和郡縣志云梁武帝於今欽江縣南置安州隋志云舊置宋壽郡平陳郡廢開皇十八年改安州曰欽州隋平陳廢宋壽郡隋志改安州曰欽州取欽江以爲名也元和郡縣志又通鑑開皇十七年改安州爲欽州改欽州爲甯越郡元和郡縣志在大業三年唐平蕭銑隋鴻臚卿甯長眞以甯越鬱林之地請降於李靖以長眞爲欽州總管通鑑在武德五年四月己未改甯越爲欽州總管府管一州領欽江安京南賓遵化內亭海安六縣寰宇記在武德四年按通

鑑蕭銑降而所部未盡服李靖以武德五年度嶺而甯長眞以五年四月降則置欽州當在五年又舊唐志欽州只領縣五而無海安縣與此不同 又置如何縣廣西郡縣志及寰宇記並云在武德五年 又置玉州南亭州並隸欽州總管以內亭遵化二縣屬南亭州寰宇記並在武德五年 又析海安爲海平二縣屬玉州廣西郡縣志 太宗時罷府圖經 又廢玉州以海安海平二縣來屬又廢南亭州以內亭遵化二縣來屬廣西郡縣志在正觀二年 改南賓縣爲靈山縣廣西郡縣志在正觀十年 改爲甯越郡天寶元年 復爲欽州乾元元年 兼充本州鎮遏使白樂天集有康冊讓知欽州兼|||||||五代劉氏有其地五代史 國朝平嶺南地歸版圖開寶四年 隸廣南西道廢遵化欽江內亭三縣

入靈山縣九域志在開寶五年更保安曰安遠九域志在景德三年初治欽江後治靈山今領縣二治安遠

縣沿革

安遠縣

倚郭舊唐志云欽江州所治也本漢合浦縣地宋分置宋壽縣元和郡縣志安京縣下云梁武帝分宋壽郡於此置安京郡開皇十年廢郡爲縣屬欽州隋志安京縣下註云舊置安京郡平陳郡廢唐志保京縣下註云本安京至德二載更名保京縣屬欽州九域志云景德二年改安京縣爲安遠縣新甯越志云皇朝開寶五年徙州治于保安縣卽今安遠縣也

靈山縣 望

寰宇記云舊在州北六十六里今爲州所理隋志云開皇十八年置南賓縣屬甯越郡唐志云本南賓縣

正觀十年更名靈山輿地廣記云唐自欽江徙州治此九域志云開寶五年省遵化欽江內亭三縣入靈山新寗越志云治平三年移治石六寨

風俗形勝

南轅窮途見天涯亭下　種水田桑麻爲業同上　今鄉村人皆戴白頭巾寰宇記　又別有夷人名高梁人不種田入海捕魚爲業婚嫁不避同姓用臘月爲歲寰宇記　俚人不解言語交肱椎髻食用手搏水從鼻飲之寰宇記　又有獠子巢居海曲每歲一移椎髻鑿齒赤裩短褐高梁已下送葬皆打鼓舂堂吹笙天涯之名甚於海角之可悲見天涯亭下

景物上

寅齋（在州治）　三山（在安遠縣南五里）　五湖（在州城外有東湖西湖南湖北湖中湖並嘉祐八年置）　桂山（在安遠縣東二十餘里）　楠石（在靈山縣東一里）　錢巖（在靈山縣西二里耆老傳昔有富家翁藏｜｜壑中樵人百方欲取之力不能到因名）　横山（在安遠縣北十餘里）　小江（在舊州城水從敢源村合大江）　仙巖（在靈山縣西八十里地號陁令村）　釣石　醉石　臥石（並在江濱）　徑石（在靈山縣西二里）　欽水（自州城外東南流入于海見隋志）　鹹土（繫年錄云紹興十二年十月詔廣西欽廉雷化所產鹽並令官賣先是有旨罷官賣至是欽州｜｜生發歲產鹽三十餘萬斤論者以爲商人不通請復官賣）

景物下

簡靜堂（在州治）　敬簡堂（在倅廳）　喜豐堂（在州治）　直鈎軒（在天涯亭）

之東余襄公建陶弼有詩三山亭在州南孔雀山上五湖亭在州東江岸上天涯亭在東門北畔臨水嶺外代答云欽州有ㄧㄧㄧ廉州有海角亭二郡並南轅窮途也欽遠於廉則天涯之名甚於海角之可悲矣昔余襄公守欽爲直鈎軒於亭之東偏即江濱之三石命曰鈎石醉石卧石紅牙山在靈山縣北二十五里青雲山在安遠縣西八十里黃樓山在靈山縣西百里天井山在靈山縣西七十里林冶山在州東北八十里古金坑之所前輩詩云天涯亭下有龍竈ㄧㄧㄧ頭出碎金峯子嶺在靈山縣即縣之主山也武牙山寰宇記云在保京縣即今安遠縣龍牙山在靈山縣北二十餘里象鼻沙在州城入海界路魚梁水在安遠縣西二百里社龍山在安遠縣西北三十里孔雀山在州西南五里一名丙三山其山特出一郡衆山之表三峯峙立山中多孔雀陶弼創亭其上銅魚山在州西北六十里古老相傳山下有巨石陂陂隄下鑄一大丨丨以爲水實因名洗馬步舊在天涯

亭下太守陶弼飲馬于此石龍石在靈山縣西三里石瞻石在靈山縣南五里石
六石在靈山縣西百里石練石在靈山縣西二里羅浮山在州西北六十五里
舊經云山形若惠州羅浮因以得名隋志安京縣北七十里有安京山即今羅浮也羅浮水在州
南四十里源出羅浮山西流達如洪江入于海見隋志羅江水在安遠縣北四十里羅陽
山在安遠縣東二十里又云在靈山縣東二十里羅繡水在安遠縣西七十里入如洪江安
京山隋志云保京縣北七十里安京山似惠州羅浮山保溫水在靈山縣二十五里望
海嶺在安遠縣北去十里如洪江在安遠縣西北流入海博合山在安遠縣東北
三十里今在靈山縣靈伏山寰宇記在今安遠縣那陳山在安遠縣南七十餘里□云在
靈山縣南七十五里那舅山在安遠縣七十里豐子嶺見九域志武郎江寰宇
記在保京縣郡今安遠縣武欽水在安遠縣北四十里欽江水元和郡縣志云源出東北

博合山寰宇記云在舊保京縣**大雲寺**在靈山縣西一里**三海巖**在靈山縣西二里一錢巖一月巖一龜巖治平二年陶弼始訪得之總名曰｜｜｜有詩序云一呀雲際天光內通如月破一若巨龜殼側倚崖下一中窪上隆前卑後昂狀如覆鼎蓋於竈上端有陰竅月布存焉下有盤石螺蚌負之予疑上古之時海漸于此**西靈山**在州西北一百餘里唐正觀十年移靈山縣治於此見唐志**如昔寨**在州西一百六十里距交趾永安州二十里據大山之巔勢甚險阻國朝置管轄如昔等七洞天禧中歲調高容雷化龔潯鬱白八州之兵以益之名曰戍卒**瀑布灣**在郁容村巨石岸下其瀑自石頂飛激下成深灣歲旱則鄉人祈於灣傍以石投之雨立至郡人黃伸詩云飛來瀑布破青山遂作寒流水一灣民庶只疑投石效豈知龍卧在其間

古迹

廢玉州詳見州沿革寰宇記云玉州今在化外**廢南亭州**詳見州沿革**廢欽**

江縣元和郡縣志云本漢合浦縣地宋於此置宋壽郡開皇十九年罷郡爲欽江縣屬欽州國朝會要云開寶五年併欽江等三縣入靈山

廢遵化縣元和郡縣志云隋開皇二十年置遵化縣寰宇記云隋縣屬南亭州唐正觀元年州廢來屬皇朝廢入靈山縣

廢內亭縣寰宇記云隋縣因水爲名隋志云舊置宋廣郡平陳郡廢十七年改曰新化縣十八年改名內亭唐武德元年於此置南亭州正觀元年州廢來屬皇朝廢入靈山縣

廢安海縣寰宇記云唐置欽州管六縣海安頭焉又云唐廢故舊唐志無海安縣

廢南賓縣寰宇記云本漢合浦縣地隋志云開皇十八年置寰宇記云唐時廢

銅柱漢馬伏波平交趾立丨丨爲漢極西界唐馬摠爲安南都護夷獠爲建二丨丨於伏波之處以明摠爲伏波之嗣是丨丨在安南矣又唐何履先定南詔立馬援銅柱按南詔今大理國則是銅柱復當在大理聞欽境古森洞與安南抵界有馬援銅柱安南人每過其下人以一石培之遂成邱陵其說曰伏波有誓云銅柱出交趾滅培之懼其出也又云交趾境內有數丨丨未知孰是胡曾

詩云一柱高標險塞垣南蠻不敢犯中銅鼓古蠻人原功成自古分茅土何事翻啣薏苡寃所用欽州村落土中時有掘得者相傳云馬伏波所餘又云乃諸葛武侯征蠻之具

廣鹽 李心傳朝野雜記云｜｜舊從官賣建炎四年春以淮鹽道不通戸部請即虔州榷貨務鬻廣鹽鈔二十萬緡以供行在之用許之未幾復止九年罷官賣鹽許通商於嶺外十二年冬議者以欽州鹹土生發歲產鹽三十餘萬斤商人不通請復官賣許之自後廣西官賣之法又改為鈔法乾道四年罷鹽鈔令漕司自認鈔錢嶺南極以為患淳熙初張欽夫為帥始與漕司詹體仁叶議立為定額定直且條上之邕州官賣鹽每斤百錢二人既去漕臣趙公瀚增其六十欽州歲賣鹽千斛公瀚五增之六年秋侍御史江溥以為言上黜公瀚遂詔閩廣發賣鹽自有舊額及定直自今毋得擅有增添

官吏

張說 唐書說為鳳閣舍人張易之誣陷魏元忠也援說為助說廷對元忠無不順言忤后旨流欽州

李昭德長安人唐如意中以內史出爲欽州南賓尉俄召授監察御史　李邕字泰和揚州江都人唐元宗時自陳州刺史左遷欽州遵化尉撰刺史甯銀靑神道碑以計嶺城有功遷灃州別駕又唐詩紀事云｜｜爲張說所惡貶欽州　余靖守欽州詳見天涯亭下　毛溫字伯玉賀州人神廟時爲欽州靈山主簿交趾寇陷廉欽自三城守令望風走避溫糾合土豪每戰輒勝遂挫賊鋒部刺史聞召對改秩告詞云比以交趾竊發攻陷城邑爾以邑掾獨能致其勇於倉卒擾攘之間進之京聯往佐邊幕尙圖來效以俟異恩　陳永齡熙甯知欽州時交蠻寇邊永齡躬率兵嬰城固守城陷力屈而殞邦人義而祀之　陶弼嘉祐八年刺史｜｜重葺郡城濬治壍塹郡治愈固　楊友紹興初太守｜｜以交趾貢使地界有爭公植鐵槍于庭謂之日若必要地界請鏖戰一場交使惕息而退今邦人猶誌之呼爲楊鐵槍　程千秋紹興謫欽州又中興小歷載建炎初程千秋守公安縣盜不敢犯又小歷載千秋爲京西制置使桑仲攻襄陽千秋不能守遁去則千秋坐貶恐以失襄陽之故耳　康與

之字伯可紹興二十三年謫欽州寓於舊崇福寺**岳霖**淳熙四年太守｜｜以交使入貢常爲譯者所導妄肆無禮是歲交使到驛折毀驛舍公封劍示其都監若不葺而行當以兵法相待交人股栗繕而後行**呂祖泰**朝野雜記云慶元六年｜｜｜上書論道學所恃以爲國趙汝愚有大動勞不當禁逐其黨願陛下亟誅韓侂胄及蘇師旦周均而罷逐陳自強之徒而以周必大任其事乃得責欽州嘉泰三年放令自便及侂胄死乃補迪功郎而祖泰已死矣

人物

甯悌原欽江人少好學入郎濟山讀書登唐永昌第[元]宗時兼修國史[元]宗一日取所修閱之至隱巢之事見｜｜直書無隱因諭之曰白馬求卿黃金贖罪卿以爲何如悌原叩頭曰周公誅管蔡季反鴆叔牙雖太宗皇帝不得已之誅亦隱巢有以自取爾臣是以書爲萬世君臣之鑑由是忤旨去官致仕而卒葬於欽江縣大墓山詔發嶺南五府兵以給葬事**黃渙**字彥舟靈山人入辟雍後權知鬱林

州事以選赴京會敵騎入寇渙率在部官奔詣南薰門外聯表乞留聖駕已而又奔南京奉表勸進高宗壯其忠擢權兵部侍郎建炎三年當戰陣亡詔贈朝奉大夫官其一字

碑記

烏雷廟記 自唐以來所有碑記今猶存廟在城外半里

州學記 南軒張栻撰

甯越郡志 慶元改元郡守林會序又簽判廖演序

詩

曾憐海石爲碁子客懼蠻螺作酒盃自笑平生喜韜略此時何計上金臺 陶弼寄欽州洪邇侍禁詩

霧雨昏昏風日驕大涯亭畔覺魂消一家生意付秋瘴萬里歸心隨暮潮 陶弼天涯亭

商誇合浦珠胎賤民樂占城稻米豐火炬

影沈江岸北潮聲流過郡城東陶弼三山亭玉板淡魚千
片白金膏鹹蟹一團紅雲臺志節悲歌內銅柱封疆
醉眼中所惜溪頭好崖石只書詩句不書功同上紅螺
紫蟹新鱸鱠白藕黃柑晚荔枝酒盡月斜潮半落山
翁不省上船時同上甯越佳山水南湖最淺清暗泉通
古廟涼氣入軍城陶弼南湖詩甯越佳山水湖中稱賞心
環流隨郡塹倒影動禪林陶弼中湖詩甯越佳山水西湖
似浙城桂多天竺子潮欠海門聲陶弼西湖甯越佳山水
城樓枕北湖邱陵助形勢溝洫借膏腴陶弼北湖新邑西
南古洞天我來方信海爲田無名不入州圖載有路

唯聞野老傳陶弼三海巖海供地寶華中國日助天恩暖

外夷三石稧橋春會永五湖吟舫夜歸遲陶弼欽州書事

四十六

輿地紀勝卷第一百十九

輿地紀勝卷第一百二十　文選樓影宋鈔本

東陽王象之編　甘泉岑鎔 溢 長生 校刊

廣南西路

廉州　合浦　珠官　越州　珠池　祿州　合州　太平軍

州沿革

廉州　中　合浦郡軍事九域志　古越地也元和郡縣志　牽牛婺女之分野漢書地理志云｜｜｜｜｜今蒼梧鬱林合浦九眞日南皆粵分野也　秦屬象郡寰宇記　漢平南越置合浦郡今州卽漢合浦郡理也漢志平百粵置合浦郡在元鼎六年元和志云今州卽合浦郡理也　吳改爲珠官郡宋志越州合浦太守下註云漢武帝立孫權黃武七年更名珠官孫亮復舊晉先屬交州後屬越州

復改珠官爲合浦圖經云吳黃武七年改爲珠官郡尋復爲合浦然寰宇記則云晉復
爲合浦郡輿地廣記云吳改曰珠官郡晉復爲合浦
與圖經不同象之謹按元和郡縣志及宋志並云黃
武七年更名珠官郡少帝改珠官郡爲合浦郡晉又
以朱崖郡之珠官縣來屬合浦郡非晉始復合浦之
郡名也當從元和
郡縣志及宋志
宋於合浦郡置越州在泰始四年南齊志云越
州臨漳郡本合浦北界也夷獠叢居畧無編戶宋泰
始中西江督護陳伯紹啟立爲越州七年始置百梁
瀧蘇永甯安昌富昌南流六郡割廣交朱戴三郡來
屬元徽三年以伯紹爲刺史始立州鎮穿山爲城門
威服俚獠土有瘴氣漢世交州刺史每暑月輒避處
高令交土調和越瘴獨甚故臨漳郡又名臨瘴郡
齊因之隋平陳郡廢隋志煬帝改越州爲祿州隋志在大業初
年又改爲合州隋志又廢州爲合浦郡元和郡縣志在大業三年唐
平蕭銑遣李靖度嶺招撫諸州通鑑在武德四年隋合浦太

守甯□宣來降通鑑武德五年四月｜｜｜｜｜｜｜｜｜｜按通鑑蕭銑所部來降皆書州而不書郡惟甯□宣來降則書郡而不書州蓋甯宣爲隋合浦太守方蕭銑奄有嶺表改郡爲州不用隋制稱郡而日宣猶能以合浦孤城爲隋守節而不臣伏於蕭銑也銑之郡守其他如桂黃高欽以地降者通鑑悉書州名惟此特以合浦郡書以見其尚能守隋合浦之城而不失隋之名稱也通鑑旣特筆以顯其事故表而出之罷合浦郡又爲越州唐志在武德四年寰宇記在武德五年不同彖之謹按通鑑武德四年十一月遣李靖招撫諸州隋合浦太守甯日宣以武德五年始來降不應四年預改越州則改郡爲州當在五年領合浦安昌高城大廉大都五縣寰宇記又置珠池縣廣西郡邑志在正觀八年改爲廉州唐志在正觀八年取大廉洞以爲名元和郡縣志廢姜州以封山東羅蔡龍三縣來屬廣西郡邑志在正觀十年廢安昌珠池入合浦廢高

城入蔡龍廣西郡邑志在正觀十二年元宗改爲合浦郡天寶元年後復爲廉州乾元元年五代劉氏有其地五代史年表並屬南漢皇朝平嶺南開寶四年移州治於長沙場國朝會要在開寶五年在舊州西南四十里省封山蔡龍大廉入合浦又廢常樂州長編云開寶五年上拔嶺南圖籍州縣多而戸口少命知廣南潘美及轉運王明度其地里并省以便民四月廢常樂州以常樂司封高城石巖四縣地置石康縣來屬開寶五年廢廉州於海門鎮置太平軍國朝會要在太平興國八年軍在廉州西南三十五里依舊爲廉州國朝會要在咸平元年勑惟此要津素稱合浦自爲軍額頗鬱輿情將令剖竹之臣復効還珠之守宜｜｜｜｜｜｜今領縣二治合浦

縣沿革

合浦縣 上

倚郭本漢合浦郡吳曰珠官郡宋兼立越州隋立祿州及合州唐立廉州國朝會要云開寶時省封山蔡龍大廉三縣入合浦太平興國八年州廢爲太平軍省合浦入石康咸平元年復置廉州及合浦縣故寰宇記於太平軍之下惟載石康一縣而無合浦縣及輿地廣記之作則有合浦石康二縣則是合浦一縣與廉州同廢同復耳

石康縣 下

在州東北三十五里輿地廣記云本常樂州南漢立及置博電零淥鹽場三縣國朝會要云開寶五年廢常樂州省縣以博電零淥鹽場三縣地置□□□來屬

風俗形勝

郡無耕稼所資珠璣後漢循吏傳孟嘗爲守事鑿山爲城門以威

服蠻獠宋陳伯紹爲因大廉洞爲名元和郡縣志又云大廉縣地有大廉洞故武德五年置名大廉縣今按郡志云大廉縣之名雖廢而州名則以大廉洞故名耳合浦葉隨風入洛陽城劉欣期交州記事見晏公類要州西南至廉江入海處約二百里其海口有梁德鎮亦是往安南水路

元和郡縣志春青草瘴秋黃茅瘴元和郡縣志云自瘴江至此瘴癘尤甚中之者多死舉體如墨春秋兩時彌盛春謂青草瘴秋謂黃茅瘴馬援所謂仰視烏鳶跕跕墮水中卽此也土人諸則不爲病交土調和越瘴獨甚南齊志

景物上

鴈湖去古廉州二百步每秋冬有雙鴈遊於其間爲其罕有因以爲名馬渡寰宇記云昔有野馬渡因此名之珠池郡國志云合浦縣海曲出珠號曰丨丨唐正觀五年置珠池縣嶺外代荅

云合浦產珠之地名曰斷望池去岸數十里蜑人沒而得蚌剖珠蜑家自云海中珠池若城郭然其中光怪不可向邇常有怪物護持又嶺南雜錄及張師正倦遊錄所載與此略同蔡絛叢談云合浦珠池大抵皆居海中珠母者蚌也採珠必蜑丁皆居海艇中採珠以大船環池以石懸大絙別以小繩繫諸蜑腰沒水取珠珠氣迫則撼繩繩動船人覺迺絞取人緣大絙上中興小歷紹興二十六年詔廉州歲貢珠聞取之或傷人命自今可罷貢

畫山 在古縣北五十七里其山石并明艷四時新鮮其狀如畫

古城 在古廉州東宋太始中陳伯紹見青牛之處事見九域志又云卽漢孟嘗爲守還珠之處

晏水 在合浦縣北源山容州大容山今屬石康

廉江 元和郡縣志云州南至｜｜入海處二百里

瘴江 元和郡縣志又寰宇記云州界有｜｜名爲合浦江

圍洲 交州記云合浦十八里有｜｜周廻百里其地產珠見寰宇記

巢溪 在合浦縣北七十里

性山 寰宇記

姜山 在古縣北三十里遠山居人皆姓姜

麻嶺 寰宇記云沙麻嶺在甯浦郡

明月溪在合浦縣北八十里清夜湛然如月一色

涤雲溪在合浦縣北百七十里

海角亭欽州有天涯亭廉州有｜｜｜二郡皆南轅窮途也欽遠於廉則天涯之名甚於海角之可悲也

開元宮見九域志又圖經云咸平元年賜太宗皇帝御書收藏

合浦水方輿記云去合浦八十里有圍洲其地産珠寰宇記云一名馬渡

五黃山九域志云古樵夫迷路見五人黃冠朱顏相與談笑指示迷者得歸

百艮山在合浦東百三十里其山自白州林木深廣工匠求良材一百不失一

銅船湖寰宇記云馬援鑄銅船五隻一留此湖中四隻將過海征林邑

糠頭山昔南越王尉佗屯軍於此元和郡縣志以爲糧頭山九域志以爲狼頭山不同寰宇記又云山若鳴則風颸立至

象鼻山在合浦

狼頭山九域志

鹿井寨在合浦

龍泉里在合浦

祭龍水在合浦舊經云昔有龍見里人相率而祭之

北龍山九域志云

其形似龍山從北來**蔡龍洞**本漢合浦縣地唐武德置蔡龍州因縣界有|||故也**白鶴觀**在合浦縣義勇場內**青牛城**廣西郡邑志云宋置越州領九郡始立州鎮見三青牛圍之卽其處置城號|||**皇華驛**在州治**張沐溪**在合浦縣東北八十二里舊經云昔有隱士張沐居于此**珠母海**寰宇記云去石康縣八十里採珠之所卽合浦也蚌母廣數寸長一尺餘**大廉洞**在古大廉縣地**石荒溪**元和郡縣志在古大廉縣**武祿溪**元和郡縣志在故蔡龍縣東南三里

古迹

越州城在合浦縣東十里元和郡縣志云卽宋陳伯紹刺史所理城也**常樂州**寰宇記云石康縣本屬|||**太平軍**國朝太平興國八年置|||理海門**安昌縣**寰宇記云唐初置正觀十二年廢**廢合浦縣**寰宇記云舊州郭下漢縣屬合浦郡**廢珠官縣**

晉志合浦郡下有珠官縣宋志無珠官縣**廢珠池縣**唐正觀八年置十二年廢入合浦**廢**

封山縣元和郡縣志云本漢合浦縣地齊於此置封山郡開皇罷郡爲封山縣寰宇記云在舊州

南北一百二十里唐志云武德五年置姜州領封山縣後廢**廢東羅縣**唐志云舊屬姜州正

觀十年州廢來屬後省東羅**廢蔡龍縣**寰宇記云在舊州北一百五十里唐武德分置屬姜

州正觀十年來屬廉州**廢大廉縣**寰宇記云在舊州東南一百里唐武德五年置已上四縣

皆漢合浦縣地並廢入石康縣**廢高城縣**唐志云正觀十二年省高城縣入蔡龍**媚川**

都通畧開寶五年載初劉鋹在廣南置丨丨丨令人入海採珠溺死者衆詔廢之今合浦縣尚有媚川

館**陳王祠**在合浦縣東北三十里宋刺史陳伯紹有恩惠於民歿於嶺表所在立祠陳霸先事

之稱爲叔父及受禪尊爲帝見元和郡縣志**夫人山**在合浦縣東一百二十七里陳伯紹葬妻

於此因名其山寰宇記亦名殯山

官吏

王章西漢傳云｜｜妻子徙合浦費貽字奉君蜀南安人也公孫述時漆身爲癩佯狂避世述破爲合浦太守事見華陽國志孟嘗後漢循吏字伯周爲合浦太守前政貪殘珠徙交趾嘗淸潔無求珠乃還郡甯□宣爲隋合浦太守不臣伏蕭銑事見沿革門顏遊泰唐武德初爲廉州刺史撫恤境內禮遜興行遷鄆州刺史唐詩紀事云遊泰乃師古之叔也武德初刺廉州州人歌曰廉州顏有道往行同莊老愛人如赤子不煞非時草高祖璽書勉之蔣元振長編云淳化中守廉州元振江東人淸苦厲節親屬多貧不能贍養寄家潭州盡畱俸祿供給元振叕菽飲水縫紙爲衣簡易爲政民甚便之遷轉運使蘇緘神宗時知廉州先是人嘗厭吏之侵公至勵以淸白貪汚爲之化見邕州懷忠廟碑又淸源集云緘知廉州廉古合浦郡珠貝所產富商萃焉邑屋多覆茅竹民苦火災公教民陶土爲瓦民悉改造陳瓘字瑩中南劍州人也舉進士甲科遷右司諫極論蔡卞倡爲國

是以行其私罷徽宗召除右司　蘇軾紹聖初御史論又抵曾布罷貶袁州移廉州　軾貶昌化軍安置徽宗即位移廉州事畧云　曾布本傳布終始以新法爲可行與韓忠彥同拜相後坐薦趙諗及棄湟州地責廉州　劉紹先中興遺史紹興十三年丨丨丨除知欽州未行見秦檜上兵策檜大不樂責廉州

詩

瘴江西去火爲山炎徼南窮鬼作關從此更投人境外生涯應在有無間唐紀事詩張均作　屢與南僧談瘴溪獨推君縣好封圻不同合浦人民衆雖接交州寇盜稀陶弼寄石康縣曹元道　合浦還珠舊有亭史君方似古人清沙中蚌蛤胎常滿潭底蛟龍睡不驚陶弼寄題還珠亭　雙魚遠

客書來報復有珠隨旦暮潮陶弼惠泉史君合浦來示我

海濱石千巖秀掌上大者不盈尺陶弼詠廉州史君海石昔時

孟太守忠信行海隅不賊蚌蛤胎水底多還珠陶弼題廉

州孟太守祠堂荒京海南北佛舍如雞棲忽此榕林中跨空

飛栱枅當門列碧井洗我兩耳泥高堂磨新甎洞戶

分角圭倒床便甘寢鼻息如虹霓僮僕不肯去我為

半日稽蘇東坡宿廉州興廉村淨行院瘴嶺只將梅作雪湘山今見

麥為春陳了翁自廉到郴懸知合浦人常誦東坡詩好在眞

一酒為我醉宗資東坡聞道牂江空抱珥日來合浦自

還珠東坡

四六

眷合浦之名邦有還珠之遺化事迹將令剖竹之臣復效還珠之守咸平元年復置廉州勑

輿地紀勝卷第一百二十

輿地紀勝卷第一百二十一　文選樓影宋鈔本

東陽王象之編　甘泉岑鎔　淦　壂　校刊

廣南西路

鬱林州　南定州　尹州　寒山　鬼門　西甌　建甯　南流　興業

州沿革

鬱林州　下　鬱林郡軍事　九域志　古南越地前漢爲牛女分野至唐志乃以南越分屬翼軫　其日韶康廣端封梧藤羅雷崖以東爲星紀星紀斗牛女分也其日桂柳鬱林富昭蒙龔繡容白而西及安南爲鶉尾鶉尾翼軫分也一越之地而兩𨽻星分豈非以韶廣諸州近東而以屬牛女桂柳鬱林諸州近西而以屬翼軫乎此據圖經　秦平百越置桂林郡　賈誼過秦論曰南取百越以爲桂林象郡　漢平南越改

桂林爲鬱林郡漢志武帝元鼎六年更桂林爲鬱林郡王莽改曰鬱林漢志晉宋齊因之圖經梁置定州又改爲南定州隋平陳改爲尹州煬帝改爲鬱州大業初尋改爲鬱林郡此並隋志及通典而元和郡縣志以爲陳天嘉二年置石南郡開皇十年改爲石南縣武德四年於縣置鬱林正觀六年廢以屬貴州乾封元年又置鬱林州與諸書所紀不同象之謹按寰宇記興業縣本石南縣地梁置石南郡隋屬鬱林郡唐正觀中屬貴州則是興業縣亦會併入貴州矣及鬱德二年始分貴州之石南縣置鬱州乾封更鬱州爲鬱林州特諸書不詳載貴州分置一節而兩郡各自爲廢置故不甚相屬耳若以貴州鬱林二州之廢置而參觀則元和志之所紀亦自有理於隋唐二志初無所疑滯也觀者苟參二州而並觀之思過半矣唐初曰南尹州唐志貴州下載武德四年曰南尹州太宗曰貴州唐志貴州下云正觀八年曰貴州高宗析貴州之石南興德鬱

平縣置鬱州唐志云麟德二年析貴州置鬱州仍析石南置興業縣麟德二年又更名鬱林州唐志在乾封元年改鬱林郡天寶元年復爲鬱林州乾元元年五代劉氏竊據其地五代史年表屬南漢皇朝平嶺表地歸版圖開寶四年廢黨牢二州以其屬縣來屬省六縣地入焉國朝會要在開寶七年自興業縣遷州於南流至道二年中興以來廢白州仍以博白縣來屬今屬廣南西路領縣三治南流廣西郡邑志云先是武德初以循洞置牢州正觀後以容州之南流潘州之定川宕川縣隸牢州又永淳初開古黨洞置黨州以右西甌地置撫安善牢等八縣永淳二年析黨州置平琴州建中二年州廢復隸黨州又武德初以合浦縣地置白州有博白龍豪建甯周羅南昌縣龍豪後隸順州本朝開寶五年省鬱林興德入興業廢白州以南昌周羅建甯入博白隸廉州七年廢牢

州黨州以其縣入南流來屬是年復置白州
紹興六年廢白州以博白縣來屬今領縣三

縣沿革

南流縣

倚郭南齊志北流郡無縣又有南流郡輿地廣記云本隋北流縣屬合浦郡唐屬牢州爲州治焉唐志牢州南流縣本隸容州武德四年析北流置南流乾封二年屬牢州國朝會要云開寶七年廢黨牢二州以南流縣來隸仍省牢之定川宕川容川黨之容山懷義撫安善平凡六縣並屬焉

興業縣　下

在州北七十八里舊唐志云石南縣州所治也梁置定州陳於此置石南郡隋開皇十年改郡爲石南縣輿地廣記云隋屬鬱林郡正觀中屬貴州唐志云麟德二年析石南置興業又云析貴州之石南興業鬱平三縣置鬱州乾封更爲鬱林州縣亦屬焉國朝會要云開寶五年省鬱平興德二年隸興業縣圖經云

縣有鐵城四圍皆石其色如鐵舊州治其中至道二年州移治南流遂廢之

博白縣 中

在州南三十里皇朝郡縣志云本漢合浦縣地秦屬象州漢屬合浦郡唐武德四年析置南州并置博白縣以縣有博白山爲名六年改南州曰白州仍以縣隸焉皇朝開寶五年廢白州以博昌縣隸廉州七年復置白州政和元年再廢白州以縣來隸三年復置州紹興六年詔廢白州爲博白縣來隸

風俗形勝

前引長江北背原阜形洩勢坦無嵐霧煙瘴之患政績堂記鬱林古郡治嶺海之間其民不誘於末知孝悌力田務本之義崇甯二年知郡蔣修學記鬱林爲郡已併唐牢黨白三州之境圖經土貢門永嘉爲東甌鬱林爲西甌郡國志今載之

皇朝郡縣志鬱林風土比諸郡爲盛且才秀民好學者多倦遊錄云見圖經風俗門明珠文貝出鬱林之濱華譚言云云其地常隆隆有聲響如踐空地沈懷遠南越記云在鬱平縣夷人居山谷食用手搏酒名都林合糟共飲刻木契焉寰宇記鬱林州風俗古黨洞夷人女以烏色相間爲裙用緋點綴裳下或腰領處爲妬艷男椎髻女散髮徒跣吹笙巢居夜泊寰宇記云黨州風俗博白僻陋而甚故俗反淳古多長年蔡條叢話云嶺右僻且陋而博白又甚焉惟其僻陋而甚故俗反淳古則多長年博白城下有新村吾曳杖其間至一村舍有兩老人坐飲乃兄弟也大者年九十四謂客曰此吾幼弟纔七十八矣從旁環拱而侍之皆兩老人之曾孫是殆可入畫圖也

景物上

新村多老人詳見風俗形勝門　牢石寰宇記在南流縣　牢江在南流縣南二百一十步來自容州北流縣　蔡山元和志在廢鬱平縣　葵山在興業縣西北十五里　寒山九域志云南越王尉佗遣人入山採橘七日方回問其故云山中大寒不得歸故名　温泉在興業縣南二十里源出陵青山將軍穴冬夏常温　響石在南流縣西北二十里道在亂石中扣之其聲清越　博泉在興業縣南二十里僞廣封其神曰龍母夫人皇朝熙寧八年封惠濟夫人有廟存焉　千泉在興業縣南二十里亦温泉也　大江皇朝郡縣志云源出容州入縣界合蘇立水下流入廉州　金坑在南流縣者三今廢　鐵城舊鬱林州治在興業縣　銅船郡國志云馬援造丨丨濟海後令沉于潜天晴水澄往往望見樓船一名越王船　鍾山元和郡縣志在博白縣　石井沈懷遠南越記曰鬱平縣有丨丨丨半甘半淡俗謂之司命井井周給鬬境見寰宇記　石室沈懷遠南越記

曰鬱平縣。石牛。顧微廣州記：天鬱林郡山東南有池，南有石牛，池有石牛，歲百姓殺牛祈雨，以牛血和泥泥石牛背，祠畢而大雨洪注，洗牛背泥盡乃晴。犀牛 有角在額上，其鼻上又有一角。鮫魚 狀如扇，口在腹下而方尾，間有刺甚毒，皮裝刀靶。鱷魚 狀如鼉，齒如鋸，食人。蚺蛇 長十丈，以婦人衣投之則蟠。牙長六七寸，辟不祥。猩猩 郡國志云：封溪有猩猩，似黃狗，人面，善言，音如女人。

景物下

賞心亭 郡守王過有詩。尋春橋 郡守王過有詩。觀風堂 郡守王過有詩。望雲亭 在郡治。凝霧山 在博白縣二十五里，山周迴百里，山多凝霧，因名。飛雲山 在博白縣，山石上有巨人跡，又有石函，常有蛇吐珠，夜出光焉。尋山堂 在博白縣，劉子羽謫白州時所作。景陸堂 在郡治，景慕陸績也。隱仙巖 在南流縣西一里，有石室幽邃，相傳昔有仙人隱於其間，壁上有元和十四年來游字，餘不可考。宴石山 在博白縣西南六十里，其山皆盤石壁立峭絶北臨大江中有流泉噴激有二石寰宇記云昔越王宴處南澗亭有詩石安民洞房山在博白縣東一十里深洞如房因名紫陽巖在博白縣有劉崇遠所造鐵像綠秀嶺在博白縣林泉松竹青葱秀絶因名黃都山九域志云昔有樵夫迷路見五黃衣黃冠語曰吾都此山黃茗山在博白縣東南二十里綠鵶場在南流縣歲收鐵六萬四千七百斤往部州涔水場庫交平烏石寰宇記云在南流縣博白渓廣記云在博白縣又有丨丨山陵青山在博白縣山出溫湯冬夏不竭浸碧亭王過有詩金魚山在博白縣南三十五里白馬巖在南流縣西十里石室深十餘丈有佛像山巔有石望之如馬故名石狗巖在南流縣南五里可容千人獅子石在博白縣南舊經云石形如獅子鳳凰山在博白縣南九十里有錦雞大龍山在南流縣類要云形似龍蟠龍山九域志云在白州形蟠屈如龍鳳飛山在博白縣昔有鳳飛集其上馬騎山在博白縣獸頭石

寰宇記云在南流縣**馬門灘**九域志在白州馬援南征以江流迅激舟楫不通乃疏鑿盡去其石餘有二巨石雙立若門因謂之｜｜｜如奔馬**獨蓮山**九域志云山池中有蓮**二角山**九域志云在白州二峯角立因名又名雙角山**五龍灣**在南流縣**六熊山**在博白縣昔有六熊居其上**八將山**在博白縣八峯攢立因名**大幕山**在博白縣舊經云山產香木羅布**大荒山**寰宇記云在白州山上池中有婢妾魚大如楯兩翼及臍下有三條似練帶長四尺動搖有光**萬祿山**在博白縣西北二十五里**萬石山**在興業縣西南二里**漸大山**郡國志云黨州山北漸大狀如塔一名寶塔山**射半山**在博白縣二十里山上煙霧溟濛則有雨遇旱禱之多應**中平山**在興業縣東南四里**南流江**元和郡縣志在博白縣**北戍灘**在博白縣北昔馬援平蠻取海道由合浦而歸見其湍險嚙舫遂使疏治之人賴其利**東斗山**在舊州東北十二里**北斗山**在舊州西北一十里**周羅山**元和郡縣志在白州周羅縣

周羅溪元和志在白州｜｜縣定川水元和志云故牢州定川縣瀘宕水元和
志在故牢州宕川縣北二里潭禮水元和志在故牢州宕川縣東五里羅望江九域
志在南流縣寶塔山見漸大山下砵砂坑在南流者二博白者三今廢銅鼓
山在南流縣舊經云昔有銅鼓現于此山銅鼓潭在博白縣舊經云昔有水神持銅鼓浮水
擊之聲駭村落暮沈水中鐵圍山在興業縣南五里濯纓泉在州南江之濱石井是也
箱蓋山在南流縣鬼門山郡國志云在牢州界諺云若度｜｜｜十去九不還言多瘴也
人面木春花夏實秋熟兩邊似人面檳榔樹如棕櫚高七八丈無枝柯簞堪爲扇與蛤
灰同食之令人齒黑故有彫題黑齒之俗椰子樹似檳榔實大如瓜堪爲飲器文選曰檳榔無枝
椰葉無陰桄榔木似棕櫚心中出麪龍眼木實如彈子食之甚甜五木並見晏公類要
伏割山在博白縣西四十里多鸚鵡孔雀象獸山下有伏割村因名磻石山皇朝郡縣

志在南流縣南二十五里

信立山在南流縣東南二里一名牢石坡高數十丈坡上有平石又有夾石形如鐘側立舊經云每歲秋日鄉人共候此石若雲氣覆之其歲禾稼必登

古迹

廢牢州寰宇記云本定川郡理南流縣秦爲象郡地二漢屬日南郡吳省晉平吳復置宋分置南流郡齊梁爲定川郡隋屬合浦郡唐置義州改智州又改爲牢州國朝會要云牢州定川郡開寶五年廢省定川宕川二縣入南流隷鬱林州

廢平琴州寰宇記云唐置平琴州建中二年併入黨州其蠶歲八熟多翡翠孔雀其地近海

廢黨州寰宇記云本甯仁郡理善勞縣卽古西甌所居唐置黨州或爲甯仁郡國朝會要云黨州甯仁郡開寶五年廢黨州省容山懷義撫康善勞四縣入南流縣隷鬱林州

故白州元和志云古越地漢爲合浦縣地武德四年置南州六年改南州爲白州國朝會要云開寶五年廢白州隷廉州七年復置政和元年廢隷鬱林州政和三年復紹興八年復廢白州來

屬

廢善勞縣舊黨州理所　廢撫安縣寰宇記云在廢黨州東十五里輿地廣記云本西甌之地唐永淳中開古黨洞立黨州併置撫安縣開寶七年省入南流　廢容山縣曾爲黨州之治所　廢懷義縣寰宇記云在舊黨州西北二十里已上四縣與州同置皇朝開寶七年同廢入牢州南流縣屬鬱林州　廢石南縣寰宇記云漢鬱林郡之地梁置定州陳置石南郡隋改爲縣　廢潭栗縣寰宇記云舊廢　廢鬱平縣元和志云本漢廣鬱縣地吳改廣鬱爲陰平晉又改爲丨丨九域志云開寶五年省　廢興德縣唐志云蕭銑析石南縣爲興德縣輿地廣記云開寶五年省　廢定川縣元和郡縣志在廢牢州西北四十里開寶七年廢入南流　廢宕川縣元和郡縣志云武德四年置乾封二年屬牢州皇朝開寶七年廢入南流　將軍洞一曰飛鼠洞在博白縣南三十里其洞三重石室虛明中有石田石龍石粟有泉分溫涼而流有刻石南州大首領將軍龐孝泰十字　伏波廟在馬門山之隈　武襄廟狄公廟也在南

流縣 **馬援營** 寰宇記云在南流縣 **越王船** 即馬援銅船也見銅船下 **綠珠井** 太平廣記云在白州雙角山下昔梁氏之女有容貌石季倫爲交趾採訪使以眞珠三斛買之梁氏之居舊井存焉汲飲者必誕美女里閭以美女无益於時遂以巨石鎭之山谷詩云欲買娉婷供煑茗我无一斛明月珠用此事也 **綠珠江** 嶺表錄云白州界有一派水自雙角山合容州江呼爲｜｜｜亦猶歸州有昭君村也 **綠珠宅** 又名綠珠臺在興業縣西北四十里 **仙女臺** 在南流縣

官吏

漢谷永 後漢南蠻傳云永守鬱林靈帝建甯三年以恩信招降烏滸人十餘萬內屬皆受冠帶

吳陸績 事孫權以直出守鬱林唐陸龜蒙傳云其遠祖｜事吳守鬱林歸裝舟輕不可越海取石爲重人稱其廉號鬱林石賓州圖經載古瑯琊縣有姓陸者績之遺嗣有軒冕之風

皇朝姚道源 通川志云道源登慶歷第後知鬱林州三歲未嘗決大辟會元豐嗣聖龍飛遣子弟修貢例當推恩

公六子皆未仕遂不遣子而遣弟旁郡皆愧之

劉子羽 言行錄云紹興四年安置白州初子羽參宣幕吳玠統制軍馬頗相厚善後子羽坐事安置玠憐其母老力解於朝至納節請贖上高其義釋子羽且降詔獎諭

趙不易 紹興二十六年執政進呈知鬱林州丨丨丨便民五事內言雷化等州納苗折銀擾民欲並納正色繫年錄

陸絳 劒南詩藁云放翁之姪也嘗知博白縣絳在博白與郡爭辯職事袖印還之而去放翁有詩云束髮已青袍終身州縣勞一官常骯髒萬里忽君蒿竟負昂霄志空傳擲印豪兩疏心不違遺恨寄滔滔

碑記

隱仙巖留題 在南流縣壁上有元和十四年來遊字餘不可考

唐乾符中碑 北戍灘在博白縣西南一百里馬門灘之下唐咸通末安南都護高駢既平蠻獠詔歸闕自海路由合浦而上經是灘險不可行又中伏巨石駢因留俸錢遣海門防遏使楊俊營治之至今州楫通行人無艱阻

乾符中俊立碑以
紀其事碑今存焉　鬱林圖誌舊記李宗諤序新志施坤序

詩

崑崙家住海中州蠻客將來漢地遊言語解通秦吉
了波濤初過鬱林州張籍崑崙兒詩　昔傳瘴江路今到鬼門
關土地無人老流落幾客還問我投何地西南盡百
蠻沈佺期入鬼門關　日將先聖詩書教暫作文翁守鬱林湘山
野錄載楊叔賢本朝人也頃爲荆門幕時虎傷人楊就虎穴磨巨崖作誡虎文後知鬱林州打誡虎文數
本言嶺俗庸獷欲以此化之遂有詩　去歲同登畫角城諸蠻未滅夜論
兵五更將吏知人意吹作梅花塞外聲陶弼鼓角樓　越裳
濟海喜天晴五葉戈船不渡兵堯舜遠夷皆樂國漢

唐諸將半書生陶弼寄太守姚道源宦遊梅嶺外訟訴榕庭空

王安中和鬱林使君韻舊聞鴈不到衡陽今復南飛入瘴鄉天

闊隨陽皆可去未應爲界限瀟湘胡長卿過容州以南連夕聞鴈舊聞

鴈不到衡陽及到鬱林圖經云禽有鴈則知鴈亦到此南流底處所絳帳居尊

嚴李鼐送高補之赴官鬱林肩輿初入鬱林州井邑都如舊日游

雖有山川供遠目不堪雨露濕征裘土風慣習瘴誰

慮客况寂寥心自愁春去秋來人共見十年辛苦在

炎州李運使失其名心存北闕馳魂夢身漸東歸出鬼關王過

荔子雨晴紅點點蒲萄江漲綠流流夢魂不啻三千

里倦翮難勝九萬風前人危亭北據水南流檻外頻來

海上舟通津亭詩寄語往來荆廣客鬼門關在鬱林西桂門關在郡之西始呼爲鬼門關近曹德載作文辨之

漢令班南海蠻兵避鬱林

天涯柱分界徼外貢輸金坐失姦臣意誰明報國心

一棺忠勇骨漂泊瘴煙深温公馬伏波詩

四六

闕

輿地紀勝卷第一百二十一終

輿地紀勝卷第一百二十二　文選樓影宋鈔本

東陽王象之編　甘泉岑鎔 淦 ⿱長土 校刊

廣南西路

宜州　龍水　龍江
粵州　忻城

州沿革

宜州 下 龍水郡慶遠軍節度 英宗潛藩 粵地牽牛分野 圖經 秦屬象郡漢交趾日南二郡界並同安南府 此據通典粵州下 後沒于蠻夷 輿地廣記 唐招降所置初曰粵州郡同環州 寰宇記云郡同環州之地招降所置又按寰宇記環州本正平郡正觀十二年大使清平公李[宏]靜遺融州柳州首領慰安由是欽附又寰宇記載投荒錄云宜州乃桂之屬郡州有河其水如桂之陽江水

深岸斗形勢異於衆水故老相傳舊神龍所開其郭邑名龍水此一郡見正元錄即不述創置年月元和郡縣諸志亦不載改爲龍水郡天寶元年復爲粵州乾元元年改粵州爲宜州唐志在乾封元年廣西郡縣志云乾符中更曰宜州二者不同象之謹按通典所載迄于乾元尚稱粵州不言其更爲宜州則其改粵爲宜非在乾元之前也乾符乾封字亦相類遂致訛舛耳五代時初爲馬氏所有通鑑唐昭宗光化三年馬殷平嶺北遣其將秦彥暉李瓊等引兵趣桂州遂圍之桂宜巖柳象五州皆降至後周時嶺南之地始盡歸南漢通鑑後周太祖廣順元年楚王希廣希萼兄弟爭國南漢主遣吳懷恩將兵趣桂州奄至城下桂州遂潰懷恩因以兵略定宜連梧嚴富昭柳象龔等州南漢始盡嶺南之地皇朝平嶺南地歸板圖開寶四年以柳州洛曹縣來屬國朝會要淳化元年洛曹縣自柳州來隸嘉祐七年廢隸龍水又詔嶺南羈縻環州鎮甯州金城州

智州懷遠軍並依前隸宜州國朝會要又廢芝州入于宜州國朝會要在慶歷三年又以羈縻芝忻歸恩紆三州地爲忻城縣來屬國朝會要在慶歷三年及儂智高反樞密副使王堯臣請析廣西宜容邕三州爲三路以容桂柳象隸宜州白高竇雷化鬱林象藤梧龔隸容州欽賓橫潯貴隸邕州遇蠻入寇三路會支郡兵掩擊令經略使居桂州以統制焉詔狄青審議後亦不果行九朝通畧皇祐四年省洛曹縣入龍水國朝會要在嘉祐七年以智州河池縣來屬省富力縣入焉九域志在治平二年廢懷遠軍古陽縣爲懷遠寨入龍水又以環州思恩縣來屬國朝會要在熙寧八年州徙治帶溪國朝會要在熙寧八年復徙治龍水舊縣國朝會要在元豐六年英

宗潛邸陞慶遠軍節度國朝會要在宣和元年 更龍水曰宜山廣西郡邑圖在宣和元年 今領縣五曰宜山忻城思恩河池天河而崖山東璽廢矣 治宜山又管五砦羈縻之州十有八皇朝郡縣志

縣沿革

宜山縣上

倚郭輿地廣記云唐與州同置崖山東璽等縣後皆省而龍水縣屬本州皇朝郡縣志云嘉祐七年省洛曹縣入焉熙甯八年省懷遠軍古陽縣爲寨述昆縣爲鎮并思立寨並屬本縣宣和五年改爲宜山縣以縣有宜山以爲名

思恩縣

在州之西一百五十里輿地廣記云唐正觀十二年開生蠻與環州同置屬焉後州沒于蠻夷皇朝郡縣志云本羈縻環州之境國朝會要云熙寧八年以環州思恩縣來隸皇朝郡縣志又云徙治帶溪大觀二年以帶溪寨爲溪州以思恩縣隸焉四年廢溪州復以縣來隸

忻城縣 中下

在州南一百一十里輿地廣記云唐志及立芝州治此後爲羈縻州國朝會要云慶曆三年以羈縻芝忻歸恩紆等州地爲忻城縣來屬本州

天河縣 下

在州北九十里輿地廣記云唐與州同置皇朝郡縣志云大觀元年割隸融州靖康元年復隸宜州

河池縣 下

在州西二百十五里輿地廣記云本羈縻智州之地國朝會要云治平二年來隸宜州省富力縣以入焉

皇朝郡縣志云大觀元年於縣置庭州以縣爲懷德縣隸焉四年廢庭州其懷德縣復爲河池縣隸宜州

風俗形勝

控牂牁昆明等十五部爲嶺南要害之地皇朝郡縣志與江北相犬牙虞衡志云宜之山人云出砂處與湖北相犬牙山北曰辰砂山南曰宜砂地脉不殊無甚分別廣西控扼夷蠻曰邕曰宜嶺外代答云廣西控扼蠻夷邕屯全將宜屯半將本朝皇祐間分宜州爲一路帥所統多夷州後罷爲郡今守臣猶兼廣西都監爲慶遠軍節度宜之西境有南丹州安化三州一鎭又有撫水五洞籠河茅灘荔波等蠻及陸家砦其外有龍羅方石張五姓謂之淺蠻又有西南韋蕃及蘇綺羅坐夜冋計利流求謂之生蠻其外又有羅殿毗那大蠻皆徑路直抵宜城丘之境上江山險峻人風獷戾常持兵甲以事戰

爭皆左衽椎髻禮異俗殊以巖穴爲居止寰宇記羈縻州有州縣無廨宇圖經云見管四縣一場又管羈縻十六州砂銀兩監內温泉等一十二州地理相近見管逐州山川四至戶口城縣洞江古迹可得而觀其文蘭等四州最居偏僻有州縣且無廨宇所有租賦宜州差人催催督皇朝因之事見寰宇記

景物上

笑山在思恩縣西北四十五里宜江輿地廣記在龍水縣宜山宣和元年更龍水曰丨丨龍塘在州南二里龍母廟在焉龍水唐西郡邑志天寶元年更宜州爲丨丨郡龍江在城北一百步石岸峭嶮東流至柳象潯藤梧等州一千餘里至廣州入南海其江源自諸溪洞泉流出至州三十餘里謂之江口近懷遠寨合爲龍江古老相傳江道如龍謂之丨丨小江在城北沿流下合龍

江通融州管內樂善寨寰宇記號宜水

南樓山谷先生舊有祠堂在南樓之東刻山谷親札范滂傳其石刻並載于城樓上

南山其山中有龍隱洞其石龍亦與北山石龍氣象無異洞門有龍隱山神之祠

日山去城東九里在江北之東謂之｜｜

月山去城西十五里在江之南西偏謂之｜｜風土記云東有日山西有月山年年征戰無休歇謂此也繼之日賴得西水向東流世代永無憂謂征戰雖時有而無憂慮也

龍泉去郡城二里宜陽志云龍泉湧其前龍江繞其後是也其水湧出猶勺合然而潤澤邱畝綽有餘裕其水稍重山谷先生常以斗量秤稱之其重果異諸水水上有橋山谷名之日龍濟親書題扁

墟市國朝寶訓云舊嶺去郡一百二十里百姓多融日相聚交易而退風俗謂之｜｜至道三年守吏請悉令歸城中交易廣益征稅之利眞宗覽奏卽詔仍舊無撓遠民則知城外｜｜舊猶未有征稅

籌邊樓在州治之後規模壯麗甲於諸樓舊名望仙　慶遠堂在設廳之東　惠慈樓在北城之上　來薰臺在熙熙堂之下　得月堂在宅堂之後　望仙樓在北樓上望會仙山也　宜山堂在慶遠堂之後　三元坊以馮京殿省解俱第一　四賢堂在宜山堂之後取馮三元黃山谷趙清獻呂克公以名之　玉虛觀見九域志　疊石山在思恩縣西北二十五里　高峯山九域志云昔有陸猿仙隱于此山　飲軍池本州圖經云景德四年曹利用平賊飲軍于此　鹿草嶺在思恩縣北六十里　龍德山在天河縣西五里　龍江驛在北門內　瘞鶴臺在城南龍塘　鵝溪水在河池縣之南　猫兒溪在河池縣西　馬江溪在河池縣西　青鳥山在城東五里隔龍江　黃泥山在思恩縣東三十里　暗嶺山在思恩縣東二十里　制勝嶺在思恩縣南一十里　智州

山在河池縣西十五里其山乃智州所治今遂爲名 博宜山在城北五里隔龍江 思吾溪在天河縣之東南二里通大江 思雲山在思恩縣之東北三十八里 木欂山在思恩縣之北四十三里 洛蒙江在城南六十里通龍水北流至崖山合龍江 盧峒山在思恩縣西六十里 古立山在城東南五里 古賓山見九域志 富仁監在州西二百九十五里皇朝乾德二年置 富安監在州西南一百五十七里皇朝淳化二年置坑產硃砂 寶積監自河池而西五十里坑戶穴地深五十丈取鑛入爐烓煉成銀 龍溪書堂在城西二里嘉定九年勑奉山谷先生祠 天門拜相山二峯如筍崒嵂參天馮三元祖塋在其下

古迹

粤州唐乾符中更曰宜州 南丹州蠻溪洞之別種也地與宜州接開寶七年酋帥莫洪[illegible]自

稱節度使遣牙校陳紹規奉表修貢求內屬長編

懷遠軍 長編云先是建琳州爲丨丨丨以溪洞諸州隸焉至淳化元年始復舊制夷人便之

庭州 國朝會要云大觀元年以宜州河池縣建丨丨四年廢丨丨縣仍屬宜州

三侯廟 在城東三里本朝端拱二年其庭泿等兄弟三人有功於民血食河池

遺烈廟 蘇仕評唐麟德間干戈競起公以柳州亞將平賊故立廟

龍母廟 在城南五里地名龍塘有潭深不可測

龍女廟 在城東十五里

官吏

曹利用 景德三年七月宜州軍校陳進以宜州亂詔柳象懷遠軍十月丨丨丨丨擊敗賊進伏誅事畧

曹克明 嘗知邕州既而宜州澄海軍校陳進反會鬱江暴漲州城摧丨丨伐木造舟爲虛城水上以備守禦仍募溪洞兵趣象州賊遂南去巡撫使曹利用召克明會兵至貴州遇賊斬首四百餘級賊平利用專其功丨丨恥自言事畧

桑懌 雍邱人宜州蠻叛殺海上巡檢官軍不能制因命懌往盡

殺之得閤門祗候推其功於已上者或譏其好名懌曰若欲好名皆不可爲也益自信遷西頭供奉官爲廣南駐泊都監事畧

趙抃 景德中通判是邦有一卒殺人當死方繫獄病疽未潰公使醫療得不死會赦以免公愛人之周類如此見眉山蘇公所作神道碑今倅廳有清獻堂又按衢州信安志孝悌里記云趙抃慶歷三年以秘書丞倅宜州遭繼母喪泣血扶柩歸葬于西安之盈川鄉與弟拊等廬于墓年月與宜州所載在景德中不同象之謹按國史清獻當神宗時與王介甫同朝爭新法不應於眞宗景德時已爲宜州通判也熙豐後於景德六七十年若三十歲爲倅則其爲相時幾百歲矣圖經所紀景德今不取清獻衢人信安志所紀年月必得其眞今從信安志

蘇緘 熙甯四年知邕在郡再歲朝廷嘉其有勞特加宜州刺史在郡四年整飭邊備夷夏信服一方帖然見清源集

熊本 元豐中宜州蠻擾邊除本龍制知桂州至則溪洞酋長請選將練兵以代戍守益市馬以足騎兵宜州遂無事事畧

杜杞 廣西歐希範反破環州以攻桂管朝廷授杞廣西轉運安撫使杞至宜州攻破白崖等砦復環州其黨出

降杞戮六百餘人後三日兵破荔枝嶠擒希範至并戮而醢之以醢賜諸溪峒於是御史梅摯言杞殺降仁宗置而不問事畧

呂璹

景祐二年倅是邦公次子東平公隨侍明年儂智高寇邕將由賓入宜公父子區處守城賊果不至民賴以安

黃庭堅

字魯直崇寧二年遷謫于宜次年詔書召還隨郎仙去初來時入桂林以陶商公詩題滑石鋪有江勢一兩曲梅梢三四花之句敘州志云山谷自敘州蒙恩放還未幾再謫宜州又永州志云蔣湋字彥回零陵人山谷貶宜州過而賦詩時山谷名在黨籍士大夫不敢與之往還獨湋日陪杖屨明年山谷在宜州病革湋往見焉至則山谷大喜握手曰身後事委君矣及卒湋爲棺斂具舟送歸雙井桯史云趙履常崇憲所刊四說堂山谷范滂傳余前記之矣後見跋卷迺太府丞余伯山禹績之六世祖若著倅宜州日因山谷謫居是邦慨然爲之經理舍館遂遣二子滋滸從之遊時黨禁甚嚴士大夫例削札掃迹惟若著敬遇不怠卒以夜遣二子奉几杖執諸生禮一日攜紙求書山谷問以所欲拱而對曰先生今日舉動無愧東都黨錮諸賢願寫范孟博一傳許之遂默誦大書盡

卷僅有二三字疑誤

人物

馮京 字當世慶歷六年爲龍頭首選解省試俱第一故曰三元其母墓葬長沙有讀書堂在春陵其解試寓鄂渚其生長于宜而遊學隨所至而往祖塋在宜之龍江浪步之北子孫居中里今有馮村

何旦 爲士人以邊賞補三班借職官至武經郎嘗爲海南四州都巡檢使時東坡先生謫海外旦常往來東坡之門片紙問訊得先生眞染頗富

區革 仕至從事郎與山谷先生交遊後赴瓊州秋掾魯直以青玉案送之有棄我之官窮海上鯨吞舟楫蜃噓樓觀落筆添淸壯之句

仙釋

陸仙 在城北二里隔龍江其山盤屈數里上有靈草嘉木中有巖井昔有丨丨隱于此昏曉聞鼓聲向城郭嘗有紫雲元鶴乘空而下止於此山如神仙之會因號爲會仙

西竺寺聖佛 先是

本州逝昆鄉有大木林每夜聞梵音及鐘磬之聲父老相率往聽至一旃檀樹下其音愈嘹喨鄉老謂此非凡木當伐之以爲佛像偶有一叟操斧鑿至曰善雕斲叟曰可於木所蓋一茅屋以青幕圍之毋令人至忽一日杳不聞斧鑿聲揭幕視之已不見惟巍然一佛在焉近往西竺寺刱殿宇以奉安之凡遇禱祈雨澤隨求響應寺有記存時乃慶歷壬午也

碑記 闕

詩

翰墨精神全漢魏文章波瀾似春秋可是中州着不得江南已遠更宜州 潘大臨別魯直於江夏 又將十六口去作宜州夢 山谷遷宜州贈僧悟新 先生老作宜州鬼誰與一甌深注湯至今捧看雙井盌猶帶是翁書傳香 徐得之試雙井茶

異時生出鬼門關及去宜州竟不還意者早知名是累持鋤應只在家山徐得之雙井圖詩　從君乞取宜州字要對崇甯黨籍碑俞疇詩　孤城溪洞裏聞說已堪哀蠻水如鮮血瘴天如死灰吏憂民置毒巫幸鬼爲災陶弼懷智隸宜州詩　青山通象郡白浪下靈渠陶弼送恭士燮中舍移典龔州　徐子掾昭宜七載濱夷蠻郭祥正與徐子美小酌言舊

四六　闕

輿地紀勝卷第一百二十二

輿地紀勝卷第一百二十三　文選樓影宋鈔本

東陽王象之編　甘泉岑鎔　洤　長生校刊

廣南西路

賀州

賀山　賀水　臨賀　桂嶺　臨慶

州沿革

賀州　下　臨賀郡軍事　九域志　禹貢荊州之域　寰宇記圖經以爲荊楊之南境　於天文分野當星紀鶉尾之次　圖經引西漢地理志云粵地牽牛婺女之分野今蒼梧鬱林合浦交趾九眞日南皆粵分東漢郡國志注帝王世紀曰自斗十一度至婺女七度一名須女曰星紀之次於辰在丑謂之赤奮若今吳越分野唐地理志云韶廣端康封梧藤羅雷崖以東爲星紀分桂柳鬱林富昭蒙龔繡容白羅而西爲鶉尾分按今州境西接昭桂東接端封其星紀

鶉尾之間平春秋時爲越地七國時爲楚地寰宇記秦末百越置南海郡輿地廣記賀州在南海郡下秦末趙佗王南越其地屬焉寰宇記漢武帝平南越置蒼梧郡漢志在元鼎六年郡屬交州西漢志註今州卽蒼梧郡之臨賀縣也元和郡縣志又西漢志蒼梧郡下有臨賀富川後漢因之東漢郡國志蒼梧郡統縣十一臨賀富川馮乘預焉吳大帝以封陽臨賀馮乘富川蕩山桂嶺等六縣爲臨賀郡隸荊州部吳志黃武五年割蒼梧郡之封陽臨賀馮乘富川蕩山桂嶺等六縣爲臨賀郡晉平吳隸廣州晉志太康中平吳以始安始興臨賀三郡屬廣州宋改爲臨慶南史宋明帝紀泰始六年改臨賀郡爲臨慶郡齊復爲臨賀國南史齊武帝紀永明七年立皇子岳爲臨賀王齊志有臨賀郡而其復郡名之年月未詳梁因之通鑑梁紀太淸二年

有臨賀王正德隋平陳郡廢置賀州隋志始安郡富川縣下註云舊置臨賀樂梁二郡平陳並廢置賀州大業初州廢又廢臨賀綏遠蕩山三縣入焉煬帝改為臨賀郡大業中併臨賀綏越蕩山三縣入富川隋志其後又更為綏越郡圖經唐平蕭銑復置賀州唐志云本綏越郡武德四年以始安郡之富川熙平郡之桂嶺零陵郡之馮乘蒼梧郡之封陽置賀州因賀水以為郡名通典改臨賀郡天寶元年復為賀州乾元元年迄于唐末馬氏始有其地五代史馬殷傳初楊行密袁州刺史呂師周奔楚馬殷聞師周至大喜曰吾方南圖嶺表而得此人足矣以為馬步軍都指揮使率兵攻嶺南取昭賀梧蒙龔富等州殷表師周昭州刺史五代後漢時地歸南漢通鑑後漢隱帝乾祐二年南漢主遣吳懷恩將兵擊楚攻賀州楚王希廣遣徐知新將兵五千救賀州未至南漢人已拔賀州皇朝平嶺南賀州首入

版圖通略載開寶三年潘美等進軍至白霞僞賀州刺史陳守忠告急於劉鋹鋹遣伍彥柔赴賀州時賀州未下潘美擒彥柔斬之翌日賀州城陷遂趨廣州劉鋹降嶺南既平省蕩山封陽入臨賀國朝會要在開寶二年又省馮乘入富川九域志在開寶四年初隸廣南東路後改隸西路廣西郡邑志在大觀二年又國史在大觀元年中書言廣東十五州軍財賦豐足內賀州南接梧州西抵昭州并通水路直抵桂州詔賀州屬廣西中興以來因之今領縣三治臨賀

縣沿革

臨賀縣

緊倚郭通典云本漢舊縣也輿地廣記云二漢屬蒼梧郡寰宇記云因縣置郡以邑內臨水賀水以爲縣名

輿地廣記云吳屬臨賀郡元和郡縣志云自漢至陳不改大業二年省臨賀縣入富川縣十二年重置屬蒼梧郡武德四年改屬賀州寰宇記云皇朝開寶四年廢蕩山封陽二縣併寶城場入縣圖經引隋賀川爲臨賀按唐志賀川自屬藤州非屬賀州也當考

富川縣上

在州西北一百五里元和郡縣志云本漢臨賀縣之地吳屬臨賀郡寰宇記云本漢富川舊縣屬蒼梧郡二書所載不同象之謹按兩漢志蒼梧郡下自有富川縣則非漢臨賀縣地也元和志所紀非是今不取寰宇記云吳黃武五年改爲臨賀郡縣有富水因以爲名晉志及南齊志臨賀郡下並有富川縣而隋志富川縣下注云舊置臨賀郡平陳郡廢置賀州則是自漢至隋並曰富川縣唐志云武德四年置賀州富川以縣屬焉天寶中更名富水移復舊名九域志云皇朝開寶四年省本州之馮乘隋以臨賀綏越蕩山三縣入賀州

桂嶺縣 中

在州東北一百二十五里元和郡縣志云本漢臨賀縣地吳分置興安縣屬臨賀郡又云晉太康十八年改爲晉安縣然晉志初無晉安縣不同象之謹按隋志熙平郡桂嶺縣注云舊曰興安開皇八年改名桂嶺初無晉改爲晉安之文通典亦云隋開皇九年東業公王景巡撫分興安爲二縣西爲桂嶺屬臨賀郡亦不言其有晉安縣也元和郡縣志云引非是今不取隋志亦云省臨賀綏越蕩山三縣屬焉元和志云因界內有桂嶺以爲名

武德四年改屬桂州

風俗形勝

俗重鬼嘗以鷄骨卜又俗多架木爲巢以避瘴氣所居謂之柵節會則鳴銅鼓好吹匏笙俚人削箣竹爲箭以葉羽之名曰圭黎寰宇記

氣候稍近湖外山清水

秀民少瘴癘去州二十里深山大澤間多徭人所居民俗耕種雖無貲積亦不飢寒圖經自九疑之南崇山峻嶺高排霄漢綿亘數百里皆賀之境也裴氏廣州記賀之爲州士知爲學民知力田雖溪洞蠻徭亦皆委順服役而無剽斂之患風清氣淑與中州等圖經臨水南流左合賀水縣對二水之會故曰臨賀輿地廣記州名無改而縣并六爲三郡邑志開寶四年省蕩山封陽三縣及寶城場入臨賀馮乘縣入富川王師弔代嶺南諸郡富賀首入版圖同上自咸平三年歐陽陟登科之後題名鴈塔時有其人同上

景物上

桂堂在郡治　信齋在郡治　甑山在州西五里高千餘丈寰宇記及郡國志舊名幽山唐太和中李郃以中臺郎出刺是州寬惠愛民山有彩煙覆其上旬日不散遂易名甑山　橋山在臨賀縣東二十五里高八百餘丈其山七十一峯九域志云多橋株五季時上有南嶽祠　秦山在富川縣之西一百八十里高二千餘丈北連道州荊州記云昔孫權時此山夜雷暴震開爲六洞有石鼓石壇陳簡齋詩有遊此山秦巖當在此山　歌山在富川縣按郡邑志焉乘有老人自少不婚善謳聞者流涕及病將死隣人送之此山老人歌以別之余聲數月不絕　桂山在桂嶺縣東北一十三里高千餘丈東接連州北接道州九域志云山多桂竹元和郡縣志有桂嶺在桂嶺縣東十五里　幽山在桂嶺縣西十里南接蒼梧北通道州山有古度木實大如杯結成後數日化蟲飛去舊亦名甑山　早山在桂嶺縣西南四十里高千餘丈其山春前花卉競發朝陽早見俗呼爲丨丨　蕩山元和郡縣志云

景物下

在蕩山縣祥山與蕩山對峙祥溪水出於丨丨温泉寰宇記云去臨賀縣北四十五里山半巖石壁中出泉三道一熱一温一冷其泉石各有眼湯泉在臨賀縣北七十五里流出太平場馬家渡合賀江富水在富川縣西四十里南流入昭州界武郎峽賀水其源出於富川縣地名石龍令溪巖分兩派一自石龍山背北至于道復西入于昭東流爲賀江卽九域志所載龍溪水也亘郡城合桂嶺水至三江口三江謂賀江梧江封江南歷封康端達羊城入于海元和郡縣志云臨水一名賀水布水在臨賀城西五里有瀑布巖上有飛珠亭旁有寺寺之西有清音閣名公騷客題詠甚富螺水在桂嶺縣有石如螺出于桂江臨水源出舊馮乘縣西北靈山下南流至縣界載于舊圖經朝崗元和郡縣志在桂嶺縣程崗元和郡縣志在桂嶺縣巢竹寰宇記云臨賀縣有巢竹叢生大如戟堅中俚人以爲矛蕪城寰宇記在桂嶺縣泄湟中多珠玉寶器卽尉佗拒防之所

中和堂在郡治　望雲樓紹興二十年太守黃尚賢創　蒼雪軒舊風月堂　横翠亭周史君創　攬轡亭在蒼梧門外　浮香亭周史君翔　晚靜亭太守趙汝渭創　荔支亭太守譚良佐創　採蓮舟太守固鎮創　十箴堂刻周益公十箴于石　清暉亭在朝天門外　光華亭在城水東　恩波亭在朝天門外　明倫堂在州學　臨賀嶺據張耳傳秦有五嶺之戍注云標名有五焉裴氏廣州記曰太庾始安臨賀桂陽揭陽是五嶺其地今在州境無疑　龍門灘至州城八里有灘曰龍門郡國志云魚登此門化而為龍不過者曝腮點額故號龍溪　龍溪山在富川縣北距縣五十里舊在馮乘縣東龍溪之水出焉　白雲觀圖經云張天師上昇於此　白雲山在富川縣西三十里乃丹霞福地　碧雲巖在富川縣治一里許事載古跡門　清塘水在桂嶺縣北五十里泉口如甕大深千丈不可測水長清且溫可愈瘡痍　桂嶺水其源自本縣接道州江華界分兩派一北至江華出道州

一東至于桂嶺順流至**橋溪水**出橋山合于賀江**芳林水**在縣
州城東南合于賀江
西三十五里其源出於招賢鄉合
于賀江從提路至富川必渡此水**大障山**在富川縣**長林**
山在桂嶺縣東北三十里高五百丈山多橄欖實如
訶黎勒食之甘脆元和郡縣志封陽縣有長林山
越王渡在縣南二十七里石上有履迹古傳爲越王
渡按荊州記云賀水邊石上有石櫛石履俗
云昔越王脫**梁家塘**在臨賀縣西四里許秋冬不竭
履櫛于此味極甘美郡以竹筒引之釀酒
溉田**仙都觀**在桂嶺**仙溪水**在富川縣北一百四十
亦廣縣北里舊在馬乘縣南靈山
下北流入靈水溪石間多菖**靈溪水**元和郡縣志在
蒲云仙人所種服之長壽富川縣又云今
名富**高員觀**在縣之馬乘市唐**天師觀**在碧雲**天障**
水鄭長官隱于此巖之前
山在桂嶺縣按郡國志山有都貴**鍾乳山**有五穴五
源出犇蠵龜夷人取血以解毒茄在臨賀
縣靡蕪穴白燕**玉虛觀**在州**銀殿山**在富川縣一百
穴秦穴雷震穴城五十里舊馬乘

縣高二十餘丈南接桂嶺北連九疑舊圖經云頂常有白雲遶峯日照皎白如銀望之若宮殿故以是名

錫溪水 晏公類要云在臨賀其水清冷八飲則損人腰脚土人多跛躄

羅田水 出地名古筒至感溪橋合于賀江

太平水 出温泉鄉至馬家渡入于賀江

治平寺 在蒼梧門外殿宇宏麗冠于諸寺

明惠寺 在州南五里布水山寺有清音閣前有飛珠亭

福堂寺 有富川縣北六十里舊馬乘縣梁普通二年置

福興寺 在富川縣北七十里宋元嘉十四年置

南嶽觀 在橋山南嶽行宮之前

皐亭屯 在桂嶺縣拔荆州記皐亭屯青石方二丈許石上有磨刀斧迹春夏明淨秋冬漸生苔穢傳云爲雷公磨斧

沸水泉 在城西二十里泉湧如沸灌溉之利甚溥

浮蓋山 在富川縣北七十里高千餘丈周回百里舊圖經云有大竹叢常有浮霞蓋峯頂因以爲名

竈溪水 在富川縣西五十里自昭州恭城縣曲折十里許入富川溪人多種薑天師煉丹取焉故名

履江水 其源出楠木洞樺洞及布水山泉合流至于履江東南會賀江桂水

而東之萌渚嶠元和郡縣志在馮乘縣北一百三十里即五嶺之第四嶺也按今州與道州江華縣分界於此嶠之上

古迹

故馮乘縣寰宇記云在州北一百二十里漢舊縣屬蒼梧郡隋隸零陵郡皇甫謐云舜葬蒼梧九疑山在馮乘縣與道州營道縣接境皇朝開寶四年廢入富川縣　故蕩山縣元和郡縣志云蕭梁立蕩山縣輿地廣記云開寶四年省入臨賀　故封陽縣元和郡縣志云本漢舊縣輿地廣記云開寶四年省入臨賀　廢寶城場寰宇記在臨賀縣　天師矴石見黃岡山下　臨賀二竹盛弘之荊州記云臨賀山中有二大竹數十圍有石四百丈極方正青如彈碁局兩竹屈垂拂掃石上絕無塵穢未至數十里聞風吹竹如簫之聲　仙壇在州西五里許舊傳張天師所築有祠宇道流居之坐亡者七八俱有偈頌　隆福寺鐘開寶七年見太守題名下　丹

霞觀在富川縣西三十里經云丹霞福地晉永和九年張天師於此上昇所遺劍匣藥杵藥匙藥鼎尚存

忠祐顯應侯廟在城東南隅侯姓陳氏臨賀人乾道乙酉郴寇李金竊發欲犯城未至十里間望見城上若有人執兵甚衆遂遁去淳熙已亥歲賊陳峒入境亦若有所覩震慴而退

龍母廟在蒼梧門外南履江之上卽德慶府閱城鎮永寗慈濟夫人行祠秦始皇時人正廟有秦古碑備述靈異州舊隸東廣故有此祠

南嶽行宮在州城朝天門外三十五里橋山之上五季時僞漢據二廣境內置五嶽此其一也

樂安縣君蔣烈女廟在東嶽行宮之左

淮南王子廟在富川縣西北六十里

棲霞將軍廟丹霞觀側有丨丨丨丨將軍天師家童一日牧歸天師已昇矣畱劍匣等授之遂靈爲神廟係勅封

黃岡山天師上昇之所在富川縣西三十三里山有九彩壇古傳張天師於此壇上昇時山忽踴動天師立四石柱鎭之今鄉人呼爲天師石

官吏

唐李郃字子元文宗太和二年舉賢良劉蕡對策極言宦官考官皆歎服然畏宦官不敢取蕡被選者二十有三人皆得優調郃曰劉蕡下第我輩登科能無厚顏乃上疏言臣所對不及蕡遠甚內懷愧恥乞回所授以旌蕡直帝不納中人深嫉蕡誣貶柳州司戶郃遂出知賀州爲政有聲民懷其惠郃自有記乃太和五年也記今不存見李時亮古碑總錄

李回字昭慶新興王德良六世孫長慶中擢進士第又策賢良累遷門下侍郎出爲劍南西川節度使以與李德裕厚善坐貶賀州刺史見李氏古碑

韋保衡咸通十四年自司徒門下侍郎同平章事貶爲賀州刺史

楊憑字虛受憲宗時治京兆有聲御史中丞李夷簡劾憑貪侈貶臨賀尉親友無敢送者櫟陽尉徐晦獨至藍田別之太常卿權德輿與晦善謂之曰君送楊臨賀誠厚矣無乃爲累乎晦曰晦自布衣受楊公知獎今日遠謫豈得不與之別如明公他日爲讒人所逐晦敢自同路人乎德輿嘉其直稱於朝後數日夷簡奏爲監察御史晦謝曰

晦平生不踐公門何從取之夷爲臨賀太守見簡日君不負楊臨賀肯負國乎

鍾蘄 蘇許公烈女碑

劉隱 昭宗乾寧元年封州刺史劉謙卒子隱居喪于賀江土民百餘人謀亂隱一夕盡誅之嶺南節度使劉崇龜召補左都押衙兼賀水鎮使

潘美尹崇珂 開寶三年上決意伐南漢以潘美爲賀州道行營兵馬都部署尹崇珂副之王繼勳爲行營馬軍都監仍遣使發諸州兵赴賀州城下遂圍賀州尋克之長編

陳知柔 清源志云|||泉之永春人罷賀州歸留惠陽三年暇日泛豐湖登白鶴峯追和東坡詩陶寫羅浮風物殆盡

周輔成 濂溪先生之父也大中祥符八年蔡齊榜登科終賀州桂嶺縣令累贈諫議大夫

李椿 字壽翁臨洺人紹興間以文林郎侍宣城推幕以漕檄攝宰富川年餘乃之宣城後受知西而言者爲吏侍

范祖禹 字純父紹聖初言者論||所修實錄以爲詆斥先帝又以||朋附司馬光及論乳媼事以爲離間西宮貶賀州移賓州再移化州卒

曾布 字子宣崇寧元年自提舉亳州明道宮責賀州別駕

王履道 左丞|||建炎間貶道州司戶避

寇寓臨賀有和李師中布水寺詩及稽古閣墨跡

陳去非　呂居仁　皆避地於此

人物

鍾士雄母 臨賀蔣氏女歸鍾鸞生二子士雄士略仕陳持節帥嶺南陳主慮其反覆質蔣氏於都及隋晉王廣平江南以士雄在嶺表欲以恩義結致遣蔣氏歸臨賀既而虞子茂鍾文華作亂攻城遣人召士雄蔣語士雄曰汝若禽獸其心背德忘義我當自殺於汝前士雄不敢從亂上聞異之封樂安縣君孫紹京輔明皇立大功敘祖母忠節拜章請銘奉勑立碑蘇許公爲文唐書稱紹京嶺人或云紹京之父遷贑今墓域子孫在富川郡守劉鄗爲建祠刻碑

毛温 字伯玉富川人爲欽州靈山簿交趾寇陷廉欽白三城守令走避温糾合士豪戰勝挫賊部刺史以聞召對改秩誥詞云比以交寇竊發攻陷郡邑爾以邑椽獨能致其勇於倉卒擾攘之間進之京聯往佐邊幕尚圖來効以俟異恩

毛士毅 字伯任爲化州石城令李接反攻石城毛語尉曹君曰吾與君當以死衛百姓糾合義丁與賊戰衆寡不敵與

尉罵賊而死劉焞經略廣西爲文祭曰公以卑位爲國捐軀少伸忠憤雖致禍甚慘而垂芳無窮孝廟嘉其忠義贈承事郎誥詞云爾徇國家而捕寇冒鋒鏑以捐軀摧敗兇徒留名萬代朕有懷壯士嘉想英風優加命秩之崇庸賁九泉之寵

毛塡字伯和居喪毀瘠十年不調遷祕書丞王荆公行詞

毛經字子文富川人爲開封戶曹以奕自娛有疑獄尹就質之令罷奕經日決事弈碁兩不相妨呼二吏左右讀欵目視碁局耳聽所讀奕勝而處事中理尹稱嘆薦之

林勳字上達殷州人爲廉州教授獻本政書十五篇又獻北校書二篇十卷運使王次翁取本政書繳奏作今古治地旁通乃治政沿革圖以獻

楊攝官嶺外代答云賀州楊攝官始參南選銓吏不加禮楊拔手版擊吏取綠衣攝帖焚之次年登科所在稱職

王輪字德任臨賀人爲陽朔令受薦憲臺俄以爭獄事還其薦章憲怒誣以受金出因上官有直之者王以啓謝云縱未能如疏廣之散而利於人亦豈肯效張武之受而損其節小心惴惴以貨其能取乎議尸嗷嗷多言亦可畏也

岳飛神武軍副都統紹興初曹成入賀州飛引兵擊成大

破之**翁宏**桂嶺人遯遊韶賀間衡山廖融南遊宏贈詩云病臥瘴雲間莓苔漬竹關孤吟牛渚月夜憶洞庭山壯志潛消盡淳風竟未還今朝一相遇執手一開顏融謝以詩高奇一百篇造化見工全積思遊滄海冥搜入洞天神珠迷罔象瑞玉匪雕鐫休艱不得力離騷千古傳**林楚材**富州人有贈黃僕射詩身閒不恨辭官早詩好嘗甘得句遲月夜江行詩欹枕臥拋千嶂月卻帆閒却一溪風

仙釋

張天師晉永和九年於富川縣丹霞觀上昇**鄭冠卿**唐乾甯中爲臨賀令後遊桂州栖霞洞遇日華月華君圍奕棊各贈二詩隱于焉乘**顏博文**字持約建炎初謫賀州有客邀顏入山出一瓢共酌瓢才升許終日不竭顏起再拜客取書一篇授之乃唐圭峯長老註周易參同契也**鄧仙**桂嶺人儂智高亂二廣羅害者十五州犯湟州桂嶺邑人奔潰鄧至縣越王渡大石上書字數行明日賊遁人趨視之字畫若道家符篆今蘿薜纏絡唯三數字爾

碑記

龍母廟秦古碑在蒼梧門外神乃秦人碑備述靈異　蘇許公烈女碑在廟中　廣陽島石碑碧雲巖在富川縣一里巖洞邃深石壁絕高處有石脈成三字曰廣陽島遠望分明近視如擘絮狀　幽山丹甑記太和五年李郃撰　惠澤侯廟碑在廟

詩

羽客朝元地遺壇古樹中煉成丹竈在騎去鶴巢空捨轡歷天險身疑出鳥群觪開蠻俗合脊盡瘴江分陶弼　賀州城西丹甑山一亭遙挿紫雲間龍墀讓策名猶在鶴馭凌風去不還善政再來應瑞物勝遊安得伴酡顏元戎詞翰鑴金玉千古長如碧㵎潺郭祥正

四六闕

輿地紀勝卷第一百二十三終

輿地紀勝卷第一百二十四　文選樓影宋鈔本

東陽王象之編　甘泉岑鎔詮長生校刊

廣南西路

瓊州

曾口　靜海　瓊山　谷瓊

州沿革

瓊州下　瓊山郡九域志　靖海軍節度政和陞軍　非禹貢所及春秋所治漢書賈捐之傳捐之諫伐珠崖疏云臣以爲非冠帶之國禹貢所及春秋所治皆可且無以爲臣願遂棄珠崖珠崖由是罷又先儒釋淮海爲揚州云南距海則揚州界止于海耳　古楊粵地瓊管志　牽牛婺女之分野漢志云粵地牽牛婺女之分野蒼梧鬱林合浦交趾九眞日南皆粵分唐志珠崖儋耳古楊州之南境雷崖以東爲星紀分自牽牛以南逾嶺徼爲越分

島夷蠻貊之國則越在牛之南斗之次婺女之分是爲星紀已上並見瓊管志漢武帝遣路博德平南粵以其地爲珠崖儋耳郡漢書在元封元年應劭注曰二郡在大海中崖岸之邊出眞珠故曰珠崖儋耳者種大耳渠率自謂王者耳尤緩下肩三寸張晏曰異物志二郡在海中東西千里南北五百里珠崖言珠若崖矣儋耳之云鏤其頰皮上連耳匡分爲數支狀似雞腸累耳下垂至昭帝時二十年間凡六反叛遂罷儋耳併屬珠崖至元帝時珠崖又反連年不定上與有司議大發軍賈捐之建議以爲不當擊遂罷珠崖郡漢書紀在初元三年東漢立珠崖縣屬合浦郡東漢志吳大帝於徐聞縣立珠崖郡元和志在赤烏二年於其地上立珠官一縣招撫其人竟不從化此據元和郡縣志又晉志云吳赤烏五年復立珠崖郡晉武平

吳省珠崖入合浦晉志而珠官仍隸合浦尋廢珠官齊志有珠官宋志有珠官齊志無珠官縣恐廢梁置崖州志隋又於徐聞縣立珠崖郡竟不有其地此據元和志隋煬帝更開置珠崖郡立十縣元和郡縣志在大業六年隋志珠崖郡統縣十曰義倫感恩顏盧毗善昌化吉安延德寧遠澄邁武德又置儋耳臨振二郡此據元和郡縣志而隋志不載又高州誠敬夫人廟碑云隋高祖時諸俚亡叛敕夫人招慰夫人親載詔書歷十餘州宣述上意高祖嘉之賜臨振縣湯沐邑一千五百戶則是隋文帝時煬帝尚未開置珠崖已有臨振縣矣不同當攷隋亂陷賊元和郡縣志唐平蕭銑立都督府管崖儋振三州元和郡縣志又通鑑開皇十一年詔封嶺南洗氏爲譙國夫人開幕府聽發部落六州兵馬唐高祖武德五年隋漢陽太守馮盎承李靖檄帥所部來降以其地爲高羅春白崖儋林振八州而崖儋振三州皆漢珠崖郡地也太

宗以崖州之瓊山置瓊州唐志在正觀五年領瓊山萬安二縣又割崖州之臨機來屬寰宇記並在正觀五年析置曾口顏羅容瓊縣廣西郡縣志並在正觀十三年又置樂會縣廣西郡縣志在顯慶中高宗時乾封中没山洞蠻德宗時嶺南節度使李復討平之唐志在正元五年陞瓊州爲都督府五州招討遊奕使寰宇記云正元五年十月嶺南節度使李復奏曰瓊州自乾封元年山洞草賊反逆遂茲淪陷至今百年矣臣俾力討賊已收復舊城且令降人權立城柵竊以瓊州控扼賊洞請陞爲下都督府加瓊崖振儋萬安五州招討遊奕使從之五代爲南漢所有輿地廣記皇朝平南漢割崖州之地入瓊州寰宇記云在開寶五年以舍城漢潭都縣文昌漢紫貝縣澄邁漢苟中縣來屬已以並廣西郡邑志後省舍城入瓊山以儋

崖振萬安四州隸瓊州長編云開寶四年嶺南平四月壬辰以嶺南儋崖振萬安等四州隸瓊州令廣州擇官分知州事**又以瓊州守臣提舉儋崖萬安等州水陸轉運事**廣西郡邑志云以兼轉運故號爲瓊臺**後罷轉運改瓊管安撫都監監昌化萬安吉陽三軍隸焉**瓊管志在宣和五年**陞靖海軍**國朝會要在政和元年瓊管志在政和五年不同象之謹按國朝會要又云大觀元年以鎮州爲靖海軍政和元年奉聖旨海南新置鎮州延德軍等並廢所有賜鎮州作靖海軍額撥隸瓊州則陞鎮海軍額當在政和元年**今隸廣西經略司領縣五治瓊山**

瓊山縣 中

倚郭元和郡縣志本漢瑇瑁縣地正觀五年分置瓊山縣因縣西六里瓊山以爲名寰宇記云州所治也輿地廣記云隋末置屬崖州二者不同象之謹按隋志崖州領縣十而無瓊山縣則瓊山非創於隋也輿地廣記之說初無所據今不取唐志云正觀五年於縣立瓊州十三年析置曾口顏羅容瓊三縣寰宇記云正元七年省容瓊縣併入焉瓊管志云瓊山爲縣自唐有之今之州治二十里瓊山村乃舊治也國朝會要云開寶四年於儋耳廢縣地復創縣於州西南隅熙寧四年省崖州舍城縣入瓊山

澄邁縣 下

在州西五十五里寰宇記云漢苟中縣地隋置澄邁縣以界內澄邁山爲名隋志云珠崖郡領縣十而澄邁山預焉唐志屬崖州國朝會要云開寶五年廢崖州以縣自崖州來隸圖經云舊治在澄邁村至九年移治今縣西至州五十五里

文昌縣 下

在州東一百里元和郡縣志云本漢紫貝縣地唐志崖州文昌縣下注云武德五年置平昌縣正觀元年更名文昌瓊管志云諸邑皆鄰黎洞獨文昌無之民稍淳朴國朝會要云開寶五年廢崖州自崖州來隸

臨高縣 下

在州西一百二十里元和郡縣志云武德五年分平昌縣置臨機縣唐志云本臨機縣隸崖州正觀五年來屬瓊州州沒隸崖州開元元年更名臨高正元中州復仍以縣來隸瓊管志云本儋州之富羅村僞漢開平二年有儋州富羅縣令開寶六年撥隸蘷州治平四年改爲臨高與唐志開元更名臨高之說不同象之謹按九域志瓊州領縣五有臨高縣而不言治平有更名之說則瓊管志之說初無所據今不取縣初治英邱紹興初遷于莫村

樂會縣 下

在州東南一百六里唐志云顯慶五年置樂會縣隸瓊州瓊管志云黎人屢攻破縣遷徙不一今見治南管村國朝會要云大觀三年割隸萬安軍皇朝郡縣志云萬安郡廢復來隸

風俗形勝

在海中洲居 漢書賈捐之傳初武帝立儋耳珠崖郡皆在南方海中洲居廣袤千里合十六縣戶二萬三千其民暴惡自以阻絕數犯吏禁吏亦酷之率數年一反 郡在大海之中崖岸之邊出眞珠故曰珠崖 漢武紀元鼎六年應劭注珠崖言珠若崖 元鼎六年張晏注 顓顓獨居一海之中 賈捐之傳 南極天際 柳文 無虎與馬 漢志云｜｜｜｜今其地無虎而馬實繁 島夷卉服 瓊無火麻而上

產苧麻歲四番收採閩廣專用之常得倍利珠崖如南中所出木綿吉貝苧蕉麻皮無非花卉也困廩大與徐聞對渡北風舉帆一夕一日而至元和郡縣志瓊崖環海尤難賓服通典南方遐阻民强吏懦豪富兼并役屬貧弱通典自合浦徐聞南入海得大洲東西南北方千里武帝略以爲儋耳珠崖郡民皆服布如單被穿中央爲貫頭男子耕農種禾稻紵麻女子桑蠶織績亡馬與虎民有五畜山多麈麖兵則矛盾刀木弓弩竹矢或骨爲鏃自初爲郡縣吏卒中國人多侵陵之故率數歲一反元帝時遂罷棄之西漢志南極星降黎母山劉誼平黎記云天將降雨則祥光夜見望氣者謂南極星降此山又云婺女星

現化下此山因名犂婺訛爲黎母雷攝蛇卵平黎記云故老相傳雷攝一蛇卵在此山中生一𡚱號爲黎母食山果爲糧巢林木爲居歲久因致交趾之蠻過海採香因與之結婚子孫衆多方開山種糧上帝賜寶以奠南極東坡峻靈王廟碑曰此山之上上帝賜寶以奠南極而貪冒無知之夷欲以力取而已有之其誅死宜矣四州之地以徐聞爲咽喉東坡伏波廟碑曰四州之地以徐聞爲咽喉南北之濟者以伏波爲指南南望連山若有若無杳杳一髮東坡文見瓊管志大海門其俗朴野若伯叔兄弟之子不以齒序伯之子雖少皆以兄自居而叔之子雖毫亦爲弟也瓊管志試期以六月勸駕以九月貢院記瓊海之潮半月東流半月西流潮之大小隨長短星初不係月之盛衰豈不異哉嶺外代答云江浙之潮自有定候欽廉則朔望大潮

謂之先水日止一潮謂之小水頭刻竟落未嘗再長瓊海之潮云云

夷人之俗 寰宇記云夷人無城郭俗異居非譯語難辯其言不知禮法須以威服號曰生黎巢居深洞績木皮爲衣以木棉爲毯性好酒每醞釀用木皮草葉代麴蘗熟以竹筩吸之打鼓吹笙以爲樂男則髽首插梳帶人齒爲瓔飾好弓矢削竹爲弦箭鏃銳而無羽女人文頜穿耳垂環病無藥餌但烹犬羊祀神而已又長編云開寶八年瓊州言俗無醫民疾病但求巫祝詔以方書本草給之

瓊管氣候 瓊管志云夏不至熱冬不甚寒鄉邑多老人九十百年尚皆健步東坡云食無肉出無友居無屋病無醫冬無炭夏無寒泉語雖不多已盡風土之大槩夏無蠅蚋尤可喜也

取三斗器 初馬伏波之平海南也命陶者爲瓦器大者數石小者一二斗招到黎人郎以遺之任其所擇黎人惟取二三斗之小者云來時皆縣崖緣木而下取其大者不能歸耳圖經

賜一監書 慶曆間提刑彭次雲巡歷至以此奏請賜一監書詔俞其請

檳榔爲命 瓊人以檳榔爲命產於石山村者最良歲過閩廣者不知其幾千百萬也又市舶門

曰非檳榔之利不能爲此一州也

以藷菜爲糧 海南所產秔稌不足於食乃以藷蕷爲粮雜菜作粥東坡云海南藷爲粮幾米之十六

一峯聳翠插天 劉誼平黎記曰云云詳見黎母山下

生黎熟黎 繫年錄初知瓊州定南寨劉薦貸黎人王文滿銀香馬錢而不償文滿破定南寨遂掠臨高澄邁二縣紹興三十年劉祚爲瓊管安撫擊逐之奪其田以賜有功者以聞黎海南四郡島上蠻也島直雷州有黎母山諸蠻環居號黎人其去省地遠不供賦役者號｜｜耕作省地者號｜｜熟黎之外始是州縣四郡各占島之一陲朱崖在島南既不可取徑則復桴海循海島而南所謂再涉鯨波也四郡之人多黎姓蓋其裔族而今黎人乃多姓王云繫年錄

景物上

節堂 在郡治

燕堂 在郡治

新學 在郡學之左廡黎人子弟遣子入學

梵艛 平黎

記云漢武帝發兵南來到雷州海岸造艘船渡兵過海上岸黎人並不出降亦無兵糧李將軍於瓊州海岸焚舟而回今號爲焚艘**颶風**南越志無安間多｜｜颶者具四方之風常以五六月發未至時雞犬爲之不鳴又嶺表錄云有暈如虹者謂之颶母李丞相綱賦曰蕞爾黎昌偉哉颶風東坡賦云颶之先驅**雙泉**昔東坡寓東坡臺與雙泉亦久後紹興間李光瓊州安置居雙泉九年再貶昌化軍有詩曰會是雙泉舊主人蓋雙泉有兩井相去咫尺而異味號雙井坡曰吾尋白龍不見今知家此水中白龍當爲東坡出俄見脊尾若爛銀狀舉虵首如插玉筍乃詠而去**椰子**無時而生樹似檳榔葉如鳳尾吉陽所產爲上**沉香**出萬安軍一兩之直與白金等**瓊臺**在譙樓下臨放生池圖經云瓊州自唐以爲都督府瓊崖振儋萬五州招討游奕使本朝號瓊州提舉儋崖萬安等軍水陸轉運使兼瓊管安撫都監今郡城有瓊臺蓋置使時以使臺爲名耳**瓊山白玉**圖經云瓊之取義蓋瓊山縣奉化鄉有瓊山白玉二村土石皆白似玉而潤種藷其上特美所產檳榔其味尤佳意者其石如瓊瑤

耳

瓊枝 出樂會縣海岸惟此邑有之販者徑自取載以往浙中極多瓊人莫之用也

鐵柱 南海志六劉氏鑄鐵柱十二築乾和殿後柯述取四柱植於設廳今子城東壕水中尚存其二餘莫知所在

蜑家 圖經云蜑戶以船爲生居無室廬專以捕魚自贍

烏魚 海魚有一種懼物之窺已則吐黑水以自蔽海鳥知其魚而攫之名曰烏賊東坡云彼知自蔽以求全不知滅迹以杜疑

烏喙 東坡云余來儋耳得犬曰烏喙甚猛而循隨予遷合浦過澄邁汨而濟路人皆驚有詩云長橋不肯躡遙渡清深浦何當寄家書黃耳乃其祖

海漆 海南有野花如芍藥土人目爲倒粘子漬以爲膠可代柹油東坡名之曰丨丨

景物下

靖端堂 在郡治

虛白堂 在郡治

緩帶堂 在郡治

退思堂 在郡治

知樂堂在放生池上 平理堂在郡治 明倫堂在郡學 燕喜堂在郡治 節愛堂在倅廳 超然堂在倅廳 雲海樓在郡治 風月臺在倅廳 經史閣在郡學 海山樓南海志云在州城南了翁陳瓘詩云勝事荒煙久高城觀閣宜均勞青瑣客餘事海山詩 鑒空閣南海志云在城西五十里金利崇福寺前俯瞰江流文忠蘇軾題詩云明月本自明無心孰爲境掛空如水鑑寫此山河影吾觀大瀛海巨浸與天永九州居其間何異蛇盤鏡空水兩無質相照但耿耿 定光堂在開寶寺 臨清亭在雙泉 濯纓亭在雙泉 卓錫泉南海志云雲峯景泰山在州東北二十里巍然聳拔州之人煙山川畢列在目山分兩臂並趨西南一泉中湧名卓錫泉昔景泰禪師之始卓錫也有七仙人爲守其地後開山得石履古鏡各一藏寺中 洞酌亭在雙泉 茉莉軒在臨高縣治胡澹菴有詩 菖蒲澗南海志云澗在州東北二十里澗舊有菖蒲一寸九節安期先生嘗服之南越志云刺史襄陽羅文

疊石澗側容百許人清流素石幽邃閒虛水源自滴水巖下分爲二派一入于覺眞寺一入于碧虛觀前流盃也水石天成劉氏舊賞也

橄欖珠在瓊山縣陷屋潭有小石如橄欖有竅可穿號｜｜｜

檳榔水郡城環百里絕無水惟烈村有石井諸村三五十里盡食焉每以葫蘆負水以歸其人經月不盥手每取草上露濡手拭面而已遇雨則於檳榔樹下溜水甕中雖久不壞

惠通泉在城東東坡經過僧惟德以水餉焉因名｜｜｜蓋唐李衞公好飲惠山泉有僧言長安天觀井與惠山泉通紹興間有詩云試問菴何有東坡墨跡存

豐好水距城七里

連延水九域志云在瓊山縣界寰宇記在樂會縣

澄邁山在本縣

毗耶山在臨高縣北有｜｜｜神每有黎人叛則神驅蜂以禦之官軍遂大破黎人

陰陽山寰宇記云在樂會縣

雲露山在瓊山縣西南六十里有三潭俗傳舊有民居陷爲三潭號陷屋潭上潭林木陰森人不敢近其次二潭有小石如橄欖有竅可穿號橄欖珠歲旱禱雨今名雲露山

三坑水在文昌縣東

三公廟謂李公德

裕盧丞相多遜丁晉公謂也

五色雀 南海丨丨丨常以兩絳者爲長俗謂之鳳凰久旱而見輒雨潦則反是坡公詩云仁心知憫農常告雨霽符回翔天壤間何必隱此都

五指山 在臨高縣

六瑞堂 在放生池上謝艮齋爲王右史名詩以美之云循良天惠海邊頭波浪澄清宿霧收穰把一麾從北闕便驚六瑞應南州六瑞謂雙蓮也

七星山 在瓊山縣東文昌界海濱狀如七星

七星嶺 在文昌縣近海岸其勢如連珠

九代祖 錢易洞微志云李守中爲承旨奉使過海至瓊道逢一翁自稱楊遐舉年八十一其父叔連年一百二十二又見其祖宋卿年百九十五次見雞窠中有小兒出頭下視宋卿曰此九代祖也不語不食不知其年歲

萬歲崗 在澄邁縣西十里上有怪石如列屏於其頂高丈餘號爲聖石天將雨則雲霧滃塞下有清泉遇旱則禱雨

蒼錫山 在文昌縣西北三十里

紫貝山 寰宇記云舊屬紫貝縣今在文昌縣境

赤石岡 南海志云在州西南五里越志云其色若丹占氣者謂其下有金□南國人欲以金萬鎔市之刺史韋明謂南州之

鎮許弗落雲嶺在臨高縣知風草叢生若藤蔓土人視其葉之節以知一歲之風候每一節則一風無節則無風天生燭海南有草叢生如蘆荻三四月截取以爲燭臨用以油漬而點之則光過於貞燭長節竹黎母山有水五派流入四郡嘗以舟洄泝而至其源有巨竹其質甚長約其節不啻丈許鐵樹花海南多此樹纔一二尺葉密而紅銅鼓嶺在文昌縣俗傳民得銅鼓者驗之乃諸葛武侯征蠻之鉦因以名之洗馬池在州南三里竹木幽蔭頗幽雅抱虎嶺在文昌縣龍眼水九域志郡國志并在瓊山界馬鞍山在瓊山縣五原鄉石山村金牛嶺在樂會縣玉陽山在文昌縣北二十里南弄水在樂會縣南來嶺在文昌縣南三十五里南橋水在文昌縣東東猺山在文昌縣其鄉民如猿猺然或爲狃或獞狃婦紡績布縷吉貝細密斐白謂之布籠神應港瓊州白沙津蕃舶所聚之地其港自海岸屈曲不通大舟而大舟泊海岸又多風濤之虞王帥光祖欲直開一港以便商旅已開而沙復

合人力難之忽颶風作自衡一港尤徑於所開者神物所相如此遂名｜｜｜時淳熙戊申也

神霄宮在澄邁縣曰神霄玉清宮

開元寺在東坡亭之右有蘇東坡書額

報恩寺在南海志云寺在州西城內唐六祖慧能得忍師法居法性寺會風颺幡二僧論一云風動一云幡動師曰非風非幡由心動耳時印宗聽之邀師入室求風幡之義師具告印宗不覺起立曰行者定非凡人師爲敍得法因由印宗於是執弟子禮白衆曰肉身菩薩即此也

興化寺南海志云在州西城內劉氏建爲影堂太平興國間改今額

浮邱山郭祥正詩云僊翁得仙二千載碧海變田田變海浮邱卻接番禺西鐏跡篙痕至今在

通飛閣在澄邁縣東坡嘗憩其上有眼明飛閣俯長橋之句紹興己巳縣令崔若舟創閣其上李泰發書傍胡邦衡和東坡二詩題於其上

郍射山在瓊山縣之豐義鄉其人以射獵爲生文昌縣亦有郍射水

郍鄧山在瓊山縣之氷興鄉

黎母山圖經云島上四州以黎母山爲主山特高每日辰巳後雲霧收歛則一峯插天至申酉間復蔽不見此必所謂南極

星芒所降之地也

黎母水在瓊山縣東三里

波羅蜜果大如斗剖之若蜜其香滿室

古迹

古崖州城圖經序云去州三十里有古崖州城

廢舊崖州寰宇記云在瓊州東北二百六十里本珠崖郡理舍城縣唐平蕭銑復置崖州皇朝開寶三年平嶺南廢崖州入瓊州

廢忠州圖經云昔唐咸通中卒將李趙四將進兵擒捉黎洞蔣璘等於其地置忠州七年餘死亡無數遂領兵還定西路二程爲一縣置瓊山二程爲澄邁二程洛陽二程大同東南自瓊焚髏而西儋州感恩石排側浪與崖州分界計六百八十餘里

廢鎮州大觀三年王尚書祖道奏於山心龍門置鎮州以龍門名縣移瓊管司在鎮四年丁兵死損遂廢復以瓊管司歸瓊州

廢顏羅縣寰宇記云在樂

會縣

廢容瓊縣寰宇記云在樂會縣已上二縣並唐時廢按正元七年合容瓊入瓊山爲一縣又割崖州臨高縣以填額其臨高在郡正東八十里梁載言十道志有顏羅縣無會口縣今二縣並廢

廢舍城縣寰宇記云本隋舊縣元和郡縣志大業六年置輿地廣記云武德四年於此立崖州開寶五年州屬瓊州

廢紫貝縣寰宇記云在

熙寧四年省入瓊山

古玳瑁縣寰宇記云鄭彥瓊記云山在｜｜文昌縣境

｜｜以上舍城等三縣今屬瓊州

東坡臺在開元寺東坡常寓其間今有祠堂

乾亨寺鐘在開元寺有南漢乾和九年鐘銘

南宮廟祝融神也在州東南二里

伏波威武廟即漢兩伏波也乃前漢瓊人祠之甚嚴離邳侯路博德及後漢新息侯馬援也蘇文忠謂兩伏波廟食嶺南均也其銘云至險莫測海與風至信可恃漢兩公寄命一葉萬仞中生爲人英殁愈雄

官吏

周仁浚長編云初平嶺南命太子中允周仁浚知瓊州以儋崖振萬安四州屬焉上謂宰相曰遐荒炎瘴不必別命正官且令丨丨擇僞官因其俗治之開寶五年丨丨列上騎崇琛等四人上曰各授檢校官俾知州事徐觀其效可也

李崇矩太平興國二年爲邕貴潯橫欽賓等州都巡檢使未幾徙瓊崖儋萬巖下軍士咸憚於從行崇矩盡出器用金帛凡直數百萬分給之衆乃感悅時黎賊擾動丨丨悉至洞穴撫諭以己財遺其酋長衆皆懷附在嶺表及海上凡四五年恬然不以炎荒嬰慮從者亦無恙人謂丨丨純德之報云見長編

張岐建安志云丨丨字爾卿眞廟朝守瓊管在南海之中牧守能羈縻之則感一時以香蠟魚菓爲獻否則聚而爲亂官軍不能制岐一切鎮以清靜有獻不受民夷服其廉介又建安志云瓊州地多颶風俄頃之間掀屋拔木人至凍死謂之海翻岐守瓊教之立舍方畧由是無患

杜杞慶曆中廣西歐希範以白崖山蠻蒙趕內寇破瓊州及諸寨時天章閣待制丨丨自京西轉運

使徙廣西旣至得宜州人吳香等爲鄉道攻破白崖等寨復瓊州因說降之犒以牛酒旣醉伏兵發擒誅六百餘人後三日始得希範臨之以賜溪洞諸蠻又取其心肝繪爲五臟圖傳於世其間有眇目則肝缺漏是時梅公儀爲御史言杞殺降失朝廷大信請加罪朝廷録其功止戒諭之而已東齋記事

宋守之 慶歷中以國博來守教諸生讀五經於先聖廟建尊儒亭暇則躬自講教

李時亮 元豐間以左藏來守乞賜修書學闕齋建御書閣

郭䞋 政和間爲守乞置澄邁西峯臨高定南兩寨以隘阻黎人道路無梗

李諤 紹興十八年爲帥守築外邏城

蘇軾 紹聖自惠州再謫瓊州別駕昌化軍安置元符五年量移廉州由澄邁北渡

李復 南海志云復爲廣州刺史嶺南節度觀察使勸導百姓令變茅屋爲瓦屋瓊州久陷蠻獠復奏置瓊州都督府以綏撫之

向中敏 南海志云中敏淳化二年以職方員外郎任就移本路轉運使

蔣之奇 南海志云|||元祐間以朝議大夫集賢殿修撰知四年移江淮發運使

周頤 南海志云茂叔於熙甯元年以虞部郎中充判官四年就除本

路提刑　李綱　建炎元年自澧州安置移萬安軍十一月二十五日南渡至瓊州後三日德音聽還以十二月五日北歸題于華遠館

李光　紹興中與秦檜和議不合責藤州後責瓊州安置居雙泉九年再貶昌化軍光有詩云　曾是雙泉舊主人乙亥移郴州

李廷臣　頭官瓊管一日過市有獠子持錦臂韝鬻於市者織成詩一聯取視之乃仁廟景祐五年賜新進士詩也云恩袍草色動仙籍桂香浮廷臣以千錢易得之貼之小屏致几席間以爲朝夕玩

人物

姜唐佐　字君弼郡人也嘗從東坡學跋其課冊云雲興天際歘若車蓋凝眸未瞬彌漫霮䨴驚雷出火喬木靡碎殷地藝空萬夫皆廢黃門亦云余兄子瞻詗居儋耳瓊士｜｜｜遂從之遊氣和而通有中州士人之風子瞻贈之一聯曰滄海何曾斷地脉白袍端合破天荒

陳孚　郡士也從太守建陽

宋公貫之學得官以歸自是瓊人始喜習進士業迄歲有數人得進士出身者自孚始也杜介之郡士也爲高州司法眞純野逸有隱士之風率先生光有詩贈之云南極多老人及見九代孫君生古崖州氣質淸且溫今年八十一頗覺行步奔白鬢映紅頰疑是羲皇人王進慶澄邁縣人事母孝紹興間母陳氏病瞽而疾且殆｜｜刲股爲粥以獻母病愈瞽亦愈

仙釋

安昌期南海志云｜｜｜昭州恭城人得官爲橫山尉遂不仕放意山水間攜一僮俱間自山還取所採藥食之後吐示人其津膠葉如膏每通夕不寐嘗相其僮謂之曰莫笑此僮他日與吾偕隱治平二年與僮來遊淸遠峽山之廣慶寺曰久聞峽山有和光洞故來遊遂與僮往閱數日不返於石壁間見詩云蕙帳將辭去猿猱不忍啼琴聲自爲樂朋友孰相攜丹竈非無藥靑雲別有梯峽山余暫隱人莫擬

夷齊一一初遊人莫知其歲後五十六年間有見之者**蓬萊仙**南海志云仁嬌姓陳名安姐仁嬌其字也父玘母鄧玘士大夫也仁嬌常夢爲逍遙遊飧丹霞飲玉液及寤不瞑每思舊遊不可復忽八月十五日丙夜有神仙數百從空招之仁嬌超然隨衆朝謁于帝遂掌蓬萊紫虚洞儔侶五人曰瓊嬌玉潤伯仙蟾姬伯瑰元祐中降于廣州進士黄洞家者再時蔣之奇得其詩**金剛仙**南海志云唐開成中有西域僧號一一一居于湞遠峽山寺能梵音彈舌振錫而呪物無不應善囚鬼魅束縛蛟螭動錫一聲召雷立震**僧守忠**澄邁縣永慶寺僧也戒行頗嚴一日頌云不如擺却塵勞笑指洞天之外坐化今肉身猶存俗號聖僧

碑記

乘桴浮于海賦建炎元年李丞相綱自澧移謫萬安軍已渡海至瓊而德音聽還想必是

渡海而作也

瓊州學記朱晦公作見晦公集

瓊管志義太初序

詩

分竹雄兼使南方到海行臨門雙旆引隔嶺五州迎猿鶴同枝宿蘭蕉夾道生雲垂前騎失山豁去帆輕雨露蒸秋岸潮濤震夜城政閑開迥閣欹枕島風清釋無可送李使君赴瓊州兼五州招討使

適從瓊管魚龍窟秀出羊城翰墨場滄海何曾斷地脈白袍端合破天荒郡士姜唐佐與東坡游坡贈之詩曰云云後姜以詩示子由而坡已下世子由爲足之曰生長茅間有異芳風流稷下古諸姜錦衣他日千人看始信東坡眼目長

四州環一島百洞蟠其中我行西

北隅如庋月半弓東坡詩應怪東坡老衰顏語徒工久矣此妙聲不聞蓬萊宮東坡南望連山若有無東坡文見瓊管志大海門餘生欲老海南村帝遣巫陽招客魂海闊天低鶻沒處青山一髮是中原東坡題澄邁驛通明閣倦客愁聞歸路遙眼明飛閣俯長橋貪看白鷺橫秋浦不覺青林沒晚潮東坡澄邁驛通明閣詩莫嫌瓊雷隔雲海聖恩尚可遙相望東坡經過梧州聞子由在藤作詩示之參橫斗轉欲三更苦雨終風也解晴雲散月明誰點綴天容海色本澄清空餘魯叟乘桴意粗識軒轅奏樂聲九死南荒吾不恨此游奇絕冠平生東坡過海北歸詩眼明漸見天涯驛腳力將

窮地盡州胡澹菴題瓊州臨高縣茉莉軒詩今留題猶在落網從前一念斜崖州前定復何嗟萬山行盡逢黎母雙井渾疑到若耶行止非人十年夢廢興有命一浮家此行所得誠多矣更願從公泛北槎胡澹菴到瓊州和李參政韻萬里波光外孤城南極西李安撫時亮瓊管卽事數點晴明天外國一帆風信舶家舟李時亮牛頭山路翠尖浮半空虞衡志云黎海南四郡島上蠻也島中有黎母山極高常在霧靄中黎人自鮮識之久晴海氣晴明時見翠尖浮半空異哉寸波中露此横海春舉首玉簪插忽去銀釘擲身大何時見天嬌翔霹靂銅柱威丹徼朱崖鎮火陬沈佺期詩瓊崖千里環海中民夷錯居古相蒙方壺蓬萊此別宮峻

靈獨立秀且雄爲帝守實甚嚴恭

四六

據百蠻通道之要津兼四國于蕃之重寄龔茂良賀瓊州魏守

鯨波萬里暫同季路之乘桴鳳闕九重遥想子牟之馳戀遂枚爾於卉服即歸從於荷囊同上領瓊管之一麾涉鯨波之萬里會二九

輿地紀勝卷第一百二十四

輿地紀勝卷第一百二十五 文選樓影宋鈔本

東陽王象之編　甘泉岑鎔詮長生校刊

廣南西路

昌化軍

宜倫　毗耶　昭山　倫江　南崖

軍沿革

昌化軍同下州九域志星土分野與珠崖同寰宇記本漢儋耳郡唐志云本儋耳郡又漢書武帝元鼎六年牛南越置南海等九郡儋耳預其一焉應劭注云儋耳珠崖二郡並在大海中儋耳者張晏引異物志云儋耳之云言鏤其頰皮上連耳匡分爲數支狀似雞腸累耳下垂或云馬伏波收黎人見儋以其人耳婦人號其地爲儋耳因爲聃州或爲聃耳鏤離其耳爲名寰宇記昭帝罷儋耳郡併入珠崖西漢紀昭

帝始元五年罷儋耳併入珠崖郡又賈捐之傳云自初置郡至昭帝始元元年二十餘年間凡六反叛至其五年罷儋耳郡併入珠崖

自漢至陳更不得其本地元和郡縣志梁置崖州隋志隋郎宜倫縣爲珠崖郡治唐志儋州下注云本儋耳郡隋爲珠崖郡治隋志珠崖郡領縣十而宜倫居其首郎是隋珠崖治宜倫明矣煬帝分珠崖置儋耳郡元和郡縣志在大業六年而隋志止有珠崖郡而無儋耳郡他書亦不載置儋耳郡一節惟元和志載此年月似有不同象之謹按唐志於儋州下載本儋耳郡然唐未嘗置郡元和志謂其置郡在大業六年則恐隋末廢置隋書失於登載亦未可知又瓊管志云隋復置儋耳郡領縣五曰義倫毗善昌化吉安感恩與元和志合當從元和志隋亂陷賊元和郡縣志唐平蕭銑置儋州通鑑武德五年馮盎率所部降以其地爲高羅春白崖儋林振八州領義倫昌化感恩富羅四縣寰宇記又廣西郡邑志云武德五年以義倫感恩昌化毗善復置儋

州

州城卽漢儋耳郡城輿地廣記改毗善爲富羅唐志在武德五年初隸高州總管武德五年隸嶺南道崖州都督府正觀元年又分昌化置普安縣尋廢寰宇記在正觀元年割隸廣州正觀三年又隸崖州在正觀三年改昌化郡天寶元年復爲儋州乾元元年又置洛場縣廣西郡邑志五代爲南漢所有輿地廣記國朝平嶺南地歸版圖開寶三年更義倫曰宜倫九域志在太平興國元年省富羅洛場二縣入宜倫廣西郡邑志詔改三州爲軍而儋州詔賜名爲昌化軍國朝會要在熙寧六年又省昌化感恩二縣爲鎭入宜倫九域志在熙寧六年尋復置九域志云元豐二年復置昌化四年復置感恩中興以來廢軍爲宜倫縣以縣隸瓊州瓊管志云紹興五年

憲使請罷三軍爲邑隸瓊州而國朝會要在紹興六年不同復爲昌化軍國朝會要在紹興十三年瓊管志云因安撫王趯奏也免隸瓊州以軍使兼知倚郭縣皇朝郡縣志尋復差守臣其元管屬縣還隸同上係年錄云紹興十三年九月戊午復宜倫縣爲昌化軍免隸瓊州仍以軍使兼知倚郭縣事十四年十月庚辰詔昌化依舊爲軍置守臣還屬縣以邊事隸瓊管司瓊管志今領縣三治宜倫

縣沿革

宜倫縣　下

倚郭元和郡縣志云本漢儋耳郡地寰宇記云本漢儋耳縣地隋置義倫縣爲珠崖郡所理因義倫水以

爲名元和志武德五年置儋州領義倫縣國朝會要云太平興國元年改爲宜倫縣避太宗御諱也皇朝郡縣志云紹興六年隸瓊州十三年復來隸後二縣同

昌化縣

在軍西一百八十里元和郡縣志云本漢至來縣大業六年置昌化縣皇朝郡縣志云本漢儋耳縣地不同當考元和志云大業六年置昌化縣輿地廣記云初屬朱崖郡武德五年來屬唐志云正觀元年析置吉安縣尋省國朝會要云熙寧六年省爲鎮入宜倫縣元豐三年復置

感恩縣

在軍西南二百七十九里皇朝郡縣志云本漢儋耳縣地元和郡縣志云本漢九龍縣隋大業六年改名感恩縣取感恩水以爲名國朝會要云熙寧六年廢爲鎮隸宜倫縣元豐四年復

風俗形勝

郡名儋耳以其人鏤離其耳因以爲名又云外城揚僕築子城儋耳婆築[甯]濟夫人廟記州城即漢儋耳郡城輿地記軍治後堂栽花蒔竹疊石爲山有巖壑之趣名曰吏隱李參政光名曰|| 無馬與虎南海志 儋耳珠崖郡民皆服如單被穿中央爲貫頭男則耕種禾稻紵麻女子桑蠶織績民有五畜山多麈麖兵則矛盾刀木弓弩竹矢或骨爲鏃自初爲郡縣吏卒中國人多侵陵之故卒數歲一反元帝時遂棄罷之西漢志 儋州雖數百家之聚而州人所須取之市而足東坡論葛延之語 儋耳即離

耳也皆鏤其頰皮上連耳匡狀似雞腸下垂在海渚不食五穀食蚌及鰲而已山海經俗呼山嶺爲黎人居其間號曰生黎殺行人取齒牙貫之於項以衒驍勇弓刀未嘗離手弓以竹爲弦績木皮爲布尚文身豪富文多貧賤文少但看文字多少以別貴賤觀禽獸之產識春秋之氣占藷芋之熟紀天文之歲寰宇記昌江無煙瘴水澇之患風俗淳朴雖無富民而俗尚儉約婦人不曳羅綺不施粉黛婚姻喪祭皆循典禮無飢寒之民凶年不見丐者李參政顯應夫人廟記注海南自古無戰場靖康之變中原紛擾幾三十年此郡獨不見兵

墓瓊管志東坡老女文引杜詩云夔州處女髮半華十有八九無夫家吾來儋耳亦多老女至四五十者作文付黎先覺秀才使諭其里黨東坡醞酒不用麴蘖寰宇記云有木曰嚴樹取其皮葉擣後清水浸之以粳釀和之數日成酒香甚能醉人又有石榴亦取花葉和釀醞之數日成酒昌化絶無酒李參政光云——客至但請坐飲茶而退姜令遠寄雙樽翌日會郡寮歡喜成詩

景物上

昭山輿地廣記在宜倫縣倫江輿地廣記在宜倫縣吏隱在郡治詳見風俗形勝下明山寰宇記云山有二石如人形故老傳云有兄弟二人向海捕魚因化爲石號曰兄弟石乳泉

3590

東坡居儋耳城南天慶觀得泉甚甘作｜｜賦

相泉 趙丞相謫吉陽過儋耳十五里盛暑渇甚鑿井數尺得泉以濟從者之渇

稺酒 南方釀酒未大熟取其膏液謂之｜｜既熟則反之酴中而潮人王生以是餉予竊其酴之漓以蘄予一醉東坡遂作｜｜賦

溫湯 寰宇記云在咸恩縣北七十里夏即清冷冬即沸熱有患風疥瘡者浴之皆愈

藤山 隋志云在武德縣

松煤 東坡云金華潘衡初來儋耳起竈作墨得煙甚豐而不甚黑東坡教其作遠突寬籠得煙減半而墨乃爾黑其文曰海南｜｜東坡膠法不減李廷珪

景物下

九思堂 在郡治

熙春臺

平心堂 並在郡治

博望臺 在郡東北重岡之上

動鑑閣 在郡城

臨清亭 在清水池上

野趣亭 嚴氏之居也極爲幽勝郡

守李申之與李參政光重九日置酒其上

載酒堂在城南儋耳人黎氏之居東坡訪之爲名其堂日｜｜｜作詩曰城東兩黎子室邇人自遠呼我釣其池人魚兩忘返史君亦命駕恨子林塘淺

秀香堂乃陳氏北園李泰發參政名之曰｜｜｜取野花發而幽香嘉木秀而繁陰之意有詩云月林下動參差影花徑時供自在香

賓燕堂李參政光云海南羣花早發至春時已盡獨荷花自四五月開至窮臘與梅菊相接雖花蘂甚小而香色可愛蘇端明詩云城南有荒地瑣細誰復採幽姿小芙蕖香色獨未敗蓋此池也澹菴詩云危亭涵風漪盛夏秋色冷

湧月亭乃陳氏臨江結屋下臨大江李泰發參政名之曰｜｜｜取月湧大江流之義

就日亭在軍治取人臣雖守海未嘗忘君之義

問漢亭州人築亭橋上胡澹菴名李參政有詩云河畔牽牛織女星東西相望幾千程乘槎我欲機邊坐應解停梭問姓名

桄榔庵東坡謫儋耳無地可居偃息于｜｜林下摘葉書名以記其處云九山一區帝爲方輿神尻以遊孰非吾居百柱屭贔萬瓦披敷上棟下宇不煩斤斧海氣瘴霧吞

吐吸呼蝮蛇魑魅出怒入娛習若堂奧雜處童奴東坡居士强安四隅以動寓止以實託虛效此四大還於一如東坡非名岷峨非盧須髮不改示現毗盧無作無止無欠無餘生謂之宅死謂之墟三十六年吾其捨此跨汗曼而遊鴻蒙之鄉乎

清水池在城東四景荷花不絕臘月尤盛有亭曰臨清

紫鱗魚見峻靈廟下

白馬井唐咸通中命辛傅李趙四將部兵來滿灘艤過海兵馬渴甚有白馬嘶嗷以足跑沙美泉湧出

四季荷清水池在城東四季荷花不絕臘月尤盛有亭臨其上名日臨清又見賓燕堂下

石碁子靈峻山側有碁子灣其石如碁子每取之即以紙錢拋神山之下所取不得揀選取畢視之黑白相均

昌化石輿地廣記云昌化縣有丨丨丨極爲靈異祈禱多應

南崖江輿地廣記在昌化縣

南湘江在昌化縣東北八十里

南龍江輿地廣記在感恩縣

感勞山輿地廣記在感恩縣

景星觀九域志云唐乾封中置

城南池在東坡所居之側有賓燕堂者是也其池屢開雙蓮轉物老人詩云枯木摧殘色境空西風獨占水

芙蓉瑤池飲散紅粧閙洛浦人歸翠蓋重日影透簾香掩苒月華侵座客從容閑花瑣細能長久免被移我太華峰瑣細蓋使東坡瑣細誰復採之意

德義山在宜倫縣西六十里

黎曉山在宜倫縣西四十里

黎毗山在宜倫縣北六十里

分高山在宜倫縣東八十里

黎郎崗在宜倫縣東三十里

黎山水在宜倫縣東

大毗崗在舊富羅縣南二十里

落膊崗在昌化縣西北二十里

椀水崗在昌化縣東九十里

延澄江在感恩縣東北四十里

安甚江在感恩縣南五十里

毗邪山在宜倫縣方輿記云山頂有蟲似大蟲俚人以蟲爲毗邪也

師子石寰宇記云在義倫縣西八十里石在海中形如｜｜

滔沿井寰宇記云與倫水通有人以竹置井中於倫水得之俚人呼竹爲滔沿因名

魚鱗洲寰宇記

龍吟泉寰宇記

黎吟泉寰宇記

黎母山寰宇記

黎粉山寰宇記

感恩水寰宇記

黎虞山在感恩縣東五十里

古迹

儋耳國 李參政光詩曰永傳｜｜｜注曰後漢蠻夷傳云海外有｜｜｜

延德軍 瓊管志延德寨大觀元年於本軍界內搬置一軍以延德軍爲額至政和元年廢爲感恩縣未久廢感恩縣再建延德軍於地名白沙側浪又置感恩縣爲帶郭後廢延德軍立延德寨置知寨一員

廢富羅縣 元和郡縣志云本漢儋耳縣也大業六年於此置毗善縣屬朱崖郡武德五年改爲富羅來屬儋州輿地廣記云南漢省之廣西郡邑志云國朝太宗時省富羅入宜倫

廢洛場縣 寰宇記云新置元縣在黎洞心因黎賊作亂移入州城下廣西郡邑志云乾元初置洛場縣國朝太宗時省洛場入宜倫

廢涔陽縣 輿地廣記云唐乾元後置皇朝因之

廢普

安縣 元和郡縣志云天寶初於涔場鎮置寰宇記云正觀元年分昌化置普安縣尋廢

峻靈王廟 在儋州昌化縣之西北有

山若冠帽者里人謂之山落膊五代末望氣者言是山有寶氣上通於天艤舟其下斲山求之夜半大風浪駕其舟空中碎之石峰之上夷皆溺死今碇石猶存元豐中封｜｜｜東坡有碑

顯應夫人廟 在儋州即儋耳婆也平黎記載西至一處有聃耳婦人出現號其地爲聃耳因爲聃州或訛而爲儋張晏云儋耳者鏤其頰皮上連耳如雞腸累耳下垂非也應劭曰種大耳渠帥耳緩下肩三寸儋州城舊常有水患一夕衆見婦人驅鬼工持鍤遷之夜聞築鑿聲至曉城成有笞杖流水上紹興辛未賜廟曰靈濟

洗氏廟 高涼人適馮融之子寶在隋時以忠義佐國有平寇之功封譙國夫人東坡所謂馮洗古烈婦翁媼國於茲者至唐武德初夫人之孫馮盎以地降高祖析爲高羅容白崖儋林振八州授盎上柱國拜其子智戴春州刺史儋人事之甚嚴

獅子神 正利侯廟在城西一石峰在海中洲巨浸之閒形類獅子俗呼｜｜｜

浴泊石神 在昌化縣西北二十里石形如人帽其首面南側有橘柚甘香食之即可攜去即黑霧暴風駭人池中有魚亦然土人往往祈禱

伏波將軍廟

九域志郎
馬伏波也

官吏

裴瑑子聞義趙丞相爲作家譜云本裴晉公之十四代孫瑑守雷州時中原亂不能歸子紹爲吉陽守遂爲吉陽人至聞義知昌化軍在郡凡九年而終子嘉瑞嘉祥胡澹庵題其所居之堂曰盛德堂有堂銘

陳中孚陳適中孚字中正爲萬甯令黎賊犯城居守有勞擢知昌化軍長子適以爲臨高尉儋耳民王高叛圍閉軍城適徑造賊壘諭以禍福賊乞逐去見任郡守以適攝郡諸司從之後辟知昌化作繼美堂謂父子相繼也胡澹菴爲作記明年參政李公自瓊移儋與陳尤善休沐未嘗不杖屨往來

蘇軾號東坡居士紹聖四年五月自惠州貶所再責昌化軍安置七月至貶所寓城南天慶觀之側見乳泉賦曰吾素居儋耳卜築城南鄰於司命之宮是也昌化非人所居軾初與弟轍相别渡海旣

登舟笑謂曰豈所謂道不行乘桴浮于海者耶始至無地以居息於桄榔林下作庵且爲之銘旣而儋官屋以庇風雨有司猶謂不可則買地築室於昌化之城南天慶觀側士人畚土運甓以助之爲屋三間食芋飲水著書以爲樂元符三年徽廟登極量移廉州由澄邁北渡有九死南荒吾不恨茲游奇絶冠平生之句

呂公著 三朝言行錄呂正獻公著貶昌化軍司戶參軍書名黨籍

任伯雨 眉山人建中右正言黨籍餘官第二十八人貶昌化軍紹興元年贈直龍圖閣

折彥質 號蓀眞居士建炎四年貶昌化軍至郡與儋士許庭惠輩效溫公眞率會爲鄉約每五日一集太守李行中與焉至移郴公有詩留別王六公云六公八十尚占星授法東坡今大成此歲得歸言不食幾時當雨信如盟誤人功業忍更問老我林泉如可營他日疑謀誰爲決無由重到訪君平

李光 中興遺史云紹興二十年七月丨丨之親家陸升之告于秦檜曰丨丨之子孟堅者著成野史書太師之罪惡檜怒四孟堅子大理獄貶峽州自瓊州移光昌化軍安置圖經云光自號轉物老人紹興辛巳責瓊州已巳春再貶儋耳在郡嘗賦

東坡謫居六無食無肉云蘿鹽有餘味何必嘗食肉出無友云吾衰自不出孰謂出無友病無醫云吾師坐忘眞盧扁非艮醫居無屋云俯仰天地寬莫嘆居無屋冬無炭云海薪不論錢何苦憂無炭夏無寒泉云銅盆湛冰雪誰謂無寒泉公居瓊九年居儋六年乙亥冬移郴

人物 耆老附

黃中羊蔡皆年九十餘郡以名聞並授初品官王霄以貢士住辟雍三年建炎間歸鄉潛德不仕年九十六歲推爲鄉先生婦吳氏亦九十餘州郡以聞霄授初品官吳氏封孺人王公輔俗呼王六公居儋城東坡甚重之世傳以天文折樞密亦與相厚一日具冠帶賀折曰夜來見客星侵帝座公卽日還朝居無何登極赦書果至折公移郴六公年一百單三歲卒號百歲翁

道釋

若活七十年便是百四十黃金幾時成白髮日夜出開眼三十秋速於駒過隙是故東坡老貴汝一念息時來登此軒目送過海席家山歸未得題詩寄屋壁

息軒楊道士

冷齋夜話云東坡在儋耳題司命宮｜｜｜｜日無事此靜坐一日似兩日

地藏菩薩

東坡云余在儋耳聞城西李氏處子病卒兩日復生與進士何旻同往見其父問死生狀云初昏若有引去至官府簾下有言此誤追庭下一吏云可且寄禁又一吏云此無罪當放還見一獄在地窟中隧而出入繫者皆僧耳僧居十六七有一嫗身皆黃毛如驢馬械而坐處子識之蓋僧之室也曰吾坐用檀越錢物已三易毛矣又一僧亦處子鄰里死已二年其家方大祥有人持盤飧及數千云付某僧得錢分數百遺門者乃持飯入門去繫者皆爭取其飯僧飯所食無幾又一僧至見者擎跪作禮僧曰此女可差人送還送者以手擘墻使過見河有舟使登之以手推舟舟躍處子驚而寤是僧定所謂地藏菩薩耶以爲世戒

碑記

六無帖 東坡謫儋耳貽書江浙士友云食無肉出無友居無屋病無醫冬無炭夏無寒泉見瓊管志

峻靈王廟碑 東坡文

詩

魑魅曾爲伍蓬萊近拜郎臣心瞻北闕家事在南荒

莎草山城小毛洲海驛長[元]成知必大[甯]是泛滄滄 嚴維送李祕書往儋州見文苑英華

少年好遠游蕩志隘八荒九夷爲藩籬四海環我堂稍喜海南州自古無戰場奇峰望

黎毋何異嵩與邙飛泉瀉萬仞舞鶴雙低昂芋魁儻可飽無肉亦奚傷東坡和擬古詩爛煮葵羹斟桂醑風流可惜在蠻村東坡自作桂酒詩老去仍棲隔海村東坡詩以儋州在海中故云旋移松石成巖壑時引笙歌入醉鄉吏散簾垂公事畢清風一榻傲羲皇東坡吏隱詩九死南荒吾不恨茲游奇絕冠平生東坡自昌化移廉州由澄邁北渡詩馮洗古烈婦翁嫗國於此東坡洗夫人廟詩三年瘴海上越嶠眞我家東坡海南重九詩他年誰與作地志海南萬里眞吾鄉東坡寄子由海南無冬夏安知歲將窮鉏耰代肅殺有鐏非霜風東坡五月旦日和戴主簿詩久安儋耳陋日與彫題親東坡與殷晉安別詩至今

東坡室不立杜康祀子由送東坡渡海不用長愁掛月村檳榔生子竹生孫東坡儋耳詩四洲環一島百洞蟠其中我行西北隅如渡半月弓登高望中原但見積水空此生當安歸四顧眞途窮東坡詩應怪東坡老顏衰語徒工久矣此妙聲不聞蓬萊宮東坡爲報先生春睡美道人輕打五更鐘東坡在惠州作此詩傳至京師章子厚見之笑曰蘇子尚爾快活耶故有昌化之命瓊崖千里環海中民夷錯居古相蒙方壺蓬萊此別宮峻靈獨立秀且雄爲帝守寶甚嚴恭東坡峻靈王廟銘廟在儋州我遷海康郡猶在寰海中送君渡海南風颿似張弓笑揖彼岸人回首平生空潁濱先生次韻子瞻過海朝宗

于海固願也一葦杭之如勇何著淺驚呼過叉喜此生是等事嘗多折彥質渡海詩去日驚濤遠拍天飛廉幾復逐臣船歸舟陛頓能安穩便覺君恩更渙然折彥質北歸渡海昌江古佳郡李光送匡逢時赴昌江太守南極多老人及見九代孫君生古崖州氣質淸且温今年八十二頗覺行步奔白鬚應紅頰疑是羲皇人李光輿郡士杜君有客南來自吉陽始知儋耳本淸涼潮聲捲海千峰雨月色侵門滿地霜何處更求依佛國此生端欲老蠻鄉李光云乙亥四月海外已如劇暑客有自吉陽來者言吉陽氣候如蒸因嘆此邦之淸曠方知人生無有足時不知熱惱豈知平時之淸涼乎乃賦詩儋耳道中還可樂東坡安用嘆途

窮胡澹庵儋耳郡道中詩芋魁大盈尺李光詩云昌江眞陋邦｜｜｜｜｜逐客方阸陳飽食度終日

四六

不知滄海之深但見恩波之闊折樞密諭昌化謝表

輿地紀勝卷第一百二十五

輿地紀勝卷第一百二十六　文選樓影宋鈔本

東陽王象之編　甘泉岑鎔 淦 長垕校刊

廣南西路

萬安軍

萬甯 萬全 陵水 赤隴 金山

軍沿革

萬安軍同下州 九域志 星土分野並同瓊州 圖經 土地輿珠崖同 通典 又南海序略云海南諸國漢武通焉元帝時棄之 在初元間 唐析文昌縣置萬安縣 廣西郡縣志云 正觀五年析文昌縣置 萬安縣 并置富雲博遼二縣 皇朝郡縣志 在正觀五年 屬瓊州 輿地廣記 尋屬崖州 輿地廣記在 正觀十三年 又立萬安州 唐志在龍朔 二年瓊管志

以爲正觀五年立萬安州九域志以爲唐正觀中崖州都督雲南馮世接分所部文昌縣地立爲萬安州不同象之謹按元和郡縣志云本崖州萬安縣地龍朔二年改割萬安及臨世陵水三縣於此置萬安州而唐志萬安縣下注云本隸瓊州正觀五年析文昌縣置則是正觀五年析文昌縣置萬安縣至龍朔二年始置萬安州圖經誤引置萬安縣之年月以爲置萬安郡之年月耳不可以不辯領縣三曰萬安富雲博遼明皇時移理陵水元和志在開元九年更州爲郡曰萬全郡瓊管志在天寶元年復爲萬安州瓊管志在乾元初徙治萬安輿地廣記在正元元年五代爲劉氏所據五代史省富雲博遼二縣輿地廣記皇朝更爲軍國朝會要云熙寧六年廢爲萬安軍移軍於陵水洞圖經在大觀二年又移軍於客寮後移今處未幾提刑董芬奏廢軍爲萬寧縣以軍使兼知縣事隸瓊州

夔管志云紹興五年憲使吏部董芬奏請廢三安撫軍爲縣隸夔州至十三年王安撫趯奏復爲軍

王趯奏復爲軍 紹興十三年國朝會要云本唐萬安州熙甯六年廢萬安州爲軍紹興六年又廢萬安軍爲萬甯縣析萬甯縣爲陵水縣十年復軍名年月與圖經小有不同象之謹按繫年錄云紹興十三年九月戊午復萬甯縣爲萬安軍免隸夔州仍以軍使兼知倚郭縣事十四年十月庚辰詔萬安依舊爲軍置守臣還屬縣當從繫年錄

今領縣二治萬甯

縣沿革

萬甯縣

倚郭元和郡縣志云本紫貝縣地正觀元年分文昌縣置萬安縣唐志云本隸瓊州正觀五年析文昌縣置并置富雲博遼二縣十三年隸崖州後來屬至德二載曰萬全後復故名輿地廣記云開元元年移理

陵水至德二載改爲萬全縣後改今名紹興六年隷瓊州十三年復來隷

陵水縣

在軍西南一百十里元和郡縣志云大業六年於此置陵水縣唐志云本隷振州後來屬國朝會要云熙寧七年廢爲鎮入萬甯縣元豐三年復紹興六年隷瓊州十四年復來隷

風俗形勝

多委舊德重臣撫甯其地通典此邦與黎蜑雜居其俗質野而畏法不喜爲盜牛羊被野無敢冒認居多茅竹絕少瓦屋婦媪以織貝爲業不事文繡病不服藥信尚巫鬼圖經風俗門女人以五色布爲帽以班布爲裙

似袋也號曰都籠以班布爲衫方五尺當中開孔但容頭入名之曰思便寰宇記

景物上

南山在陵水縣南八十里 靈山輿地廣記在陵水縣二十三里 聲山寰宇記云在陵水縣常有聲如人言也 温泉在城西其泉常温 鑑亭在城東下瞰小江

景物下

愛民堂在州治 凝香亭在州治 觀德堂在州治 金仙水輿地廣記云在萬寧縣北三里 金牛嶺在城西北時有寶氣 獨洲山在城東南五十里林木茂密山

峯揷天　雙女石在城南陵水縣界　三里亭在城東三里迎送之所　萬安橋在城南有屋三十一楹　通濟橋在城南四里　仙河橋在城北三里　仙人跡仙河橋東石上有｜｜｜及馬跡　赤隴山輿地廣記在萬安縣東南三十里又謂之赤龍山　赤土國寰宇記云在州南渡海便風十四日經雞籠島郎至其國亦海中之一洲也　淸溪水在萬甯縣北二十里　丹丹國寰宇記云振州東南舟行十日至　陵栴水寰宇記云在陵水縣東北十五里　湳陵水在萬甯縣西南二里　都封水在萬甯縣西南三十里　都籠水在陵水縣東北一十五里

古迹

廢富雲縣寰宇記云在陵水縣　廢博遼縣寰宇記云在陵水縣唐末廢輿地廣記云

故富雲博遼二縣唐正觀五年置南漢皆省之廣西郡縣志云本朝省富雲博遼二縣三者俱不同而九域志不載省富雲博遼二縣一節則非廢於本朝而寰宇記謂廢於唐末廣記謂廢於劉漢亦不同當攷

官吏

趙絳邕州人儂智高之族賜姓趙淳熙元年守萬安黎人王集結北多囊上中下三洞叛絳如瓊乞師屯賊衝未幾三洞勦平至今畏服 **湯鸑**南劍人以武舉守郡南洞王利學叛鸑平之民爲立祠

李綱建炎元年以尚書左僕射落職自鄂移澧自澧移萬未及軍而還詳見碑記門 **楊煒**進士出身初李光除參政而金人議和煒不以爲是以書責之光發其言遂引去煒後以從政郎爲黃巖令有詆時相語謫居萬安 **楊元光**自參議謫萬安 **白諤**中興小歷紹興十四年右武大夫丨丨自北方從太后歸宣言燮理乖繆洪皓名聞華夷顧不用秦檜聞之奏繫諤理寺諤館客張伯麟題太學壁

讖訕流謗於萬安軍伯麟於吉陽軍

仙釋

交趾道士　城南並海石崖中舊傳有道士年九十九自言本交趾人因渡海船壞於此遂菴焉養一雞大如倒掛子日置枕中啼卽夢覺又畜胡孫小於蝦蟇風度清癯以線繫几案間道士飯已卽登几危坐而食其餘又有龜狀如錢置合中時揭其蓋使出戲衣褶僧惠洪謁之示出三物洪戲之曰公小人國中引道神也

碑記

瓊州華遠館題壁　李丞相綱以建炎二年自澧州移萬安軍十一月二十有五日南渡

矣瓊管後三日祗奉德音聽還以十二月五日北歸萬華遠館凡十日戴惟自唐以來宰相有罪謫海上多矣得生還者以一二數又皆積年始內徙而今者往返曾不踰旬天恩寬大感極而繼之以泣云

詩

萬安無市井斗水寬百憂天低瘴雲重地薄海氣浮

東坡夜臥濯足詩　江水成文地最奇風流太守更能詩送將臘盡梅花怨與得春回燕子知一餉功勳眞夢寐千年名字付傷悲盛攜樽酒頻賡唱慎下高才似牧之

郭祥正至萬安軍寄吉守李獻文大夫

輿地紀勝卷第百二十六

輿地紀勝卷第一百二十七　文選樓影宋鈔本

東陽王象之編　甘泉岑鎔 淦 長生校刊

廣南西路

吉陽軍 延德 寧遠 朱崖 臨振 崖州

軍沿革

吉陽軍同下州 興地廣記云同下州朱崖軍後改朱崖軍爲吉陽軍 星土分野並同瓊州 圖經 本漢珠崖郡地 元和郡縣志 漢武帝初置珠崖儋耳二郡 漢紀在元鼎六年 至昭帝併儋耳入珠崖元帝用賈捐之議遂罷珠崖郡 漢書紀在初元三年 東漢立珠崖縣屬合浦郡 東漢志 吳於徐聞縣立珠崖郡於其地置珠

官縣赤烏二年晉省珠崖入合浦晉志梁於徐聞縣立珠崖郡元和郡縣志又立崖州隋志隋文帝以臨振縣爲洗夫人湯沐邑高州誠敬夫人廟碑云隋高祖時諸俚亡叛敕夫人招慰夫人親載詔書歷十餘州宜述上意高祖嘉之賜臨振縣湯沐邑一千五百戶則是文帝時已有臨振縣矣煬帝置臨振郡元和郡縣志云煬帝大業六年開置珠崖郡又置儋耳臨振二郡隋末陷賊元和郡縣志唐改爲振州通鑑武德五年馮盎率所部來降以其地爲高羅春白崖儋林振八州析延德置吉陽縣唐志吉陽縣下注云正觀二年析延德郡置改爲延德郡唐志云天寶元年更名延德郡通典云大唐置振州或爲延德軍廣西郡邑志云是爲甯遠郡不同象之謹按唐志元和志通典寰宇記諸書第有甯遠縣而無甯遠郡之文今不取又置落屯縣唐志云天寶後置元和志云永徽元年置復爲振州寰宇記在乾元元年五代劉

陈割據地屬南漢瓊管志本朝平嶺南割舊崖州之地隸瓊州改振州爲崖州此據寰宇記九域志云開寶中准敕改崖州又國朝會要云朱崖軍本唐振州開寶五年改崖州熙寧六年廢爲朱崖軍改崖州爲朱崖軍國朝會要在熙寧六年按朱崖漢曰珠崖自吳至晉並因之自吳立珠官縣亦用此珠字至宋志朱官縣始用此朱字則珠崖之爲朱崖亦恐因珠官之爲朱官又廢吉陽及寧遠縣國朝會要云吉陽寧遠並以熙寧六年廢九域志熙寧六年省吉陽寧遠二縣爲鎮改朱崖軍爲吉陽軍因郡守吳況所奏也象州志載吳況象州人知朱崖軍政和七年改朱崖軍爲吉陽軍公所奏也併吉陽縣爲寧遠一縣此據瓊管志國朝會要云熙寧七年廢吉陽寧遠二縣是吉陽寧遠並已廢矣至此又併吉陽縣爲寧遠一縣似有不同象之謹按九域志二云熙寧六年省吉陽寧遠二縣爲鎮而本軍無所領縣但領臨川藤橋二鎮而已而輿地廣記於朱崖

軍下臨川鎮云本臨川縣隋末置藤橋鎮下云初唐振州領甯遠延德吉陽臨川落屯五縣南漢時省延德臨川落屯三縣熙甯六年省甯遠吉陽二縣爲臨川藤橋二鎮至政和七年又倂吉陽縣爲甯遠縣非倂二縣也乃合二縣之舊地再置甯遠一縣耳今吉陽軍城非崖與張之古城乃朱崖軍吉陽縣基也瓊管志中興以來廢爲甯遠縣隸瓊州未幾復爲軍國朝會要云吉陽軍紹興六年廢爲甯遠縣十三年復爲軍以軍使兼知倚郭縣事免隸瓊州皇朝郡縣志在紹興十三年尋復差守臣以元管屬縣還隸焉皇朝郡縣志在紹興十四年繫年錄云紹興十三年九月戊午復甯遠縣爲吉陽軍免隸瓊州仍以軍使兼知倚郭縣事十四年十月庚辰詔萬安依舊爲軍置守臣還屬縣今隸瓊管領縣一治甯遠此據乾道元年張維廣西邑志

縣沿革

寕遠縣

倚郭元和志云隋大業六年分置寕遠縣唐志云正觀二年析延德縣置吉陽縣屬振州皇朝改振州爲崖州縣仍屬焉國朝會要云熙寕六年省吉陽寕遠二縣爲鎮至政和七年併吉陽寕遠二縣地爲寕遠一縣隸吉陽軍紹興七年廢吉陽軍爲寕遠縣隸瓊州十三年復爲軍使以知縣兼知軍尋復差守臣

風俗形勝

吉陽地多高山峯巒秀拔所以郡人間有能自立者瓊管志

吉陽俗近夷多陰陽拘忌至有十數年不葬其

親者胡澹庵其外則烏里蘇密吉浪之洲而與占城相對西則眞臘交趾東則千里長沙萬里石塘上下渺茫千里一色舟船往來飛鳥附其顛頸而不驚瓊管志海南以崖州爲著郡崖州舊治在今瓊州之譚村土人猶呼爲舊崖州所謂便風揚帆一日可至者卽其地也瓊管志振在吉陽昌化之間瓊管志崖州舊治譚村後遷於振州及改吉陽軍乃創治於今吉陽縣基瓊管志吉陽地狹民稀氣候不正春常苦旱涉夏方雨樵牧漁獵與黎獠錯雜出入必持弓矢婦女不事蠶桑止織吉貝同上本唐振州卽隋之甯遠臨振郡又曰延

德郡 見晏公類要 山出珠犀玳瑁故號朱崖 劉誼朱初平黎記見瓊管志 崖州水土無他惡 國朝盧多遜以開寶六年坐貶崖州李符謂趙普曰云云又長編云朱崖雖在海中而水土頗善與此意同 崖州最大 丁謂謫崖州嘗問客天下州郡孰為大客曰京師也謂曰不然朝廷宰相作崖州司戶參軍則崖州為大也聞者絕倒 至吉陽則海之極處無復陸途 瓊管志大海門 隋冊洗氏為譙國夫人 贈馮盎父為崖州總管更名朱崖郡 唐初盎以地降四年復曰崖州 教民讀書著文號知命集 丁晉公謂貶崖州司戶在州教民讀書著文曰賦一詩號曰知命集 地僻無書 李德裕窮愁志序 遞角皆由海道 東西兩路並無鋪兵緣昌化萬安兩界道路不通｜｜｜｜｜｜故不差鋪兵 再涉鯨波 瓊去吉陽隔越黎洞雖有陸路已八十年不通赴官者以再涉鯨波為可畏自今知寨陳維翰方誘羣黎開通道路自昌化縣

泛海三日而至軍城阻風則月餘若往儋萬則無阻焉去儋尤近故東坡詩云四月環一島百峒蟠其中我行西北隅如度月半弓又胡澹庵詩云再涉鯨波險仍悲鱷水連又湘山野錄云初寇忠愍南貶曰丁當秉筆謂馮相曰欲與竄崖又再涉鯨波如何馮但唯唯丁乃除擬雷州及丁之貶也適當馮相秉筆謂魯參曰丁相始欲貶寇於崖嘗有鯨波之嘆今暫屈丁公涉鯨波一遊竟竄崖州

毈雞翁 李德裕至朱崖遺段承式書曰自到崖州幸且頑健居人多養雞往往飛入官舍今且作毈雞翁北窗瑣言錄見瓊管志

景物上

南山 在城西南一十里枕海

石龜 在城北有石如龜長一尋濶二丈有半旱蝗則禱之立應

石船 在南嶺之南距海數步長丈餘如舟然旁有峻嶺名試劍峯

石盤 丨丨去城十三里面

平如掌非磨琢所能功周圍數丈可坐十客林木茂密可蔽日光傍有澗水秋夏不竭清冷甘洌可濯可飲周使君嘗至其處愛其清絶伐木誅茅結亭石盤之北榜曰清賞**瑤柱**｜澹庵詩曰｜｜還勝玉

海曲李德裕在崖州作舌箴曰于以仲夏月逹海曲

景物下

清心堂在郡治　**洗兵堂**在郡西過江一里胡澹庵名取杜詩安得壯士挽天河淨洗甲兵長不用之意**懷遠亭**丁晉公嘗築臺高丈餘左右有二小臺每至臺所卽瞻拜星斗夜分而歸後郡守結亭其上**凝香堂**在公庫**閱武堂**在教場**海口驛**名之曰｜｜｜在郭外**吏隱堂**乃僉判廳也**樂輸亭**在省倉**賢逸洞**澹庵以其多水竹取竹溪六逸竹林七賢之義作詩曰溪邊六逸李太白林下七賢山巨源**開元寺**在城西百餘步

胡澹庵緣化鐘樓　臨川水在吉陽縣　藤橋水在吉陽縣　甯遠水元和志云去廢甯遠縣一里　延德水元和志云去廢延德縣一里　黎莪山元和志云在吉陽縣東七十里　織浪水在甯遠縣　澄島山寰宇記　育黎山寰宇記　育黎水在甯遠縣　鍾延嶺寰宇記　貲櫝嶺在甯遠縣　落凫山在甯遠縣　落猿山在甯遠縣　博換水在吉陽縣　落澄山在甯遠縣　落屯嶺在吉陽縣　豺狼嶺在吉陽縣

古迹

廢落屯縣元和志云永徽元年置在落屯洞　廢延德縣元和志云本漢臨振縣地大業六年分置延德縣　廢吉陽縣元和志云正觀二年分甯遠縣置　廢臨川縣元和志云本漢熙振縣地大業六年分置臨川縣　新崖州寰宇

祀即儋州

藤橋鎮 臨川鎮 國朝熙甯六年省甯遠吉陽二縣爲臨川藤橋二鎮見輿地記

相公亭 在城東南十五里地名力競田天聖間丁晉公謫于郡續有旨拘於荒僻不近人煙之處郡乃建屋數椽

盛德堂 河東裴聞義會守昌化居于吉陽胡澹庵題其名丨丨丨以居之堂曰丨丨丨銘曰猗歟朱耶儋守裴公震風淩雨大厦帡幪遷客所廬丞相趙公後來云誰廬陵胡銓三宿衙恩刻此八年紹興丙子夏六月鐫

崖州圖 昔唐韋執誼丞相自卑官嘗諱言嶺南州縣名覲職方圖每至嶺南閉目不視至拜相還所坐堂北壁有圖觀之乃崖州圖也甚惡之永正元年坐王叔文黨貶崖州司戶此雖非古崖州然吉陽既曰朱崖故附見焉

海口廟 去郡城五里港口南岸乃郡人陳縣丞革祠堂俗呼爲陳大官因平黎人爲流矢所中而死屢有靈跡廟頗雄敞商人繪像事之甚謹

惠遠廟 在南山十里古老云二石浮臨川海中隨潮上下土人舁至今處因屋以祀之禱祈無不應錫號曰惠遠

官吏

裴紹 爲吉陽軍守見人物門

李德裕 大中末坐貶潮州司馬再貶崖州司戶北夢瑣言云公至朱崖作四十九論敘所志又摭言云德裕爲寒進開路及南遷或有詩曰八百孤寒齊下淚一時南望李崖州新蘩縣有東湖李德裕爲宰日所鑿也夜夢一老父曰□潛形其下幸庇之明府富貴今鼎來七九之年當相見於萬里之外後於土中得一蓋徑數尺投之水中而德裕以六十三卒于珠崖果應七九之讖云語林云公在朱崖至城南小院見老僧壁上掛葫蘆公問曰此藥物乎僧曰非也皆人骨灰耳朋黨之興朝士黜此而死者貧道憫之貯其骸灰俟其子孫來訪耳公傷然返走心痛是夜遂卒又瓊管志云公卒見夢於令狐綯曰公幸哀我使我歸葬綯曰衛公精爽可畏不言禍將及乃白于帝得以葬還

韋執誼 孔平仲續世說云元和初執誼貶崖州司戶刺史李由舉牒云前件官久在朝廷頗諳公

事幸期佐理勿憚縻賢牒請攝軍事衙推

盧多遜 開寶六年坐責崖州始多遜父聞其與趙普爲仇歎曰彼元勳也禍必反矣未幾多遜敗李符見趙普曰朱崖水土無他惡春州雖內地至者必死普領之容齋三筆云盧多遜罷相流崖州知州乃牙校爲子賢求婚多遜不許遂侵辱之將加害不得已卒與爲婚

丁謂 字公言初字謂之蘇州人也眞宗既已相李廸未幾亦拜謂同中書門下平章事加司空封晉國公尋貶崖州司戶參軍謂在朱崖凡五年嘗以家財與土人商販鬻其息其人問所欲煩齋家書至洛陽爾仍戒其人曰俟有中貴人至與留守宴即投之其人如教留守得之大驚不敢拆其書遂奏之乃謂作陳情表假家書以達之其表敘其受遺冊立之功有云臣有彌天之罪亦有彌天之功章獻與仁宗覽之惻然遂徙雷州歸田錄云丁晉公貶崖時權臣實有力焉後十一年丁以秘監召還光州致仕時權臣出鎭許田丁以啟謝之其畧曰三十年門館游從不無事契一萬里風波往復盡出生成其婉約皆此又自夔漕召還知制誥謝兩府啟二星入蜀雖分按察之權五月渡瀘皆是提封之地後云謹當揣摩

往行執蜀前修效謹密於孔光不言温樹體風流於謝傳且詠蒼苔丁謂善作詩在朱崖猶有詩近百篇號知命集其警句有草解忘憂憂底事花名含笑笑何人

呂湛字彥清果州南充人湛爲廣西漕而丁謂黜崖隸所部海風三載其居公常撤崖州營造衆謂公長者事見果州圖經

趙鼎紹興九年與秦檜議論和戎及議宗子出閤不合安置潮州後移吉陽軍又中興遺史云紹興十七年八月丨丨安置在海外者凡數年秦檜降朝旨令吉陽軍月具鼎存亡申尚書省鼎遣人呼其一子至委之曰檜必欲我死也我若不死必當誅及一家死則汝曹無患矣付以後事不食而死年六十三又容齋隨筆云紹興中趙忠簡公謫朱崖士大夫畏秦氏無敢寄聲張淵道爲廣西帥遣書持藥及酒麪爲餽忠簡答書今存于張氏又夷堅志云趙丞相居朱崖時桂林帥遣使臣往致酒米之饋自雷州浮海而南越三日方張帆早行風力甚勁顧見洪濤間紅旗靡靡相逐而下極目不斷遠望不可審疑爲海寇或外國兵甲呼問舟人舟人搖手令勿語愁怖之色可掬急入舟被髮持刀出蓬背立割其舌出血滴水中戒使臣者使閉目

坐船内凡經兩時頃聞舟人相呼曰更生更生乃言曰朝來所見蓋巨鰌也平生未嘗覩所謂紅旗者鱗鬣耳世所傳吞舟魚何足道使是鰌與吾舟相值在數十里之間身一展轉則已淪溺於鯨波中矣吁可畏哉是時舟南去而鰌北上相望兩時彼此各行數百里計其身當千里有餘莊子鯤鵬之説非寓言也時外舅張淵道爲帥云張子思説得之於使臣外舅不知也

胡銓

繫年錄云紹興十八年自新州移貶吉陽軍知新州張棣奏銓自賦詞云欲駕巾車歸去有豺狼當轍故也容齋三筆云紹興中胡銓竄新州再貶吉陽軍軍主張生乃右列指使遇之無狀邦衡有性命之憂朝不謀夕是時黎酋聞邦衡名遣子就學其居去城三十里嘗邀邦衡入山見軍守者荷枷絣西廡下酋指而語曰此人貪虐已甚吾將殺之邦衡曰此人固無狀要之爲一邦之主合以告海南安撫司不行則訟于樞密院不應擅殺人酋悟釋之明日張詣邦衡謝及秦檜薨量移衡州初秦檜格天閣下書趙鼎李光胡銓三人姓名故三人皆過海澹庵在新州夢謁趙丞相久之不出仰視屋宇皆塵埃取箒欲掃而覺至吉陽郡裴氏之廬乃趙公舊寓

也又中興小歷紹興十八年先是左僕射秦檜於格天閣下書趙鼎李光卅銓三人姓名時銓猶在新州廣帥王鈇問新州守張棣曰胡銓何故未過海棣即奏銓在貶所吟詩譏諷旣遂移吉陽軍銓過海在明年正月此據繫年錄云紹興十四年中官白紹興正論

張伯麟謗以閩浙大水宣言爕理乖繆秦檜奏繫大理寺謗館客｜｜｜坐題太學壁其詞語指斥當時之政以故｜｜｜亦下獄獄具竄吉陽軍其東八中官白任明州比較務以書責李光謗亦竄之萬安軍

楊煒行同槽共食之語得責萬安軍其弟守官紹興府亦坐死于獄中

人物

裴瑑趙丞相爲作家譜云本裴晉公之十四代孫瑑守雷州時中原亂不能歸紹爲吉陽守遂爲吉陽人至聞義知昌化軍在郡凡九年而終子嘉瑞嘉祥胡澹庵題其所居之堂曰盛德堂有堂銘見風俗

形勝門

陳中孚字中正爲萬甯令黎賊犯城居守有勞擢知昌化軍長子適爲臨高尉儋耳民王高叛圍閉軍城適徑造賊壘諭以禍福賊乞逐去見任郡守以適攝郡諸司從之後辟知昌化作繼美堂謂父子相繼也故澹庵爲作記明年參政李公自貿移儋與陳尤善休沐未嘗不杖屨往來

詩

獨上江亭望帝京鳥飛猶用半年程碧山也恐人歸去百匝千遭遶郡城李德裕望闕亭詩

閑園不解栽桃李滿地唯聞種蒺藜萬里崖州君自去臨行惆悵欲怨誰白樂天送李德裕貶崖州詩

疇昔丹墀與鳳池即今相見兩相悲朱崖雲夢三千里欲別俱爲慟哭時賈至送南給事貶崖州謫

官三年尚未回故人今日又重來聞道崖州一萬里今朝須盡數千杯同上屢上仙遊亭上醉仙遊洞裏杳無人他時駕鶴遊蒼海同看蓬萊島上春名賢詩話云晉公舊有園在保康門外園內有仙遊亭仙遊洞景趣瀟灑有道士劉遁相往來遁作仙遊亭詩贈公云公莫曉其詩公南遷遁往見公於崖公方思其詩乃知遁異人也與之泛舟海上而飲公日今日之遊成子之詩意也今到崖州事可嗟夢中常得在京華程途何啻一萬里戶口都無二百家夜聽孤猿啼遠樹曉看潮浪瘴煙斜吏人不見中朝禮麋鹿時時到縣衙丁謂到崖州見市井蕭條賦詩且作白衣菩薩觀海邊孤絕寶陁山丁謂傳語崖州寇司戶人生何處不相逢寇萊公閣下大書三姓

字海南惟見兩翁還趙鼎貶吉陽居郡四年薨胡澹庵之子詠有詩云云時秦相檜格天閣下書趙李胡姓名趙公薨十年放還海外逐客而李胡北歸貧與中原隔自然音信疎天涯無去雁船上得同書丞相趙公在吉陽杜門謝客亦無著述惟得家書時作此一詩云海風飄蕩水雲飛黎母山高月上遲千里孤光一樽酒此情惟有故人知趙丞相寄李參政詩夢裏分明見黎母生前定合到朱耶澹庵在新州夢謁趙丞相後十年乃遷朱崖館趙丞相之舊居李參政送公詩云北往長思聞喜縣南來怕入買愁村區區萬里天涯路野草荒煙正斷魂澹庵跋裴氏家譜云遷朱崖時行臨高道中買愁村日買愁古未有對馬上口占曰云平生不識瀣渤島入海要看蓬萊山向來同是炎荒客今我海南君海

北州端老詩　胡澹庵和新有水不栽蓮澹庵詩云軍中無蓮惟數十里外逼遠寨有之

[四六]

相逢海上旣同是天涯人且喜坐中亦復有江南客胡澹庵答張先生啟行八千里而馬不前曾誦昌黎之句牧十九年而羝不乳幸作子卿之歸澹庵

輿地紀勝卷第一百三十七

輿地紀勝卷第一百二十八　文選樓影宋鈔本

東陽王象之編　甘泉岑鎔溢民生校刊

福建路

九域志云太平興國二年爲兩浙西南路雍熙二年改福建路

閩中　七閩　閩山　三山

福州

福山　閩越　福唐　合沙

州沿革

大都督府福州長樂郡威武軍節度九域志福建路安撫使福建八郡皆屬焉今制禹貢揚州之域元和郡縣志云言閩中之地者皆揚州之域星紀斗女須之分此據圖經古閩越地元和志及寰宇記同周爲七閩地周禮夏官職方氏有七閩戰國越王無彊爲楚所滅諸族子爭立濱於江南海上服朝於楚史記越世家

秦併天下以其地爲閩中郡漢書閩粵王傳其後七世至閩君搖佐諸侯平秦高帝復以搖爲越王以奉越祀東越閩君其後也史記越世家王閩中故地都冶漢書閩越王傳在高帝五年顏注云冶地名音弋者反卽候官縣是也武帝時閩越反滅之徙其人於江淮間後遁逃者頗出因立冶縣此據沈約宋志建安郡太守下屬會稽郡沈約宋志云冶縣屬會稽郡西漢志會稽郡下有冶縣顏注云本閩越地後漢始有候官等縣此據長樂志而東漢志無候官晉志有之又改候官曰東候官沈約宋志云候官前漢無後漢曰東候官元和郡縣志云冶縣後漢改爲東候官又分冶縣地爲會稽東南二部都尉此爲南部都尉此據通典吳於此立曲郍都尉主謫徙之人作船於此元和志

又分會稽南部置建安郡沈約宋志在吳孫休永安三年晉武帝分建安郡置晉安郡治原豐後治候官晉志晉安郡治原豐而不治候官宋志建安郡治候官而不治原豐領縣八屬楊州元和志宋齊梁因之見上南朝或封子弟爲王元和志南朝或封子弟爲王又云梁簡文初置封晉安王然通鑑宋孝武大明四年立皇子子勛爲晉安王宋武先於梁簡文九十餘年在宋已有晉安王不應始於梁簡文之始封也當攷陳置閩州永定元年尋廢後又置豐州光大元年隋平陳改曰泉州煬帝改爲閩州元和志在大業初年尋改建安郡治東候官隋志隋末陷於蕭銑唐平蕭銑始得泉建二州移置建州於建安縣新唐志在武德四年而通鑑以武德五年方有泉建二州不應武德四年預立州名也當攷唐平蕭銑有泉建二州而泉建始並置

矣通鑑唐武德五年唐使者王義童下泉睦建三州而泉建二州已並置矣圖經謂武德末有泉州新唐志謂武德六年別置建州是皆未考通鑑武德五年之所紀載也又以南安縣置豐州新唐志在武德五年改爲泉州舊唐志在正觀元年又移泉州之名於晉江縣置杜佑通典無年月而此復爲閩州杜佑通典無年月唐會要在景雲二年唐志云福州本泉州晉安郡治武德六年別置景雲二年曰閩州開元十三年更名福州更閩州爲福州舊唐志在開元十三年自此福建泉三州始不相紊置經畧使領鎮兵長樂志在開元二十一年通鑑天寶元年載長樂經畧福州領之隸江南東道長樂志云正觀初隸嶺南道天寶元年隸江南東道改爲長樂郡天寶元年又改長樂經畧使通鑑在天寶元年復爲福州乾元元年置福建觀察使唐方鎮表在大曆六年然上元元年已陞福建爲節度使至大曆十年乃

（歷節度置觀察使）唐末王潮之弟審知入福州（通鑑王潮入福州福州在景福二年）升爲威武軍（通鑑乾寧元年九月陞福建爲威武軍以觀察使王潮爲節度使而唐書方鎮表在乾寧三年不同）拜潮爲節度使梁封審知爲閩王（開平三年）後唐時王氏建僞國升爲長樂府（通鑑在長興二年）其後李仁達自立（漢乾祐初）舉以歸吳越（漢乾祐初）周改威武爲彰武軍（廣順三年避周太祖名）皇朝錢氏納土（太平興國元年）復爲威武軍屬兩浙西南路（國朝會要在太平興國元年）分爲福建路（國朝會要在雍熙二年）守臣領福建路鈐轄（皇朝郡縣志在嘉祐四年）陞爲帥府兼本路安撫使（圖經云在大觀元年國朝會要在建炎二年）今領縣十二治閩侯官兩縣

縣沿革

閩縣 望

倚郭舊唐志云秦爲閩中郡地杜佑通典云閩越王无諸都東冶即此漢爲東冶縣元和志本漢冶縣地後漢改爲東候官隋志云閩縣舊曰東候官置晉安郡開皇九年改曰原豐十二年改曰閩縣大業初置建安郡於此圖經云僞閩改爲長樂縣後仍舊

候官縣 望

倚郭寰宇記云漢武帝元鼎六年立都尉居候官以禦兩越所謂東北一候也圖經云晉置晉安郡治候官隋立閩縣遂廢候官元和志云武德六年於今州北三十里置｜｜｜八年廢長安三年重置正元五年移於州郭唐會要云元和三年省入閩縣元和五年復置

連江縣

在州東北一百六十里沈約宋志云晉武帝太康四年以温麻船屯置温麻縣屬晉安郡南齊志晉安郡下亦有温麻縣圖經云隋開皇中省入閩縣唐志連江縣下注云本温麻武德六年析閩縣置尋更名元和志云武德六年移於連江之北改名連江縣

長溪縣 望

在州東北五百四十里沈約宋志晉武太康四年置温麻縣而圖經謂宋置麻温縣不知晉志晉安郡下已有温麻縣則麻温非置於宋也然元和志於連江縣下書曰晉立温麻縣武德六年移於連江之北改爲連江縣及長安二年於晉温麻舊縣置丨丨丨非是晉宋各置一温麻縣也元和所書舊縣二字甚是明白唐會要云長安二年復置温麻縣天寶元年改爲連江縣由是觀之則連江長溪初本温麻一邑後分而爲二耳

長樂縣 緊

在州東一百二十里元和志云本閩縣地唐志云武德六年析閩縣地爲新寧縣尋改爲｜｜｜圖經云上元初移治吳航頭唐志云元和三年省入福唐縣五年復置

福清縣 望

在州東南一百七十七里寰宇記云唐聖曆二年析長樂置萬安縣唐會要云天寶二年改爲福唐縣輿地廣記云梁開平改爲永昌後唐同光復爲福唐晉天福初改爲南臺圖經云僞閩龍啓改今名

古田縣 望

在州西一百八十里圖經云開寶二十八年山洞豪以土地人民來歸明年立｜｜｜新唐書云永泰二年置元和志及舊唐志皆云開元二十九年置不同圖經載二十八年開山洞明年置縣正合二十九年而永泰所開山洞乃置永泰今爲永福縣當從唐書及元和志作二十九年內置

永福縣 緊

在州西南三百五十里元和志永泰二年開山洞置縣東水路沿流至候官縣西泝流至南安縣南北俱抵大山並無行路寰宇記云以年號爲縣名國朝會要云崇寧避哲宗陵名改曰永福

閩清縣 中

在州北一百五十里寰宇記云唐正觀元年割候官縣一十里爲梅溪場五代史職方攷云梁乾化元年王審知於梅溪場置閩清縣

寧德縣 中

在州東三百里寰宇記云唐開成中割長溪古田兩鄉置盛德場圖經云僞閩龍啓元年陞爲寧德縣

羅源縣 中

在州東北一百六十里寰宇記云唐大中元年割連江一鄉爲羅源場至長興四年改爲宗正縣國朝會要云天禧五年改爲永昌縣乾興元年又改爲羅源縣

懷安縣　望

在州北二十里國朝會要云太平興國五年析閩縣置圖經云本朝太平興國六年析閩縣置懷安縣初治芋源咸平二年移石岊山

監司宗司沿革

福建路提刑司

職源云國朝淳化二年遣官分往諸路提點刑獄尋罷景德四年復置提點刑獄紹興三年移提刑司於建州是年仍舊置司福州臺治有荔枝樓澄清堂靜寄軒繡衣亭熙春樓憲堂等

西外宗正司

朝野雜記云本朝宗室皆聚於京師熙豐間始許居于外置西南二睦宗院建炎初上將南幸西外移於福州以避狄長樂志云紹興三年西外宗正置司福州因以太平寺爲西外宗正司懷安天宮院今爲西

外睦宗院有知宗宗丞宗簿宗院宗教

風俗形勝

東帶滄溟百川叢會控清引濁隨潮去來舊記南出莆田北抵永嘉西達延平同上鑾在南方閩其別也周氏職方氏註閩子從分爲七種故謂之七閩職方氏註南臺沙合郎出台輔郭璞遷閩城記閩越地肥衍有山泉禽魚之樂韓愈常袞以文辭進有名于時又作大官以臨蒞其民縣鄉小民有能誦詩書作文辭者袞親與之爲客主之禮觀游讌饗必召預之時未幾皆化翕然韓愈歐陽詹于時獨秀出袞加愛敬諸生皆推服閩越之人舉進士

自詹始韓愈歐陽詹哀辭六朝之間仕宦名跡晦如也見下海濱之上幾及洙泗圖經云晉永嘉中衣冠趨閩自是畏亂無復仕者故六朝之間仕宦名迹晦如也唐興天下翕然尚文神龍中州人薛令之始登上第其後李錡常袞咸以崇學校爲意于時海濱之上幾及洙泗如歐陽詹林蘊咸登于朝閩中八郡建劍汀邵號上四州其地多溪山之險福泉漳化號下四州其地坦夷圖經上四州之人輕揚下四州人較厚朱熹語錄閩有負海之饒劉禹錫序閩城吻海而派江輔山以居無安沼平池游舟娛樂之地沈亞之集東北一尉西南一候郡國志漢元鼎六年立都尉居候官以禦兩越司東北一尉西南一候也地名長樂居者安之閩中記爲東南一都會風俗尊嚮儒術蔡襄學記福在東南爲都

督大府所治背負越山前翼九仙烏石包有三山許將新城記子僊人釋子之宮縹緲於三山煙翠間歐陽光相皇華館記無諸國爲東南一都會山英水靈異人間出柯述祭五先生文全閩總八郡長樂爲冠城中三山烏石最殊蔣之奇

景物上

閩侯晏公類要云常相之集復領丨丨閩島吳都賦云丨丨梁岷閩中南豐道山亭記福於閩爲土中所謂閩中也閩山寰宇記云在候官去州一里名烏石山福山寰宇記云在州西水路十八里神仙傳云董奉候官人也有宅在山下圖經云在長樂縣郡國志云上有神人裸身散髮人見必有福因名之龍爪永福縣保安里丨丨花紅狀元西東燕堂在州治內有安民堂談笑軒舫齋艤閣螺江寰宇記云在候官縣西北二十五里搜神記云閩人謝端得一大螺如斗

畜之家每歸盤飡必具密伺乃一姝麗甚問之曰我天漢中白水素女天帝遣妾具君膳今去留殼與君其米常滿

黿溪 近閩清界

蟮溪 寰宇記云在州東二十里蓏峯其潭有鱔長三丈餘今爲祈禱之所

龜湖 在長溪湖有大龜浮其中沿崖而上僧惟亮有所之輒載而往後化爲石

龜山 在甯德雍熙院昔有二僧鐵鉢鐵瓶人于幽谷逢龜郎止號｜｜

鳳山 在甯德山分兩翼如鳳凰鼓翅而建寺其中

昇山 在懷安舊號飛山越王時自會稽一夕飛來石賡詩云驅得江山來目下化將鍾鼓出雲間

困山 在候官有廣福寺

月嶼 寰宇記云在候官南百餘里海邊

雪峰 在候官暑月猶有積雪王審知曰可名曰｜｜劉知玉詩云名山第一雪峯山六月山頭雪尚寒銀色光中藏世界瑤林深處種琅玕

湯泉 在龍德外湯院地多爍泉數十步必一穴僧可遵詩云必待蒼生塵垢盡我方清冷混常流程師孟詩云曾看華清舊浴池此泉何日落天涯徘徊郤想開元事不見蓮花見荔枝詩云山半炎泉湧不停陰陽爲炭自燻蒸天公不許楊妃見留待年年浴衆僧

鼓山 在閩

縣鼓山里有石狀如鼓 **鍾湖** 輿地廣記在閩清縣其湖中有鍾故名 **鍾山** 在州城西梁太守袁士俊之第內有小山時聞鐘聲因名丨丨後捨爲寺今名大中寺 **方山** 在州南重江之外九鼻東向遠望突兀端方直下數千尺故名王逵詩云衆狀皆窮險茲形獨擅方坦夷中砥礪端正外靑蒼 **梨嶺** 歐陽詹詩云南北風煙卽異方連峯危棧倚蒼蒼哀猿咽水偏向處誰不沾衣望故鄉 **蘇溪** 在福清讖語云丨丨不用船此時出狀元 **竹山** 輿地廣記在閩清縣 **藍溪** 閩中記云在長溪縣太姥山下 **林塘** 唐志云在連江縣正觀元年築 **三山** 南豐道山亭記云城之中三山西曰閩山東曰九仙山北曰粵王山三山者鼎峙立 **三越** 圖經云無諸以境南臯山之地因而都之稱爲閩越王至孫搖以東海隅之地稱越王俱是會稽之域遂有三越 **東甌** 舊經閩越地郎古丨丨今建亦其地皆蛇種有五姓林黃是其裔 **東冶** 晏公類要云漢武時閩越反滅之後立爲冶縣以越王冶鑄爲名 **東山** 在閩縣瑞聖里 **東湖** 元和志云在閩縣北三里 **西湖** 元和志云在閩

縣西二里**西洋**在巨海中四顧驚濤莫知畔岸廉山駕舟兩潮始達**南莊**在州西南神光寺會昌廢寺監軍孟彪池亭其間號｜｜明年捨爲寺號神光**南臺**初郭璞遷城讖云｜｜江沙合必出宰輔**連江**元和志在｜｜縣南三百里東流入海**長溪**元和志在｜｜縣南四十五里流至大海**石蓬**僧｜｜詩云路遶崖懸萬仞頭檐泉帶月幾時休箇中撥轉通天竅人自安閑水自流**石嵒**在懷安縣張徽詩云咸平初紀號縣徙荔枝村**石門**在連江縣洪壯詩云鑠斷山川秀色藏雲霧深抵留禪客住不許俗塵侵**靈巖**陳植詩云天際三竿量日月人間一鏡照山河柯暘詩云層層望遠窮南國步步登高近北辰

景物下

日新堂在設廳之北蔡襄建**東野亭**在東禪院蔡襄書額**春野亭**在日新堂之東南蔡襄建有詩云江潮漲晚綠山麓延朝紅**見江亭**在長溪元祐中縣令袁正規詩云江心遠

疊通潮浪海外遙分異域彊繚繞人家依縣市寂寥煙景認吳航倚欄望斷暮雲碧不見長安見夕陽

澄瀾閣 在州城舊西湖

清輝樓 在懷安縣

星徽堂 在閩清縣

清風樓 在州治蔡襄詩云郭外清溪溪外山溪雲飛上破山顏清明天氣琉璃色何處峯頭帶雨還

白雲堂 在長樂縣管師復詩云入寺層層百級梯新堂更與白雲齊平觀碧落星辰近俯見紅塵世界低黃嗣先詩云白雲畱客客不住雲在青山客歸去回頭慚愧清凉人長共白雲閑一處

碧巖亭 王汝舟詩云人去已升蓬島路客來空愛玉溪泉仙翁世界藏仙洞佛子樓臺出半天

越山亭 吳拭詩云晴開千障霧翠落萬家樓

道山亭 南豐記云可比道家蓬萊方丈瀛洲之山故名曰丨丨之丨

鳴玉堂 程師孟詩云隣家不惜山中景借與清泉作水簾劉彝詩云仙境自嫌塵俗見故垂岩溜代珠簾

止戈堂 在安撫廳後舊名武備建炎中韓世忠討建平寇遂更名

衣錦閣 在州治宣和中以余太宰嘗典鄉郡

眉壽堂 在使宅張丞相浚爲其母秦國名

環峯亭 在越

山吉祥寺亭占山巔乾道賜宸翰

奎華亭在候官縣怡山西禪寺藏太宗聖文神翰之所也

松風堂在報恩光孝寺李丞相綱寓居于此青松千蓋日影不到榜曰｜｜｜

寒松軒在羅源縣淨戒寺陳瓛詩云自是古今無變異豈因霜雪有枯榮

野意亭在九仙山之南圓明院有孟庾韓世忠畫像

安適軒在長樂縣竹林寺唐最詩云臥聽部音坐看山煙蘿淨處閑禪關都將物外紅塵隔占得壺中白日閑吟罷寒猿號木末定回清磬落雲間

先賢堂在州學圖經云以唐歐陽詹登龍榜陳諸父子侯固叔姪歐陽毗兄弟又云本朝許將陳襄鄭穆劉彝周希孟陳列置｜｜｜于學宮後以陳祥道余深劉康夫鄭俠而次為十先生至紹熙間乃位常袞於中益以歐陽詹列諸公於左右於是為十三人

威武堂在城隍廟東蔡襄題額

蕃宣樓城西北隅舊碧峯亭也熙甯改築子城上創九樓曰｜｜｜曰西湖曰五雲曰三山曰清微曰東山曰推玉曰緩帶曰望雲

雙松亭在郡治秀野亭之東北又有威武堂蔡襄建并書額

雙谿亭在羅源縣淨戒院林

膚詩云延平閣想張華劒寶婺樓觀沈　四見亭　劉瑾越山約詩延平有雙溪閣婺女有雙溪樓

｜｜｜詩云山山能作雨面面盡來峯倚遍欄干曲歸心曲曲同李宗卿詩云潮來潮退東西渚雲起雲收前　九仙樓　在州治　千秋堂　在閩縣萬歲寺九仙山　萬象亭　在州治富後山樞密所謂萬象都

寶雞亭　在舶塔院　跨鼇亭　在祐光寺郎木歸指顧中是也洪王父書

鴈　放鶴亭　在神光寺　荔枝軒　在玉泉院楊朏詩云別有真香與真宅一時分付｜｜｜亭又詩云曾觀荔枝圖幾費丹青粧　能紅能紫亦能綠不能寫得自然香

荔枝樓　在憲司後更名宿　芙蓉洞　在懷安縣山如芙蓉有芙蓉院　旃檀林　在長雲洞口可十餘里遊人秉炬以往

溪棲勝院　古有十　甘棠院　在州治開寶九年錢昱　甘奇｜｜｜爲首云創總目之曰｜｜｜

棠港　在閩縣舊名黃崎港先有巨石爲舟楫之患唐天祐中閩王命工鑿之忽然震碎勅改｜｜｜

甘果山　寰宇記云方山在州南七十里山頂方平因號方山天寶六載改｜｜｜　榴花洞

在閩縣東山唐永泰中樵者藍超遇白鹿逐之渡水入石門始極窄忽豁然有雞犬人家主翁謂曰吾避秦人也與榴花一枝而出恍若夢中既而不知所在魏萬詩云萬疊好峯侵碧落一條流水隔紅塵陳延詩云水泛榴花來洞口鹿迎樵客到仙家

梅花澳 在海中

蟠桃嶋 在福清縣自香城北沿嶺十里西入有|||

桃花洲 在甯德鶴林宮唐初有此洲今桃木日盛

荻蘆山 寰宇記云在連江縣俗傳秦皇令掘斷山跡乃蘆根一莖長數丈斷之有血因名曰|||

黃蘗寺 在福清縣西南黃蘗山又有瀑布數十丈丁謂詩云莫言塵世世人來少幾許遊方僧到難李諭詩云但覺壺中長日月焉知世上有風波龍收雨雹歸岩穴僧伴煙霞宿鳥窠

紫微巖 在閩縣紫微寺唐末有紫微公隱于此陳民先詩云碧落已驂丹鳳駕紅塵空認|||

青雲院 在長溪縣鮑輝詩云下瞰波瀾知海闊仰觀霄漢得天多

白水江 在長溪縣舊記云閩之先居于海島者七種白水郎其一也

烏石山 蔡襄詩云低回傾北斗突兀起東閩舊說烏石山神光寺有奇名三十三所

金鱳江寰宇記云在州西一十里閩中記云有漁父
垂釣得金鱳引鱳盡見金牛急挽至岸牛斷
猶得鱳長二丈晉
康帝詔於此立廟金支山在永福縣高蓋山秀出揷
天紫雲蔭之有泉金色故
名金粟臺在萬歲寺王氏時塑金翅山在福淸縣白
金粟像名丨丨丨鹿山東二十
里有盧玉融山在福淸縣今靈寶觀元自石竹山玉
山寺林眞君騎虎上昇之地移于今所
華洞在連江玉泉洞在永福縣方廣巖黃非熊詩云
石門院煙霞不改古今色山水无閑朝
暮水晶宮在州三里西湖上金銀沙東山文殊般若
聲僞閩時築室而名院出銀沙與普
賢爲鄰金雞山在報恩院秦始皇時望氣者云此山
出銀沙有金雞之祥遂劚斷山脊以厭王氣
金雞井在州城懷安寺越王井白龜井在候官王覇
中有金雞牧羊兒見之善黃老登怡
山鑿井有白龜吐泉能煉藥點瓦成金嘗鬻白龍巖
金運米濟貧後蟬蛻于皂莢木下有沖虛觀
在長樂竹林寺又有安烏龜山在州西南形如龜又
適軒白雲亭三十六菴名烏石三十三奇

鴻休巖在福清閑居院僧鴻休嘗棲息于此在白嶼山絕頂岩竇天成下瞰滄溟杳望无極鳥窠巖在福清縣閑居院僧鳥窠禪師居是岩故名鳳凰山在連江廣化院鼇頂峯在閩縣嘉福院此峯乃陳誠之狀元肄業之所龍首澗在閩縣東山許將狀元肄業之所龍窟山在金雞山後龍跡石在閩縣興城里唐廣德中有龍從石上飛起著四足跡鳳池山在閩縣有鳳池寺按十國紀年閩王葬夫人任氏于閩縣｜｜｜後忠懿亦葬焉釣龍臺在閩縣有｜｜｜舊記越王餘善於此釣得白龍遂築臺王逵詩云爭如獵賢者蒐狩渭川頭黃萼詩云釣沉新月落龍起暮江寒韓偓詩云中華地向城邊盡外國雲從馬上來臥龍山在懷安縣僧師備自雪峯來居焉館徒常千人高麗日本諸僧亦有至者降虎峯在連江西營有虎爲矢所傷至獨覺菴前若有所訴覺爲拔其箭宿猿洞在神光寺怪石森聳藤蘿蓊翳浴鳳池在鼓山大頂峯北唐末有棲者見五色雀羣浴于此天竺院在福清縣天王寺在羅源縣

張薇詩云蒼山東角海西浙見盡歸雲與落霞**雪峯寺**在候官縣西百餘里地勢高多寒雪故名焉唐咸通中眞覺禪師居之宗風甚盛太平興國三年賜名崇聖院咸平初降太宗御書錫之僧眞覺得道于此又有僧師滿學徒常千人程師孟詩云山自昔來多積雪寺從興後有遺風詳見景物||下

雷移石詳見仙釋門

長樂山寰宇記云在州南六里越王時有神仙騎白馬來名白馬山

大頂峯王逵詩云眼看滄海近身與白雲高迴影連三島盤根壓六鼇

小華峯在閩縣九仙山之南舊石上鐫此三字

高蓋山寰宇記云在永福菴西七十里常有紫雲所蓋因名曰||||昔徐登趙炳二人每於此山共飲皆得上昇

半月池在連江縣洪壯詩鑿破蒼苔地彎彎月半邊既能清到底何必十分圓

一靈峯在長溪縣太姥山乃三十六峯之一有名山院昔閩王將郊天乃封此山爲西嶽霍童山爲東嶽

雙髻峯在候官有雙峯院主峯峭秀崖谷幽邃繚繞回抱水西之勝處也福清雲峯寺亦有|||

四明山圖經云在長樂縣西其山屹然

如削高列四峯中有古壇生釣竹有井甘如蜜寰宇記及輿地廣記在羅源縣不同**五仙巖**去閩縣五里觀音寺南**五臺山**在州西南王氏始創文殊臺并東西南北四臺髣髴眞定府**九龍江**連江東南四十里相傳始皇以東南氣王自江而南秀拔者皆鑿之至是得蘆根長數丈朝劚暮合終不殊執役者夢有告曰鍬鍤可夕置勿收乃如其言血流而絕地名曰西荻蘆**九仙山**在閩縣九域志云越王無諸九月九日嘗宴於此大石爲樽尚存圖經云建觀丨丨丨之巔爲一州之勝相傳何氏兄弟九人於此登仙**九疊峯**在福清縣俱胝院有十勝**十二峯**在福清縣黃蘗寺峯各有名總謂丨丨丨**太姥山三十六峯**在長溪縣王烈蟠桃記堯時有老母以藍染爲業後得九轉丹砂法乘九色龍而仙漢武時名曰太姥山凡有三十六奇**歸雲洞**在長樂靈峯院**乘雲臺**在雪峯寺僧希運與一僧同登轉盼之間其僧忽騰雲而去運呀然而睇之**醮月池**在雲峯旁有古杉二株一眞覺手植直上參天一閩王審知手植樛而逮地今猶存**喝水**

巖在鼓口湧泉寺有僧神晏號國師誦經惡水聲喧轟叱之西澗乃涸逆流于東澗應潮泉在候官縣雪峯寺廣二三尺水纔數寸進退深淺與潮候無差釀酒風福清昭靈廟歲六月民集祠時煽熱酒易酸敗輒旬日北風以待之號張公｜｜｜盧焦石亦在昭靈廟下海濤漱激爲龕巖玲瓏之狀仙遊山輿地廣記在長溪縣神光塔孫揆詩云重重欄檻千尋出一一窗扉八面開神光寺閩中記云寺居烏石山絕頂靈峰寺在羅源縣張嶬詩云雲蒸洞穴秋成雨泉落庭除夏結冰蔡襄詩云天柱支南極蓬山壓巨鼇靈石山在福清縣靈巖泉尤佳

巖洞在鼓山嵓竇嶔怪每雷雨作其中鏜蕩若鼓聲蔡襄詩云孤青浮海山長白掛天瀑瑞峯院在長樂縣越峯院在永福縣吳拭詩云野僧迎客笑開關更彿殘碑蘚字班徐娃仙歸空碧洞越封王去謖青山壽山石出懷安縣稷下里潔淨如玉但柔而易攻蓋珉類五花石坑相距十藪里碁山院在長樂縣峯頂有石臺昔有二仙於此枰碁知縣董淵詩云風際有雲多世態海中

無底是人心可堪更問碁山話一局閑爭古到今

石碁局在閩縣方山又有石牀王逵詩所謂上帝圍碁局炎君避暑牀是也

香爐峯在鼓山石門之右又連江光化寺有香爐山九域志云道士張壽於此學道

席帽山在候官縣精嚴寺山南可望

支提山在寧德縣中有萬壽寺是山東有童峯雙峙壁立無際西有神僧石窟南有蘇溪鶴嶺北有菩薩紫帽二峯三朝國史云寧德縣有丨丨丨

飛來山在懷安縣賢沙寺寰宇記云越王勾踐時山一夜從會稽飛來葉棣詩云樓臺日轉天邊影鐘磬風回地底聲

海雷石在閩縣石爲波濤所穿其下成竅風搖則鍧然有聲

洞宮山寰宇記云在連江晉祚中興以來王氣生于東南乃詔掘斷山脊有血流於羅浮山移老君像鎮于澗宮之下

國興院在長溪縣大姥山力牧錄云容成先生嘗棲之

丁戊山在州東舊有安福院占形勝之中

南臺江寰宇記云在州南九里源出建陽昔越王於此釣得白龍

文殊巖在東山巖有占像

觀音巖在雲門寺

羅漢寺在侯官縣烏石山之麓正

元五年閩王審知夢有雙檜及僧及旦訪之得今寺如夢中 **佛跡石** 九域志云大磐石上有大足跡昔有胡僧經此云是佛跡

古迹

啓運宮 長樂志云神御七殿在開元寺始景德四年詔西京建院以藝祖誕聖之地迎奉神御以後六聖神御相繼爲前後殿政和七年詔立額曰應天啓運宮夷堅丙志云建炎初敵圍西京急留守孫昭遠奉啓運宮神御間道走楊州後遷于福州以啓運宮爲名

僞閩宮殿名 通天永隆之間宮有寶皇大明長春紫薇東華躍龍殿有文明文德九龍大酺明威門有紫宸啓聖應天東靑安泰金德錢氏內附廢徹無留者獨面衙門一殿故址猶存至今呼爲明威

僞閩王東宮 在懷安縣閩王延鈞僭僞建爲東宮

閩王賜超覺禪師葦 在候官縣精嚴寺後以坐圓通大士

晉紹因寺 釋氏自晉太康中始建

越王山 九域志云在越王舊城中有越王井

越上石在海邊方輿記云常隱雲霧惟清廉太守乃得見　洪浦塘在候官唐志云正元十一年觀察使王雄開　長樂鹽門唐志云｜十有｜｜以禦潮旱則瀦水雨則洩水　神策鐘咸通五年賜於神光寺　妙喜菴在閩縣之南洋嶼紹興初大慧禪師宗杲居此｜｜｜宇乃孝宗御筆　陳誠之隸業之所在閩縣鼇頭峯　許將隸業之所在閩縣東山龍首澗　徐眞君祠堂黄飛雄詩云東海眞君煉此丹丹成白日脫塵寰喚將弟妹上清漢雷取煙霞管舊山　越王無諸廟在南臺臨江昔漢遣使封無諸爲閩王時在此授册命故立廟焉　韓將軍廟其神是西漢横海將軍韓說也在莆門鎮　忠懿王廟在慶城寺之東王諱審知姓王氏固始人王與兄潮入閩潮卒代立天祐元年有王德政碑　閩越王郢塚在閩縣東田中

官吏

後漢商升爲候官長吳賀齊爲南部都尉晉嚴高爲晉安太守劉琨爲晉平太守梁羊侃大同元年爲監郡唐李錡爲福州刺史圖經云唐興天下翕然尚文神龍中州人薛令之始登上第其後李錡常袞咸以崇學校勸風俗爲意則錡之崇學校當在常袞之先而圖經書李錡爲福州刺史唐書李錡傳乃於憲宗時爲潤州節度使乃在元和二年相去七八十年不應合爲一人則是興崇學校者福州刺史李錡也其獲罪元和者潤州節度李錡也有兩李錡故重修學記作李椅則非元和之李錡矣從木從金自是不同常袞爲福州觀察使唐書本傳云德宗建中初爲福建觀察使始閩人未知學袞爲設鄉校親加講導由是俗一變歲貢士與內州等圖經又云袞一見歐陽詹奇之詹舉進士與韓愈李絳崔羣聯第柳冕唐書傳德宗時爲福建觀察使奏閩中本南朝牧地乃置牧區於東越日萬安監又奏自安史之亂藩鎮始專地臣忝牧圉之任思一入覲率先天下上表哀切德宗許之閻濟美韓愈順宗實錄云先是觀察使於閩中置監牧馬百姓苦之至

是觀察使閩**王審知**光州人梁太祖封爲閩王**本朝楊克遜**納土錢氏
濟美奏罷之
始以｜｜｜**謝泌**長樂志云景德初守｜｜｜以石易
權知福州澳溪橋名曰去思蓋公於民不張
權不恃威兄弟而爭者訓之**王臻**天禧中
頑狠者責之訟幾乎息矣**章頻**天聖中**鄭**
載天聖中歌曰前有謝王
後有鄭章見牧守序**王平胡則**長樂志云轉運使王贄言漳泉
課租而福州止同私產輸稅請依漳泉例可得五萬
石王平奏福州舊隸兩浙與漳泉事體不同自太平
興國五年已經均定而漳泉復歸本朝未經均檢今
王贄奏乃是額外增稅其後胡則奏當州官田已奉
敕均定與私產同催已四十**王陶**長樂志云嘉祐六年爲提刑**蔡**
年乞仍納二稅不輸租課
襄自泉南徙福州時閩士多好學而專詞賦以應科
舉襄得鄉先生周希孟以經術傳授學者襄延見
處士陳烈尊以師禮而陳襄鄭穆方以學行著稱鄉
里襄皆折節下之又東都事畧云襄奏減閩人五代
時丁口清源集云公掾福唐**元絳**圖經以爲知
稅之半**蘇緘**日蔡襄深見稱賞福州而本傳

不載

曾肇本傳肇知福州治尚威嚴

孫覺本傳覺知福州閩俗厚於婚喪覺裁爲中法令出嫁文仃數百家葬埋貲減什之五

陳軒崇甯元年知

劉韐宣和五年知

潘中長樂志云建炎三年建寇葉儂攻福州時ㄧㄧ爲長溪宰提兵策應道遇賊戰死縣治賴以全

張浚繫年錄云紹興四年福州居住紹興九年知福州

胡銓紹興十七年上書福州僉判

薛弼紹興十五年爲福建安撫時羣寇未平弼前守贛上有周虎臣陳敏各有家丁辟置二人選家丁一千人號奇兵以捕賊而草寇遂平繫年錄

人物

虞寄隱居東山陳寶應有逆謀諫之不從遂隱寶應遣人燔其舍寄安臥不動事見南史

唐薛令之長溪人神龍二年及第仕至太子侍讀閩中名士傳云令之開元中爲東宮侍講以詩書於壁日朝旭上團團照見先生盤盤中何所有首蓿長闌干飯澁匙難綰羹稀箸易寬只可謀朝夕何由度歲

寒上幸東宮見焉索筆續之曰啄木觜距長鳳凰毛羽短若嫌松桂寒任逐桑榆暖令之因此謝病東歸

歐陽袞 閩縣人有文學重名爲監察御史

周處士 福州人黃巢入福州得朴將用之朴曰我爲處士尚不仕天子安能從賊巢怒斬朴邦人至今祠之事見繫年錄紹興十三年張浚奏

本朝蔡伯俙 祥符九年應童子舉眞宗見而嘉之賜詩尋賜出身東宮侍讀

林特 清節厲行爲世所稱眞宗知其名自諫議大夫拜翰林學士至刑兵尚書

許將 魁嘉祐進士仕至門下侍郎是時章子厚羅織元祐臣寮奏乞發司馬光墓將獨無言哲宗問曰卿何不言也將曰發人之墓非盛德之事哲宗曰朕意與卿同迺不發

蔡蒙叟 閩縣人博通今古呂公著少時侍親建安亦嘗授經諫議陳從易等皆北面焉

陳襄 東都事畧本傳襄字述古候官人爲御史知雜乞罷青苗貶斥王安石呂惠卿以謝天下又好薦達人才又中興小歷紹興元年云初熙甯中陳襄在經筵嘗薦司馬光韓維呂公著蘇頌孫覺范純仁蘇軾轍曾鞏劉摯張載程顥孔文仲鄭俠三十三人

陳烈 候官人仁宗屢詔不

起後除國子直講與陳襄鄭穆周希孟爲友閩人號曰四先生**王回**侯官人舉進士第爲亳州衞眞縣主簿未一歲棄去遂終身不復仕**鄭俠**福清人曾師事王安石九朝通畧云神宗時天久不雨民皆流入京俠監安上門乃畫爲圖以獻且上書言時政上覽俠書遂詔體量權罷新法凡一十八事而俠坐編管汀州又夷堅志云鄭俠熙寧以直諫貶英州元祐中東坡薦之坡公貶惠州始與相見一見如故交**林攄**字彥福長樂人爲翰林學士時朝廷以攄報聘遼國詆敵曰番狗敵主怒留攄在館三日絕供餉因辱之使還除禮部尚書**劉彝**本傳彝福州人從胡安定學有七經中義百七十卷行於世**陳祥道**福州人至祕書省正字著禮書弟暘仕至禮部侍郎著樂書**陳葵**閩縣人徽宗策士擢甲科蔡京預籍元符上書十八人葵其一也貶衡州三年雷震黨碑乃得放還**黃龜年**紹興壬子秦檜爲相臺官｜｜｜上疏以莽卓方之檜坐罷相戊午檜再相龜年寄居湖州押送福州本貫

仙釋神

漢莊君平　夷堅志云福有道人嘗見老叟同室歲餘告之曰吾乃漢莊君平也取一書授之天明叟出不歸其書皆修身度世之說今但記其語云事業與功名不直一杯水又云獨立秋江水

漢徐登　本州人類要云高蓋山在永泰縣昔｜｜在此山得仙與東陽趙炳閩仙術即此處也

吳董奉　神仙傳云侯官人也

梁王覇　本州人

唐法權　己上四人皆家世本州傳記可攷

任敦　臨海人有任公仙臺長樂志云乃任公上昇處

鄧元伯　吳郡人

王元甫　沛郡人

褚伯玉　鹽官人己上四人皆自外方至本州學道成名

張壽　九域志云道士｜｜於香爐山學道延平津有蛟龍害人壽入水斬之

霍童　九域志云仙人壇在香爐山乃神仙｜｜遊戲之所本名｜｜山天寶中改之

八百羅漢像　長樂志云在懷安縣大中寺佛書云諾矩那與其徒八百衆居震旦國今五百居天台三百居鴈蕩是堂像八百額題云天台鴈蕩以此

盤

和尚有眞身塔僧惠筏禪定夜有戎服而拜東山懷一杖錫卓泉榕溪道洪咸白鹿至雲峯義存學徒蝟集闍那知龍變異龜湖惟亮載龜而行鳥窠禪師在閩清閑居院有鳥窠巖安文頭院頭陀巖在州西崙寺昔安文頭陀遊寺山莽蔓中得巖石遂宴坐號｜｜｜｜後增闢有普照菴禱雨僧萬歲寺僧義收後梁時人春不雨至五月義收積薪通衢將自焚炬舉而雨降遊洪州將歸氏俗遮留乃截左臂付之曰去後不雨出以禱果應留香僧雪峯寺有僧瘡毒體痂血口口口僧日適留香相送回可取之還所坐處異香襲人僧詮雷移石在連江縣西北有僧詮唐宣宗時人見絕峯有巨石詮欲移其室而未能因禱於神能而風雨石移山下因坐禪者四十年僧本逸雪齋新說云逸閩縣人九歲出家至廬山依開元寺暹禪師入室頻悟元豐六年詔佐大相國寺賜號正覺禪師紹聖三年集衆而逝作頌曰七十四年如掣電臨行爲君通一線鐵牛物跳過新羅撞破虛空七八片閩清山行僧夷堅志云福州

閩清有三僧皆好尋幽相與行未久滿道蛇虺兩人願還一僧復行得茅屋一間俄一人荷鉏至不交一談出芋十枚炮熟指其半與僧自食其半徑臥土榻上天曉人已去僧亦從此歸矣

榕木神 夷堅志云福州儀門外夾道榕木鷺巢其上薛守弼為鷺穢汙衣欲盡伐之是夜參議曾悟夢介冑者懇云府主欲伐去榕木府主不過惡鷺穢耳期三日悉去之悟明日為言薛驚曰吾欲伐之然未嘗出口至暮人雨鷺羣悉空

碑記

閩遷新社記 集古錄唐濮陽宁撰書為八分以大中十年立

懷道闍黎頌 集古錄唐李邕撰并書碑以開元二十五年立

永福縣無名篆古號仙篆 集古錄云在福州永福縣觀音院後山下世俗傳以為仙篆入亦有道家之言譯之者曰勤道守三一中有不死術亦莫知其是也今在仙巖院

重興院碑 在蒜嶺西有石碑勒石馬泉三字

中際有

積院記院在水際里天成二作記刻石今存安國寺碑長興元年閩王所立李陽
冰篆在神光寺般若臺記刻于華嚴頂與處州新縣記縉雲縣城隍記鏡水忘歸臺銘世寶之爲四
絕上生院記在州西南烏石山大中六年西院大律師碑在閩縣大乘愛
同寺頵書于羅漢堂記在大乘愛同寺顏頵書賈島章敬國師碑在閩
縣方山寺懷一塔碑皇甫政撰在閩縣聖泉院開元中勑書在連江縣光化寺
南澗天王寺石像記正元六年歐陽詹撰毬場山亭記元和八年馮審
記東山聖泉法華院記太和四年劉軻記懷安縣天王堂記
咸通六年何蟾記太姥山記乾符六年唐林嵩撰恩賜瑯琊郡王德政
碑乾甯三年于兢撰重修忠懿王廟碑天復元年錢昱撰永福縣高
蓋名山院碑乾封歲王瞻撰自開元勑書以下並長樂集新修神光寺碑

長樂集咸通五年李勳撰

雪峯寺無字碑有客題詩云一片如屏紫翠間風吹日炙蘚花班莫言箇裏無文字正要當人着眼看

雪峯眞覺大師碑唐僖宗黃滔撰

烏石宣威感應王廟碑銘用契丹年號陳鄴撰并序長樂志云會同十年封長樂志又云年號史闕東陽志義烏縣眞如院碑吳越會同十年建洪邁隨筆載錢氏有年號三曰天寶寶大保正而無會同年號象之謹按通鑑晉天福三年歲在戊戌契丹主耶律德光即位改元會同至後漢天福十二年丁未整整十年蓋是歲福州陷於吳越錢氏是時錢氏不置年號只用中原正朔契丹入汴故用契丹年號二浙既用會同年號是年福州既屬吳越故福州亦用會同年號

薛老峯碑在州西烏石山頂突起三峯曰向陽峯咸通中候官令薛逢創亭其間仍側書｜｜｜三字

光祿臺碑在候官法祥院有石鐫然鑴光祿吟臺四字

甘棠院記在州治錢氏有土日錢昱爲太守作記開寶七年

建善寺碑在長溪縣建隆四年吳謹辭撰

太原灘畱

題陳武休後序云永福太原灘有太原二字不知何代人書

天寶狀元讖碑夷堅志云福州福清縣石竹山乾道三年居民夜半聞山上有聲如震雷明旦山頂有大石方九丈飛落半腰間縣士李槐云山下舊有碑曰天寶石移狀元來期龍爪花紅狀元西東邑境有石陂曰天寶是歲永福人蕭國梁魁天下永福在福清西又三年興化鄭僑繼之正在福清之東

閩中名士錄寰宇記云自唐設科舉場此州才子登科者甚衆黃璞纂而爲錄

閩中記慶歷二年林世矩序

長樂志梁克家編

福州詩

雲海訪甌閩風濤泊島濱唐詩紀事孟浩然長樂城暫辭鴛鷺出蓬瀛忽擁貔貅鎮粵城閩嶺夏雲迎皂蓋建溪秋樹映紅旌劉禹錫送唐舍人江流迴嶺底山色聚閩中君去彫

殘後應憐百越空劉長卿送喬判官謫去君無恨閩中我舊過大都秋鴈少只是夜猿多高適送鄭侍郎雨勻紫菊叢叢蘂風弄紅蕉葉葉聲北畔是山南畔海祇堪圖畫不堪行杜荀鶴閩中秋思中華地向城中盡外國雲從島上來四序有花長見雨一冬無雪却聞雷韓偓甌越東南美田肥果稼饒温公送元絳牧福唐等閑田地多栽竹是處人家愛讀書飲宴直嘗千戶酒盤餐唯候兩潮魚龍昌期百貨隨潮船入市萬家沽酒戶垂簾蒼煙巷陌青榕老白露園林紫蔗甜同上萬戶管絃春賣酒三山鐘鼓曉參禪黃裳湖田種稻重收穀山路逢人半是僧城裏一

山千簇寺夜間七塔萬枝燈謝泌長樂集總序故國樓臺千佛寺新城歌舞萬人家程師孟可惜閩州風物好一生魂夢繞三山元絳詠福州樓櫓遠疑憑七石州有七石皆壇名溝城深水接三陽境有三陽泉張徽詩高城落日龍吟角遠水浮煙蜃吐樓程師孟登天王堂閩川景物清宜畫蕭寺樓臺麗欲浮劉若冲江山千古仙人地城郭三春刺史天文士莫如今日盛方袍更比別州偏程師孟越山亭東傾壺柄雙流水西闞甌唇四別峯謝才卿三山鼎峙多幽賞千里甌圓盡勝遊呂梲越山亭注云昔賢詠福唐詩千里若甌圓釣龍臺古臨滄海浴鳳池高入紫煙吳耕三山排鼎足七塔布琴絃燕度

烏石山背郭千峰起涵空一水泓風帆入共遠潮嶼歲重耕沈邈煙波漁父宅歌吹酒家樓程昭素潮迴畫楫三千隻春滿紅樓十萬家溫益雲頭樓閣葦仙宅雨脚桑麻萬井家王祖道三山寶刹棲禪地萬戶青帘賣酒家黃康民地分金闕三仙島江引銀河兩汎潮同上雲凝香篆迷禪刹風卷潮聲出海門郭孚金粟臺萬屋人家雲闔下一屏煙水石橋西徐終宿猿洞星接斗牛吳分野海通蠻蜒越人家王逵南臺南臺沙合半成洲千尺虹橋橄欖舟陳暘南臺浮橋回環萬木森幢蓋縹緲三山落市廛楊希仲昇山寺泉近榴花深洞口亭開獅子舊峯頭入州旗色天

邊出三館芸香海上茁（許門下詩）銅鉦猶是閩王點銀科纔縣準守更四面僧誇金作界半年人看玉爲城（程師孟新鼓角樓）兩信潮生海接天魚蝦入市不論錢戶無酒禁人爭醉地少冬霜花正燃（鮑祗鹽田驛）城裏人家半讀書（程師孟）曉山雲展千重障夜塔燈傳萬點星（黃裳題）甌冶池塘晴瀲灩越王山寺曉玲瓏（程師孟堆玉樓）七閩天東南羣山號殊絕其中長樂郡佳麗比吳越日出朝可攀地溫冬不雪（錢公輔）江山自是長生境城郭今爲極樂坊（程師孟）閩州勝概是南臺沙合相傳有自來一道三橋橫渡處分明平步揖天台（陳暘南臺沙合亭）城裏三山

古越都相望樓閣跨蓬壺有時細雨輕煙罩便是天然水墨圖陳軒海船千艘浪潮田萬頃秋鮑祗詠長樂縣

荔枝詩

嶺泉齊鳥飛雨勢荔枝肥南斗看應近北人來甚稀李洞送福州從事荔枝園裏佳人醉漁市煙中釣艇橫除却弦歌庠序外家家同念佛經聲連眞山城只有四圍青海國都無一點塵荔子風標全占夏荷花顏色未饒春蔡襄西禪寺山圍碧玉神仙島地湧黃金宰相沙丹荔熟時堆錦繡翠榕空裏起龍蛇南劍羅畸題福州山響催茶候梅蒸熟荔天李師中送元厚之荔陳貢篚清香馥峯倚三

山秘篆奇于繹送元厚之重門畫戟公堂峻萬瓦青煙使宅雄草服勸耕菖葉緑羅裙送酒荔枝紅程師孟名園荔子嘗三熟負郭潮田揷兩收許淳仁三山閣天香世界荷花白御果園林荔子丹程師孟海上風流荔枝國人間瀟洒菊花天程師孟道山亭水浮蓬島通賓館日出浮桑照戟門一等翠林無別木四邊惟有荔枝園程師孟行吟漸出蕉花嶺歸夢應先荔子樓程師孟龍臺戲別榕陰落處宜千客荔子生時直萬金程師孟臥龍山最好荔枝初熟後人間都在赤城間程師孟登城樓絳節東圍甘蔗塢碧雲堆簇荔枝林張徵金狄門前拜詔新白龍臺下擁朱輪蕉花

雨裏千兵路荔子風中萬馬塵金陳

荔子園林海日邊幽亭更在碧雲巔江山舊是無諸國樓殿今爲極樂天陳襄

茉莉曉迷瓊檻白荔枝秋映綺筵紅湛俞長樂臺

夜色併來三島月水光分破五湖秋荔枝影裏安吟榻紅藕香中繫釣舟林迥題神光寺

山川寺觀詩

低回傾北斗突兀起東閩蔡襄烏石山

上閣便見海入門方是山塔高端似筆城轉曲如環王滌南澗寺閣

三山裏面千層閣萬井心中一朶山徐寅南澗寺

一條碧水練鋪地萬疊好山屏倚天許穀

誰家樓閣梵王宮桐蘂桑花次

紛紅程師孟西禪寺　靑林蔽日明爲晦紺宇生風暑亦秋張勵

大乘寺　山色列屏分左右水聲鳴玉遶西東卓祐之　亭爲

新成號獅子人曾舊隱作龍頭程師孟獅子峯頭謂許將狀元龍　峭

壁有雲生怪石晴空無雨灑飛泉郭汝臣　龍抛玉澗歸

金闕鹿認桃源入洞天同上　門闞泉川南海浦地雄都

府左龍崗陳軒鼓山寺　高閣應山三字古華堂卓秀一峯

尊劉裳應山閣　卓筆一峯當殿閣合圍千嶂鑠林泉熊浚明

半塢煙霞金世界一堂風月玉壺秋朱昇奎閣迎　夜觀月

色如銀色朝聽潮音雜梵音劉況布泉院　長虹吸盡雨潮

水赤鑑粧成萬頃田黃琚清波堂　香焚薝蔔巖雲曉花發

莎羅海日春程師孟二八玉泉分派冷三千銀界出塵清楊昕甘露院轟漢危橋吞兔魄出林疎磬落鯨濤張詠雍熙院人在蓬壺頳白玉地連兜率布黃金謝執中照碧亭濟時偏解爲霖雨信是神仙第一家陳暘趙眞君巖風雲會虛千層直日月中時八面明周朴詠報恩塔碧虛涵沼沼涵虛靈沼圓同絕欠餘夜月麗虛知是影更誰臨沼認蟾蜍惟嶽涵靈沼

四六

授之節符使領閩候唐裳相詔集見晏公類要三山七塔少供但坐嘯之娛一札十行行有不俟駕之召余元一圖馬帥河圖

萬直峻躋七閩之班聯晝錦還鄉喜動八州之父老余元一賀詹大卿啓適三山之謀帥煩十乘以開藩表海環山昔號東南之都會遺跡故事尚餘名勝之風流傅誠賀詹大卿睠昔甌粤險遠之地爲今東南全盛之邦八郡支分封圻廣袤三山鼎峙形勢尊雄張全眞謝表豈謂中宸之眷復分南顧之憂同上專七閩之節制聳八郡之觀瞻除命肇頒士夫交慶陳師尚賀徐中丞啓三山鼎峙疑海上之仙家千刹星聯實人間之佛國同上浙水雲愁人結去思之恨閩山風動衆興來暮之謡朱子履賀宋守矧是福唐冠于甌越事迹一麾臨荔子之邦千里被棠陰之化

事迹矧兹長樂之邦實首南閩之鎮事迹

輿地紀勝卷第一百二十八

輿地紀勝卷第一百二十九 文選樓影宋鈔本

東陽王象之編 甘泉岑鎔淦長生校刊

福建路

建寧府

建安 建陽 武夷 建州 建寧 富沙 浮溪

府沿革

建寧府上 建州建安郡九域志建寧軍節度今制禹貢揚州之域元和郡縣志云福州爲揚州之域而建州乃分福州之地所置亦當屬揚州之域星紀須女之分此據福州圖經而建安志以爲分界翼軫牛斗之間與福州圖經所載不同象翼之譴按隆興滕王閣記云星分翼軫則是江西爲翼軫之分非福建也今福建在漢隸會稽郡屬揚州當爲須女之分古閩越之地寰宇記秦屬閩中郡地元和郡縣志漢

立無諸爲閩越王王閩中故地（西漢閩越王傳）武帝時因立爲冶縣屬會稽郡（此據沈約宋志云漢武帝時滅閩越徙其人於江淮閒盡虛其地後逃遁山谷者頗出因立爲冶縣屬會稽郡）後漢改冶爲東候官（元和郡縣志）其後分冶地爲會稽東南二部都尉東部曰臨海南部曰建安是也（此據沈約宋志云）吳孫休時分會稽南部尉立爲建安郡（此據吳錄所載在孫休永安二年又晉志建安郡下註云漢武帝滅閩越徙其人更名東冶又更名東城後漢更爲候官都尉及吳置建安郡領建安吳興東平建陽將樂邵武延平七縣而候官乃隸晉原郡是候官自隸晉安屬雁而東冶東城東候官都尉自屬建安郡今爲建州耳又寰宇記云後漢建武中爲東候官縣然東漢志郤無東候官縣沈約宋志候官縣下註云後漢曰東候官都尉）宋齊（齊志郡領縣七曰吳興建安將樂邵武建陽綏城沙村）梁因之皆封子弟

爲王通鑑宋元嘉二十九年立皇子休仁爲建安王齊武帝封皇子眞爲建安王梁武帝封弟偉爲建安王故元和郡縣志云宋齊梁皆封子弟爲王隋平陳廢爲建安縣隋志建安縣下注云舊曰建安郡平陳郡廢入泉州而以建安縣屬焉屬泉州輿地廣記是時泉州治福是以建福合爲一州也煬帝立建安郡通典隋末羣盜割據改建安郡爲泉州事見下唐平蕭銑使者王義童下泉睦建三州通鑑在武德五年新舊唐志及通典並云武德四年置建州不同象之謹按趙郡王孝恭李靖以四年十月平蕭銑十一月李靖度嶺下九十六州而唐使者王義童亦以五年正月下泉睦建三州是泉睦建三州武德四年尙未屬唐則四年之改郡爲州乃羣盜割據之日非出於唐室之命令也唐志及通典所書非是今不取以建溪爲名或以爲建安郡杜佑通典云領縣五唐志領建安邵武浦城建陽將樂改建安郡天寶元年後爲建州乾元

元年唐末爲閩所有通典王潮據福州汀建二州亦降在昭宗景福二年閩王王延鈞以弟王延政爲建州刺史通鑑在唐明宗長興二年王延政城建州周二十里閩王王廼以建州爲鎮安軍以延政爲節度使延政又改鎮安軍曰鎮武而稱之通鑑在晉高祖天福六年王延政以建州爲大殷國以將樂縣爲鏞州延平鎮爲鐔州通鑑在天福八年南唐查文徽攻建州通鑑在後晉齊王開運元年殷王王延政降通鑑在齊王開運二年南唐改鎮安軍爲永安軍通鑑後晉齊王開運二年唐置永安軍於建州唐主以百勝軍節度使王崇文爲永安軍節度使崇文治以寬簡建人遂安又後漢隱帝乾祐三年福州人或治建州永安軍留後查文徽云吳越兵已去則乾祐時建州尚爲永安軍也南唐又更永安軍曰忠義軍

通典周世宗顯德三年唐永安軍節度使陳誨敗福州兵于南臺唐主更命永安軍曰忠義軍 後降爲軍事 此據寰宇記及九域志但二書不言其降爲軍事在何時盖自顯德已後則尙屬南唐而開寶八年平江南始屬本朝自顯德三年至開寶八年僅二十年閒則其降爲軍事當在開寶八年平江南之時當考 國朝平江南初屬江南轉運使 通略太平興國二年江南轉運使樊若水奏復用銅錢則是南唐平所管州郡皆隸江南轉運也 其後隸兩浙南路 圖經云在錢氏納土之後 尋以隸福建路 國朝會要在雍熙二年 又陞爲建寧軍 國朝會要在端拱元年 中興以來以孝宗潛邸陞爲建寧府 中興小歷孝宗以紹興五年六月封建國公三十年二月封建王國朝會要以紹興三十二年陞爲建寧府而建寧志在隆興二年不同當考 領縣七治建安

建安縣　望

倚郭元和郡縣志云本漢冶縣之地又改爲東候官寰宇記云孫策於建安初分東候官之地立此邑卽以年號爲名屬會稽南部都尉晉志云漢武帝滅閩越徙其人名東冶又更名東城後漢改爲候官都尉及吳置｜｜｜宋志云分冶地爲會稽東南二部都尉南部建安是也吳孫休永安三年分南部立爲建安郡領縣自漢末名縣曰建安至今弗改

甌寧縣　望

倚郭國朝會要云治平三年析建安建陽浦城三縣之地置｜｜｜與建安分治郭下熙寧二年省元祐四年復置故九域志無｜｜｜葢甌寧之廢在熙寧三年而九域志之作在元豐年間是時甌寧廢屬建安故九域志僅附於廢置諸縣之下耳

建陽縣　望

在府西一百三十里輿地廣記云晉太康中置屬建安郡宋以後因之後省唐志云武德四年置八年省入建安垂拱四年復置此其廢置之大略也而元和郡縣志云本上饒縣地吳分置建平縣晉太和四年改爲建陽又寰宇記亦以爲本後漢建安縣地割建安縣爲桐鄉至吳賀齊討上饒之城兼舊桐鄉置建平縣故吳志云建安十年權使賀齊討上饒立建平縣是也二者不同象之謹按上饒縣始置於唐武德四年而漢建安十年不應有上饒縣又賀齊討黟歙賊立新都郡乃在今徽州界其云割桐鄉置建平今廣德之桐鄉建平縣耳又云晉太元四年改建平爲｜｜｜考之沈約宋志於｜｜｜｜下第云晉太康地志有是太康中已有｜｜非必待至太元四年改建平爲建陽也元和志寰宇記未免牽強今不取

浦城縣

在府東北三百三十三里皇朝郡縣志云本漢東候官之北鄉也沈約宋志云漢末立漢興縣吳永安三年更名吳興晉宋齊因之故晉宋齊三志並有吳興縣江淹嘗爲吳興令元和郡縣志云隋平陳省入建

安故隋志建安郡下无吳興縣唐志云本吳興武德四年更名唐興天寶元年改爲浦城以城臨浦故曰浦城

崇安縣 望

在府北二百五十里寰宇記云本建陽縣地僞唐陞爲場國朝會要云淳化五年陞崇安場置｜｜｜

政和縣 緊

在府東二百二十里圖經云本福州甯德縣關隸鎮地屬福州國朝會要云咸平五年陞關隸鎮爲縣隸建州政和五年改｜｜｜

松溪縣 上

在府東二百六十里建安志云本吳越國處州之東平鄉王氏據閩奪而有之以爲松源鎮寰宇記云本建安縣地舊爲閩越之界戍兵所屯號松溪鎮僞唐保大中得閩地改爲｜｜｜取舊鎮以爲名圖經云

南唐保大九年陞爲松源縣
國朝開寶八年改爲丨丨丨

監司沿革

福建路轉運司

臺治在府城中國朝自開寶八年平江南得建州而尚隸江南路則建州未應置使也國朝會要云雍熙二年始置福建路則置使於本路當在雍熙之後丁謂傳謂爲福建轉運初置龍焙歲貢團茶則是未置提舉茶事一司而茶事盡掌於運司耳其後諸路茶鹽盡歸之提舉司而福建漕司尚領鹽事悉貯鹽於下四州而今上四州諸縣置綱運而取其贏以佐漕計福州圖經云建炎二年以建寇故移轉運司於福州繫年錄云紹興二年還建州三年復移福州尋仍舊

提舉常平茶事司

臺治在府城中中興小歷紹興十二年時朝廷欲以福建臘茶就行在置局給賣詔福建見任提舉市舶

官吏不兼茶事别置官提舉茶事繫年錄云紹興十二年十月詔福建專置提舉茶事官一員置司建州至今諸路提舉皆以常平茶鹽繫銜惟福建提舉則以｜｜｜｜｜繫銜

風俗形勝

東閩劇地權載之集送建州趙使君序是邦爲｜｜｜｜故相安平穆公常理焉東南勝地建安志南望鐵獅紫芝以次羣峰旁聯黃華白鶴之秀｜｜｜｜建安大邦保界閩粵綿地八百建安志楊文公云云襟山束水盛均送建安郡守序曰惟閩嶠枝一臂西指則建安在焉其郡｜｜｜｜其人猱黠而易隨等閩之支俗特稀聞善化者碧水丹山珍木靈草爲郡之勝梁江淹爲吳興令云左紫芝右雲際建安志自鐵獅嶺分崗而下｜爲｜｜｜爲｜｜有陸羽泉在其上又名鴻漸井小西川濯錦橋建陽出錦故號小西川而橋名濯錦爲政善惡朕皆知之通鑑唐大中十

二年建州刺史于延陵入辭上曰建州去京師幾何對曰八千里上曰卿到彼|||||||||勿謂其遠

西山之爽見紫霞洲注

北苑之最周絳茶苑總錄云天下之茶建爲最建之北苑又爲最

閩中號佳山水建安視閩中尤號奇峻其產天地之寶棲神仙之所罔不咸在建安志

東接括蒼北拒上饒西南抵延平南北帶溪建安志

景物上

幔亭在府治

龍石在建陽縣唐石里瀕溪有龍像著于石壁

龍津九域志建安縣有||監庫

龍山在浦城縣西武夷山之北趙清獻公詩云石龍仙頂拔巍巔我此登臨骨凜然直上更无容足地速回猶在夕陽天

龍井在崇安縣西北五十里源谷深邃有二潭相直如覆釜

龜山後唐陳軒讀書于||方壽院及第後重遊有詩曰寒樹似添新喜色野猿猶聽舊吟聲

獅巖

在甌寧縣西鄉里巨石如獅形**雞巖**九域志云建安記與武夷山相對半巖有雞巢焉**泉山**在浦城縣東北六十里**硯山**在建陽縣東北三十五里山之西有石如巨硯相傳華子期師角里先生居于此**建溪**在建陽縣東一百步源從武夷山下西北來縣界也**松溪**源自處州龍泉縣流入丨丨合於建安**杉溪**在松溪縣西三十里即建安縣界**柘嶺**寰宇記云在浦城縣西北一百八十里與麗水縣分界**茶山**在郡北民多植茶於此輿地廣記云在建陽縣**夢水**郡國志云建州丨丨有蠱似蜮射人生瘡**吳山**在浦城縣東五里記云山四面秀異人居其側多吳姓漢興有吳氏六千戶別屯大澤即此之民也**響山**在城東五里其山空洞枕於溪側行人相呼若有應者故名**孤山**在建安縣西北蕭子開建安記云丨丨在環嶂之間其地坦平悉是溝塍阡陌以此山挺然孤立因名**五峰**在崇安縣東八十里有金鵝蓮花青湖石畬廩凡丨丨青湖山腰石穴常有風出名曰風門**萬山**在松溪縣東所產竹樹萬種因名**大湖**輿地廣記在浦城縣

甘泉在崇安縣吳屯里中山院在其側泉甘如醴

瑞巖亦名將軍巖在崇安縣北三十五里舊傳唐末有唐葛周三將軍隱於此又傳古有雙劍藏於巖下有瑞巖院即叩氷和尚道場趙清獻公詩云寒氷叩曉人無垢古劍藏秋谷有聲

雲巖在甌甯縣西鄉里

雲谷在建陽縣西北六十里盧山之巔高出羣峰

紫芝在鐵獅嶺之左十國志云王氏據閩日其山產｜｜

碧潭亦名鏡潭在崇安縣十五里地名暘谷潭深不可測天氣將雨潭必湧波人以爲驗

黃亭去武夷四十里陸游｜｜夜雨詩云未到名山夢已新千峰拔地玉嵷峒｜｜一夜風吹雨似與遊人洗俗塵

東溪輿地廣記云在建安縣發源於處州松溪

西溪發源於崇安分水嶺

辰山在建安縣東甍里有石如鼓擊之有聲下有竹洞

丁水建安志東西二水交會于城之西南由南劍入于海

紅錦

綠錦出建陽故邑號小西川橋名濯錦徽宗崇觀閒造柱衣欲織錦作升龍附于柱文輒不合凡易百工不成因以殿柱尺度付蜀工亦不能造有言建陽民善織者試使爲之既成施之殿柱文合爲

龍不差

景物下

建安堂在府治設廳後 建寧堂在建安堂之側 迎暉館在府治 薰風堂在府治 澄鮮堂在府治 思賢堂在府治北園以楊文公詩碑立堂上命曰思賢 濯錦橋建陽出錦故橋名濯錦 和豐堂在府治 玉仙堂在府治 碧雲樓在府治 綠野堂在崇安縣北一里康定間趙清獻公抃建 漾波亭在浦城縣西南溪 丹青閣在開元寺為一郡勝槩 紫芝書院在郡學之左廂以待四方之賢士 雙髻山在建安縣東北其山兩峰相並如雙髻 三層峰在武夷山北衆峰尤聳秀 三姑石在武夷山溪北岸三石相聯望之有姝麗之態李左史詩云風舞芳林鬢腳垂朝雲行雨濕仙衣不卿當日緣何事化石山頭更不歸 五龍山在建陽縣十五里五山分峙中有小山如五龍捧珠

之狀**八面山**寰宇記云在浦城縣**九石潭**在建陽縣東三十里上列九石**百丈巖**
在松溪縣東二十里舊傳馬氏女仙於此上昇其峭壁間有馬蹄剪刀尺白痕**萬葉院**在浦城縣
樂平里寺有八景曰瀑布石門菩薩巖仙人迹汙樽水簾七星壇萬石皆山水勝絕**小藏巖**在武
夷山李左史詩云玉棺插徧兩巖傍有罅開如小洞房煉就陽魂歸紫府空餘靈骨此中藏**大藏**
巖在武夷山下際深淵石壁中開數室皆插板木室中有器形狀不一**大同山**在浦城縣西有
九里絕壁上有龍湫唐會昌中有[illegible]袁二禪師修行於上建寺曰大隱**大隱山**在武夷山巖岫
高廣尤爲佳勝**大隱屏**在武夷山李左史詩云高峰崛起翠雲屏何事呼爲大隱名自是市朝人
不到非關洞戶鎖崢嶸後剏武夷精舍於麓中**大小廩石**在武夷山二石卓立如倉廩狀**大**
小面石在武夷山二石向空宛如人面**黃花山**郡圖云在郡東元嘉元年徙郡於丨丨丨
西是也**白石山**在崇安縣北三十里山皆疊石若樓臺山巔有石室室有三井**紫霞洲**

建安志堂後爲複屋鑿池導北山之泉作亭臨之號｜｜｜

烏君山 寰宇記在邵武縣有仙人徐仲山遇神仙假烏皮爲羽飛走因名

夢筆山 九域志云江淹夢筆之所圖經云在浦城縣郭璞有識云｜｜｜前橫過溪

折桂嶺 去浦城縣九十里舊傳唐人林藻林蘊兄弟經此題詩云長記嶺頭題姓字不穿楊葉不言歸而今折得兩枝桂又向嶺頭聯影飛

檜巖山 在崇安縣北二｜五里

蓮花石 圖經云洞宮山中有｜｜｜九域志甌甯亦有蓮花峰

桂枝源 丁晉公書建安圖經詩曰登雲鄉有｜｜｜

龍池山 在建安縣西南六十里

龍湖山 在建陽縣東北六十里山巔有雙井曰龍湖

龍首山 在城西三里其勢若龍舉首故名

龍背潭 在浦城縣西南四十里潭東有巨石數十丈狀如龍形

龍焙泉 茗溪漁隱云｜｜｜卽御泉也

虎頭巖 在建安縣秦溪里山形高峙如虎踞

虎嘯巖 在武夷山或云有虎嘯其間

金雞石 在崇安縣北十五里巖有瀑水下有龍井深不可測舊記云或見二金雞翔集其上故名

鐵獅頂在城南三里山巓有庵庵有鐵鑄文殊獅子像**白鶴山**在郡城東二里寰宇記云東晉時望氣者言此山有異氣命工鑿之朝鑿暮合已而有白鶴雙翔其上因名**鳳凰山**在城東北二十五里山形如鳳張翅其地宜茶號龍鳳茶**靈鷲山**在甌寧縣崇安里半崗有亭亭藏仙骨一函**勒馬山**在建陽縣南其形如勒馬因名**墜馬川**一名仙人洲建安記云梅眞人上昇墜馬於此**濟拔山**在崇安縣東八十里中有石壇如琢九井宂如鎔鑄**鼓角山**在建陽縣三衢里三峰峭拔狀如鼓角**劒門峰**在甌寧縣崇安里清溪中注東西兩山如劒對峙**鼓樓巖**在武夷溪北**鍾模石**在武夷山三石卓立如鍾形**幔亭峰**一名鐵佛嶂在武夷山李左史詩云更無綳幕空中舉時有笙竽靜處聞猿鳥哀啼千障月松篁寒鎖一溪雲**欄竿山**在建陽縣北二百九十里建安記云｜｜｜南與武夷山相對崗石間懸棺仙葬多類武夷**車錢山**在武夷山古記云昔聖姥鞭牛車錢於此**瀑布泉**在浦城縣北四十五里萬葉寺

後亘地數百尺天下號爲第三瀑布**天柱山**在政和縣東七十里**天湖山**在甌寧縣北十里北津下其山有三十六景**天柱峰**一名大王峰在武夷山李左史詩云巉巉千丈插煙空始見天南一柱峰絕頂霧開擎日月半嵓雲暝噫雷風**擎天巖**在甌寧縣西**滿月山**在政和縣南十里山勢孤聳其形如月**玉清洞**天慶觀在水西相傳下有丨丨丨九域志載蕭子開建安志云昔漁人入潭中見石室金額題曰丨丨丨有青衣出曰此司命眞君之府也**金井坑**在崇安縣八十里朝日照水如金色**寶蓋洲**在建陽縣交強里相傳王審知有一叛將敗亡寶蓋寶物棄潭中**武夷山**丨在崇安縣南三十里按樵川傳丨丨丨乃第十六昇眞元化洞天昔有神人降此山告人曰予爲武夷君統錄地仙受館於此由是得名**仙人跡**在崇安縣漁峰寺**仙人石**在崇安縣西七里石之東北隅有窮逺石而出攀拏而上可至頂有石室室中有仙骸數函**仙機巖**在武夷山溪北水際嵓之下有石室室有機杼**隱仙巖**在崇安縣東七十里太師

劉忠顯書堂在焉

遊仙溪在武夷山西南隅灣環九曲貫於羣岫李左史詩云溪流玉雪三三曲山鎖煙霞六六峰

益仙山一名浮益山在浦城縣北九十里上有仙壇石洞可以窺天

武仙山在建陽縣唐石里上有石筍峰高百餘丈舊傳有仙人武裴跨馬於山巔

菩薩巖在崇安縣漁峰寺山上有八景巖其一也

觀音石在武夷山二石對聳山巔草木有寶冠螺髻之像

羅漢巖在政和縣籌坑山有石形如僧曰｜｜｜亦有羅漢洞

南峰院在浦城縣上相里章郇公功德院有晝錦堂刻仁宗御賜唱名詩時章衡作狀元諸章凡登科者皆鐫名其上

北苑焙圖經云在府城東建安出茶北苑爲天下第一楊文公談苑云建州茶陸羽茶經尚未知之日近方有蠟面之號每歲不過五六萬斤今歲出三十餘萬斤凡十品曰龍鳳茶京挺的乳白乳頭金臘面頭骨次骨龍茶以供乘輿及賜與丁謂爲北苑茶錄三卷備載造茶之法今行於世又皇朝類苑云建茶盛於江南近歲製作尤精龍鳳團茶最爲上品慶歷中蔡君謨爲福建轉運使始造小團以充歲貢仁宗皇帝

尤珍惜雖輔相未嘗輙賜歐陽文忠公云茶爲物之
至精而小團又其精又南唐書嗣王傳云保大元年
二月命建州製的乳茶號曰京挺
臘茶之貢自此始乃罷陽羨茶貢

古迹

越王城在浦城縣臨江鎮舊經云昔越王戰于城即
此地注云城基尚存內有越王井越王廟
郡國志云建安縣有東丨丨丨漢吳　故府城
古甌城　王世子劉駒發兵圍東甌即此也
在建安縣東南三里即漢　子期山寰宇記云在浦城
時會稽南部都尉理此　縣西南二十餘里
建安記云華子期嘗師角里先　閩王郊壇在昇山去
生得隱仙靈寶之法後居此山　城南三里
舊經云殷王僭爲　魏王眞君上昇峰在武夷山古記
嘗築郊壇於此　云昔魏王眞君
於此　徐將軍巖在甌寧縣崇安里前後二嵓極廣舊
上昇　傳有將姓徐駐兵於此吳逢道詩云
亂時曾作將軍寨　在松溪縣南二十里方輿
平世今爲佛氏宮　湛盧山記云山形峭峻常有雲霧

疑其上唐拾遺記云昔湛王鑄劒于上又九域志同**越王臺**在浦城縣東舊經云越王於此爲烽候之所**呂蒙宅**開元寺在城中志謂俗傳爲吳｜｜｜**梅仙山**在城南三里舊記云梅福棄官遊此飛昇**顧野王居**野王在陳爲光祿卿居此近武夷山謂之地仙宅今爲開元觀又有光祿坊**章郇公讀書堂**在浦城縣西嵓嶺**梨山廟**建安志云廟在建安縣十五里初祥符八年郡守盧幹立碑謂神酒唐宰相李回紹興五年運使鄭士秀又立碑謂神當爲李頻容齋續筆云建安有｜｜｜相傳爲唐刺史李回洪邁守建日讀唐文藝李頻傳云懿宗時爲建州刺史乃證其爲頻也洪爲作碑以記之象之謹按邁以淳熙七年爲守在鄭士秀之後則攺李回爲李頻乃鄭士秀非始於邁也**胡文定游御史祠**胡寅學校記**曹封州墓**皇祐中儂賊反公知封州死焉時妻劉氏避賊山間聞公死亦死其長子扶劉氏柩并裏公之骨歸葬城西慶成院**烈女墳**烈女者曹封州之妹也聞兄死節於封州亦赴井死死里人爲葬於甌甯邱坑寺至今指爲

官吏

晉張華見延平志云｜｜為建安從事　何徵南史｜｜仕齊為建安太守政有恩信人不忍欺每伏臘送囚還家依期而返　梁江淹楊公談苑云吾鄉建州山水奇秀｜｜｜為建安令以為碧水丹山靈木珍草皆平生所至愛不覺行路之遠　唐陸長源建中初為建州太守民歌之曰令我州郡泰令我戶口裕令我活計大陸員外又日令我家不分令我馬成羣令我稻滿囷陸使君　李頻唐文藝傳｜｜懿宗時為建州刺史頻以禮法治下時盜賊相椎奪而建賴頻以安詳見黎山廟下　張文琮唐永徽中為建州刺史州立淫祠不修社稷文琮下教祭先農於是建始祀　于延陵東觀奏記｜｜｜授建州刺史宣宗問云云詳見風俗形勝門　章仔東都事略云得象高祖仔事閩為建州刺史仔嘗出兵二將後期欲斬之夫人練氏救而得免二將後為南唐將破建州夫人寡居

建州二將遣使遺夫人以旗曰吾屠城夫人植旗于門吾以戒士卒勿犯也夫人反其旗弗受曰願全此城必欲屠之吾家與衆俱死耳二將遂不屠城

本朝王鼎 淇水集鼎自深州從建州禁生子不舉者

龐籍 景祐中遷爲轉運使

蔡襄 爲福建路轉運使復古五塘以溉田民以爲利爲立祠于塘側又奏減閩人五代時丁口稅之半

蔣之奇 字穎叔熙甯三年爲判官

陳覺民 字野達仙遊人登元祐第東坡舉應制科知建州

汪應辰 紹興九年以正字轉對及和議有上下相蒙之語罷正字通判建州

趙士㒟 紹興間齊安郡王士㒟欲救解岳飛漏其語或聞之以告秦檜檜令臺臣言士㒟責建州繫年錄

人物

王安石李綱皆生於松溪之簿廳主簿陳當時嘗書于壁以爲盛事

梁顧野王 建安人先本吳郡因宦居焉侯景之亂野王歸本郡乃募鄉黨隨義軍入援嘗撰建安地記後又撰玉篇輿地志

南唐江文蔚 字君章建陽人仕南唐擢御史中丞坐貶江州

奉其母以行怡然不以貶謫爲意嘗作詩曰屈原若遇高堂在終不懷沙弔汨羅

本朝章得象浦城人在翰林時章獻后嘗遣人至院必正色嚴待之在相位八年親戚子弟皆抑而不進

江爲建陽人作詩曰山形圍澤國秋色藹人家陳覺民弔處士詩曰卻憶當年江處士辭言秋色藹人家

楊徽之事略云浦城人少好學與江爲齊名是時福建屬江南徽之間道詣中朝登第爲右拾遺太祖爲時望所歸徽之上書言其事及太祖受禪太宗見其書曰此周室忠臣也

葉齊字思可建陽人端拱初廷試第一會契丹擾邊太宗幸河北或言齊督糧草不足上怒齊曰使敵聞此將輕中國以臣計之猥可充十年上悟

曹修古皇朝類苑｜｜｜爲御史上書乞莊獻太后還政謫守興化軍

楊億字大年浦城人生之夕其祖文逸夢懷玉山人來覺而億生年十一以童子召對後爲翰林學士

楊蟠字公濟建安人嘉祐時詩人嘗題吳江長橋云八十丈晴虹臥影一千頃碧玉無瑕幾多風月輸詩客無限蓴鱸屬酒家

吳育建安人慶歷中參知政事

吳充育之弟知禮院溫成祠廟

內出圭瓚以灌公語獻官曰在禮上親享太廟則用圭瓚有司攝事則用璋瓚今有司祭溫成廟而用圭瓚是薄太廟而厚妃妾也奏請易之

陳升之建陽人博學多能景祐擢進士言路以直道自任神宗即位拜相

阮逸建陽人景祐初上樂論十二篇與布衣胡瑗同召赴闕校定新舊樂律

曹覲建陽人知封州儂智高反覲率州兵百餘人禦賊爲所執遂見殺

張伯玉建安志云公守太平州日語司戸曾子固曰吾方作六經閣子爲我記之子固呈藁終不合意遂自爲之曰六經閣者諸子百家皆在焉不書尊經也子固一見畏服又平江志載作平江六經閣記不同

柳耆卿范蜀公嘆曰仁宗四十年太平鎮在翰苑十餘載不能出一語歌詠乃於耆卿詞見之

章望之浦城人舉賢良得象在相位以嫌扼之遂不復仕歐陽修等同薦其才不赴

陳師錫字伯修建陽人權殿中侍御史大臣誣昭司馬光呂公著等乞復謚命給還其碑徽宗朝爲御史與陳瓘等同論蔡京號七諫

何去非字正通浦城人充武學教諭蘇軾以公所著備論三十八篇乞除一館職

周武

仲浦城人登紹聖第後言金國貪詐本朝與通使未爲得計又上疏論濾溝致敗之由皆童貫蔡攸不能節制謫黃州

陳軒 建陽人元祐中廷試居第二先是進士賜袍笏例於廷下脫白服綠軒衣如懸鶉上解黃衣賜之至今賜袍笏有淡黃衣自軒始後知汀州黃庭堅贈詩云平生所聞陳汀州蝗不入境年屢豐

吳執中 字子權除中丞政和改元星變執中奏言推尋厥咎實自蔡京

潘中 字民極浦城人知長溪縣葉儂叛甯德縣告急公即赴之與賊戰遇害

徐遹 歐甯人崇甯中恩科第一人以對策稱上意特比正奏名第一人恩例賦詩云白髮青衫老得官瓊林頗覺酒腸寬平康夜過無人問畱得宮花醉後看

章誼 浦城人苗傳作亂有時希孟者出班奏誼獨奮然面折希孟以擣逆黨

游酢 字定夫建陽人從程顥程頤學徽宗朝爲監察御史

吕祉 建陽人紹興爲兵書參議都督府酈瓊刼公叛公堅不可遂遇害

鄭殼 建城人苗劉道亂公廷立面折之遣人如平江見張浚等高宗復位公之力爲多

胡安國 字康侯崇安人蔡京惡其不附己高宗復位張浚薦公遂進春

秋傳後謚文定子寅[甯]宏寅號致堂以論秦檜謫新州遂著讀史管見一編又容齋隨筆云胡安國嘗薦秦檜檜德之一日檜貽書於寅問其二弟宏作書示之以不可召之端既而[甯]遂召除郎時秦熺爲樞密檜問外議如何[甯]曰外以爲相公必不肯襲蔡京之跡[甯]遂被論罷去[甯]號籍溪宏號五峰南軒從之遊有知言集皇王大紀行於世

翁蒙之建安人彥國之子也尉常山趙鼎喪歸衢守章傑以爲士友與鼎書議時事可爲奇貨檄蒙之馳取蒙之走僕密告鼎之子汾令盡焚篋中書暨至無所得

劉韐崇安人靖康時東京城陷敵聞其名必欲得之宰相遣韐往敵欲用之韐曰當以死報國耳遂自縊死子子羽孫珙

朱熹新安人寓居于建號晦翁先生有精舍在武夷山[甯]宗朝仕至待制今贈太師文公

余翼母陳氏建陽人嫁余楚生翼三歲而余卒陳氏盡以其產與前母二子翼年十五使遊學四方翼在外十五年以進士歸迎侍之官王荆公爲誌其墓

余洪敬妻鄭氏查文徽平建州鄭氏爲亂兵所獲以獻文徽文徽欲犯之鄭罵曰王師弔伐凡義夫節婦宜旌賞以勵俗乃欲

加非禮於一婦人文徽求其夫歸之

仙釋

梅福方輿記云||煉丹於此名梅福山今有昇仙壇又有仙人洲一名隆馬洲蕭子開建安記云||眞人上昇隆馬於小松溪

費長房續齊諧記||||謂桓景九月九日登高佩茱萸飲菊花酒免厄處

周霞浦城人遇異人得養生之要隱油果山十七年合丹九年曰吾丹成矣霞卽登高山亦化去

叩冰和尚名藻光崇安人出家參雪峯眞覺師在端巖院前有溪遇冬輒叩冰而浴

了空崇安人咸平中奉旨往西天竺取經尋詔住上蔡開元寺深沙院熙甯中坐逝送眞身歸回龍院

碑記

唐正觀中石刻在湛盧山去松溪縣南二十里

分水嶺銘在崇安縣鐫于巖石

上

集公山石刻 在建陽縣北江先生側嘗聚徒讀書側與羣弟相繼登第如葉祖洽游酢迺其尤顯者有山齋題名

勝果院記 天聖中章得象記

乘風堂記 北苑鳳凰山高處有石鐫爲碣字大尺許端勁有體葢慶歷戊子柯適記

甌粵銘 李綱序云惟甌粵之民好鬬相挺爲亂及王師削平其徒盡殲議者謂甌俗生子僅留一二餘悉溺之所殺幾何因果報應理固宜然二說雖殊實相表裏原其不明君臣之義葢緣不篤父子之恩平居於父子之間無虎狼之仁則臨變故之際責其守節而不爲亂豈可得哉於所厚者薄則無所不薄因果報應又不論也藥石之言明著勸戒

建安志 張叔椿序 **游先生祠堂記** 朱熹文

詩

曾向巫山峽裏行羈猿一叫一回驚聞道建溪腸欲斷的知聽著第三聲 戴叔倫建溪聞猿

漢廷初拜建安侯天

子臨軒寄所憂從此向南無限路雙旌已去水悠悠劉禹錫送建州陸使君棠陰猶在建溪磯此去那論是與非若見白頭須盡敬恐曾江岸識胡威元稹送人之福建夜浦吳潮乳春灘建水狂羅昭諫送沈侍御赴閩中六幅輕綃畫建溪刺桐花下路高低分明記得曾行處秖欠猿聲與鳥啼方干題畫建溪圖建溪富奇偉葉氏方隱淪坡詩玉龍倒影臥寒潭人在雲霄天地寬借問是誰題此柱茂陵詞客到長安袁樞題建寧南鄉橋公後以詞賦魁天下層巒連郡郭占勝有招提宿霧昏金像飛泉濺石梯鐘聲空谷答塔影亂雲齊朗山晉司馬王朗登遊之所因名朗山本朝更名昇山楊文公建溪十詠云崆峒一派

瀉蒼煙長揖丹邱逐水仙雲樹杳冥通上界峰巒回
合下閩川侵星愁過蛟黿國採碧時逢婺女船已判
猿催鬢先白幾重灘瀨在秋天陳陶上建溪作劒水清源夢
筆山戟衣照日啓重關齊唐和建州徐職方忽驚羈旅身已落
富沙灣江海舊茅屋遙岑帶潺湲王逑萬里一朱幡崎
嶇度嶺闕路盤雲雨際人在斗牛間元繹泗洲嶺閩山過
盡見吳山三載天涯五馬還舊列未歸青瑣闥餘生
方入玉門關林巒迤邐平無數星斗欄干近可攀回
首冶城何處所只應煙雨渺茫間元繹路餘百里兩山
間水驛山程總不安誰把千金平滑磴免教一葉委

驚灘行人感歎何時已賢守功名百世看次第吾閩都似掌卻嗤蜀道號泥盤陳襄李侍郎修路詩

武夷山詩

武夷山上路毛徑不通風欲共麻姑住仙城半在空徐疑武夷山仙城只得流霞酒一盃空中簫鼓當時回武夷洞裏生毛竹老盡曾孫更不來李義山溪流玉雪三三曲山鎖煙霞六六峰李左史閩嶺夏雲凝皂蓋桂江秋水映紅旌文苑英華劉禹錫送唐舍人昇眞洞口接天門靈草丹桃日日春聽說列仙來瑞世三朝德業在斯民仙遊人陳覺民知建州過武夷作詩云云蓋章聖出自武夷事見楊大年家集神考哲廟亦武夷眞君應世故有三

朝德業之句事見氏族編平生愛仙山最聞武夷好千峰巑岏月倒掛萬木陰森春不老郭祥正閒將綠綺弄清音招得青山作故人煙靄謾呈千樣巧松篁長貢四時新黃遹

靈嶽標眞諜孤峰入紫氛藤蘿暗仙宂猿鳥駭人羣白道千年在懸流萬壑分漢壇秋蘚駁曾祀武夷君楊億

萬疊層巒接遠空瑞雲晴靄氣溶溶高於太華五千仞秀出巫陽十二峰陳襄

劉公隱後今誰繼張湛仙來不記年李左史洞天

武夷山上有仙靈山下寒流曲曲清欲識箇中奇絕處櫂歌閒聽兩三聲朱元晦武夷櫂歌

建茶詩

北苑龍茶者甘鮮的是珍四方唯數此萬物更無新作貢勝諸道先嘗秪一人特旨留丹禁殊恩賜近臣

北苑焙新茶詩

北苑中春岫幌開里民清曉駕肩來豐隆已助新芽出更作讙聲動地催　晏殊

自昔稱吳蜀芳鮮尙未眞于今盛閩粤冠絕始無倫地占羣山秀時先百卉春　羅拯

草木英華聚樓臺紫翠重山形仙苑鳳泉脈御池龍　同上

御茗毓何峰煙嵐十二重玉泉新吐鳳金餅互盤龍　湛俞和前韻

惟富沙之大府爲閩會之要衝環七邑以星聯乃南渡興王之故地望九曲之雲氣亦西山會眞之洞天余日華賀沈尚書眷是眞主潛龍之邸實惟大臣歇馬之邦山川鬱葱有梅仙之舊隱冠蓋走集當閩會之要衝余日華代賀沈尚書矧此建溪之巨屏實爲今日之价藩高文規賀趙守閩邦勝壤建水上游自昔揚州之故區上直星紀之分野江山如畫列武夷之洞天地望最雄控東甌之襟帶葉之望賀韓守惟建溪之作屏實代邸之啓封呂伯恭謝表代韓尚書景饒激石之奇富擅摘山之利事迹楊虢略之才華輩出章郇公之勳業鼎來同上大年水碧得象玉

清同上波澄而玉洞揚清山峭而武夷凝碧同上當一路之咽喉亦八州之眉目同上鍪源鍾上春之品武夷標洞天之名同上江淹夢筆之山梅福煉丹之地同上紛兹建水實界吳封同上

輿地紀勝卷第一百二十九

輿地紀勝卷第一百三十 文選樓影宋鈔本

東陽王象之編　甘泉岑鎔淦壆校刊

福建路

泉州

清源　平海　温陵　晉水　晉安　晉江　泉山

州沿革

泉州 望 清源郡平海軍節度九域志禹貢揚州之域與福州同星紀之次斗牛之分圖經古閩越地寰宇記周職方爲七閩地周禮夏官注秦屬閩中郡漢書閩越傳云秦并天下廢其君長以其地爲閩中郡漢初屬閩越國通鑑漢高帝六年復立無諸爲閩越王王閩中故地武帝平閩越以其地屬會稽郡輿地廣記東漢因之吳屬建安

郡沈約宋志云吳孫休永安三年分會稽南部立爲建安郡晉分立晉安郡此晉安名郡之始也沈約宋志云晉武帝太康三年分建安立晉安郡寰宇記云東晉南渡衣冠士族多萃其地以求安堵因立晉安郡則寰宇記之意似以晉安郡立於南渡以後非在平吳之時二者不同彔之謹按晉志云太康三年置晉安郡則郡非立於南渡之後也當從晉志立於太康三年治原豐按長樂志即是今之閩縣或治候官宋齊梁因之或封子弟爲晉安王元和志云南朝或封子弟爲晉安王陳屬閩州在永定元年後屬豐州光大元年陳文置南安郡輿地廣記又隋志南安郡下注云舊曰晉安置南安郡平陳郡廢縣改名焉隋文平陳郡廢屬泉州隋志云陳置閩州仍廢後又置豐州平陳改曰泉州泉州名之始也然非今泉州之地乃閩州之境耳故泉州之名雖同而有隋唐之異隋志云隋平陳

改豐州曰泉州後改閩州又改福州此隋之泉州也今爲福州（治候官及閩縣）又唐志云析泉州之南安莆田龍溪置武榮州治南安後治晉江（唐志在聖歷二年）武榮州尋廢縣還隸泉州（唐志在聖歷三年）又復置武榮州（唐志在久視元年又元和志云縣人孫師絜訴稱赴州遙遠遂於南安縣界東北置武榮州實久視元年也）更武榮州爲泉州（唐志在景雲二年通典以爲神龍以後初置泉州不同）此唐之泉州也今爲泉州自此泉之與福（福即閩州）始定分爲二郡不相溷矣故景雲二年已前凡曰泉州者指今福州也景雲二年之後凡曰泉州者指今泉州也（今泉州在南安縣）改清源郡（天寶元年）復爲泉州（乾元元年）隸江南東道採訪使

唐志唐末光州刺史王緒引兵掠江西又陷汀漳二州通鑑在僖宗光啓元年緒死王潮繼之潮遣王審知圍泉州拔之觀察使陳巖表潮爲泉州刺史潮旣得泉州招懷離散均賦繕兵吏民悅服通鑑在光啓二年後又兼有福建等州潮卒王審知繼之五代史王審知傳在乾甯四年梁封王審知爲閩王通鑑在開平三年漳泉並屬焉至後晉齊王時朱文進擅命以黃紹頗守泉州留從効殺紹頗迎王繼勳爲泉州刺史此據五代史王審知傳而通鑑留從効殺黃紹頗在後晉齊王開運元年附于南唐而留從効遂據漳泉二州此據五代史王審知傳而通鑑後晉齊王開運二年泉州王繼勳以漳泉二州降于唐開運三年唐王以留從効爲泉州刺史隱帝乾祐二年

唐置清源軍於泉州以從効爲節度使五代史梁唐屬閩晉漢周屬留從効南唐升泉州爲清源軍以留從効爲節度使上見周世宗時留從効遣使間道稱藩于周通鑑周世宗顯德五年唐清源軍節度使留從効遣使間道來稱藩五代史云是時世宗與李景畫江爲界遂不納從効仍臣于南唐從効卒洪進傳在建隆三年李煜授陳洪進清源軍節度使洪進傳國朝太祖時洪進請命于朝改清源軍爲平海軍陳洪進傳云太祖取荊湖洪進大懼請命于朝乃改清源軍爲平海軍拜洪進爲節度使則改清源軍爲平海軍當在太祖時而國朝會要以爲改清源軍爲平海軍在太平興國三年太宗之時二者不同象之謹拜觀長編之書云乾德二年正月改清源軍爲平海軍命陳洪進爲節度使而皇朝編年太平興國三年四月平海軍節度使陳洪進獻漳泉二州則是洪進納土之時已稱平海軍節度則平海更節當在太祖之時矣洪進納土

歸朝長編太平興國二年四月陳洪進以漳泉兩州歸于有司隸福建路國朝會要在雍熙二年陞為望郡國朝會要在大觀三年今領縣七治晉江唐志云聖曆二年置武榮州治南安後治晉江

縣沿革

晉江縣

倚郭寰宇記云本建安郡之屬邑晉立郡又為晉安郡地焉隋廢郡屬南安縣唐志云開元八年析南安縣置元和志云開元六年刺史馮仁知緣州郭無縣請析南安縣置在晉江之北故名寰宇記云景雲二年分豐州之地置晉安縣又於此立泉州輿地廣記云開元八年析南安置而自南安徙州治此皇朝郡縣志云以縣東有晉江為名

南安縣

中

在州西一十三里元和郡縣志云本漢冶縣地後漢爲候官縣地沈約宋志云吳立東安縣晉弍更名曰晉安縣通典云吳置晉安縣然吳不應預曰晉安也寰宇記云晉立晉安郡於此隋志於南安縣下注云舊曰晉江置南安郡隋平陳郡廢縣改名曰南安而寰宇記以爲陳置南安縣然隋志載南安縣乃改於平陳之後不應因平陳二字遂以爲陳置也今從隋志又輿地廣記云隋屬泉州唐置豐州及武榮州皆屬焉後改武榮州爲泉州至今屬泉州也

同安縣 中

在州西一百三十五里輿地廣記云晉置同安縣屬晉安郡故晉志晉安郡下有同安縣又云後省故宋齊志晉安郡下無同安縣寰宇記云唐正元十九年析南安縣置大同場福州僞命己亥歲陞爲同安縣象之謹按己亥在晉天福四年

惠安縣 中

在州北七十里寰宇記云本晉江縣地圖經云淳化五年析晉江縣地置國朝會要云太平興國六年析晉安縣地不同當攷

永春縣 中

在州西一百五里皇朝郡縣志云本南安縣地寰宇記云大唐長慶二年析南安縣西界兩鄉置桃林場福州僞命升爲桃源縣壬寅歲改爲永春縣象之謹按通鑑歷年圖壬寅歲在後晉長興元年舊錄云縣境有樂山山之草木四時不變故謂之永春皇朝因之

安溪縣 下

在州西一百五里寰宇記云唐咸通五年析南安縣西界兩鄉置桃林場江南僞命乙卯歲爲清溪縣後改安溪縣象之謹按通鑑歷年圖乙卯歲在後周顯德二年

德化縣 下

在州西一百八十五里寰宇記云元屬福州僞閩置庚戌年歸屬泉州象之按庚戌歲在後漢隱帝二年

監司沿革

市舶提舉司

哲宗卽位之二年始詔泉置市舶職源云後盡罷提舉官九朝通畧云崇寧二年泉州復置市舶建炎時政記云建炎中興詔罷福建市舶司歸之轉運司中興小歷云建炎二年復置福建市舶繫年錄云紹興二年罷福建市舶令憲臣兼領又云二年詔福建市舶令提舉兼領十月詔福建市舶仍移司泉州中興小歷云十二年茶事司歸建州而提舉市舶以次復矣中興會要云紹興二十一年李莊除福建市舶又云高宗問張闡舶司歲入幾何闡對抽解與和買以歲計之約歲入二百萬緡

南外宗正司

皇朝慶歷初置大宗司崇寧改元蔡京請於兩京各置外宗正司靖康之變南外宗室徙京口再遷吳遷

越建炎三年十二月自越移明是月被命移泉州自其始至也宗屬三百四十有九人趙不流記

睦宗院

林行知記云崇甯元年詔置西京南京外宗正司｜｜｜建炎隨宗司寓泉州後避光宗諱改今名

風俗形勝

地推多士素習詩書曹修睦乞建州學表清源名以洞圖經云清源之名以洞言州之主山也東晉南渡衣冠士族多萃其地以求安堵寰宇記新舊泉州皇朝郡縣志云泉州有新舊之異舊泉州在閩縣今爲福州今泉州在南安縣金溪人行狀元始生夷堅志云泉州南安縣金溪渡去縣數里讖語云金溪通人行狀元方始生建炎丁未南安宰江公謹命暫爲小橋是年實生梁丞相其應如是巖巖泉山會于江滸舟車四達實惟大府表以紫帽龍首

之峯帶以金谿石筍之阻（陳知柔修二門記）維閩之泉近接三吳遠連二廣萬騎貔貅千艘犀象（連南夫修城記）泉距京師五十有四驛連海外之國三十有六島城內畫坊八十生齒無慮五十萬（陸守修城記）泉州閩越奧區家尚禮樂（廳壁記）玆邦川逼溟渤山連蒼梧炎氣時迴爽氣多來（歐陽詹二公亭記）山瞰巨浸見于扶桑（林蘊泉山銘）閩之奧區泉南爲最其地帶嶺海華實之物頗與岷峨同其人習詩書儒雅之俗多與江淮類（錢熙記）清源閩越之領袖（張贊明記）泉之爲郡風俗淳厚其人樂善素號佛國（張闡趙都官契雪錄序張時爲治中）泉在七閩之中民淳訟簡素號易

治王詹事止訟文繞城植桐故曰桐城泉州初築城曰繞城植刺桐故謂之桐城

環島三十六自泉晉江東出海間舟行三日抵彭湖嶼在巨浸中｜｜｜｜｜施肩吾詩云腥臊海邊多鬼市島夷居處無鄉里黑皮年少學採珠手把生犀照鹹水

泉之外府見上

檳榔代茶所以消瘴

泉人樂道唐姜公輔以遷謫至韓魏公生於州治汪內相生於縣丞廨舍陳忠肅公瓘兩隨侍來守郡此泉人所樂道者

景物上

北樓城樓也唐席相作歐陽詹記焉王十朋重修

東堂蔡襄有｜｜庭松詩

雲樹在州治道令衿王十朋有詩

雙門柯適有記

泉山寰宇記云因此名州圖經云郡之主山也又名北山林蘊泉山銘云山瞰巨浸見于扶桑見淸源集

城山在惠安縣東南狀若連城

晉江在縣南一里以晉之衣冠避地者多沿江以居故名

晉安寰宇記云東晉南渡之冠士族多萃其地以求

安堵因立晉安郡**西巒**清源集云在永春縣之南五十餘里鄂公之故居也**東湖**清源集有歐陽詹泉州泛丨丨序**南園**在宗司清源集有傅伯成和知宗丨丨卜少松詩**巽水**建安志葉庭珪知泉州嘗通丨丨云後十年當出大魁後梁克家果廷試第一**乾崗**同上云丨丨亥骨有雙龜趁蛇之像**温陵**清源集云舊圖經謂其地少寒故云**聖泉**在北山**佛嶺**在永春縣五代間得銅佛因號曰丨丨**舟峯**泉山之春有橫石如巨舟謂之丨丨**樂山**在永春縣東北周回數十里時有音樂之聲故名**廬山**在清源縣西唐末行博禪師結菴于此**龜巖**李文敏公記云北山之半有巨石如龜嵌空日丨丨世傳歐陽詹讀書于此**鳥嶼**在海中上居人民**龍湖**寰宇記云在晉江縣南一百里**鳳池**在惠安縣**蕉山**九域志**芋溪**清源集云同安縣西三十里有丨丨泉流所會**桃源**事見永春縣下**桃林**九域志**梅巖**倪思有詩**庭莢**稽神錄云文宣王廟廷有皂莢木每人登第則先生一莢梁正元中忽生一莢半而陳逖登科黃仁

顯學究出身後同光中仁見魁瑞葉庭珪
顯亦登第此枝再生全筴**雙蓮**亭下**萬松**詩曰道
旁會種萬株**海道**唐志云自泉州正東海行二日至
松思蔡公也高華嶼又二日至鼊鼊嶼又二日
至流寰宇記云郎此州夷戶亦曰遊艇子郎盧
求國**泉郎**循之餘晉末盧循爲劉裕所滅遺種散居
山海唐武德八年都督王義童遣使招撫令相統攝
不爲寇盜其居止常在船上兼結廬海畔隨時移徙

景物下

中和堂在郡治王十朋詩云堂前老木幾經春閱徧
泉南舊守臣盡向中和堂上坐中和爲治有
何**安靜堂**在郡治王十朋詩云前賢治迹尚堪尋留
人得堂名直至今若欲斯民盡安靜要須安
靜自在郡在九日寺有在郡
家心**忠獻堂**治**思古堂**朱晦翁留題**清暑堂**治王
十朋詩云仁風未慰黎**鳴皐堂**龍溪李侯繇貴州鬱
民意何忍堂中暑獨清林還朝出宰惠安惟
一鶴隨行侯湴止是堂與士友商較古**愛松堂**蔡襄
今鶴侍其旁時或一鳴聲徹雲霄因名題州

治庭松詩云偏愛東堂砌下松二年蕭灑伴哀翁寒聲動蕩潮初上疏影孤圓日正中**揖蓮堂**在涼峯院傳記成有詩**大隱菴**在州治見梁克家韓中令忠獻祠記**志喜亭**倪思建**東湖亭**清源集有歐陽詹席公宴趙舉秀才於｜｜序**翠微亭**歐陽詹有記**清芬亭**在提舉治所傳伯成｜｜詩晚松篁期苦節春光桃李任多情**靈聲巖**在德化縣東北昔樵人於山採杉獲異香**魁瑞堂**在州學解邦俊記云紹興己卯雙蓮生于梁文靖讀書堂亥年梁克家廷對魁天下士乾道戊子生于貢院石公復以亞魁顯慶元戊午雙蓮復產于州學之槐亭會從龍作第一人**高桂坊**王十朋題｜｜｜｜詩云臚唱十年間魁亞出二豪桂高固可喜更看名節高**平遠臺**江公望有詩見清源集**明遠樓**鄭丙有南安新建門樓記**金粟洞**事見紫帽山下許奕有紫帽山｜｜｜詩云半甌脫粟色慊然歸去成金愕然喜一鳴一喜從何來瞬息仙凡九千里**石鼓山**輿地廣記在永春縣圖經云其狀如鼓或鳴則天降霖雨**金釵**

山雨山延袤若釵股然故名梁文靖公讀書堂在其下**錦田山**在惠安縣舊經云上有豪民居山下開腴田萬頃故有美名焉**玉泉寺**乃留鄂公與朱文進交兵之地**金鷄渡**建炎丁未有跨溪爲橋溪南者公實以是年二月生亦異矣尤袤梁文靖行狀**金鷄山**九域志云在南安縣南六里昔常有｜｜見于上**黃龍渡**在南安縣相傳有｜｜見于溪南而會楚公會爲進士第二乾道四年龍復見明年石起宗亦爲第二**黃龍江**在郡西王十朋題法石院詩清源太守鬢蓬鬆未遂歸農又勸農農事正興天不雨誰能喚起老黃龍**躍龍砦**陳光三縣寨記云祥符中創於德化尤嶺之下**牧馬地**唐柳冕以閩爲六朝牧馬之地唐建中時民歌陸長源日令我成詳國朝尙仍唐舊天聖七年向純提點福泉興化養放海嶼馬**臥龍山**在惠安縣西北迂回千丈望若臥龍焉**鴈塔山**山聳秀而圓其狀如塔故名**龍頭嶺**歐陽詹別墅在是山**龍盤寺**趙裳題詩云鶴去歸期遠龍藏舊穴空**鳳凰院**謝履有題｜｜｜詩**蓮花峯**

陳知柔九日宴｜｜｜詩愧無十丈開花句獨臥禪房心自清

桃林溪寰宇記云在南安縣西二十里

嘉禾嶼在同安縣海中延袤百餘里居民千餘家

剌桐城呂造詩云閩海雲霞遶剌桐往年城郭爲誰封鵰鴂啼囮悲前事豆蔻香銷減舊容

烏石巖在清溪縣西每歲正旦石聲雷震亦有仙人蟬蛻於此巖

紫帽山郡之前案也常有紫雲覆其頂上有龍池李邴詩序云唐時泉人客洛陽邂逅一羽衣寄書紫帽隱者既歸授之書遺以粟米半升還家視之金粟也餘見金粟山下

清源洞清源集云｜｜｜在泉山之巔東甌王避漢兵之處昔蔡尊師居此地修眞蟬蛻而去

高蓋山見歐陽詹母氏墳下

大登嶼在同安縣海中

小登嶼在同安縣廣十五里居已元盛

東洋橋趙令衿有銘

東西溪見九域志又有東西山

雙髻山鄭厚有詩

三合島在惠安縣北連延萬疊上有靈湫仙跡聳起三峯峭絕不可攀緣

九仙山在德化縣西聳起九峯如筆中峯有人跡尤存

九日山寰宇記云在南安縣西一里連晉江縣唐

秦系隱此山

萬家湖 李諠二倉記云城之東隅有萬家湖者渺瀰十里

萬安橋 蔡襄造記云萬安渡石橋累址于淵釃水爲四十七道長三千六百尺廣丈有五尺

雲巖寺 晦翁有詩見清源集

崇秀塢 在龜巖見李文敏記

延福寺 郡九日寺王偘詩寺有聚秀閣琴泉軒思古堂及石佛黃巢劍跡無名木

文圃山 在同安縣西上有花圃蔚然唐文士謝修嘗居此

洛陽江 在州東二十里源發於惠安縣至晉江入海與潮水通接廣三百丈其下生蠣房其品爲泉州珍異又圖經云唐宣宗微行覽山川勝概有類吾洛陽之語因以名之蔡襄始作萬安橋

涪州嶼 在同安縣廣十五里居民千餘家

天淮水 九域志云晉江縣放生池｜｜｜唐太和十三年刺史趙棨所開因名曰｜｜｜五季陳氏遂易之爲節度淮

醉月石 在龜巖見李文敏記

太師橋 在同安之東建隆中留從效用石爲之陳洪進嗣成其事名曰｜｜｜乾德中張贊明撰記

高士峯 九域志云有石硯石盆等並存有石篆題曰｜｜｜詳見人物門秦系註

秀才堤 唐南

安黃𡻕有文聲郡收烏仲儒以女妻之爲築沙堤十里直抵其廬號丨丨丨

魁星巖 永春縣庠對山也

觀音巖 在清溪縣北

安平橋 在石井鎮紹興中趙令衿造榜曰丨丨其長八百餘丈

古迹

越王石 南史虞愿傳愿爲晉安太守海邊有丨丨丨常隱霧相傳云清廉太守乃得見愿往就觀清徹無所隱蔽

姜相峯 事見官吏門王十朋詩云相國忠如宋廣平危言流落晉江城天資自直無心賣何事青山亦得名

蔡公泉 曾公濟記云皇祐中蔡君謨與僚屬登南山求水有泉自石罅出後人作亭其旁題曰丨丨丨

三公亭 正元九年三月郡牧席公別駕姜公得奇阜二公建亭邑人扁曰二公亭

秦君亭 在延福寺陳瓘詩云世梗賢路塞達人識窮通攙搶天寶末美士如飄蓬聘君當此時卷迹雲霞中能令千載後嘆息詩人窮王十朋詩云山中高隱欲逃名不謂名隨隱處成鑿

石一泓詩數首也會攻破五言城

劉公亭　王和中詩云檻外長江江外山江光山色遠相連人耕桑柘無窮地鳥渡煙雲不盡天寒日竹籠沽酒市晚風笛起釣魚船

歐陽詹讀書堂　在竈巖

歐陽氏故廬　林外一經堂記云晉江潘湖今爲浮屠宅環潘湖百餘里儒家四十餘族絃誦相應賓薦歲歲有人擢第者幾三十人

韓偓故居　在南安

夾山廟　九域志｜｜｜每歲旱禱多感應

飛陽神廟　晉太康年夜有雷電起於廟庭明已移於江北故曰飛陽廟嘉祐中蔡襄爲守禱雨于廟作詩曰年年乞雨問山神羞見耕耘隴上人太守自知材德薄彼蒼何事罪斯民

鄭君廟　在安溪廟記云君諱振紹興十三年羣盜四起陷陣不反鄉人立廟祠焉

姜秦祠　公輔與系岀趙令衿訪遺跡作堂于延福寺以祠焉銘曰嬰鱗神龍蹇蹇匪躬姜相之忠塵視公卿惟義是榮秦君之清王十朋詩云郡侯不識國元勳釋子那知姜與秦處士有靈應拊掌相君雖死不容身

蔡端明祠　在崇福寺

韓中令韓忠獻祠　即忠獻所生之地乾

道中王十朋立於州治

忠勇蘇公祠諱緘字宣甫熙甯亥戎之攝邕守蘇公死之賜謚忠勇立廟賜號懷忠詳見人物門

蘇公頌祠堂在同安縣學晦翁所立

趙忠簡公祠堂同上

王詹事祠邦人祠公於貢院之東序

二朱先生祠在石井鎮傅伯成記紹興初故吏部郎韋齋朱公松爲鎮士向慕之故侍講文公熹後二十餘年來官同安間至鎮與鎮之長上諮父時事嘉定中鎮官游經亍鎮西爲書院繪二先生像而祠焉

朱文公祠初新安朱公爲同安主簿後祠于學宮葉適有記

劉王墓清源志云在南安地名劉店馬鋪之西郎廣州僞漢劉龔之祖葬於此蓋龔祖安仁自上蔡徙閩中商賈南因家焉

唐翰林韓偓墓九域志

姜相墓吳拭詩云滿林黃葉墜紛紛耆老猶言別駕墳舊府光華關隴月故鄉蕭索海南雲

歐陽詹母氏墳詹拜母氏墳詩云高高蓋山前日影微黃昏宿鳥傍林飛墳前滴酒空垂淚不見叮甯道早歸見清源集

官吏

晉吳隱之　爲晉陵太守在郡清儉轉廣州刺史酌貪泉賦詩

朱臧厥　南史丨丨質之族爲晉安太守下車宣化凶黨皆襁負而出自是居八復業然政嚴百姓謂之臧彪

隋來護兒　廣陵八除泉州刺史招懷初附隋文使畫工圖其像以進

趙頤正　清源集晉江縣北一里有晉江開元二十九年丨丨丨嘗於晉江鑿溝通舟檝至城下

虞愿　爲晉安太守郡舊出髯蛇膽可爲藥有餉愿者愿不忍殺放三十里外經宿復來故處愿使送他處又復歸論者以爲仁心所致白氏六帖

昝愼茭

薛昱　黃滔記云天寶初至至德二載凡五人丨丨丨丨至丨丨丨爲清源太守

趙昌　唐志云晉江有尚書塘正元刺史丨丨置因名

席相　歐陽詹北樓記云安定席公正元七年下車姜公輔有寄泉南席史君詩

姜公輔　正元末謫爲別駕先是隱君子秦系居南安九日山姜旣歿秦爲葬山下號姜公墳曰姜相峯見趙令衿姜秦祠記

馬總　贛州刺史廳壁記云元和四年總自記

泉移趙棨唐志云晉江縣有天淮王潮字信臣光之
顗　水太和刺史｜｜開　固始人五季
未入閩皇朝喬維岳南頓人太平興國三年爲泉州
守泉　通判會草寇攻城何承矩等欲
遁｜｜｜抗謀堅守王言徹祥符中爲太守後守舒雄
草寇遂平長編　作詩美之日種得萬株柳
樹在至今人舒雄上見曹修睦在郡乞立學范仲淹有
喚作甘棠　鄱陽酬泉州曹使君詩
云泉南曹使君蔡襄仁宗朝初知泉州移福州後復
詩源萬里長　移泉州在郡奏乞減放漳泉興
化人戶祠堂記云熙甯中貶竄游酢字定夫建
丁米　鄭俠英州元祐中掌教是邦　陽人嘗受
業于程顥程頤爲泉州葛密江陰志云密江陰人知
僉判召爲監察御史　泉州安溪縣請老子書
思調睦州建德簿請迎養不許遂投劾侍奉汪公望
積十餘年其後五世登科曾孫邲至宰相
紹聖四年泉移鎮趙令衿紹興辛未作鎮溫陵
宰永春汪藻宣城　語秦檜家廟碑移居
衙州坐　言行錄云紹　言行錄云紹興
鎮泉州劉子羽興中知泉州陳康伯十五年知泉州

陳俊卿言行錄云紹興八年任泉州察推隆興元年知泉州

趙鼎繫年錄云紹興九年知泉州鼎寓居會稽秦檜忌其逼乃以遠郡處之

吳序賓紹興十五年知泉州本州義倉七萬石欲每縣給三千石賑貸得旨縣給二千石見繫年錄

陳誠之繫年錄云紹興二十六年知泉州陳誠之爲翰林學士

張闡紹興十七年添差通判泉州秦檜當國朝士爲所忌者終身以添倅或帥幕處之未嘗有爲州者繫年錄

葉賓知泉州南安縣有盜截牛舌其主以聞賓陽爲叱去陰令屠之卽有告盜屠牛者賓陽謂告者曰截盜牛舌者汝也訊之伏罪見蔡端明集

人物

晉梁遐清源集晉安帝時｜｜爲同安令僞楚用爲征東大將軍辭不就遂逃于閩至南安家焉郎文靖公之六世祖政也

唐韓偓鄭誠之哀詞云有唐翰林｜｜固左遷遂家焉有南安寓居詩云迹爲亂離飄嶺海文從歌頌變風騷故都禾黍身難到寶劍塵埃思謾勞

秦系唐詩紀事系會

稽人隱泉州南安九日山圖經云系以詩名聞權德輿嘗云劉長卿自以爲五言長城秦用偏師攻之秦之故居牓曰秦君亭而又命其山之巔爲高士峯

歐陽詹　韓愈序｜｜｜哀詞云閩人舉進士自｜｜｜｜始清源志云唐常衮爲福建觀察大奇｜｜｜之文詹首舉貢士登正元第與韓愈等聯第詹爲榜眼皆天下選時人號龍虎榜

蔡沼　歐陽詹送｜｜孝廉歸閩序云沼字虛中子之邑人也虛中以學子謬以文皆求試於宗伯虛中登第一

林藻　與其友歐陽詹刻意進取杜黃裳榜登第閩中進登進士第藻倡之也

林蘊　泉州人爲西川節度推官劉闢反蘊切諫怒械於獄將就刑闢惜其直陰戒人抽劍磨其頸以脅服之蘊叱曰死即死我項豈頑奴砥石邪闢知不可服捨之

林攢　泉州人母亡水漿不入口五日自挺饘作冢廬其右有白烏來甘露降詔作二闕于墓前時號闕下林家

詹君澤　光州人避亂遷閩辭王氏辟召隱植德山下君澤嘗詣闕王上書閩王昶欲留之君澤以詩謝之曰周粟縱榮甯忍食葛廬頻顧謾勞思

留從効　少習兵法平亂有功南唐授以清源軍節度使太祖

受禪率先稱藩後封鄂國公

劉昌言 清源集云字禹謨唐季避地自光徙泉嘗以進士舉于江南節度陳洪進辟工曹太祖受禪公首抗議謂竇融有先幾之明陳感悟遣子同入覲歸朝爲樞密副使

錢熙 玉壺清話云｜｜泉南人進四夷來王賦萬餘言太宗愛其才擢館職

曾宗元 徐鉉送曾宗元歸鄉詩常嗟客子倦征歧誰似曾郎得意歸廳鎖石渠封簡冊手持丹桂拜庭闈

王言徹 泉州人守滁日眞宗有事于泰山郡守例遣子弟捧表恩言徹日致貢州郡事子弟何預焉遣僚屬行意欲勉子弟以學時見清源集

曾公亮 東都事畧公亮傳公亮精於法令多知朝廷典章臺閣故事時韓琦爲上相歐陽脩參政琦於法令典故以問公亮文學人才以問脩公請老奕子孝寬簽書樞密院事西府侍養時人榮之

呂夏卿 擢慶歷第預修唐書自發凡至于絕筆

陳從易 字簡夫溫陵人第進士歷彭州推官遷著佐除監察御史召對便殿賦瑞雪援筆立就眞宗嘉嘆擢知虔州

蘇紳 字儀甫泉州人舉進士又舉賢良遷三司鹽鐵判官仁宗以災異求直言紳上疏又陳八事後

爲翰林學士子頌　**蘇緘**景祐中擢進士丙科後守邕交人入寇援師不至城陷闔門自焚賜諡忠勇廟曰懷忠　**蘇頌**字子容紳之子也舉進士爲南京留守推官杜衍一見器之神宗即位知制誥元祐中拜相深戒疆場之臣邀功生事於事無所不讀　**蘇駉**清源集蘇頌謝子賜進士出身表云臣一門在仕三世決科逮於羣從之間繼有策名之美斯亦聖代衣冠之榮觀不勝遠方父子之遭逢　**韓去華**當徽宗朝除編類御筆改官檢討一日抗章謝事詰及門家人訝不素告曰告則事不成矣　**清源五老**太守陸藻崇尚高年招致郡中謝事五老藻賦詩云五老三百九十七俱生仁祖承平時名齊廬阜八傳世身異商山深採芝之　**傳察**孟州人蔡京欲妻以女察力拒之宣和中使金國見斡离不不拜遂死之其夫人趙氏清獻公之女也抵泉因居焉子自得晦翁狀云自得以忠肅死書補官居泉杜門讀書三應博學宏詞科子伯成伯壽皆登進士第伯壽復中宏詞　**梁克家**晉梁退後紹興三十年進士第一人後登相位又見金溪下

仙釋

蔡尊師 名如金，泉州人。唐天寶間爲太原守，棄官居清源洞，修眞煉法，蟬蛻而去。勅賜靈應先生。

紫帽隱者 事見紫帽山下。

西蜀隱者 江公望多暇亭記云：東山之中有｜｜｜｜居焉，危坐不寐二十年。

唐僧明惠 秦系題僧明惠房詩：巖前日日雨天花，八十眞僧飯一麻。入定幾時還出定，不知巢燕汚袈裟。

僧行雲 清源志：有僧｜｜者自福州來，人以爲狂，陳洪進禮之。一日謂洪進曰：汝當爲此山河主。及陳專收泉州，行雲來見曰：凡世報莫不前定，但有幾錢之祿，即不可圖，況將相之位。苟懷疑殺人，鮮能令終。故陳王雖廢張思漢，幽于別墅，諸子屢勸除之，不許，思漢竟以壽終。

僧養道 祥符中有｜｜｜居于清溪縣之觀音巖，夜與虎同寢，時抱虎子以示人。

僧籍 九朝通畧：至道元年，太宗覽泉州｜｜一歲未度者僅四千餘，語近臣曰：古者一夫耕，三人食，尚有受其餒者；近世一夫耕，迨至十人食者，黎民安得不困？東南風俗惰游，固非樂爲淸淨，但慵耕種、避傜役耳。

碑記

唐暨克華州廳壁記趙匯記席相新六曹都堂記正元十一年歐陽詹撰今謂之僉廳席相北樓記唐正元初歐陽詹撰二公亭記唐歐陽詹撰桃林場記太中十二年盛均撰馬懿公壁記元和二年馬總撰王氏刺史廳壁記保大五年黃滔撰永春縣記開寶二年立又有江公望多暇亭記刻于碑陰惠安靈光院記天聖八年蔡襄撰萬安橋記莆陽蔡襄記并書高士峯石篆延福寺中有西峯即唐徵君居處有石篆題曰高士峯柳公權書晉江縣瑞峯院有閣榜曰瞻部靈源之閣相傳||||而鳥雀不敢棲其上清源集程卓命從事李方子輯爲四十卷眞德秀序泉州刺史之數蔣雝王詹事祠堂記本朝建隆改元至嘉祐刺史卓然可稱者端明蔡公一人自嘉祐六年至乾道刺史卓然可稱者閣學王公一人泉

州進士題名序 鄭俠 唐相李深之題名 呂夏卿同嚴大廷老閱書北臺看唐相李深之題名慨然作詩云一篇論諫手曾開七字題名拂綠苔莫通元和最多士幾人曾訟左軍來

清源集

泉山集 陳從易有泉山集二十卷事畧

詩

疊嶂橫空向郡西迴然高峭衆山低樹梢缺處見城郭日影落時聞鼓鼙 張爲題建造寺

古木閩州道驅羸落照間投村礙野水問店隔荒山 陳陶清源途中旅思

雙旌牧清源 唐潘存實

傍海皆荒服分符重漢臣雲山百越路市井十洲人執玉來朝遠還珠入貢頻連年不見雪到處即行春 包何送李使君赴泉州

閩嶺天南表清源第一州朝廷推

重鎮師帥得賢侯謝履上丁守蛇岡躡龜背蝦嶼據龍頭

岸隔諸蕃國江通百粤舟謝履秋日蓮峯淨春風石筍

抽謝履村步如延壽川原似福平歐陽詹自蜀門與林蘊分路後屢有山川似閩寄蘊此詩注延壽即蘊之別墅福平即予之別墅水清山秀傳溫陵有如

水浚山崢嶸鄭俠酬蘇源明水無涓滴不為用山至崔嵬猶

力耕朱行中蒼官影裏三州路漲海聲中萬國商清源集李文敏泉州人稠山谷瘠雖欲就耕無地闢州南有海浩

無窮每歲造舟通異域謝履泉南歌千家沽酒萬戶鹽釀

溪貢海恩無極楊炳上太守朱卿餘乞罷官鹽姜墳餘馬鬣傅釣但

龍泓李邴題延福寺雙旗引過題橋路五馬迎歸衣錦鄉舒雄

詩前王言徽以泉人守泉故曰衣錦東南一尉宵烽息西北高樓晚望迷錢惟演送高泉州四門唐翰墨十室晉衣冠蔣之奇人傑已知符石筍魁星還復識金鷄樵樓上梁詩

泉南花木詩

南中榮橘柚寧知鴻鴈飛文選謝元暉酬晉安王謝詩注曰鴻鴈南棲衡陽不至晉安之境遐方不許貢珍奇密詔惟教進荔枝韓偓荔枝聞得鄉人說刺桐葉先花後始年豐我今到此憂民切只愛青青不愛紅韓偓刺桐花城頭蔓草愛新霜天外孤鴻叫夕陽送客情懷楓樹老着人襟袖菊花香蔡襄九日偶然遊宦刺桐城兩見南薰荔子生欲別北樓還小

立諳題雲樹豈無情趙令衿初見枝頭萬綠紅忽驚火傘破燒空王十朋鷹爪冬猶綠闍提夜更香前人宿蔓盤根悉剪夷只留庭下雪霜枝史君第一憎貪攫豈是蒼鷹露爪時王佩鷹爪花昔日雲鬟鎖翠屏只今煙塚伴荒城香魂斷絕無人問空有幽花獨擅名傅伯成素馨花詩注素馨南漢宮女名事見南恩州種得萬株松樹在至今人喚作甘棠舒雄美前守王言徹

洛陽橋詩 諸橋附

洛陽橋一望五里排琨瑤行人不憂滄海潮憧憧往來乘仙飈蔡公作成去還朝玉虹衣舊橫青霄郭祥正

百年河洛汙膻腥，何事斯橋浪得名。欲洗胸中不平恨，時來倚柱看潮生。題洛陽橋柱，不知名氏。石架長橋跨海成，論功直得萬安名。蔡若水萬安橋。跨海爲橋匝石牢，那知直下壓靈鼇。基連島嶼規模壯，勢截淵潭氣象豪。鐵馬着行横絶漢，玉鯨張鬣露寒濤。陳偁。刺桐爲城石爲筍，萬壑西來流不盡。五丁挽石跨浩渺，萬指琢山登巇嶮。南通百粵北三吳，擔負肩輿走騋牝。王十朋。九日溪頭攜酒去，萬安樓上折花歸。黃維之。

外邑詩

此地三年偶寓家，枳籬茅屋共桑麻。韓偓南安寓居。飯思白石紅桃米茶憶黃龍紫芥心會曾公詩黃龍白石紅皆馳名在南安縣沽村落酒肥膾海鄉魚李畋縣居沃心甘蔗冷燒眼刺桐繁李畋銀山雲出海練水澗分崗李畋作吏如兼隱爲儒也解禪了然無箇事安坐自調絃江公望多暇亭九重宵旰愛民深令尹宜懷撫字心今日黃堂一盃酒慇懃端爲庶民斟王十朋宴七邑宰

四六

聲教未孚方慙凉德梯航遠至足見丹誠南唐保大七年制授留從効清源軍節度使陳洪進佐之藝祖即位從効遣使奉表稱賀賜勑書獎諭其辭云云念淸源之一境僻朝化以多年江山雖在於照臨黎庶未

霑於恩惠節度使陳洪進素懷明略喜遇昌期偃戎節以來朝錄地圖而上進今者川塗無壅聲教大同宜覃在宥之恩俾洽惟新之化太宗收泉漳德音疏恩楓宸易鎮桐城温詔趣行笑擁東方之千騎先聲遠暨來爲南國之諸侯陳讜賀韓尚書況今閩粵莫盛泉山外宗分建於維城異國悉歸於互市同上爛錦環城夢起刺桐之詠長橋跨海世疑鞭石之功事迹古來登第端由一簽之生昔有吟詩清向雙旌之牧舊傳清源七邑舊稱節鎮之雄紫帽朋山今得明公而重陳讜賀張舍人黃堂靜治由人望之素孚紫帽光凝覺公來而增重陳讜賀黃左史

泉號佛國而風俗素淳舶交島夷而財賦本裕同上眷此清源實今巨鎮舟車走集繁華特盛於甌閩山水逶迤氣象宛同於伊洛傅誠賀朱少卿惟泉山之巨鎮實閩會之奥區李僕老賀趙相知泉州清源紫帽素標圖諜之傳石筍金雞屢讖衣冠之盛水陸據七閩之會梯航通九譯之重樵樓上梁文二十年而蘇聯曾駕登鳳凰池三百載而梁繼歐聲書龍虎榜貢院上梁文

輿地紀勝卷第一百三十

輿地紀勝卷第一百三十一

東陽王象之編　甘泉岑鎔銓長生校刊

福建路

漳州

長泰　龍巖　淸漳
漳浦　龍溪　南州

州沿革

漳州　下　漳浦郡軍事九域志　自唐以前並同泉福武后時析閩州西南境置漳州以南有漳浦以爲名唐志云垂拱二年析福州西南境置漳州而寰宇記云析長樂郡之境置漳州而元和郡縣志以爲本泉州地垂拱二年析龍溪南界置漳州三者俱不同象之謹按漳州之置在武后垂拱二年而福州命名乃在明皇開元十三年後於垂拱四十年不應垂拱時先有福州唐明皇天寶元年更福州爲長樂郡不應垂拱時先

有長樂郡又景雲二年已更泉州之名於晉江縣則泉州之名是時已歸晉江非治於福也三者所書皆不得其實又按元和郡縣志及唐志於福州而並書曰景雲元年立爲閩州開元十三年更名福州而漳州以垂拱二年立正在景雲開元之間是時福州尚曰閩州故書曰割閩州之漳浦縣置漳州初置於漳浦縣南八十里元和郡縣志云初置於今漳浦西南八十里開元四年改移就李澳川即今漳浦縣東二百步舊城是十三年自州管內割屬福州二十二年又改屬廣州二十八年又改屬福州乾元二年緣李澳川有瘴遂權移州於龍溪縣置即今州理是也後徙治李澳川唐志在開元四年舊屬嶺南道後改隸江南東道唐志云隸江南東道圖經云舊屬嶺南道天寶中改屬江南東道改漳浦郡天寶元年復爲漳州乾元元年徙治龍溪今州理是也唐志在乾元二年圖經云興元二年刺史柳少安請徙治龍溪正元二年敕從之年月小有不同唐末光州刺史王緒渡江

陷漳州通鑑在僖宗光啟元年爲王潮所殺潮遣王審知引兵圍泉州拔之潮遂有漳泉之地梁封王審知爲閩王通鑑在開平三年至後晉齊王時朱文進擅命以程贇爲漳州刺史五代史王審知傳及東都事略陳洪進傳皆云朱文進以程贇爲漳州刺史而通鑑後晉齊王開運元年書以程文緯爲漳州刺史不同象之謹按通鑑後漢隱帝乾祐三年湘陰公贇即帝位則五代正史必爲立諱通鑑書程文緯爲漳州刺史者避湘陰公之諱也程贇之爲程文緯或者以字行乎旣而泉州留從効起義漳州聞之亦殺程贇迎王繼成爲刺史從効遂據泉漳二州五代史王審知傳又改漳州爲南州通鑑後晉思王開運二年唐王以董思安爲漳州刺史思安以父名漳唐主改漳州爲南州又通鑑隱帝乾祐二年唐泉州刺史充南州副使留從効從効卒陳洪進繼有

其地東都事略從効卒在建隆二年皇朝復以南州爲漳州國朝會要在乾德四年又長編云乾德三年九月詔南州復爲漳州漳州刺史董思安父諱章故改爲南州至是復之太宗時陳洪進上表獻漳泉二州皇朝編年太平興國二年隸福建路國朝會要在雍熙二年今領縣四治龍溪

縣沿革

龍溪縣

倚郭隋志云梁置龍溪縣輿地廣記云梁置屬南安郡隋唐屬泉州唐志云聖曆二年置武榮州割龍溪縣屬焉開元二十九年來屬漳州元和郡縣志云舊治李澳川有瘴遂權移於龍溪縣置州

漳浦縣

在州南一百一十里寰宇記云本龍溪縣地元和郡縣志云垂拱中析龍溪南界置輿地廣記云唐垂拱

二年置爲州治開元四年徙治李澳川
唐志云開元二十九年省懷恩縣入焉

龍巖縣 望

在川西一百七十里元和郡縣志云先置縣屬汀州名雜羅縣天寶二年改爲｜｜｜大歷十二年隸漳州寰宇記以爲武德爲雜羅縣天寶改名龍巖屬漳州不同然唐志以爲開元二十四年置｜｜｜初隸汀州大歷十一年來屬則天寶時第改雜羅爲龍巖耳其來隸漳州當在大歷十二年

長泰縣 望

在州北三十七里寰宇記云本屬泉州唐乾符三年析大同場置武德場江南僞唐乙卯歲陞爲｜｜｜乃周世宗顯德二年國朝會要云太平興國五年自泉州來屬

風俗形勝

建州於泉潮之間以控嶺表 唐垂拱二年陳元光威烈廟記云公乞建一州

於泉潮之閒以控嶺表則其屯置縣爲治閩中道院臨漳志云吏于此者往往樂其風俗之省靜號稱｜｜之｜｜水遶龍臺人行虎渡古讖龍臺在龍溪縣圓山嘯西湖平此時出公卿臨漳古讖梁山記董奉之遊九侯傳夏后之祀圖經序陳將軍忠正冠代王使君勳烈標時圖經序漳居七閩之極在唐元和閒郡人周匡物首以辭章第元祐七年鄉薦登科記序漳極閩之南一水淸流列峰秀出擁成郡勢不在劔建下邱柔進士題名記臨漳在閩會之極南地曠而土沃其民務本不事末作而貲用饒給傅自得道院記閩之八州漳最在南見下爲守令者得婆娑乎山水之閒元豐五年郭祥正記云閩之八州漳最在南民有田以耕紡苧以爲布弗迫於衣食樂善

遠罪非七州之比也云云

閩中進士由漳泉之人倡之也 蔡如松周潘書堂序云吾閩於古未有擢進士第者自常衮勸獎成就泉人歐陽詹與吾鄉之周康物潘存實二先生相繼而出世有元和得仙之謡

元和得仙 見上

景物上

南州 唐末蕫思安奏改爲｜｜

南漳 景德王公徽詩云昔年曾此典｜｜

南樓 唐尹悉有奉陪韓漳州登｜｜詩郭祥正亦有詩

南溪 蔡襄有詩

東郊 蔡襄有詩

東湖 在州東郭祥正有詩

西湖 泉極甘美可以辟瘴癘蔡襄有詩云湖上山光一望青佛宮高下倚巖扃煙收水曲開塵匣春送人家入畫屏

西江 龍江之上祭九龍翁甚盛粱大同中九龍遊戲此江中

西亭 唐張登有詩

龍山 南唐李建勳有寄｜｜圓寂禪師詩本朝孫近亦有詩

龍溪 九域志

龍臺 蔡襄有詩

馬嶺 九域志

蜡湖 按郡國志云漳浦｜｜隨潮之盈縮

荆嶼 寰宇

記云在龍溪縣嶼上多荆草故名

湯泉

浮山見西江下

梁山唐志漳浦縣下有丨丨又古記云梁岳閩中之望也爾雅云南山之美有梁山之犀象今大峰十有二巽偉明詩云梁山重回首翠峰三十六潘存實詩云南國嘉山水玆山迥出倫盤根來楚蜀作鎮表甌閩

松關滿月池亭有松百餘株號丨丨

藿溪在龍巖縣舊經云溪邊有人聞藿香因名

羅溪在龍巖縣以人姓得名

筋山在龍溪縣東舊經云上有白雲覆之或陰晦則聞簫吹之聲

圓山在漳城之西形勢秀麗而崇圓故號丨丨郭祥正詩云廟食丨丨忘歲年自言耽酒未能還身披羽衣手提藥時時混迹在人間又僧寶禪詩云南望西山十里賒五雲深處問琵琶從來天子封侯廟元是仙翁煉藥家十二面峰騰虎豹一雙流水走龍蛇不知醉別瑤臺後王母蟠桃幾度花

岐山郭永有丨丨仙亭巖十詠

漳江徐俯有丨丨晚望詩

赤嶼在龍溪縣晏公類要云嶼有石朝色如丹曉色如霞亦曰丹霞嶼

九溪郭祥正寄漳州陳昌國詩云何當騎鹿去重笑丨丨濱

嘯臺郭祥正登丨丨詩云

縹緲臨諸峯慢卷濃雲開秀特不可掩擎天碧崔嵬

景物下

臨漳臺 唐張登有詩本朝郭祥正亦有詩

耕園驛 蔡襄王陶有詩

序賓亭 蔡襄有詩

溪光亭 王朝俊有詩

齊雲閣 蔡襄有詩云紫閣青梯壓翠岑春情秋思共登臨雨嵐供眼横千掌星漢垂簷直斗尋

齊雲院 郭祥正有詩

滿月池 在開元寺蔡襄有詩

澤露亭 李亨伯守邑管遭母夫人憂邊郡不許解官安正求罷於朝五章哀請而後許明年甘露降其家庭栢之上張商英爲作詩以賦其事鄒浩陳瓘有詩

白雲亭 在開元寺蔡襄有詩

清白亭 王鞏有詩

高明軒 在普利寺周上人之軒也郭祥正詩云周也漳南釋開軒瞰漳濱山光幷水影二物長清新

水雲館 前臨漳水面對梁山滄洲繞其左圓山峙其右遂爲一郡之勝槩

月淵亭 在龍溪淨衆院郭祥正詩云仰攀明月輪俯瞰滄海淵乾坤惜形勝此地何其偏靈

溪九龍躍仙山一峰圓邂逅攝邦守所樂多林泉

瑞泉堂見閩中道院下

自隱堂在名第山唐周匡物有詩

得仙亭在名第山程璃詩云危亭誰結翠山椒名第仙人不可招繞郭溪山敞圖畫萬家樓閣插雲霄

漳浦驛唐李德裕有詩云明朝便是南荒路更上層樓望故鄉唐楊發常袞皆次韻事見清涼集

半漳臺郭祥正詩云危簷飛赤壓層邱見盡臨漳一半州

中峯巖在梁山唐鍾紹京有詩

雙清亭林迪有詩

三峯院郭祥正有詩

三平山黃騰有｜｜｜古風鄭元暉有詩

三賢堂祀常袞歐陽詹周匡物

九龍山寰宇記云山下有水名九龍水按郡國志云一名鬼侯山北有金溪水山中多山魈一名羊化子

九龍江蔡如松漳南十辯云漳有｜｜｜因梁大同閒｜｜戲于江而得名也江水深碧歷世見有寶珠輝瑩其中而不可得祥符中漁人網得之

九侯山九域志在漳浦圖經序謂｜｜傳夏后之緒似指九侯爲夏之子孫而蔡如松漳南十辯則云九峯之神各主一山不同

漳溪水郡國志云梁山有漳

浦水一名漳溪水**貢珠門**郡守王覓貢珠表序云大中祥符六年三月龍溪民邱顗於九龍溪
網魚得珠一顆圍闊三寸七分中有丈珠顆如七曜次如七曜者不可勝數於是列表以進七年改城北
門曰｜｜｜**瓊瑤臺**在清涼院**開元寺**唐史維翰有詩又張瀓詩云鑄金像出開元末
檢玉書藏景祐閒**白蓮院**在西湖蔡襄郭祥正皆有詩**綠蘿庵**在西湖之白蓮院郭
祥正有詩**紫薇院**在龍溪林迪有詩**烏脚溪**皇朝類苑云漳州有｜｜｜涉者足皆如
墨水皆不可飲飲則病瘴梅龍圖公儀沿牒至漳州預憂瘴癘至｜｜｜忽墜水中沒頂乃出舉體皆黑
如崑崙自謂必死然自此宿病盡除焉**梁嶼洲**寰宇記云在龍溪縣按郡國志云在卞洲有水
豹水入**登高山**在州治之西二里**天公山**在龍嵒縣西北唐武德初有山賊至此爲
霆所擊因而就擒九域志云｜｜｜陰晦時聞簫鼓之聲**天城山**一日名第山後有周潘書堂遺
基**石膯溪**杜佑作通典獨載｜｜｜今人訛爲石神溪水惡徒涉則足黑謂之烏脚瘴蔡如松

詩曰丨丨丨底烏脚水濫觴湖換海到此石師巖李彌遜有詩云翠合峯巒萬葉稠雲擎佛屋出嵒幽秋光不到庭陰樹曉日先明竹外樓戸牖高低分世界川原遠近失汀洲李澳溪在漳浦縣西灌田十頃又有綏女等五溪亦有灌漑之利內温溪在縣西西兩泉湧出東西對流一微暖一極熱鼓鳴山輿地記云在長泰縣東北舊經云每風雨晦冥常聞鼓聲因名焉柳營江蔡如松漳南十辨云漳州東偏之險要也歐陽詹有詩蔡嵩嶺唐慕容韋有詩觀音巖在龍溪林迪有詩羅漢屏呂璹有詩靈龜寺在西湖蔡希蘧有詩瑞龜巖蔡希蘧有詩鷲峯院在東湖蔡希蘧有詩淨慧院在西湖郭祥正詩云初臨寺外橋已聽鐘聲肅徐登山後亭葱蒼翳松竹淨泉院郭祥正有詩南州三百寺此寺最輝煥石開千丈渠泉飛日華亂北山寺唐張登有詩

古迹

廢懷恩縣元和志云在州西南三百一十里垂拱二年置屬漳州開元二十九年廢爲鎮舊

漢關漳浦縣西南一舍度嶺即漢時南越蒲葵關也**蒲葵關**見上**葵崗嶺**古謂之揭鴻嶺東南二越之基**大武山**蔡如松十辨云去漳州二百八十里東鄰大海有｜｜｜世傳越王建德嘗避秦兵于此山謹按史記自勾踐至王無疆七世未有名建德者惟西漢元鼎五年南粵相呂嘉反立術陽侯建德爲王城守番禺以拒漢是上人誤指越王拒漢之事以爲拒秦兵也**齊帝石**在中峰見唐張登詩**太武夫人壇**古圖經云｜｜｜｜｜者閩中未有生人時其神始開創土宇以居人也又云在太武山**梁山書堂**昔唐潘先生讀書于此**周先生祠堂**在名第山張瀸詩云漳南周匡物競秀元和年作句誑親友進爲鄉黨先**周潘書堂**在天城山

蜡湖廟在漳浦縣西十里是淡溪忽有一蜡魚因封爲廟郡國志云漳浦蜡湖隨潮之盈縮**長孫無忌墓**蔡如松漳南十辨云梁山有大冢以爲唐太尉｜｜｜｜｜按無忌謫死黔州上元

中勑許還陪葬昭陵未嘗葬於漳浦也當攷

官吏

陳元光廟碑云公姓陳諱元光永隆三年盜攻潮州公擊賊降之公請泉潮之閒創置一州垂拱二年遂勑置漳州委公鎮撫久之蠻賊復嘯聚公討之戰歿因廟食于漳李頎詩云當年嶺北正危時數郡生靈未可知不是有人橫義槩也應無計保藩維

韓泰韓愈有舉漳州刺史自代狀

黃峻五代史王審知傳與弟王延政不叶由此惡宗室多以事誅之黃峻昇櫬極諫曦怒貶漳州州司戶

張城為守築城有詩

蔡如松為守種道旁松

柯仲通熙寧中｜｜｜守漳州以救飢得民有二鵲棲其廳事及去鵲亦送之漳人異焉

蔡襄仙遊人為漳州判官見事略

陳縣尉提刑李公懋祭長泰｜｜｜文云公力儒取科第作尉于長泰銳意誅討卒陷于賊斷其支體其後總管韓公取賊首級以祭公且聞于朝乞命公之子以官

綦崈禮建炎四年知

朱熹字元晦中

興以來爲時儒宗知南康軍與山中隱者崔子虛善晦翁之知漳州也朝廷以臨漳向者未行經界專委晦翁措置經界子虛遺晦翁詩云區區鼠嶼不須量盡數歸公有幾倉一片中原平萬里吾儕襟度合思量象之紹熙辛亥遊廬山親見晦翁所作西原庵記又聞子虛之說如此

劉子羽 繫年錄云紹興八年漳州安置

趙鼎 紹興十年自潮州移漳州居住繫年錄

廖剛 紹興中知漳州嘗應詔上封事乞早以建國公正皇子之號時年將七十有中司之拜繫年錄

孫近 紹興十二年漳州居住以万俟卨論其譎輕故也繫年錄

胡銓 紹興中知漳州言行錄

人物

周匡物 龍溪人唐建漳州州人未有業儒者先生兄匡著以正元第而匡物與潘存實讀書于天城山至元和匡物擢第唐世漳之登第者始於周氏兄弟天子賢之敕封天城山爲名第山

李亨伯 漳州人登治平第知上杭縣有富家子訟分不決公曰若一母乎曰然動容而告之曰爭相仇敵由

異姓婦故也五子泣拜謝過爲兄弟如初及爲全州年踰耳順郎上章乞骸骨鄒浩爲之銘王鞏作神道碑劉安世書其碑陰曰自嘉祐以來引年而去者如歐陽永叔以六十五范景仁以六十三公掛冠方六十四耳目之所睹三人而已見淸源集

仙釋

董奉｜｜九域志云｜｜｜山仙人｜｜嘗遊今在長泰縣

三平大師義中唐王諷有三平大師碑云義中祝髮後依大顚大師寶歷初到漳州三平山住持學者三百人享年九十二

僧從謙閩南｜｜｜｜不食四十年歸岐山石門洪覺範有詩大覺禪師亦有詩

碑記

唐王諷三平大師碑

唐沈懷遠碑咸通二年

晉亭碑張登詩云瀟洒｜｜｜｜

陳元光威烈廟記唐垂拱二年

漳州登科記元祐

七年清漳集乾道間郡守林孝澤編五代僧楚熙糧料[歷]蔡如松崚山南北二峯靈跡記云北曰幽巖山狀如伏龜爲五代僧楚熙居之有陳洪進月給糧料藏於巖中

詩

含香臺上柏剖竹海邊州驛使多歸信閩溪足亂流郎士元送陸員外赴漳州南盡封郵見好山蒼蒼桂嶺類商顏誰憐後夜思鄉處白草黃茅舊漢關楊發漳浦驛詩風候已應同嶺北雲山仍喜似終南唐常袞漳浦郡驛望梁山作孤高齊帝石灊灑晉亭峯中峯蓮華石相傳爲齊武帝所賞晉亭在其西葛稚川嘗居之唐張登梁山詩閩越曾爲塞將軍舊置營我歌胡感慨西北望神京唐慕容韋葵崗嶺今朝一壺酒言送漳州牧白居易送呂漳州漳

溪郡有佳山水遷客因之作勝遊怪石千峯聳晴巘枯槎百尺擁寒流唐史維翰南宮才調久淹留符節初臨海上州徐放溪山竹樹亦清幽庾嶺東邊吏隱州唐韓泰漳州悲遠道地里極東甌境曠窮山外城標漲海頭張登閩山到漳窮地甚南越錯珍是海物味其厚不爲薄章舉馬甲桂固已輕羊酪蕉黃荔子丹又勝柤梨酢王安石送李宣叔倅漳州春山是處籜龍新不似清涼綠筍珍趙不敵綠筍詩道邊松大義渡至漳城東問誰植之我蔡公歲久廣蔭如雲濃甘棠蔽芾安可同六月行人不知暑千古萬古揚清風郭祥正臨漳臺我愛臨漳郡地兼山海

秀全上長風吹海作寒霧往往六月披重袍仙魚通印
勝鵐炙荔子丹艷疑蟠桃全上漈上分憂老外郎昔年
曾此典南漳雙旌引過題橋路五里迎歸衣錦鄉種
得萬株松樹在至今民喚作甘棠舒雄爲太守王公作植松詩會
稽之南羅浮北中有大梁神仙宅瀑流今古掛長虹
瀉下銀河數千尺蔡希蘧梁山瀑布泉巒煙漁火接鯨波樹樹
花枝處處歌況是天涯好行樂莫教憔悴鬢霜多陳堯
佐題漳浦縣廳壁水遶漳城湖已平向來有記出公卿白袍
不倦三冬學錦綬行看駟馬榮知州張成大築漳州外城畢有詩亭
枕臨漳一水陰半空雲霧鎖寒林山從天竇來鸞遠

基闢開元歷代深李則臨漳臺

四六

當垂拱之二年置臨漳之一郡貢士李頤啟　臨漳名郡閩嶺奥區黃匪躬樂語　偉此媚川之寶發爲還浦之祥可配美於鳳庭比分輝於龍燭知州王晃貢珠回降　幸分江海之珍難藏外郡願繼梯航之貢干瀆內庭王晃貢珠表

輿地紀勝卷第一百三十一

東陽王象之編　　甘泉岑鎔淦長生校刊

福建路

汀州

臨汀　上杭　甯化
長汀　鄞江　新羅

州沿革

汀州　下

臨汀郡軍事九域志禹貢揚州之域臨汀志自晉已前並同泉州□晉武平吳分建安置晉安郡沈約宋志云晉武帝太康三年分建安立晉安郡又立新羅縣而汀州始基於此此據臨汀志而晉志晉安郡領縣八新羅預焉然宋齊志皆云領縣五而無新羅縣經梁涉陳以及隋而晉安南安亦多廢縣至唐生聚始復置縣宋齊梁陳隋廢置無所考據見上

唐明皇時福州長史唐循忠於潮州北廣州東福州西光龍洞檢責得諸州避役百姓共三千餘戶奏置州因長汀以爲名元和郡縣志在開元二十一年又開福撫二州山洞置汀州治新羅唐志在開元二十四年與元和郡縣志年月不同而杜佑通典以爲元和二十六年分置汀州或爲臨汀郡與唐志年月亦不同象之謹按開元二十一年福州所奏得避役百姓三千餘戶乃在潮廣福之間而開元二十四年於福撫二州開置山洞與二十一年地理小有不同自開元二十一年建議至二十四年成郡二十六年又分他郡之地以益之三者所書雖有不同大率不過置郡之一節耳改臨汀郡在天寶元年復爲汀州乾元元年初置州在新羅縣因福建觀察王承昭奏移理長汀白石村寰宇記在大歷十四年唐志以爲在大歷四年不同象之謹按唐方鎮表大歷四年福建時爲節度使至

大歷六年始改觀察使然福州乃福建觀察使王承昭所奏則當在大歷六年之後合作大歷十四年牛肅記聞云江東採訪使奏於虔州南山洞中置汀州領長汀黃連新羅三縣又云州移長汀新造州府斬伐林木凡殺大樹千餘根其樹皆山都所居有三種處其下者日猪都居其中日人都在其高日鳥都即如人形而卑小男子婦人自爲配偶猪都皆身如猪鳥都皆人首盡能人言聞其聲而不見其形三都皆在樹窟宅人都所居最華人都或時見形當伐木時有術者周元太能伏諸都禹步爲厲術則以左合赤索圍而伐之樹既臥仆剖其中三都皆不能化則執而投之鑊中煑焉

唐末光州刺史王緒引兵渡江陷汀漳二州而不能有（通鑑在僖宗光啓元年）王潮又陷福建汀等州（通鑑景福二年王潮入福州汀建二州亦降）王潮爲福建觀察使汀州隸焉（通鑑在景福二年）後一歲黃連洞蠻圍汀州王潮遣其將李承勳擊之蠻解去（通鑑在乾甯元

年潮卒其弟審知繼有其地通鑑在乾甯四年至後晉時閩亂朱文進擅命汀州刺史許文稹舉郡降之通鑑在開運元年唐兵克建州許文稹以汀州降于唐同上國朝平江南地歸版圖國朝會要在開寶八年隸福建路國朝會要在雍熙二年今領縣六治長汀

縣沿革

長汀縣　望

倚郭輿地廣記云本晉新羅縣地屬晉安郡唐開元二十四年開山洞置初治新羅大歷四年徙治白石皆|||地寰宇記云舊治九龍水源長汀村大歷中移縣在白石鄉地名金沙水即今治也不同當攷

甯化縣　望

在州東北一百八十里圖經云開元十三年置黃連縣寰宇記云武德初爲黃連縣以地有黃連洞爲名唐志云本黃連縣天寶元年更名而不言其建於武德元和郡縣志以爲本沙縣地開元二十二年開山置而輿地廣記亦以爲開元二十四年開山置俱不同而唐志亦不言其初爲黃連縣時隸於何郡當攷

上杭縣 上

在州南一百九十里寰宇記云在州南去八日程接漳州界圖經云本晉新羅縣地置上杭場國朝會要云淳化五年陞爲｜｜｜鄞川志云自至道三年至咸平二年凡二徙天聖間徙鍾寮即今之縣治也國朝會要云本治鍾寮場
乾道四年徙治坊郭

武平縣 上

在州西南百二十里寰宇記在州西南五日程連循州界國經云本晉新羅縣地唐置武平場鄞川志云縣在唐時爲兩鎮曰南安曰武平相距百二十里僞閩交秦元年省安南入武平國朝會要云淳化五年

壁爲丨

丨丨

清流縣 在州東北二百一十里圖經云本晉清流驛國朝會要云元符元年析長汀及宣化縣地以爲丨丨丨

蓮城縣 下 在州東南一百八十里圖經云本長汀縣之蓮城村國朝會要云紹興三年制古田置丨丨丨鄞江志云四山環遶簇簇如蓮因以爲名

風俗形勝

水際平沙曰汀說文 閩越遐阻僻在一隅憑山負海杜佑通典 令汀閩越西南其地與章貢潮梅接崇山複嶺民生尚武鄞江志 島居者安魚鹽之利山居者任耕織之

勞鄞江志臨汀爲郡李唐六葉開福撫二山洞而置焉

南通交廣西達江右實甌閩之奧壤也張濳修汀州學記

於福建爲絕區西南與江廣北境拒虔梅二州最近

王晞亮修城記汀爲州在閩山之窮處複嶂重巒緜亘數百

里東接贛水南鄰百粤深林茅竹之間戴覺同慶寺觀音殿羅漢

閣記閩部所隷八州而汀爲絕區山曰靈蛇曰雞籠曰

蘘荷水曰九龍曰寅湖曰鄞江鄞江志西鄰贛吉南接

潮梅實江西二廣往來之衝鄞江志汀在西南境介於

虔梅之間南通交廣北達江右銅鹽之間道所往來

鄭强移刱州學記前直圓峰後枕臥龍山黃啓宗重修東流水記閩有

八郡汀隣五嶺然風聲氣習頗類中州陳一新跋贍學田碑

景物上

石龍在上杭縣界橫大溪中　**鄞江**九域志又皇朝郡縣志云即東溪水　**南山**在州南一里屹然如屏其下坦夷青葱可愛山下文殊同慶三寺陳軒詩云呀然碧玉洞屹女分雙戶天生護佳景常恐塵土污　**寅湖**在長汀縣東二里居郡寅位　**湯泉**在長汀縣南四十里　**梁山**在武平縣東三十里崖巖險峻其形疊出聳雲霄間山上有仙岩有天蓮池有覆釜石　**玉泉**在長汀縣東南流爲瀑布　**金山**在上杭縣之西一十里康定中產金因以名之　**翠峰**在長汀縣東南十五里壁立千仞煙雲出沒殆不可既唯天色晴霽卓午方見其頂　**筆山**在長汀縣東　**香嶺**在上杭縣舊有檀香木數株因名　**佛嶺**在長汀縣東南五里　**象洞**在武平縣南一百里其中廣闊號九十九洞民恃僻遠頑輸政和置循檢寨　**蛟塘**在武平縣其水無源其深無際昔有蛟常爲民

思洎南安祖師建院於巖下其毒遂弭一**鷲峯**蔣之奇詩云山前十里入青蒼猿鳥聲中建道場日轉竹陰侵閣冷水流花片過門香**雙峯**在長汀縣東南三百里峯巒雙聳揷入雲衢下出七寶

三都見州沿革

景物下

三瑞堂在州治**芙蓉臺**在長汀縣治**蓬萊閣**在長汀縣治有小|||||**道山樓**在州治**金華觀**在長汀縣治**雅歌樓**在州治**環翠樓**在州治之後臥龍山之下**雲驤樓**在濟川門之左下瞰龍潭**橫翠亭**在東禪寺中門之左山光野色橫在月前**抱雲石**在長汀縣蒼玉洞中**拜相山**在長汀縣東南其形如拜**昇仙臺**在甯化縣西**至道宮**九域志云本名開元宮開元二十四年置內有明皇眞容皇朝改今額又云汀州開元寺乃富國王先生施財所建也**法林院**在城之西**二老峯**在城東五里間

雙石峭立如人形故名

三仙山在蓮城縣

七峯巖在清流縣六十里有峯突然成列者七故名

九龍灘在清流縣乃溪水最險處綱船過者必遵陸空舟而行

五百灘自汀抵湖其灘險有五百

萬斛泉在寧化縣

蒼玉洞在臨汀縣東二里東禪寺前道傍兩石蹲踞如洞門玲瓏岌業下滅靈隱天竺之勝陳軒詩云截斷蒼山百尺崖崢嶸相倚洞門開天生秖隔紅塵路不礙溪雲自往來

白雲山在蓮城縣西一百里

黃蓮洞在寧化縣縣舊以此名

襄荷嶺在長汀縣南地產襄荷見九域志

蓮花石在上杭縣狀如蓮花屹然起大溪中石壁間有山嶂隱然如畫一鶵婦人逐之

靈洞山在武平縣下有靈石湯泉大洞三十六小洞二十八見九域志而鄞江志無之

靈隱洞在寧化縣北五十里洞前重崗疊巘森列左右小澗橫絕煙雲縹緲有聖水桃竹野花異草

靈峯巖在清流縣南二十五里巨石巍峩清溪環繞中有洞穴成於天然

靈竈洞在清流縣

石燕巖在城南七里昔有飛燕頡頏偶遇驟雨燕集石上雨

止視之皆化爲石 天馬山在蓮城縣 金雞山在蓮城縣 伏虎菴在城東五里靑松對植蒼翠交陰雖僻在一隅蓋一郡遊賞之所 臥龍山在州治後郡主山也 羊廚山在上杭縣西南一百餘里高巖怪石千態萬狀據汀潮梅三州界 馬跡石在上杭縣南 雞籠山在長汀縣郭祥正詩云神仙之府名雞籠千尋翠玉擎寒空秀色凌風入城郭半街曉日金濛濛 獅子巖在長汀縣東南五十里定光佛始初振錫於此 鳳凰山在甯化縣 金船嶺輿地廣記在甯化縣 金乳泉在州城乃定光佛卓錫處 玉女山在長汀縣南十五里乃王氏女修眞之所 玉華洞在清流縣東北六十里曰玉華西洞 銅鼓山在上杭縣東南百里聲聞則歲大稔 石門巖在蓮城縣東七里雙石對峙壁立萬仞 石鍾巖在上杭縣之太平鄉中有石乳 香嶺山在上杭縣界有木乳膏居人採而焚之九域志有丨丨丨 南安巖去武平縣八十里鄞江志云定光佛所開 南寶山在上杭縣北七里據金山之陽故號南寶

望之如筆揮空。**東禪院**在城東五里院前有東山十景。**東安巖**在武平縣定光佛嘗棲於此。**天王院**在上杭縣四圍皆山石刻五百一十八尊羅漢之像。**天慶觀**在州治東唐開元二十八年置名開元觀有銅鑄明皇像。**聖泉菴**在武平縣黃公嶺之巔有泉一泓從石而出雖千百人飲汲之不竭乃南安菩薩卓錫所出。**佛日洞**與石燕洞相望中有石觀音聖像。**仙女巖**在上杭縣龍沙圍之炭山有石天窗透日昔有仙女居之。**通濟巖**在長汀縣東十里大觀間僧惟秀所開。**飛來石**在城内雲驤閣西畔乃一夕雷雨而至。**新路嶺**在長汀縣西六十里峭險壁立砂礫崎嶇行者病焉嶺背即隸江西此乃天所以限閩中也。**臨汀大溪四**曰東溪曰西溪曰南枝溪曰橫溪至高灘角合爲一入潮州界

古迹

新羅故城寰宇記引牛肅記聞云開元末新羅縣令孫奉先晝日坐廳事見神曰吾新羅山神

也今從府主求一牛爲食奉先對曰格令有文殺牛事大請以羊豕代牛可乎神怒於是癘疫大起奉先亦病亡

古城 五代王延政時於州西五十里築城以防江南兵今號古城

謝公樓 張九齡詩云丨丨丨上好醇酒三百青蚨買一斗紅泥作擘緑蟻浮玉盌纔傾黃蜜剖

侍郎巖 在清流縣舊傳熙豐間侍郎張公駕楊公時諫議陳公瓘讀書故名

明皇眞容 九域志云在至道宮

賴氏金 唐開元間州城東五里居民賴氏家每夜深有白牛入其廚賴氏怪之逐去走出過海上一小山坡入地不見次日掘之乃得黃金三十兩白金不知其數

武婆寨 在上杭縣來蘇團之安香石山鄉民結廬以避寇焉

黃仙師廟 在寧化之南舊有山精石妖爲害有巫者黃七公以符法治之因隱身入石不出石壁隱映有人影望之儼若仙師之像

王仙人墳 在城東寅湖中王中正祖墳也

陳劒唐大歷四年｜｜爲刺史先是開元置郡累遷東坊口劒劒始更卜臥龍山之白石與汀相爲終始

王繼業閩通文元年｜｜｜父延宗嘗爲汀州刺史｜｜｜復出牧父子相代

王嗣宗東都事畧云太宗時通判汀州太宗遣武德軍卒察遠方事｜｜執而杖之械送京師

鄭俠福清人九朝通畧云熈寧七年俠監安上門上書坐編管汀州

陳軒 **郭祥正**元豐六年太守陳軒治尚清靜豈弟與別乘郭祥正登山臨水觴詠酬酢山谷詩云平生所聞陳汀州蝗不入境年屢豐

曾肇東都事畧云字子開徽宗朝元祐士大夫再被降黜肇請與俱貶遂貶汀州

陳粹元符三年爲守中嚴溺子之令奏課爲天下第三賜書褒寵

廖剛延平人宣和來攝郡事

李光會稽志云光字泰發欽宗即位遷侍御史極論蔡攸朱勔謫汀州監酒稅

陳吉老莆田人紹興爲汀州別駕贛寇侵郡境公與戰破之吉老子希造爲先鋒見殞賊手公再率兵破賊凱旋郡將慰問之公笑曰馬革裏屍南八男兒古人所喜慕焉

趙令衿中興小歷云｜｜因觀秦檜家廟記曰口誦君子之

澤五世而斬之句謫汀州江璃守是邦往年坑場發洩代建昌臨川歲輸上供銀六千兩二郡歲償綿絹後更兵火二郡綿絹不至坑場停開乃取之於民璃劄章數陳利害獲旨蠲免劉師尹長樂人紹興爲錄參與長汀縣令爭罪囚師尹抗辨取款狀書曰吾甯棄官不可陷人於非命納祿而去

人物

唐伍正己甯化人唐大中擢第爲御史中丞時正人爲邪佞所擠者必救之朋黨漸禁錮名流正己曰吾豈能以一杯水救一輿薪之火哉竟歸田里羅或字仲文長汀人登太平興國第眞廟親征或以邑從至澶淵與宰相參議機務敵人乞和遣或爲報使還京丐歸里賜錦衣金帶錦旂二旂繡八字云明時折桂衣錦還鄉領本州刺史鄭文寶字伯玉甯化人登太平興國第官至工部侍郎嘗題緱氏山云秋陰漠漠秋雲輕緱氏山頭月正明帝子西飛仙馭遠不知何處夜吹笙歐陽文忠公亦

稱其詩一聯頗警絕云水暖鳧鷺行哺子溪深桃李臥開花

吳簡言 字若訥長汀人以茂異決利嘗經巫山神女廟因題絕句云惆悵巫娥事不平當時一夢是虛成只因宋玉閑唇吻流盡巴江洗不清是夜夢神女來謝

仙釋

富國王捷 澠水燕談云捷少商江淮遇人授黃金術後流嶺南逃京師撾登聞鼓上命之官更名中正寓中官劉承珪家承珪數聞中正與人語聲云我司命眞君也中正嘗以藥金銀助國謂之燒金王先生建祠元甯院西郡志云謚富國先生塑像景靈宮爲聖祖輔

晏仙人 樵採山間見一道人食桃餘半顆飼之晏受而食之忽能前知人禍福鄉人目曰丨丨丨

劉女 高化劉安上女育於雍熙初九齡與羽人談道得度及笄許妻何氏子劉氏送之忽有一白鵝自空而墮丨丨乘之而去陳軒詩曰白鵝乘去人何在青鳥飛來信已遙若使何郎有仙骨也須同引鳳凰簫

定應大師 鄭江集云

初波利尊首自西土來住盤古即有讖曰後五百歲有白衣菩薩自南方來居此山即是定光佛也至｜｜｜｜乃應讖

定光泉州人姓鄭名自嚴乾德二年駐錫武平南安岩淳化二年別立草菴居之景德初遷南康郡盤古山祥符四年汀守趙遂良即州宅剏後菴延師至八年終于舊岩見周必大新創定光菴記

伏虎大師甯化人汀苦旱結壇龍潭側云七日不雨願焚幻軀七日炬將舉甘雨傾下有猛虎見師來即遠遁

禪鑑名智孜長於詩吟四皓詩曰因秦生白髮爲漢出青山

碑記

唐中丞伍公墓誌正明元年舍人張策撰

鄞江志慶元武午昭武李皐詮次

林仲文序

鄞江集林仲文序

詩

爲郡蹔辭雙鳳闕全家遠過九龍灘地僻尋常來客

少刺桐花發共誰看唐詩紀事張籍送汀州源使君慈竹笋抽疑夏藥木犀花發認春香孫公談圃載孫君孚學詩於孫莘老其在汀州作此詩一聯道盡汀州景物廣陵志居人不記甌閩事遺跡空傳福撫山地有銅鹽家自給歲無兵盜戍長閑陳軒一川遠匯三溪水千嶂深圍四面城花繼臘梅長不歇鳥啼春谷半無名同上山連庾嶺爲南徼水與潮陽作上流同上臥龍勝事堪圖畫迥壓閩南七八州郭祥正嵐煙蒸濕同梅嶺地脈逶迤接贑城郭祥正萬疊雲山擁郡樓凭欄下瞰臥龍湫二年吏役何曾到孤負淸風月白秋袁思永臥龍形勝著甌閩前有南樓氣象新新修南樓詩我愛汀

州好山川秀所鍾閣前橫潏水雲釀閣亭畔列奇峯蒼玉亭古驛森慈竹臨汀驛蓮城挺義松蓮城縣有義松慶元陳史君詩嘗聞元豐間元輿守茲土別乘果爲誰青山郭助甫二公德望尊聲名播今古陳匯元豐陳汀州見謂黃太史年登境無蝗政恐不相似陳映鄞江一丈水淸可照人心蔣之奇蒼玉洞全閩形勢數臨汀贛嶺連疆似并陘江匯里淵鎖地脈山橫華蓋應天星宋思遠

定光南安巖詩

石聳靈巖接太虛百千年稱定光居未知天上何方有應是人間別地無鄭弼香風影裏迎新臘梵唄聲中

見落暉自恨勞生名利役不能來此共忘機路入雲山幾萬層豁然巖宇勢崢嶸地從物外囂塵斷天到壺中日月長同上　汀梅之間山萬重南安巖竇何玲瓏靑瑤屹立敞四壁巧匠縮手難爲工郭祥正　天下名山饒洞穴不似南安最奇絶一峰突兀上干天十二子孫旁就列上有虛窗透碧霄夜分明月歸巖腹方開之詩

四六

福撫肇基斗牛分野源分鄞溉郡建臨汀東南界於潮梅西北連於閩越臥龍山下頂其治之雄居伏虎菴中隱眞如之妙相伍積中致語

輿地紀勝卷第三十二

輿地紀勝卷第一百三十三　文選樓影宋鈔本

東陽王象之編　甘泉岑鎔 淦 長生校刊

福建路

南劒州

劒津　劒浦　延平
順昌　尤溪　鏞州

州沿革

南劒州上　劒浦郡軍事九域志及寰宇記並以爲劒浦郡而圖經以爲延平郡未知改於何時當攷

三國以前並同建「寧」府三國孫吳置建安郡沈約宋志云吳孫休永安三年分會稽南部立建安郡以南平縣屬焉寰宇記云吳永安三年立爲南平縣晉武平吳易南平縣爲延平縣此據延平志而他書不載晉志有延平而無南平恐本是一邑晉武更名延平耳宋明帝廢延平縣

寰宇記云太始四年廢攷晉志建安郡下有延平縣而宋志建安郡下無延平縣恐是太始四年廢

五代王審知以爲延平鎭此據延平志雖無年月可攷而通鑑所載富沙王延政以天福八年即位以延平鎭爲鐔州則閩王審知以前已爲延平鎭又寰宇記云唐高祖武德三年興延平爲軍後爲永平鎭然攷之唐志福建諸州並無延平軍之文似無所據兼通鑑武德三年唐方經營中原而江南閩廣多爲林士宏蕭銑所有至武德五年唐使者王義童始下泉睦建三州是五年方有福建之地不應三年卻於他人境土遙立軍治寰宇記所引非是今不取

審知子延翰改爲永平鎭避翰之名也事見延平志而失其年月按延翰立在後唐同光三年乙酉次年即亡則改永平鎭當在同光三年

又改爲龍津縣事見延平志亦失其年月又云天德二年以龍津爲鐔州按通鑑殷王延政以天福八年癸卯即位改元天德以延平鎭爲鐔州卻不言以龍津爲鐔州又以爲在開運元年亦不同往往是小國一時更張而中國之秉史筆者多仍其舊故曰延平

耳

王延政僭位於建州國號大殷改元天德以將樂縣爲鏞州以延平鎮爲鐔州（通鑑在後晉齊王天福八年）是歲殷吏部尚書潘子祐上言延平諸津征菓菜魚米則延平是時已置征榷矣（通鑑在天福八年癸卯）南唐伐殷殷王延政降地歸南唐（通鑑後晉齊王開運二年唐兵取建州而汀漳泉三州皆降）南唐分延平劍浦富沙三縣置劍州（此據五代史南唐李中主傳而寰宇記以爲唐保大四年立爲延平軍因析沙縣建安順昌等地爲軍額至保大六年升爲劍州又割劍浦尤溪等縣來屬延平志亦以爲保大六年升爲劍州不同象之謹按五代史年表保大四年丙午即開運三年丙午也保大六年戊申即乾祐元年戊申也而通鑑開運三年丙午唐陳覺還自劍州矯詔發汀建撫等州兵攻福州使劍州果置於保大六年戊申不應保大四年丙午陳覺已還至劍州也兼五代史李璟傳亦

以爲保大四年分延平劍浦富沙三縣置劍州與五代史年表相應則劍州之置當在保大四年而益劍浦尤溪等縣在保大六年耳皇朝平江南地歸版圖國朝會要在開寶八年續以利州路亦有劍州乃加爲劍州國朝會要在太平興國四年隸福建路國朝會要在雍熙二年今領縣五治劍浦

縣沿革

劍浦縣

倚郭輿地廣記云本延平晉屬建安郡後省五代置劍浦縣南唐立劍州初治延平後徙建浦而省延平

順昌縣 下

在州西一百八十里寰宇記云本建安郡地唐正觀三年置槳水場後又置槳水鎮尋改爲永順場隸建州五代時僞唐陞爲順昌縣改隸本州皇朝因之

沙縣 中

在州西一百二十四里沈約宋志云建安郡下有沙村長又云永和郡國有則是宋高祖武帝卽位之年號則宋立國之初已有沙村縣矣南齊志建安郡亦有沙村縣元和郡縣志汀州沙縣下云本宋置開皇十六年廢武德四年又置屬建州開皇十六年屬汀州因沙邸以爲名舊唐志云沙縣本隋廢縣永徽六年分建安置新唐志云本隸建州武德四年置後省入建安永徽六年復置大歷十二年來屬皇朝郡縣志云乾符以後土寇亂離崇安鎮將鄧光布移縣於縣西北八里卽今理也僞唐保大六年隸劍州

尤溪縣

在州南一百五十里新舊唐志尤溪縣以開元二十九年開山洞置屬福州寰宇記云縣地與龍山縣沙縣侯官三處交界山洞幽深溪灘險峻向有千里諸境逃亡多投此洞開元二十八年經畧使唐修忠以書招諭其人高伏等一千餘戶請書版籍此源先號尤溪因爲縣名僞唐保大六年割屬劍州

將樂縣

在州西二百四十里延平志云後漢永安三年析建安立將樂縣沈約宋志云將樂子相漢立太康地志有元和郡縣志以爲吳永安三年置不同又晉志建安郡領縣七而將樂預焉齊志亦有將樂縣皇朝郡縣志云隋開皇九年省唐志建州有將樂縣武德五年析邵武置隸撫州六年省垂拱四年復置屬建州通鑑後晉天福八年王延政以將樂縣爲鏞州尋復舊國朝會要太平興國四年自建州割隸劍州

風俗形勝

南劍負山阻水爲福建襟喉之地民儉嗇而尚氣義質直不爲姦詐延平志七閩號東南山水佳處延平又冠絕於他郡劍溪環其左樵川帶其右二水交流金良弼雙溪樓記滙爲澄潭是爲寶劍化龍之津同上五步一墊

十步一庠延平志云家樂教子五步一塾十步一庠朝誦暮絃洋洋盈耳學館肇于天聖天聖中郡將曹修古建學館于西山爲諸郡倡慶歷三年始詔天下修學校置師儒之官而延平有學已二十年矣山水清明偉麗爲東南最龜山先生乾明修造記崇山峻嶺爲郭郛驚湍激流爲溝池龜山先生資聖院記枕寒泉倚青嶂黃裳遊山記七閩之襟喉延平志鳳騫翥峙吳致堯神秀軒記延平號山水佳處象峯連屬｜｜｜｜望之蔚然神刓天劃者衍山也鑑瑩玉寒同上｜｜｜｜者劍溪也山清水綠延平獨冠於閩中廖拱上梁文迅雷擊柱元豐中迅雷擊郡之譙門柱黃晃有詩見人物門二劍化龍之所晉張茂先與雷孔章望氣於斗牛間知其爲寶劍之精未幾得二劍於豐城各實其一後孔章之子華爲建安從事佩之往延平津劍躍之潭間遣人没取之見二龍縈潭下人遂指其潭爲化龍之所九龍雙旌衍

仙文筆諸峯皆秀拔摩雲　張致遠新學記

景物上

東溪自建溪來者謂之ㅣㅣ　**西溪**自順昌沙縣來者謂之ㅣㅣ　**西巖**在劍浦縣東北三十里乃蔡柳二禪師開山之所　**南園**在郡之溪南二里　**北園**在郡治之後　**南平**舊爲ㅣㅣ鎭　**延平**舊爲ㅣㅣ津　**永平**晉武平吳易南平爲延平縣閩王更延平爲ㅣㅣㅣ　**仙洲**延平志胡公橋舊名登瀛縣東有山介于二水之間俗呼爲仙洲丞相李綱名　**仙山**在尤溪縣境者有二一在朱源村一在浮流村　**佛嶺**在順昌縣東二十里　**靈源**在劍浦縣西二里　**董山**在尤溪縣北二十里上有石室董眞人嘗居之　**聖泉**寰宇記云在將樂縣天階山　**幻山**寰宇記在沙縣西北一百二十里乃龍峽之地出有山魈形似人生毛黑色身長丈餘逢人而笑上脣蓋眼下脣蓋胸或時遺下藤製草鞋長二尺五寸鄉人所謂山大人又云山魈或野人也爾雅云狒狒

如人被髮迅走食人卽此也

沙源　寰宇記云經沙縣縣南水源出汀州甯化縣至虔化縣界號曰丨丨水巉巇如龍門過縣東至劍潭合建溪下福州

海溪　在將樂縣西北八十里

尤溪　州多

尤姓故名今尤氏自言其上世本姓沈避王氏諱改云

黎嶺　在將樂縣西北三十里

劍潭　孫覺云閩嶺蒞建溪臨丨丨

劍津　在劍浦縣建州邵武二水合流之處也雷煥爲豐城令掘得雙劍其一與張華留一自佩華得劍報煥曰詳觀劍文乃干將也莫耶何復不至天生神物終當合耳華死失劍所在其後煥之子持劍行延平津劍忽躍出墮水使人没水取之但見兩龍時人以爲雙劍復合

龍峽　延平志

鳳山　在順昌縣延平志

石竈　在順昌縣北四十里丨丨扞于水口首尾皆具

雪山　在尤溪縣西百五十里

金泉　在劍浦縣西一里百步潭中有合沙人或披沙淘之往往得金

高峯　在順昌縣西西南二十五里尚書廖剛家其下

中巖　在劍浦縣東北五里兩山對峙華閣跨其間卽感慈大師道場也

雙峯　一名雙髻山在尤溪縣北二十五里峭壁萬仞如倚

雙劍於天外**三溪**寰宇記云在州前合流南歸于海**七峯**在順昌縣宣和中李綱於江下爲閣目曰凝翠乃命丨丨之名

景物下

平理堂在郡治之左**世綵堂**在劍浦縣西二十五里尚書廖剛所居**宴清閣**在郡治**冷風閣**在溪南天慶觀面仙山俯劍潭登者有出塵之想王以詠詩云劍水落霞晴熨綠衍峯新月夜梳鬟**妙峯閣**在郡東十里涪灣院前對高峯有蔡君謨題字**凝翠閣**李綱詩云七峯倒影蘸層巒十里平津流向東**畫屏軒**蔡君謨舟宿延平津詩云畫屏曾指孤舟看今日孤舟在畫屏**垂虹閣**延平志**飛霞閣**延平志**宿雲洞**在尤溪縣西七十里仙靈山十奇之一也**寶華洞**在將樂縣南十五里玉華之陰**翠雲巖**在沙縣西百八十里巖有三洞穴有三石筍**玉華洞**在將樂縣十五里有兩門相去一二里相通中分二路會于後

門

仙靈山在將樂縣西南七十里西華鄉梅仙山在順昌縣治之北七十里衍仙山在劒浦縣東北十里衍客避晉亂結廬煉丹其上傳以爲仙去展旗山在州治之南如張旗幟

超華山在順昌縣之西北五十里里有超華寺路登石頭臺有飛瀑有眞濟庵有興雲庵石磴凌空乃至頂超華庵

鷲峯院在劒浦縣東二十里衍仙山乃衍氏舊隱小鷲峯在劒浦縣

文筆峯在劒浦縣三十里祥雲峯在沙縣東五里有祥雲庵靈惠峯在尤溪縣西百四十里有竇可入內有若聽事者二所可環坐千人

普照庵在郡之西山袁深詩云磬聲過鳥道燈影落魚船

含雲寺在將樂縣北據邑中之勝資聖院在將樂縣北三里山形如龜號龜山楊文靖歸休於此

報恩院在劒浦縣東北八十里初開山僧嘗留醋一甕今經三百年色味不變

廣教院趙植詩云列嶂倚天環佛界亂流穿石度僧房林泉盡日無窮趣車馬長年有底忙

善福院在槁溪聞猿閣寰宇記云在州南常有二猿長啼於溪之南嶺

藏劍峽延平志在尤溪縣鳴鐃山寰宇記在將樂縣君子峯在順昌縣之西

觀音洞在尤溪縣之北昔陸道人盧于山間鑿石得像如觀音太史溪在沙縣七峯之下丞相李綱初以太史謫官於此丁字水延平志東西二溪會於劍津故名夜明珠黃晁仲延平閣記云劍潭之左右有珠夜明莫知所在黃龍洲在城東俗號｜｜｜每春水後硯沙之多寡分歲之豐歉又郡人黃裳詩看取黃龍沙斗起滿城歌吹入豐年靈龜洞在順昌縣之東南龍頭巖在順昌縣山水勝槩一目盡得之龍門洞在尤溪縣洞中有石龍石牀石碁局碁子虎頭巖在將樂縣東南五里有石門自山下通山頂其中明爽可居揚時有記

雞籠山在尤溪縣之西鳳咮石在劍浦縣產硯蘇軾熙甯中名建州北苑鳳凰山硯爲鳳咮今郡人直名硯崎沙嶺石爲｜｜｜交劍水閩中實錄曰延平津劍水也分枝嶺寰宇記云按縣圖云南至泉州德化縣尤嶺爲界上有樹一枝向南一枝向北以樹枝分二州之界金

泉山寰宇記云在將樂縣南蕭子開建安記云山南枕溪有細泉出沙澗之得金　石帆山寰宇記云在將樂縣東北三十里坤元錄云將樂石似張帆　天階山寰宇記云在將樂縣建安記云山有寶華洞即赤松子採藥之所　落星穴九域志引建安記云晉義興中長星墮其處

蓮華峰在劍浦縣之東　赤松洞在順昌縣之西峯　栟櫚山九域志云上有天柱石有仙人馬跡中多產栟櫚木　雙髻山寰宇記尤溪縣北與沙縣合界　雙溪閣在劍津之上陳瓘詩云歲久謾傳龍變化潭深誰覩劍鋒鋩　三台山寰宇記云在將樂縣西南建安記云山上有三三石其石色紅白似人形俗呼三三郎石　五馬山在將樂縣治西南　六桂堂在劍浦縣三治里地名鑿灘仁宗朝范廸簡父子六人相繼中進士第陳瓘詩云公家丹桂六枝芳吟笑燕山竇十郎郭祥正詩云七葉定追金族貴五枝全勝竇家芳　七臺山寰宇記云在順昌縣西四十八里山有高峯峭壁動逾千丈山有微雲當雨土人以為候　七朶山寰宇記云在沙縣前水南山分

七峯躍成石壁上有木栖花每深秋競發馨香散漫**九龍山**在州治之東**百花巖**在劍浦縣東北**百丈山**寰宇記云在將樂縣北一百八十里**南山堂**在倅廳之後溪南諸山森列窗牖間**西巖院**在劍浦縣西四十里乃蔡柳二禪師道場**西平院**在劍浦縣西

古迹

綏安故城寰宇記云在將樂縣建安記云晉隆安三年又改將樂之西鄉置綏安縣隋開皇中併入邵武縣**鐔州**王延政以延平鎮爲丨丨也**舊鏞州**王延政天德二年以將樂縣爲鏞州**越王臺榭**建安記云在劍浦縣北地名百丈山昔越王於此山建置臺榭**高平苑**寰宇記云在將樂縣蕭子開建安記云越王畋於將樂野宮丨丨丨丨爲越王校獵之所**檀林院鐘**院在劍浦南七里有鐘乃唐昭宗景福年中鑄**金泉寺鐘**在將樂縣玉華門外寺有大銅鐘唐大順三年鑄**太平興國寺塑像**在沙縣殿內塑像七軀爲閩王繼鵬施采色粧

繪李綱謫本縣筦庫寓居是刹一座

棲雲院輦在沙縣西二十里院有閩王賜開山明覺大師小輦

資壽院用吳越錢氏寶正年號延平志云寶正四年置按寶正乃吳越年號其元年乃後唐天成元年也是時閩王氏方用唐正朔而資壽靈峯慈雲福聖歸宗寶興石門興福黃龍皆稱寶正元年置而資壽諸院實順昌縣之境不應越境遙用吳越年號豢之謹按通鑑順昌舊屬吳越至天福五年吳越與建州相攻而王延政敗吳越將吳行直乘勝取順昌永平二城是順昌於天福五年尚屬吳越吳越既自置寶正年號故資壽院之建亦用寶正年號耳

大昇院用契丹會同年號延平志云會同二年置按會同乃耶律德光年號而會同二年即晉天福四年閩永隆元年也會同之號不行於閩越而大昇靈峯報國小靈峯新塔皆稱此年置蓋大昇屬沙縣恐是時與順昌諸縣暫屬吳越王錢元瓘與中國不通而契丹以天福四年遣使遙祈至中國遂如吳越而九國志吳越崔仁冀傳仁冀與契丹使者習射于龍山則契丹亦遣使至吳越矣通鑑天福五年吳越與建

州相攻王延政敗吳越將吳行直乘勝取永平及順昌二城永平即今南劍州是南劍諸邑初屬錢氏後屬建州吳越既用契丹年號故南劍諸邑如沙縣等處亦屬吳越故亦間用契丹年號今婺州義烏之眞如院台州之慶恩定廣二院亦用會同年號則南劍大昇院之用會同年號非閩王也乃吳越錢王耳

張華廟繫年錄紹興十八年名南劍州丨丨丨曰應雲

鎭國威惠王廟廟有古碑云唐僖宗廣明年中黃巢兵經延平有風雷雨雹自廟而出賊大恐自斬麾下五百人祭于廟即引去

順昌范承信愍節廟延平志云紹興元年范汝爲作亂順昌士軍陳望應之軍員范旺不從兇徒殺而尸之其跡顯顯不沒旺子佛勝殞焉妻馬氏號踴於道賊磔之後贈官立廟焉

陳瓘祠堂在州學

林司空墓在順昌縣東一里正識院之側有石麒麟

楊侍郎墳乃龜山楊先生在將樂縣西山

廖尚書墳在順昌縣交溪鳳山之下尚書諱剛字用中

官吏

人物

程博文字敏叔饒之樂平人登皇祐第知州以僧牒募人鑿顯淡灘

俞偉四明志云偉鄞縣人元祐初爲順昌令邑民生子多不舉偉集耆老諭之以理邑人悔悟賴以活者萬餘人

劉滋天聖五年知郡事有灘名顯淡湍猛覆舟船滋即灘旁別開港道遂爲安流

張鬻福州閩縣人建炎三年攝郡事郡卒邱虞童歡等結黨爲變鬻得其籍凡六十人捕而殺之無漏網者紹興初爲守會范汝爲叛謀據福唐賴鬻堅守禦其咽喉瀕海四郡不罹其禍鬻之力也

王廷彥元祐中知尤溪縣時有郡都吏租稅不輸預具吏貿斷案既謁郡將即館舍呼吏至遂出所具案杖之乃趨郡庭以擅斷請罪時蕭伯儀爲太守益器重之

李綱邵武人宣和初爲起居令人上疏陳時政闕失謫監沙縣稅後爲相

謝如意邵武人宣和中爲州司錄會福州兵變害其帥擁衆勤王道出延平太守林通遣如意喻以禍福衆於是縛渠魁赴郡斬之一郡帖然

陳公輔由左司員外郎知州言行錄

王延嗣光州人唐亡梁太祖拜王審知中書令封閩王君力諫之曰義不帝秦此其時也時自朱梁篡唐強藩巨鎮僭號改元審知有効尊之意君極諫審知雖不樂其言然終其身不失臣節君之力也

廖居素將樂人仕南唐以剛直見忌屢諫後主不聽服朝衣冠立死井中大書於筐曰吾不忍見國破□□耳

陳陶劍浦人蔡寬夫詩話云陶詩數百篇間有佳語如中原不是無麟鳳自是皇家結網疎

皇朝黃晃仲爲書生時嘗有魁天下之志元豐四年郡之譙門一柱忽爲迅雷所擊晃仲聞之口占絕句云風雷昨夜破枯株借問天公有意無莫是卧龍蹤跡困放開頭角入亨衢次年對策爲天下第一

陳偁字君舉知惠州州有豐湖堤壞湖涸而魚租尚存偁築堤捍江魚鱉蒲蓮之利悉以予民後知泉州奏置市舶於泉哲宗詔泉置司實偁啟之

胡璞劍浦人經採石渡留一絕句云抗議金鑾反見讐一杯蟬蛻此江頭當時醉弄波間月今作寒光萬里流東坡見之疑唐人所作嘆賞之

陳世卿東都事畧循吏傳世卿南劍州人廣南計口給鹽人以爲害世卿奏免之

林積

夷堅志云積劒浦人入京師至蔡邸席下囊北珠數百顆詢之主人乃巨商宿此林曰此吾故人令來上庠相訪商至京取珠無有沿道至蔡邸即還訪林林曰可投牒府中林詣府盡以珠授商府尹使中分之林不受林後登科至中大夫季子爲吏部侍郎又延平志云尤溪人登慶歷第補循州判官有强盜積詳覆得其實止黥三十人餘盡釋之

吴輔　劒浦人調道州推官會有傳寇至者郡僚欲毁橋梁以城守輔曰自橋而南者皆吾民也安可弃民以自全耶聞者壯其言民心以安而寇卒不至

羅薦可　沙縣人靖康中爲高郵理曹京城陷敵叛臣僞赦至高郵守人欲拜之薦可持不可宿留數日而建炎赦至事上聞命襃以京秩

陳瓘　南劒州人徽宗朝除右正言以論蔡京罷尋召還又罷安置通州移台州楚州卒靖康贈右諫議大夫號了翁所著有尊堯集

楊時　將樂人從二程先生遊欽宗朝除諫議大夫高宗即位除工侍號龜山先生

鄧肅　王明清揮麈錄云字志宏南劒人初京師艮嶽成肅上詩云但願君王安萬姓圖中何日不東風詔屏逐之靖康召爲正言延平志云淵聖踐祚召對便殿金人犯

闕詣敵營南還値張邦昌僭位奔赴行在除右正言首論叛國受僞命之臣以三等定罪

曹輔 字載德沙縣人中元符第後中詞科仕至簽書張邦昌僭位脅公視事公以死自誓遂奔濟州

廖剛 順昌人爲御史中丞秦檜欲斥逐異己遣人風之答曰枉道徇人非吾志也

仙釋

梅福 壽春人往衍仙山郭山煉丹九載乃成與僧對奕騰空而去

衍客 延平志晉有衍客隱郡之北山煉丹丹成舉家上昇

張壽 九域志福州香爐山下云道士張壽於香爐山學道延平津有蛟害人壽入水斬之

楊道眞君 有洞在將樂縣封山亦古之得道者楊時有記

上官道人 辟穀煉氣一日留偈云處世紅塵五十八混世獨存今始沒時人若問吾歸處掃盡雲霞一輪月越數月成兵於廣西見之

羽衣仙 沙陽羅師服夜夢羽衣授詩云昨夜月娥親付與黃金牓上第三人師服明年果中第三

蔡柳二禪師 自東陽同游閩中唐寶歷二年至延平西岩創庵山

神示現二師拔松倒植於地而松倒生山神乃歸向

惠應大師唐會昌中在七臺山乘虎出入

碑記

仙書石在劒浦縣之東蕭坑之前或指爲仙書

湝灊院畱題在劒浦妙峯閣上有蔡襄題字及李孝彥草書賈青詩云溪聲灘外急草色雨中深客意自南北山光無古今

虎頭巖記在將樂縣南龜山楊時記

鎮國廟中碑見古迹門

寶華院記在將樂縣南十五里有僞閩王氏鑄銅鐘

天王院畱題在沙縣壁間有唐韓偓題詩

延平志廖挺編胡舜舉序

尤溪縣新學記晦翁文

詩

風前摧折千年劒巖下澄空萬古潭雙劒已成龍化去兩溪相並水歸南竇鞏題劒津

想像精靈欲見難通津

一去水漫漫空餘昔日淩霜色長與澄潭生晝寒歐陽詹延平津三尺精熒射牛斗豈隨凡手報寃讐延平一旦爲龍處看取風雲布九州汪遵延平津路水溶溶峭壁巍岑一萬重昨夜七星潭底見分明神劒化爲龍胡曾至今斗牛氣散作延平人僧惠洪龍津劒窟古南州閣勢橫空占上游山色鎭畱春色在水光長帶寶光浮胡器之鐔溪閣化成丹碧出鼇頭獨占閩川最上游兩劒合來靈一境雙流分處帶三州南劒州詩延平高閣瞰雙溪神劒光芒衝斗極黃德美雙溪閣看取黃龍沙斗起滿城歌吹入豐年黃裳雙溪分二峽萬古水溶溶彩氣夜常動

精靈日少逢古詩舟橫劒浦淩淸瀨馬過猿巖點翠微徐鉉送會直館崢嶸南指展旗山旗鼓相臨縹緲閒雷動滿城春不去龍鳴今日劍須還黃裳故老凋零盡君猶識了翁深知名節似不但里閭空韓偓道傍巖桂老成行翠葉經冬不着霜想見秋淸風月裏綴金粟顆臏輸香倪思南劒道中桂詩長幾贛石三百里險半瞿唐十八灘幸有溪傍平穩路何須欲速冒驚湍倪思港灘餘波下作雙溪水祗欠休文八詠樓廖挺雙溪閣詩

四六

鳳扆疏榮帝遺一麾之出龍津增煥神催雙劍之歸

熊叔雅啟延平名壤閩粤上游光分婺女之星神化豐城之劍廖拱鼓樓上梁文星芒落地寶氣騰空曾元劍化神飛具表山川之意丹成仙鼎素鍾人物之英楊祐龍津浩壤劍浦名藩當斗野之奧區實甌閩之要會千山拱秀雲霞棲衍客之舟二水交流雷電化張侯之劍傅伉設廳上梁文甌閩八部文星輝斗野之躔劍水萬家寶氣聚龍津之浦傅伉龍蟠兩劍思吐神光壁立七峯僅存秀氣朱作新同上襟帶高下甌閩占溪山之雄舟車往來延平當水陸之會黃裳雙溪閣致語下枕雙溪舊是無諸之佳境中藏一劍今爲有朱之名州黃裳西園致語

輿地紀勝卷第一百三十三

輿地紀勝卷第一百三十四　文選樓影宋鈔本

東陽王象之編　甘泉岑　鎔 淦 臺　校刊

福建路

邵武軍　昭武　武陽　樵川　樵陽

軍沿革

邵武軍同下州九域志星土分野與建甯府同元自建州割邵武縣爲軍治故星土分野與建甯府同本漢冶縣之地吳於此立昭武縣元和郡縣志屬建安郡輿地廣記晉武平吳更昭武曰邵武沈約宋志云吳立昭武晉武帝更名曰邵武象之謹按晉改昭武曰邵武避司馬昭諱也故晉志建安郡下有邵武縣而無昭武宋齊梁因之宋齊志建安郡下皆有邵武縣隋平陳郡

縣俱廢隋志於建安縣下註云舊置建安郡平陳廢則建安諸縣之廢疑在此時尋復立

邵武縣屬撫州隋志臨川郡下有邵武縣註云開皇十二年立而寰宇記以爲十八年廢郡縣隸撫州然隋志於建安縣下註云平陳郡廢則廢建安郡自是開皇九年平陳之時而撫州邵武縣註云開皇十二年復立則立邵武縣之初卽隸撫州非撥隸也寰宇記則以爲廢建安郡撥邵武縣隸撫州俱在開皇十八年與隋志不類當從隋志唐屬建州唐志建州邵武縣下註云本隸撫州七年以邵武來屬建州正觀三年省綏城縣入焉石晉初復爲昭武縣圖經在天福初年劉漢又改爲邵武縣圖經在乾祐初年皇朝陞爲邵武軍國朝會要及九域志並云在太平興國五年以建州邵武縣建軍皇朝郡縣志云太平興國五年以戶口繁夥路當要衝於縣置邵武軍從轉運司之請也圖經以爲在太平興國四年不同象之謹按長編云太平興國四年十一月辛卯以建州邵武縣爲邵武軍當從長編仍割建之二縣來

屬又添置光澤縣隸焉今領縣四治邵武

縣沿革

邵武縣　望

倚郭寰宇記云本漢東候官之地也建安元年孫策置南平縣吳景帝三年改爲昭武縣晉太康三年改爲邵武縣太寧元年又改爲邵陽縣宋初元元年復爲邵武縣屬建州隋開皇十八年廢邵武縣隸撫州唐武德四年隸建州晉天福初改爲昭武縣漢初復舊國朝會要云太平興國五年立軍自建州來隸

光澤縣　望

在軍西八十里寰宇記云本邵武縣地圖經云後周迄我宋始爲財演鎮至太平興國四年以邵武爲軍明鎮置縣分光澤鸞鳳二鄉以隸之因名光澤國朝會要太平興國六年置光澤縣不同然寰宇記及輿地廣記並在太平興國六年與會要合當從會要

泰寧縣 望

在軍南一百四十里圖經云本古綏城縣地唐末分置歸化場僞唐保大中廢場爲鎮周顯德五年陞爲縣屬建州國朝會要云太平興國五年自建州隷邵武軍圖經云元豐八年按察使張汝賢奏係內地乃名歸化准勅改泰寧國朝會要云元祐元年改歸化縣爲泰寧縣不同象之謹按元豐九域志亦以元豐八年來上而九域志於邵武軍尚載歸化而不言泰寧縣則改歸化爲泰寧當在元祐元年

建寧縣 望

在軍西二百四十五里圖經云本將樂縣地新唐志邵武縣下註云舊隷撫州舊唐志云武德四年置建州領綏城等六縣而新唐志武德四年析置綏城縣隷建州七年以邵武屬綏城正觀三年又省綏城而入邵武寰宇記云黃巢叛鎮將兵禦黃巢有功土人陳巖爲福建觀察使表爲義寧軍治其後廢爲永寧鎮又改爲永安場皇朝建隆元年江南李唐陞爲建寧縣開寶八年平江南入版圖國朝會要云太平興

國五年自建州來隸

風俗形勝

人性獷直尚氣治生勤儉力農重穀然頗好儒所至村落皆聚徒教授有古之遺意武陽志儒雅之俗樂善之俗昭武人喜以儒術相高是爲儒雅之俗里人獲薦登第則厚醵慶賀是爲樂善之俗並武陽志儒學之風尤盛胡寅軍治記弦誦之聲相聞葉祖洽泰甯縣記東抵富沙西抵盱江南抵臨汀北抵廣信武陽志前據重岡後帶鹿水胡寅軍治記三峯峙其南一水界其北武陽記其土夷曠其氣清淑其勢蜿蟺抱負如在碧玉環中武陽志東南名壘胡寅重建軍治記甌閩之西戶胡寅重建軍治記山

水州袁轂元豐間知郡嘗作詩云本是林泉客來居山水州**古之名鎮**鄭事道石鼓感應廟記**二龍爭珠**軍學前有二山正直門屏蜿蜒如江之水湄中睨圓峯若相挐攫兆日此丨丨丨丨丨廷試必有魁亞聯名者**何潭流斗角此地出三元之讖**武陽志**遊魚生鬣出侍郎之讖**故老相傳**戶口繁夥路當要衝**建軍奏疏見軍沿革**左延平右盱江前瞰鄞水側睨章貢**葛隲武陽志序**昭武居上四州之上游其封畛與江東西接**武陽志

景物上

東山在建寧縣東一里**南樓**在南街**南軒　西齋**並在郡治**天湖**在邵武縣平灑高山之頂**黃溪**在泰寧縣南**朱石**在泰寧縣南突兀高聳石如朱**鼓石**在泰寧縣西十五里形圓如鼓**旗山**在泰寧縣北山如旌旗之狀**瑞榴**海錄碎事云郡庭有石榴

一株士人視所實之數以爲登科之信熙甯庚戌有雙實於木末又有附枝而雙實者是歲葉祖洽上官均名在一二何與京同榜祖洽詩云已分桂葉爭雲路不負榴花結露枝 靈泉在登高山 泉山在邵武縣東 樵溪在邵武縣 梅溪輿地廣記云在泰甯縣 鍾石在泰甯縣 巾山在邵武縣北十里 鳳山在泰甯縣西 龍窟在邵武縣東三十里 麈溪在邵武縣蕭子開建安記云邵武縣泉山西北來開溪源出縣西烏嶺撫州南城界謂之丨丨東流下與密溪爲合東南至萬福亭入縣界 龍鬭在邵武縣西二十里 三溪輿地廣記云在建甯縣

景物下

會景亭在熙春臺東南前視井邑萬瓦鱗次左瞰清流右臨碧巘 凝香堂太守之燕寢也 雅歌堂在郡治 燕喜堂在雅歌堂之右 清心堂在郡治 熙春臺在城西登高山之頂 蓮花峯在郡之水北 佛桑山在邵武縣 讀書堂在泰甯縣西十

五里爲李公綱作也瑞光巖在泰寧縣讀書堂在其右明遠樓在映川亭之南環翠
閣在通判廳雙峯石在泰寧縣西四十五里絕頂有洞仙人奕局存焉鄉人梯險以上求嗣尤
驗雙仙峯在建寧縣三郎石在泰寧縣五峯院在邵武縣南一里七臺
山在邵武縣東百里九盤嶺在泰寧縣九龍池在大慶觀唐正觀元年觀之東北池
忽有九龍見焉九峯院在邵武縣東百二十里山有九峯因名百丈巖在泰寧縣寶雲
巖左百丈嶺在建寧縣乃閩楚分界鳥道懸絕昔無諸越王築臺之所潮魚山在邵武有
三峯天馬山在郡之北金雞嶂在建寧縣牛眼石在泰寧縣北十里峩眉
嶂在建寧縣獅子巖在泰寧縣鶴冲溪源出寶積小竹等衆山合流入大溪俗傳昔有
鶴冲天因名九域志亦有鶴冲雞籠山在邵武縣又有丨丨峯在建寧縣雞鳴山在邵
武縣東二十五里盧絳叛兵入閩居民未知避賊夜有雞鳴山頂人皆起而賊適至一方免殺壤之苦故

以名之。**龍門溪**九域志。**龍圖石**在泰寧縣。**龍焙監**建州建安縣南鄉泰漢溪里地以本州出銀鑛皇朝開寶八年置場收銅銀至太平興國二年升爲丨丨丨凡管七監。**龍湖山**在邵武縣西五十里寶乘禪院在焉唐僖宗子圓覺禪師道場。**龍平潭**在建寧縣有異物潛焉潭可溉田萬畝其旁居民有享年百二歲者。**騏驎洲**在泰寧縣西南十五里昔越王嘗戲馬于此故名。**止馬亭**在邵武縣西一百六十里。**釣魚臺**在城西熙春臺之陰。**飛猿嶺**在邵武縣西一百七十里建安記云猿猱之所飛走故名。**白水中**邵武縣九十里有瀑布百丈上有菴可以逃暑。**白鼠村**在邵武縣南父老相傳昔有白蛇白鼠相鬬。**白鹿山**舊傳山有白鹿故名。**烏君山**在光澤縣秦漢之代有徐仲仙者於此山遇神仙妃偶多假鳥皮爲羽飛走上下故名出寰宇記。**烏嶺山**在邵武縣西北三百里以其與烏君山連接因名魏王泰坤元錄云邵武北有庸嶺一名烏頭有大蛇長七八丈爲患巫言啖童女其都尉估賃人家婢子八月祭送蛇穴已九女矣將樂縣李誕有六女無男小女名奇及受雇應之奇買好劒乃作數石米餈用蜜灌之以置穴口蛇夜出奇放犬咋蛇奇從後以劒斫之蛇踴出至庭而死出寰宇記

玲瓏山在邵武縣

長樂村建安記云後漢時此川居民殷富地土廣濶孫策欲將檢其江左時降郡亡逃或爲公私苛亂悉投於此因是有長樂將檢二村之名出寰宇記

樓眞巖在泰甯縣西三十里昔梅子眞修煉之所有朝斗石探樂淵猶存

鑪峯山在泰甯縣治之西

金鐃山在泰甯縣東二十里山極高大盤跨建甯歸化二邑

鳴鐃山九域志按圖經云越王無諸嘗畋獵於此鳴鐃載旗因名

筆笏石在泰甯縣南七十里雙峙雲外遠有卓筆植笏之象武陽志

登高山在郡城亦謂之甘露巖山有三舊謂之靈泉三峯熙春臺在其北斯美堂其南憩亭在其中各占一峯

大洋障在建甯縣

邵武溪元和郡縣志云水源出飛猿嶺東南流經縣

麻姑山在縣北四十里俗傳麻姑寓此山修道因名

王母池在天慶觀內

仙人石在光澤縣

道人山

在邵武縣南八十里**王仙嶺**在建寧縣**羅漢巖**在邵武縣**魁星橋**在泰寧縣**君子峯**在泰寧縣**道人峯**在軍治負長溪面樵水秀峙於城南數十里外爲羣山之冠然而去譙門不十許步**吉老菴**在熙春臺之西菴北向凡城北之山水皆面焉**寶雲巖**在泰寧縣西南十五里號西巖**甘露巖**在泰寧縣西南二十五里外有石門天成景物奇絕郡城亦有｜｜｜**聖水巖**在泰寧縣西瑞溪十五里巖中有三石乳下垂其六四五圍**桃源溪**出將樂縣界入尤溪縣**保安院**在泰寧縣西茂林勝景中有西菴葉祖治遊憩之所**瑞雲院**在泰寧縣西南三十五里坐倚石峯面直大溪**靈泉院**報恩寺在郡西唐末大潙禪師駐錫于此靈泉湧出號｜｜｜**香巖院**在邵武縣東十里卽南唐龔謹儀捨宅所造初謹儀使南漢爲劉鋹所四乃許捨宅爲寺數日得釋**雲蓋山**在龍潭在泰寧縣西九十里有瀑布泉三十餘丈**雲際嶺**在邵武縣北**寶蓋巖院**在泰寧縣北三十里殿堂廊廡處巖下**瑞峯巖**

院在泰甯縣西四十五里與羅漢丹霞二巖鼎峙中有五百金羅漢葉祖洽諸公有詩

古迹

故義甯軍武陽志　故綏城縣武陽志　廢烏坂城寰宇記云在邵武縣南三里建安記云昔越王拒漢其城六此一也　走馬城在邵武縣南十里梁正明中土人吳師僻與弟師講爲福州鎮過使防扞鄉境故名　鶴冲水樂安宮建安記云越王以七百里山澗之地畋獵縱樂　高平苑建安記云越王校獵之所　樂野王宮在邵武縣東三十五里越王遊賞之行宮也今樂城里樂坂之上有古基猶存　越王渡在邵武縣　孔子山在泰甯縣野鴨湖其旁有仙人足跡湖水瑩徹或秋雨初晴隱然聞絲竹之音故亦呼爲孔子山　越王塚在泰甯縣西五里高踰數十丈世傳人觸之則有風雨之異　陳巖墓在建甯縣之西

官吏

石中立字表臣洛陽人淳化中知軍政尚寛簡後參知政事陳從易字簡夫泉州晉江人景德初知軍事專務以德化民蘇爲祥符中知郡事政尚清簡在昭武時有十詩人所傳誦後袁轂作守讀其詩因爲詩云手搊樵溪塵可濯恨無雄筆繼蘇爲宋咸字貫之建陽人至和中知軍事重建公廨創學舍又買田歲收米五百斛以給生徒李泰伯作莊田記曹修睦青箱雜記司封丨丨丨深達性理知軍事張士遜光化軍人景德初知邵武縣專任德化嘗即聽訟之所手植海棠因以名亭既登台袞後人封植以比甘棠周表權知泰甯自爲文以戒生子不舉民從之溺者稍息袁轂元豐七年知軍事有詩云本是林泉客來居山水州又云滄浪不須濯纓上本無塵徐壽建安人知泰甯有惠愛不受監司敷鹽之命吳遠字公路建陽人政和中知泰甯縣愛民如保赤子馭吏如束濕邑號產茶之地舊敷茶引錢額過重申上司蠲其半邑人爲立生祠劉彝治簿書恤孤寡作陂池教種植平賦斂抑豪猾扼游墮凡所以惠民者無不至也類其事爲一書曰法範

尹師魯知光澤縣召試館職上官均熙甯三年廷試第二元豐初除監察御史言蔡確持法刻深謫知光澤縣勸率鄉民立義杜死喪患難聞鼓聲畢至治務寬大以德化民章元振建炎初知泰甯縣盜賊四起元振遂據險立砦遷民帑庾於中與百姓堅守闔境獲全張翌南京人文定公方平其從祖也登崇甯第建炎初知軍事敵犯江西遣使約翌降附翌怒斬其使先是翌子申陷敵和議成申欲取其父朝廷下衢趣遣行翌與宰相秦檜書謂以子召父不孝背德犯順不忠誓不與逆子俱生上聞而憐之得不遺事見衢州志王洋字元勸楚州人紹興十年宋昭武有袁氏夫死詣郡投牒丐他適洋視讞經之下紅裳微露且無戚容命械繫之一掠而服果毒死其夫獄具將刑郡丞疑徙獄廷平吐實如初訖坐腰斬

人物

黃亘邵武人居母喪廬墓三年有芝草產墓側唐正觀中旌表門閭張巨錢邵武人居母喪

廬墓十三年永淳初錮其賦役

龔謹儀 字世則邵武人仕南唐爲禮侍開寶初入貢太祖宣問曰知卿嘗往廣南彼事何如｜｜奏嶺南特去朝廷遠妄自尊大帝曰朕今貽書與李國主卿宜爲朕賫往廣南招之｜｜歸遂持李煜書赴廣南爲劉鋹所囚數日乃釋之

龔頴 青箱雜記云頴邵武人先事江南歸朝爲侍御史嘗憤叛臣盧絳殺其叔愼儀又害其家後絳來陛見舞蹈次頴遽前以笏擊而踣之太祖驚問其故頴曰臣爲叔父復讎非有他也因俯伏頓首請罪極言絳狠子野心不可畜太祖卽下令誅絳義頴而赦之

李巽 皇朝類苑云巽邵武人累舉不第爲鄉人所侮曰李秀才應舉空去空迴不知席帽甚時得離身至是應舉乃遣鄉人詩曰當年蹤跡困埃塵不意乘時亦化鱗爲報鄉閭親戚道如今席帽已離身蓋國初猶襲唐風士子皆曳袍重戴出則以席帽自隨巽與王禹偁相友善今小畜集有送李仲權赴官序卽巽也

上官凝 字成叔邵武人登慶歷第調銅陵尉官滿有老叟十數人送至境上餽藥數器行數里發之皆白金也追而反之曰奉法循理非私汝也詎以公義而受私惠耶

高照字景昇邵武人登慶歷第任虔州司理時郡有盜驅脅良民捕者利賞誣以眞盜將悉論死照察其枉出繫者百餘人　吳處厚邵武人神宗朝皇嗣屢闕||上言程嬰杵臼全趙氏孤最爲忠義欲乞朝廷稍加訪求二人書奏即勅河東路尋訪二人遺跡得於絳州封嬰成信侯杵臼忠智侯立廟歲時祭祀從||||之請也有青箱集行於世　黃通字介夫邵武人賦詩狀福州風景有春歸萬木不知老潮上百川皆倒行之句　葉祖洽神宗初革聲律命以策廷試多士祖洽陳數千言貫穿古今擢爲第一　黃履邵武人哲宗徽宗朝兩爲尚書右丞以言鄒浩當徙善地被謫又以復后事追貶郴州團練副使　上官均邵武人元祐初爲殿中侍御史紹聖初爲右正言以忤時宰與外任後與元祐黨籍　謝如意邵武人宣和間爲南劒州司錄時福唐兵叛害其帥柳庭俊擁衆數千勤王道出延平如意乃白太守曉以禍福守卽遣如意往諭之衆皆聽命乃面縛兇渠二十餘人赴郡斬之　李綱字伯紀爲右史宣和改元京師大水上疏謫監沙縣稅後爲名相　吳點邵武人與

蔡京有舊祟[甯]初京拜右僕射黠爲太僕寺丞首求去京不樂終身以郡倅處之淵聖受禪擢知漳州遂再掛觀繫年錄

仙釋神

徐仲山 秦漢時於烏君山遇仙妃多假烏皮羽飛走上下今有烏君村有九龍觀九龍見于池

馮觀國 夷堅志云邵武人游方外遇異人得內丹之法自稱無町畦道人寓宜春二年言人吉凶盡驗或有詣其醉狂者觀國以詩謝之云踏遍紅塵四百州幾多風月是良儔朝來應笑酡顏叟道不相侔風馬牛又述懷詩云謾假人倫來混世只將酒盞度流年潛修功德歸何處笑指瀛洲返洞天紹興三十年端坐而逝李觀民爲郡守命塑其身於治平觀

大乾廟 邵武惠應廟在軍西五十里大乾山閩士多往致禱郡人張鳳紹興甲子冠鄉書既下第丁卯再試欲改賦爲經義夢僧持鉢盂中有詩曰賦中千里極歸依衣鉢成章露翠微乃用賦復魁薦千里者重字也高字外得詩曰碧瓦朱簷天外聳黄花六

葉掌中開才登第娶黃司業女六娘爲妻碧瓦朱簷高字也建安詹必勝兄弟三人得詩曰萬里無雲天一色秋風吹起雁行高紙上倒書之時紹興己卯秋闈同預薦季弟名居上仲稍次之兄最在下葉堯明得詩曰十日陰泥雨今朝喜乍晴浪平龍角穩風細馬蹄輕遂登第延平鄭良臣赴舉其父禱焉夢判官送詩曰筆頭掃落三千士賜與君家一二名良臣是年以第三名薦

碑記

王氏石銘　夷堅志云邵武人危氏者大觀二年葬其親於郡西塔院下路傍踰月雨過視墳側隱然有痕掘之得銀酒盃二銅水缶及鏡銘一又得埋銘石其文曰瑯琊王氏女江南熙載妻丙申閏七月葬在石城西諸器皆依古而制度精巧非世工可及　吏隱堂銘　葉儀鳳撰云樵溪之水清漱玉樵嵐之山翠可掬溪水之湄山之足上有寒梅擁脩竹　武陽志　高光編葛隲序　樵川集序　黃璋　李丞相祠堂記　在軍學晦翁文

詩

道路先經毛竹嶺風煙漸邇刺桐花舟停漁浦猶爲客縣入樵溪似到家方雄飛送人宰永泰溪上千峯碧玉環瞰溪臺榭紫雲間鳥啼花落非人世似在金鼇山上山葉儀鳳城南城北草如茵緣水青山眼界新更問樵溪何處是滿城桃李萬家春前人邦人遊冶處盡在月輪中袁轂曉瘴萬重煙漠漠春臺四顧俗熙熙天鍾秀氣魁文陛池湧仙源接武夷前人手掬樵溪塵可濯恨無雄筆繼蘇爲前人營古杳難尋白石山靈慚未識烏君同人荀供四序庖相繼酒釀多年飲易醺同上吾閩山水

州佳麗發於邵中有登高山迥與蓬萊肖萬家雞犬環四面城池繞木老煙蒼蒼天低雲杳杳黃通遊熙春臺柳綠藏樵市桃紅覆酒家袁載樵州江上臘梅村人家半掩門夕陽連野色落葉破煙痕上官凝天惠樵陽豈厚哉文翁旌旆兩回來黃通寄宋咸訟庭無事意徘徊長嘯西風酒滿杯溪上小樓秋色裏一番新鴈趁雲來黃通秋興桂華歲歲吐秋風香滿磎城十里中李綱地回仙島風光別人在春臺笑語溫事簡民淳知帝力時和歲稔荷天恩李詳簾捲虛明十二欄脩然身世向人間怪來拾得無塵句放出雲屏幾疊山同上江南煙雨蔽征輪

行近樵陽景漸眞鳥語乍聞如夢寐林光初見長精神葉祖洽鳳凰臺上山呑月白鷺洲邊水接天葉宗愛詩重八九月登臨高下樓紅雲白處起寒瀨泊漁舟蘇爲閩嶺皆何在東南千里遙温公送張景陽知邵武軍

四六

矧樵川之豐壤據閩越之上游臺聳熙春瞰萬家之井邑堂高斯美環千里之江山方滓致語矧兹武陽近在閩越葉晦叔到任謝表武陽郡下路貫八州樵溪岸頭水分一派王洋造橋疏七閩奧壤八郡名區推樵水之上游限長江之東境王洋上梁文右轄中台昭武兼邵文之盛龍

頭榜眼紅榴呈紅桂之祥同上

輿地紀勝卷第一百三十四

輿地紀勝卷第一百三十五　文選樓影宋鈔本

東陽王象之編　甘泉岑鎔塗墍校刊

福建路

興化軍

莆陽　莆中　莆口　太平軍

軍沿革

興化軍　同下州九域志　星土分野與泉州同　元自泉州割莆田縣爲軍故星土分野與泉州同　陳寶應走至莆口其地始見載籍　通鑑陳文帝天嘉五年陳寶應據建安晉安二郡陳遣將章昭達度嶺趣建安討之寶應大敗逃至莆口　唐析泉州置豐州　寰宇記云武德四年置豐州　領縣二曰南安曰莆田　舊唐志莆田縣下注云武德五年析南安置莆田縣屬豐州　豐州廢縣屬泉州

舊唐志云豐州廢來屬泉州圖經在正觀初年又置武榮州莆田隸焉唐志云聖歷二年析泉之南安莆田龍溪置武榮州景雲二年更名泉州更武榮州曰泉州唐志在景雲二年圖經云今泉州是也自此常爲泉州屬縣五代初屬王氏又屬畱從效後屬陳洪進國朝太宗時洪進納土漳泉二郡復歸版圖洪進傳在太平興國三年於泉州游洋百丈鎮置太平軍尋改爲興化軍國朝會要在太平興國四年及置興化縣併割莆田仙遊等縣以屬焉寰宇記又以游洋鎮地不當要衝移於莆田縣爲軍理從轉運使楊克遜之請也寰宇記在太平興國八年初隸江南東路圖經後隸福建路國朝會要在雍熙二年今領縣三治莆田

縣沿革

莆田縣 望

倚郭元和郡縣志云本南安縣地陳廢帝分置莆田縣隋省隋志於南安縣下註云又置莆田縣尋廢唐志莆田縣下註云武德五年析南安縣置是置於陳之廢帝廢於隋之開皇而復於唐之武德也圖經云唐武德中以南安爲豐州正觀屬泉州聖曆屬武榮州景雲三年改屬泉州國朝太平興國四年置興化軍及興化縣八年遷軍治莆田縣

仙遊縣 望

在軍西七十里舊唐志云聖歷二年析莆田置清源縣天寶元年改爲仙遊元和郡縣志云聖歷二年於今縣北十五里置清源縣天寶元年改清源爲仙遊仍移於今理寰宇記云縣在大飛山前五里圖經云初屬武榮州聖歷三年州廢屬泉州國朝會要云太平興國四年自泉州來屬

興化縣 中

在軍北七十里圖經云本泉州游洋鎮國朝會要太平興國四年析莆田縣地置圖經又云加以百丈鎮及析莆田仙遊縣地及福之永泰福清地置興化縣軍治在焉八年移軍治於莆田縣興化爲縣如故

風俗形勝

北枕陳巖南揖壺公東薄甯海西縈石室莆田志 莆田介泉福之間通海道舟車所會民物繁夥比屋業儒號衣冠盛處至今公卿相望游醇通判廳名 山川之秀甲於閩中莆陽志 冠大廷位元台射策中眉秉參機政前後相望莆陽志 儒風所倡非在常袞入閩之後莆陽志梁陳以來已有鄭露書堂及唐正元林藻伯仲因之隸業歐陽詹來自泉山原其所倡蓋非常袞入閩之後 十室

九書堂見上拆屋換椽之讖古讖云拆拆郄屋換郄椽朝天門外出狀元宣和間徐鐸將第南門壞秀民特多陳俊卿作貢院記云莆蕞爾介於福泉之間井廛戶版不能五之一而秀民特多焉莆田荔枝爲天下第一烏石荔枝爲莆田第一見烏石山下

景物上

何巖在興化縣西南三十八里一名古何城及何嶺何嶺在仙遊縣東北三十五里以何氏九仙名梁山在仙遊縣西四十里舊經云平田之中突起一峯層巒插漢多爲神仙所居昔傳嘗有紫氣煙霧凝結絶旬方散吳嶺在莆田縣西北七里洪山在莆田縣南十五里州峯在城城山在莆田縣東南三十里俗傳舊有蜘蛛造山爲城松嶺在莆田縣西北十里梅峯在城梅井在莆田縣西一里枯旱不涸林尚書大鄉賦云飲梅山之井者無廢疾坤溪在仙

遊縣治東南

上溪 在莆田縣西二里蔡襄遊｜｜詩云尋溪因過｜｜遊雨後溪渾水亂流因傍堤邊卻飛蓋爲間山鳥輟鳴騶

祺山 在興化縣南三十里山有仙掌峯

金山 在莆田縣東南三十五里

鍾湖 在興化縣東四十里

靈峯 在莆田縣東北五十里山環五峯

豹隱 見赤湖下

盤井 石穴中有雙盤歲旱禱祈迎歸卽雨

聖泉 在仙遊縣南七里亦號龍井舊經云豐歲不加旱亦不減灌田千餘頃

香山 在仙遊縣南十五里舊經云昔有人登山聞異香士人或於此中得之宛若乳香

赤湖 在莆田縣四十里地形如豹隱眠

碧溪 在莆田縣東源出安吉溪去莆田縣二十五里舊經云**洙溪**大溪中有溫泉數眼沸如湯

湯泉 在莆田縣西南舊經云大溪蟠石中有三兩穴如井泉出如湯

蒜嶺 在莆田縣東北六十里

鳴山 在仙遊縣南八里舊經云山頂有風穴天將雨則鳴其聲隱然若雷過三日不雨則旱

儒雅堂在州治

桂籍堂崇甯四年建考皇朝至道以來郡進士題名刻石置堂上

和簡堂在正己齋之後

望壺樓在郡治扶春館之東

壺山堂在郡治

清心堂在郡治

共樂堂在州峯之巔爲城中登眺勝處蔡襄陳俊卿有詩

望海亭在梅峯上

十洲亭在仙遊縣東九仙門外東塘之側有蓮二十畝爲水閣臨其上

國清堂鄭耕老詩云六月國清堂上望依稀身更在西湖

國清塘在莆田縣東南二十里并諸泉塘永豐塘瀝潯塘橫塘頡洋塘凡六塘並見唐地理志

駟馬山在莆田縣東北五十里

靈龜潭在香林院數十步有石如砥平可坐數十人流泉環繞

龜紋嶺亦曰歸雲嶺嶺上有亭爲遊人憩息之所

牛頭嶺在興化縣北二十五里舊經云大抵環興化皆山也來自建昌昭武越尤溪至于永福分爲三四自洑口達九座爲仙遊至于壺山入于海筆架仙臺大雪至于香山乃其支出也東自杉溪出爲長壽峯又東爲二支一自狠山爲仙壽峯爲日月角山金芝之環珞暘谷夾際越王烏石皆其別名一

爲瑞雲峯爲兜率百丈達于福清其中則爲小章山爲牛頭爲興化縣治過章嶺雙髻覆鼎至于石所號何岩下有九鯉湖直出爲龜山爲廣化爲華嚴爲興化治所　虎邱巖在壺公山傍　龜洋山在莆田縣西二十里　蛇灣城在仙遊縣東北三十里又有蛇灣溪　虎跑石在興化縣東南　龍華寺在仙遊縣西南五里唐垂拱二年置舊經云隋大業中有潤州僧卓庵于此人跡不到後有白龍銜白蓮華自空中來獻因以爲名今龍井龍池遺跡尚存別爲院十有一又爲菴七十有七　飛烏溪在仙遊縣西北十五里　透龍石在仙遊縣太平九座蛇龍潭之間　象王峯在興化縣　獅子峯在興化縣　烏石山在城北一里下有荔枝圃荔枝又爲莆田第一　白巖山在仙遊縣南十里　紫霄巖在莆田縣北二十里有琉璃峽天台洞石鼓石門仙人橋仙人塚　琉璃峽在莆田縣北十里　白馬嶺在興化縣南十七里　轉水臺九域志云在百丈溪山岩下有水或歲旱居人壅之迴流入城卽應則而雨　瑞雲峯在興化縣

東北六十里舊經云峯頂有出風穴在興化縣舊經
雲起卽雨鄉人以此爲候云大石上有穴
大如斗風徹雲洞在仙遊太平院泉南錄云有大望
自穴出澗澗中水下激石如噴如瀉
江巖在興化縣梯雲嶺在仙遊縣西戴帽山在莆田縣東
化縣北四十里北五十里
雙髻山在莆田縣東五十雙魚山在莆田縣東三仙
山里亦名筆架山北五十里
山在莆田縣九峯院去莆田縣九仙山寰宇記云九
西五十里三十里仙山在仙遊
縣北四九龍山在仙遊百丈溪寰宇記云在興大飛
十五里縣東南化縣東七十里
山晏公類要云在仙遊縣北五里又九域志云山地
本平湖數頃一夕風雨暴至旦見此山聳峙因名
焉游洋溪在興化縣前崑崙山在莆田縣瀑布山
一里二十步頂有蟠井
類要云在仙遊縣東北五銅鼎山在仙遊金鐘潭一名
里其山峭峻懸崖有瀑布縣東南
金溪在仙遊縣錫杖泉在仙遊縣太文筆峯在仙遊縣烽火
興化縣平九座院四十里

山在莆田縣東北二十里銀頂峯在興化縣西二十五里雲頂巖亦曰雲頂峯在興化縣北二十五里巖有石室十餘所有巖號臥雲閣釣月灣聞猿洞峯之旁為際坑巖居其巔古讖云際坑鄉監無人識雲頂峯前出狀元鼓角山在莆田縣南十里壺公山之西雲霄巖在興化縣陳巖山在莆田縣一名蓮華峯有石洞有巨人跡石茶竈石碁枰存焉琉璃院側有桃花塢燕子洞仙象石粘蠔石蔡谿巖在興化縣西六十里陳易隱居之所易不下山者五十年崇甯初召不肯起詳見仙釋門長壽峯在興化縣東南二十五里舊經云何氏兄弟九人先隱此山得不老之術後遂過九鯉湖延壽谿在莆田縣北七里歸仙嶺在仙遊縣西二十里昔有陳乘陳光義者居嶺內登第還鄉請改今名粘蠔石在莆田縣北十里陳巖山山距海七十里今山頂有石蠔山粘殼猶在方正字詩云乃知此山千載前洶湧尚作海渺瀰蛟龍魚鼈占窟宅不省造化能密移子魚潭亦名小姑潭在莆田縣東北五十里迎仙橋下潭僅數百步所產子魚為真而

不可得荆公詩云長魚俎上通三印東坡詩云通印子魚猶帶骨山谷詩云子魚通印蠔破山今潭中大者尤難得潭之旁有雙魚山上有小廟政和間里人劉仲審始題其額曰通應因以名港追考歲月實在三公作詩之後今辨者以爲詩之訛恐未必然建安嚴有翼藝苑雌黄亦云通印長魚古人以爲食味之珍通印者言其大可容印

太平院 在仙遊縣西北七十里蔡襄書額徐師仁詩云九疊作屏張萬仭峨壁立平處地如掌仰看天似笠

中峯菴 在靈巖上游今爲郡登眺之所會開天台記云南山廣化寺有菴百餘區簷楹相摩軒檻層出如中峯瑞泉天宮皆爲絕景憑高遠覽於蒼茫杳靄之外

瑞 陳瓘詩云飛棟逼天象疏櫺逗巖煙烹煙引高**泉菴**士汲此石罅泉泉深不盈尺潤物無頗偏百川有盈涸是坎常泓然

棲眞巖 在太平院之東三百步有石龕詩云山之東有伏蟒巖巨蟒之種族孕毓此山正覺大師坐其口禪定洎出定蟒已化爲石後人題詩云錦鱗巨蟒睛如電鐵鉢禪翁心似灰

迎仙溪 在莆田縣東北五十里水源自荻蘆溪東流爲溪溪會迎仙港入于海

荻蘆溪 在莆

田縣東北四十五里

木蘭陂 在莆田縣南五里熙甯八年侯官李長者率錢七萬餘緡疊石創陂疏渠南注者三十餘里黃湼槃讖云水遶壺公山莆陽朱紫半謂此水也溉民田萬餘頃歲輸軍儲

延壽陂 在莆田縣北七里唐建中年置見新唐書地理志溉田二千餘頃今郡人指李長者所開爲南洋指吳公所開爲北洋

辟支巖 山之巓有嶮巖可容數榻巖石間有小竅甬徑寸時迸異香郭祥正詩云猛虎至今循片石異香時復降重巖

妙寂院 去莆田縣西北二十里林蘇詩云四圍紫翠峯巒合一片丹青樓閣開

幽化院 在莆田縣保豐里龔茂良詩云嶺雲西去欲催暮山雨北來渾似秋

廣化寺 在郡西南五里梁陳間邑儒鄭生家焉俄有神人請爲佛刹生諸之永定二年爲金仙院

靈峯院 去莆田縣五十三里唐黃滔詩云繫馬松間不忍歸數盃香茗一枰碁擬登絕頂留人宿猶徛滄溟月滿時

古迹

仙遊縣舊志載唐垂拱二年移于縣城之南別駕趙熙正奏請改之以何氏兄弟上昇遂勅爲丨丨丨

雞子城在莆田縣東北十里舊經云未詳其義

壺公山輿地廣記云莆田縣有丨丨丨昔有人隱於此遇一老翁引至絕頂見宮闕臺殿云此壺中日月也

越王峯在興化縣亦號越王臺

薛公池在莆田縣前

桃源温湯池在莆田縣莆陽風物賦浴桃源之湯者多年壽

蔡端明故居在忠惠坊端明名襄王十朋有過丨丨丨丨詩云懷章南過蔡公鄉駐馬遥瞻數仭牆丹荔枝枝經晶藻喬松葉葉蔭清涼四賢詩出人增氣三諫章成國有光眞是濟川三昧手清源游戲作虹梁

北巖精舍去郡西北三里初陳嶠許龜圖黃彥脩讀書于此嶠至光啓擢第

壽峯義齋在興化縣東南二十五里天禧間方朝議築齋于此

上林義齋去郡西南三十里義成逸士爲學聚四方英俊

夾際草堂在興化縣東三十五里鄭樵結茅夾際之陽

鄭氏湖山書堂在城南五里舊記云昔梁陳間邑儒鄭露家之號南湖居士

林蘊書堂在郡東北十五里

歐陽詹書堂在郡西北二十里初詹以林藻兄弟隸業于靈巖精廬已而改築于福平山下其後詹在蜀寄林蘊詩云村步如延壽川原似福平無人相共識獨自故鄉情又郡東萬安水陸院亦有｜｜｜祠堂

東峯書堂唐黃滔隸業之所

東井書堂去郡東南二十里艾軒先生光朝講學之所

林蔡祠堂孝友林公攢忠惠蔡公襄祠堂在學宮又有艾軒祠堂去城南三里

黃璞祠堂去莆田縣三十里璞大順二年擢第號霧居子始家于晉安黃巢入閩焚湯室廬至璞之居令曰此儒者滅炬弗焚

孚應廟在城北五里唐神龍中里有蛟爲孽有吳公者攜刃奮身而往與衆約曰溪流清則蛟斃不則吾死矣乃沒水與蛟鬬越三日刃出於吳刃洋血濺于赤橋而公與蛟俱斃鄉人乃建祠奉之

仙水廟去仙遊縣北二十里九仙山下舊傳臨川人兄弟來憩此山其後乘九鯉仙去厥父府君跡而尋之因遺銅坯鐵鞭於此雖暴漲不沒里人即其地立廟中塑府君像列九仙皆跨鯉魚徐師仁詩云晨踰九仙山暮訪九里湖何

氏兄弟跨鯉魚同時輕舉排天衢

通應廟 遯齋閑覽云莆陽通應子魚名著天下蓋其地有通應侯廟廟前有港港中之魚最佳今人必求其太可容印者謂之通印子魚詳見子魚潭下

黃滔墓 在城北一里招福院乃唐監察御史｜｜｜也

黃璞墓 在莆田縣東北二十里國歡院西岡

官吏

薛奎 雍熙閒嘗爲莆田令盡削王氏無名之租以便民其後入參大政民用思之故因其諡以名坊曰簡肅

曹修古 澠水燕談云明道初爲御史知雜上書乞莊獻太后還政謫守興化而卒家貧死之日無衣以斂郡之吏民出錢帛數十萬賻其家曹女年始笄泣語其母曰先人忠節名天下不幸以直言謫死且君子不家於喪安可受此以兇我先人之全德哉卒不受一錢曹建安人四御史之一也

淩景陽 爲仙遊尉有道士挾二童子來即蔡端明與其弟高耳躬教以經二子日進不已景陽罷秩囑太守置于學其後端明與弟高俱擢第自景陽啓之見蘇象先談訓

張讀 字聖行守興化軍以

儒雅飾吏事時靖康初國步方艱卒伍驕恣羅列廷下乞給額外錢正色叱之曉以禍福諸卒不敢睨遂反告其渠魁梟首于市一郡寧肅

賈郁字正文候官人以文策干忠懿王補仙遊簿秩滿爲令正身奉法邑人饋新果曰楊震畏四知令君兄弟皆倍於昔人卒辭不受

廖剛字用中順昌人初遊太學爲陳瓘所知與龜山楊時友善擢崇寧第除監察御史是時蔡氏當國剛未嘗一造某門外補興化軍鎮以清淨

張元蹈鍾離松建炎三年盜發建劍汀邵間朝廷遣兵收捕本路轉運就本軍撥見在苗米二萬碩以應軍期自此襲爲定例謂之猶剩米歲令撥納福州隆興二年知軍張元蹈聞于朝得旨蠲免其半乾道三年知軍鍾離松再乞將未蠲免一半盡行除免有旨並與蠲放

汪待舉繫年錄云紹興十五年守臣｜｜乞蠲本軍諸邑漁人所輸簄稅及浦生之草採者毋令出錢從之

辛怡顯嘉州龍遊人李順之變餘黨入雲南朝廷召募可使雲南者怡顯請行作雲南至道錄行於世後知興化軍事見嘉定志

人物

林蘊字夢發爲西川節度推官劉闢有逆謀蘊切諫闢怒欲殺之仍惜其直陰戒行刑者抽刃磨其頸以脅之叱曰死即死我頸豈頑奴砥石耶闢知不可屈釋之事見通鑑元和元年

歐陽詹字行周晉江人而邱墓在靈巖浮圖之陰其裔今皆貫莆田

鄭元弼仙遊人唐昭宗景福二年獻白岩集十卷載唐藝文志遷御史中丞天復中詮伏於仙遊之白岩

林攢遭母喪營葬負土成墳三年方就兄弟結廬墳側墓松遍降甘露旌其門閭事見泉州志云

黃滔字文江登乾甯第充威武軍推官王審知據有全閩而終其身爲節將者滔規正有力焉唐書藝文志載滔有泉山秀句集二十卷丨丨集十五卷

潘丞祐字乾休莆田人初王延政聚斂丞祐切諫延政大怒勒歸私第及城陷查文徽以禮致之入南唐凡福建一道征租刑獄選舉人物皆取決焉

陳致雍莆田人仕僞閩入南唐本朝開寶致仕南歸公卿詩幾千百徐鉉有三朝恩澤焉唐老萬里鄉關賀監歸之句

方謹言

字應之莆田人咸平舉士除屯田員外郎時丁謂貶遣譴言籍其家得士大夫書悉焚之

方偕字齊古擢祥符五年第澧州逃卒誣民李某事摩驪神殺十二人以祭獄久不決詔偕治之偕詰被殺人姓名移問無見殺者誣者伏辜出使江南先是轉運使第民產高下給以乳香責以輸絹而使奪其香三司出錦下州郡鬻之而錦無所用公一切罷絕

徐復字復之莆田人康定中以宋綬薦復仁宗嘗召見賜沖晦處士遊杭之萬松嶺因居焉范仲淹知杭州數就訪問與林和靖往來杭州稱二處士事見莆田志

蔡襄字君謨莆田人歐陽公論云蔡君謨獨步當世此為至言行書第一小楷第二草書第三慶歷初與歐陽永叔余安道王素俱除諫官時號一棚鶻及尹京內中所須之物經歲不給其直襄建言乞取內東門司買物字號付雜買務徑牒內藏庫截支以給行鋪仁宗大以為然又奏免漳泉興化軍丁錢之半又東都事畧云仁宗命襄書溫成皇后父清河郡王碑襄不肯書

陳烈高臥七閩仁廟慶詔不起幼嘗與蔡君謨同硯席時君謨鎮福唐嚴肅先生往見焉乘舟庭下聞公之嚴察不往謁留詩曰溪山龍

虎蟠溪水口鼓聲喧中宵鄉夢破六月夜衾寒風雨生殘樹蛟螭喜怒瀾懸勳祝舟子移棹過前灘蔡公見詩爲之少霽威嚴

陳覺民字達野仙遊人東坡舉應制科後知建泉廣等州常過武夷題詩云見說眞君來瑞世三朝德業在斯民事見建甯府詩蓋章聖出自武夷事見楊大年集而神考哲廟亦皆武夷眞君應世故有三朝德業句

黃降改名隱守國子司業取三經敀火之爲主王氏之學者所攻出守泗州崇甯初入元祐黨籍臨終戒家人毋得請致仕徽宗聞而異之特與一子官

朱紱鄒浩之貶以贓金特厚追一官勒停徽宗即位除給事中後入元祐黨籍

王回充睦親宅講書舊與鄒浩善浩貶罷官入元祐黨籍

許巽稹之子父稹以御史該致仕恩不上曰吾兄弟三人不願世賞故弟異貢俱登第鄉人稱之

黃泳字永平三歲書一過目輒成誦大觀三年應童子科引見徽宗擿毛詩如南山之壽之句以發誦泳應聲曰不騫不墜上以墜字爲問對曰詩人之言不識忌諱臣安敢復道上大悅明年五經　及第

蔡傳忠惠公襄之曾孫任朝奉郎年甫强仕遽請老子樞擢政和第年纔

四十五即乞致仕於是高蹈山林者十有八年知友勝其所居堂爲世隱云

林沖之字和叔莆田人登元符第靖康初陳過庭使北軍沖之介不屈節徙于奉聖州陳過庭歿其官屬許任父又不肯於是徙上京又徙顯州辛酉歲卒於僧坊

方軫大觀中論蔡京睥睨宗社內懷不道且言古讖云水遠壺公山此時方好看京遣部使者鑿渠以遠山臣是以知京有異謀也有旨羈管政和再上書永州編管靖康時收敘

阮駿字千里莆田人登紹聖元年第建炎初除河南少尹金人來與大尹孫昭遠率兵抵敵累戰不利指賊大罵遂被害贈奉直大夫

陳次升字當時仙遊人紹聖初除刺史坐乞罷陳瓘滿洗鄒浩除名建昌居住移循州初呂升卿爲廣南按察公奏曰其人資性慘刻善求人過失今將使指於元祐臣寮遷謫之地理無全者於是罷升卿廣南按察元城劉公曰當時有功於元祐人爲多其事見莆中人物志

陳淬字君銳莆田人建炎中金敵犯采石淬請扼采石杜充不從敵兵益至二軍皆潰淬大罵充而死見莆陽志

陳俊卿字應求莆田人紹興八年登第歷殿中侍御史首劾

韓仲通黨附秦檜敵將內寇大將楊存中殖貨交林
結論奪其兵請起張浚尋復尚書左僕射謚正獻

光朝 莆田人專心踐履之學號艾軒先生

仙釋

何氏九仙 舊經云昔有何氏兄弟九人於九仙山煉丹丹成乘九鯉而去不知何代今丹竈尚存

陳易 字體常興化縣人少好學工詩熙甯初遊京師王荊公遣使邀至相府先生一見不辭而歸不薑不娶野服葛巾日一飯掘蔬煮泉而食之或服氣不食經旬居蔡溪之左岩中五十年如一宣和八年趺坐而終

僧崇演 唐會昌中〡〡避地辟轂居于百丈山之石室

僧無了 九域志云嘗棲隱於龜山院遇一神龜躡四小龜而行無了異之遂居其地爲院

僧慧薰 傳燈錄名丈矩初隱囊山高巖之下趺坐旬浹不食誦經口吐異光或臨水餕蛭或祖露施蚊行則兩虎隨之時號其居日伏虎菴九座正覺常指師日辟支佛化世也

寂禪師 名虓章年十九人靈石山爲僧南平鍾王

盡禮致之不赴但書偈付使者摧殘枯木倚寒林幾度逢春不變心樵客見之猶不採郢人何事苦搜尋

碑記

石敢當碑　慶歷中張緯宰莆田再新縣治得一石銘其文曰石敢當鎮百鬼壓災殃官吏福百姓康風教盛禮樂張唐大歷五年縣令鄭押字記今人家用碑石書曰｜｜｜三字鎮于門亦此風也

仙篆石　在莆田縣北十里陳岩山巨石坦平文跡縱横若篆書方輿陳巖詩云蟲文鳥篆不可識如讀岣嶁神禹碑

石碑　在莆田縣南十里嶺上有石平潤數尺上有鳥跡書文不可曉

中峯菴記　曾開天台菴記云南山廣化寺有菴百餘區簷楹相摩軒檻層出如中峯瑞泉天宮號爲絕景

詩

一方文武魁天下萬里英雄入彀中　薛奕熙寧九年武舉第一時徐鐸亦擢進士第一神宗御製詩賜之

若把東閩比西洛可將陳紫敵姚

黃俞希孟

長魚俎上通三印新茗齋中試一旗王荊公送元厚之

水遶壺公山此時方好看壺公山欲斷莆陽朱紫半古讖蔡君謨與水利灌民田引出水遶壺公山而登第者於前爲多

市連義井歲時豐水遶壺公文物盛古讖雙旌牧清源吟看壺公翠唐潘存實

層巒高與赤霄通節歲歡娛衆庶同庭有美音非獨樂會當炎暑自多風山川勝勢欄干下井徑追遊月色中私賞編民居客在使君樽酒未應空蔡襄共樂堂

共樂臺前花木深登臨當暑豁衣襟紅垂荔子千家熟翠擁篔簹十畝陰老退已尋居士服清歡時伴醉翁吟憑欄四望豐年稼差慰平生憂國心陳俊卿共樂堂詩

四六

剡莆水之衣冠實閩南之鄒魯然以海壖綿亘而弄兵時警民心機巧而珥筆成風張淵謝表維莆水之爲邦實桐城之分壤俗已成於鄒魯地不大於曹滕山聳方壺足入吟哦之妙譜傳陳紫不妨品藻之公余日新賀啓

輿地紀勝卷第一百三十五終

輿地紀勝卷第一百四十五　文選樓　宋鈔本

東陽王象之編　甘泉岑　鎔　淦　長生　校刊

成都府路

簡州

簡池　三池　陽安　牛鞞

州沿革

簡州　陽安郡十道志　禹貢梁州之域元和郡縣志　秦地東井輿鬼之分野西漢志　秦屬蜀郡地元和郡縣志　漢武帝分蜀郡地置犍爲郡沈約宋志云漢武建元六年置犍爲郡華陽國志云高帝分巴郡置廣漢郡孝武又割巴蜀郡置犍爲郡故世本曰分巴割蜀以成犍廣西漢志牛鞞縣屬犍爲郡　今州即犍爲郡之牛鞞縣也華陽國志云牛鞞縣去犍爲郡三百里元鼎二年置　屬

益州部輿地廣記東漢及晉因之東漢志及晉志犍爲郡下並有牛鞞縣李雄據蜀夷獠內侵因茲荒廢此據元和郡縣志故宋志犍爲郡下無牛鞞縣南齊於此置牛鞞戍元和郡縣志又置牛鞞縣南齊志蜀郡有牛鞞縣西魏恭帝於此置資州此據通典而寰宇記在恭帝二年及武康郡此據輿地廣記又隋志陽安縣下註云舊曰牛鞞西魏改名併置安康後周移資州於漢資中城通典云後周明帝移資州於資陽縣寰宇記云在明帝武成二年又云今州南一百三十里資州之資陽縣是也簡池志云今州南七十里資陽縣是有此不同隋文帝以此一方地土曠遠時多寇盜須以郡府理之乃分益州之陽安平泉二縣資州之資陽一縣於此置簡州取界內賴簡池爲名寰宇記在仁壽三年圖經云舊唐志後魏置陽安縣又分陽安

下泉資陽三縣置簡州不言州自隋置今不取煬帝初州廢併入蜀郡此據通典又隋志云仁壽初置簡州大業初州廢唐分益州復置簡州新舊唐志在武德二年又改為陽安郡天寶元年復為簡州乾元元年號為清化軍圖經在中和元年以杜武為軍使唐末王氏有其地通鑑昭宗大順元年簡州將杜有遷降於王建後唐復故晉為孟氏所據國朝收復割金水縣隸懷安軍九域志在乾德五年今領縣二治陽安

縣沿革

陽安縣 上

本漢犍為郡之牛鞞縣地隋志云舊曰牛鞞西魏改名安陽并置武康郡元和志云後魏恭帝二年置陽安縣屬武康郡輿地廣記云隋仁壽三年於此置簡州大業二年省入蜀郡武德三年置簡州縣隸焉

平泉縣　中下

在州西南五十里元和郡縣志云本漢犍爲郡之牛鞞縣地自晉爲夷獠所居後魏恭帝一年置婆閏縣屬益州武康郡隋開皇四年罷郡以縣入益州十八年改爲平泉仁壽三年隸簡州又隸益州唐武德三年隸簡州隋志云西魏置婆閏縣開皇十八年改名平泉

風俗形勝

土地肥美有山林蔬食果實之饒漢地理志頗慕文學人多工巧綾錦雕鏤之妙侔於上國隋志揆以氣候較以土宜雖自成都俱不如也唐元和十三年刺史韋宗卿壁記見劉左史折柳亭記中郡治之古簡之設廳棟宇盡唐制上題唐寶歷元年建簡州刺史張炎撰寶歷蓋唐敬宗之初元抵嘉定之壬午三百九十有八年矣程韓氏爲冠蓋之族華陽國志六韓

縣下簡不被兵火郡守題名序謂簡之先民有言蜀屢叛獨我州不被兵火自唐正觀丁亥距今開禧丁卯五百八十有一年密邇川府控壓巴峽土厚水深民和俗阜有鄒魯之風天聖元年劉昊折柳亭記山峙而不險川流而且平絲枲稻粱克肖中土天聖六年沈璞撰平泉縣題名記鄰於會府而有江山之勝處於高仰而有魚稻之饒民事獄訟比之旁郡十無一二凡隱於吏者樂趣焉人目之爲西州道院紹聖年間郡倅黎持道院記東界普慈西界成都有東之樸有西之文蓋嘗出磊落瑰奇之士爲陽安重闕者孫碑陰記簡爲州界東西兩蜀閭衆福院四部經閣記與普慈地界相犬牙同上南距赤水東距鴈江合流是爲陽安

之郡治郡守郭由中叢桂樓記赤鴈二水交注城下朱軨江月樓記簡州在赤水之地寰宇記東望漢江雲煙聯綿西望前溪林巒茂美趙汝霖陽安縣志民亭記鹽饒而田瘠貧富不均黎伯巽靈惠廟記簡之郡產鹽惟最郡守江見禮撰制置胡公生祠記云凡蜀之井其名存實亡者淳熙六年有旨簡之郡產鹽惟最虛額尤多每歲計豁除折估錢五萬四千九百五十餘道皆胡公奏蠲免簡州四出狀元圖經云王歸璞僞蜀時狀元登第許將張孝祥先世皆此邦之人今之許奕豈非四出狀元乎

景物上

山房在郡治溪堂在設廳之前琴洞報恩寺後有丨丨又有琴軒以僧能琴故名趙清獻公聽琴有畱題云輟飲楮節會勝亭溪山佳處古琴橫憑君傾耳慇懃聽一弄松風四座生澄

心在郡治前有寒泉飛來在郡治前累石爲峯巒燕堂在郡治江月樓下有巨碑十二刻唐薛純所書砥柱銘赤水在陽安縣南四十五步源出隆州歷平泉元和郡縣志在平泉縣南又九州要云簡州在赤水之北也絳水圖經云即赤水也方輿記云丨丨在縣南色赤如絳環溪在陽安縣源出懷安軍南入資州溪環遶岡阜因名穰山在陽安縣貴平鎮東北四里穰水在陽安縣南源出穰山簡池郡名也賴山皇朝郡縣志云去陽安五十里亦名賴愍山劉諷自都官郎中致仕年六十三隱馬歐陽修司馬光宋祁范鎮皆有詩湪水在陽安縣貴平鎮西龍門在陽安縣南三里中江西岸危崖石對立俗號丨丨虎巖距釣水院三里大溪之傍崖石巉巖高大如屋其中戶牖玲瓏深數丈往往虎豹遁藏其間鳳池在陽安縣西南本名平泉有驛名丨丨驛鹿津在陽安縣西南四十里貴平鎮唐開元十四年移縣于沈鹿川因名牛鞞成都志曰丨丨今簡州東山在大江之外當州治之左南巖在陽安縣南孝廉坊旁南山爲

報恩寺孝禪寺前敞飛閣盡覽江山之勝左有嵓洞可容數十人**北巖**在州之北巖院後有嵓洞太守葉光大書|||二字**三溪**簡池獨劉氏||號一郡之勝前溪在陽安縣治之北南溪在壽昌寺之側出普慈門渡中津沿江行一里許是爲東溪往往是東溪絕勝今廢南溪號後溪後溪園廬泉石爲兩蜀絕勝按劉公巨濟前溪圖序云按其圖亭館甚多今罕有存者序末云自爲圖畫詎希摩詰之輞川亦愛吾廬聊慕淵明之三徑東南二溪今俱劉公左史之廬**中江**其源出汶山自洛口分支經雒縣入金水縣流入資州資陽縣**月巖**在漢江上流距城十里形如偃月故名

景物下

卓秀亭在奉聖寺後巖壁之下爲一郡登臨之勝**達觀閣**在郡治**會勝亭**在州衙城西北角繪趙清獻公像龕于壁蓋嘉祐閒清獻將漕西蜀按部至此賦詩後十五年再入蜀爲帥清獻復和前韻今皆刻是又云清獻嘗鼓琴于亭中**清忠堂**在倅廳以趙清獻范忠宣嘗按臨斯

郡故名

忠宣橋 在中津渡舊以舟濟熙寧閒轉運使范忠宣公純仁巡按始命駕橋

香嚴寺 在陽安縣東五十里寺居羣山中高巖下古有檜香一株故名

望湖樓 在州治道院之後下瞰江流山光水色交相映照輕舟小艇時時撑出于柳陰之中不謂重巒疊阜閒乃有瀟湘苕霅之景也

插雲閣 在郡東一里天王院居民栽桃花萬株方春花開郡太守領客來遊劉左史建閣日｜｜｜

松月亭 在郡治有古栢二株鬱然參天

江月樓 在郡治下臨漢赤二水之會壯麗甲于西州

銅官山 在陽安縣益州記云任城縣西南六十里有｜｜｜卽漢文帝賜鄧通鑄錢之所

玉女山 在陽安縣東北二十里仙人李八百修煉于此希夷觀在焉

玉華池 晏公類要云在陽安縣玉女靈山東北有泉西北兩岸各有懸崖腹有石乳房一十七眼狀如人乳流下土人呼爲｜｜｜

石筍亭 在平泉縣東北四十里

石岡溪 寰宇記在陽安縣西六十餘里枕石帶岡因名

石乳水 在陽安縣北二十里餘有一水池兩畔層崖有石乳似人乳流出注成此

池詳見前玉華池註

石鼓山 在陽安縣東北十里舊經云昔蜀王將許都軍平定羌戎回登山擊石鼓犒將校石鼓高六尺

石城山 寰宇記在平泉縣西北五十里山形如城皇朝郡縣志云一名平泉山

大塔山 元和郡縣志在平泉縣西北六十餘里與分棟山連屬

平泉山 在平泉縣西北五十里

平泉井 在平泉縣市民日汲于此者五百家不隨所汲多寡爲之增損縣因得名

上軍井 **下軍井** 元和郡縣志在平泉縣北二十里並鹽井也公私資以取給

中江水 元和郡縣志云卽牛鞞水也昔羅尙乘牛鞞水東征李雄卽此水也皇朝郡縣志云中江源出汶山自洛口分支經漢州雒縣及新都縣流入金水縣東流入陽安縣界又入資陽縣界

東巖院 在陽安縣東五里唐智通禪師卓庵之地又名頭陁巖院居兩山間谿流其中山如屏石如壁殿閣巍然架於半空又有懸溜淸響不絶旁有洞可容數十人有古栢可二十圍爲一郡之望刹

西巖院 在陽安湧泉鎭五里巖壁間有石刻大悲像會昌之厄像毁不全有遊大衆者道逢異人語之曰爾

郷里白有大悲示現盡歸求之暨至巖下果有光相與大峨無異至今光相屢現

南巖院在陽安縣東六十里巖壁上鐫釋迦羅漢蓋古跡也

南山院在陽安縣郭今名奉聖寺有鐘重數千斤王欽之亂盜取以烹忽裂焉後太守孫公開令寺僧復懸而擊之衆以爲疑公曰後當復響既而漸合至淳熙中遂清響

北巖院在陽安縣北朝天門內其地依山臨水峭拔而高山巖間多古佛像

小桃源在郡治望湖樓東天水相接放目無際遙見雲頂聳翠半空爲西州第一以桃花最多故以丨丨扁之又疊石作武陵洞口之狀迥然與塵寰相隔矣

雙牙山在陽安縣東五十里山頂有古井山半有石箱古經云昔有金鵝兩隻晝則浴于井夜則棲于箱後人謀欲捕之鵝俱飛上南山化爲雙石對峙山側類齒牙各長六七尺并石箱今在

三龍池在陽安縣東南二十里又有三龍山三大神祠乃永康李七曲張白崖陸

三池郡郡以三池名或指賴簡池柳池鳳池以備三者之數邦之耆舊袁公璘劉左史皆云賴相古池在陽安縣東三十九里賴簡池在陽安縣東九十六里三龍池在陽

安縣東二十里

四望山在陽安縣西二里

九折山在陽安縣東五里

千佛塔在郡南二里聖德寺塔居郡之鎖水山

千佛院在陽安縣東六十八里後唐長興中建就岩壁鐫千佛一龕

衆福寺在平泉縣北寺有旃檀佛像乃志公和尚所進梁武西域像也志公戒弟子元玟持像入蜀于彭泉興善寺安之天監十八年至彭泉奉安會昌之禍失像所在精舍池閒有蓮挺出而像存焉而蓮根寔從頂出

叢桂樓在城南雙市門街紹興十八年李畯如李進修范時中袁炎年子正五名登第故名

鳳翅山寰宇記在平泉縣北形似鳳舒翼

牛鞞戍在州城內西岸元和志西齊于此置｜｜｜

牛鞞井在州郭內西岸因｜｜成地因名

龍牀石在郡東南陽五里五龍祠之旁有巨石曰｜｜｜

龍龜院在陽安縣東六十里地多泉石潭內嘗有龜龍因名

鶴遊院在陽安縣東五十餘里地多古木元鶴來巢因名

靈鷲院在陽安縣東北二十八里

盤龍院在陽安縣西二十里山崗上

白馬院在平泉縣西二里上

歸璞有詩云一帶江煙半倚巖檻前時眺黑龍潭低
昂竹影疎明月屈曲松枝拂像龕樹老硬根穿石罅
草生嫩葉入禪庵碑尚存 **青蓮院**在平泉縣南一里
歸璞乃僞蜀時狀元也 名石盎天復年中
池有青蓮花生 **杏壇山**在陽武鄉昔鄉人創夫子堂
詳見泉福寺下 於山而敬事之周遭種杏因
名 **折柳橋**在朝天門外初名情盡橋唐刺史雍陶更
名名|||因賦絕句云從來只說情難盡
何事教名情盡橋自此改名 **倒插栢院**在平泉縣定水
爲折柳任教離恨一條條 院有栢莫知年
數相傳曰||||枝 **天光觀**在陽安縣東二十里有
幹古怪若倒插之狀 聖燈天光之瑞觀有二
古栢父老傳仙人李八百煉藥于此爐傾而栢生時
有鶴棲上元豐閒太守勾士良詩曰古殿千年屋高
松百尺陰眞人不 **陽明井**元和志在陽安縣北十四
可問時有鶴遺音 里有牛鞞等四井公私仰
給華陽國志云今郡 **分棟山**在陽安縣西七十里李
北十里||||是也 膺益州記云蜀人謂嶺
爲**釣水院**在陽安縣東北三十里三面峯巒峭拔大
棟 江橫流其下亂石離立飛湍如金玉聲松

竹藤蘿不受風日

靈泉寺 在陽安縣東南九十里唐太和中山頂湧泉成池生銀葉瑞蓮事聞賜今額

謝鋪觀 在陽安縣北三十五里柳池驛之西

明慶院 在郡南壽昌寺側方神霄宮之役將毀是殿佛身爲之震動匠不敢措手殿以獲存

景德院 在郡南一里紹聖間有僧範者從山谷遊種竹于所居之東軒郡侯楊繪名其軒曰也足爲竹詩山谷和之并爲頌今石刻尚存

壽昌寺 在郡南三里每歲元日人日中元郡守講故事于此寺後山谷中舊有菩薩示現

太平永山 在平泉縣東三里紹興初土裂於崖間有丨丨丨三字點畫甚眞楷無鐫鑿痕因以爲名

清涼山 在陽安縣東南六十里屬陽明鄉上有棲禪院德山道場在焉

逍遙洞 在元都山去城三十里景德間有楊用晦者隱居此山其北有層崖命工發之得西東二室西一室後刻二龕若養丹之所又鑿二窟中可坐五七人東西二壁又鐫二孔雀二神人有漢安元年四月十八日會仙友字自漢安至景德元年已九百二十餘年洞今尚存

賴黎池 皇朝郡縣志云在平泉縣東二十六里

賴

簡池 元和志在陽安縣東九十餘里隋高祖建州之名取此 **唱車山** 在牛鞞鎮南九里漢太守朱展爲巴郡太守吏人送展到蜀同至此卽聞有唱堆鹽水車歌之聲因名 **延眞觀** 在平泉縣東一里喬木參天時有白鶴翔集其上唐號白鶴觀 **棲賢觀** 寰宇記在陽安縣仙人李八百所隱之地今爲希夷觀隋時仙者劉慶善遊此山皆感太元玉女降現唐至德二年賜名玉女靈山 **羅漢院** 在高橋大觀己丑濂溪先生周茂叔之子攴元爲轉運使行部題詩于小閣云匹馬招提晚憩鞍前村簫鼓餞餘寒誰知小閣欄干曲却得梅花正面看後再宿用韻云重來端復解征鞍清夜溪風六月寒欲寫經行二年事平林須入畫圖看因名閣爲寒溪 **狀元樓** 在城內西街以慶元五年許奕廷試第一故名

古迹

婁國故城 元和志在平泉縣南四十餘里 **貴平鎭** 輿地廣記云西魏置貴平縣及和仁

郡隋開皇初郡廢屬陵州唐因之皇朝熙寧五年省入平泉 石天王像在譙樓有石像天王

乾德中刺史劉崇講自聖水精藍移鎮城府其高可八九尺 令狐丞相宅州城北水東覇有｜｜｜｜故宅或云唐令狐綯子孫稱丞相宅亦未可知今遺址有巨梅可蔭數十尋相傳令狐手植每花開太守率僚屬飲于梅下 延眞觀銅鐘在平泉縣唐神龍二年縣令于安仁鑄鐘今存

天慶觀唐明皇像 簡寂觀銅鐘唐開元二十三年鑄 唐永昌二年鐘在今天慶觀其款識云永昌二年太歲已丑造按永昌二年即天授元年也 漢高祖廟在州城內 忠正王廟九域志即平西將軍鄧艾也爲蜀封艾爲忠正王故爲忠正廟也 周文王廟在陽安縣北七十五里即後周高祖文帝之廟其碑題額云大周車騎大將軍張獨樂爲文王建立二尊像蘭融爲之記初元年丁丑造如此乃宇文泰非西伯也 太史李公祠墓在平泉乾封鎮之東唐太史李淳風之故宅及墓也墓去鎮十里許在牛鞞鎮之前 許將

龍圖墓在乾封門外將太簡池人後徙居河北　張覓墓張紫微孝祥之祖也紫微後寓居歷陽其墓去城十四五里古冢巍然樵牧侵犯必有驚怪見前溪劉越述　唐令狐公墓即令狐丞相裔孫令狐壽域丞平泉日訪其墓留詩云聞說水東寺舊有丞相家小舟呼野渡瘦馬入梅花龕像威容古岩鑴歲月蝕子孫今替落相顧復咨嗟

官吏

崔仁師正觀十七年以給事中知十月召拜中書平章事　唐何遐隨侍父世英爲平泉主薄遐嘗平朱泚之亂德宗在奉天命羣臣射雁莫能中遐一發雙雁應弦而落因呼爲落雁將軍韋臯嘗贈詩云腰間寶劍七星文掌上彎弓掛六鈞箭發雲中雙雁落始知秦地有將軍其後遐之子孫因居于平泉　陶雍劉昊折柳亭記曰昔李唐有名臣曰丨丨朝端之英傑也有詩集行于世大中初奉詔牧是郡其器業政聲存諸史傳　种師道崇甯初爲通州　王雲政和七年知有祠在譙門

內

第五倫曾爲牛鞞令事見隆州隆山志　任孜字師聖嘗爲簡州平泉令東坡有寄任伋見孜詩云平泉老令更可悲六十青衫貧欲死

人物

劉昊字堯則其先秦人也唐僖宗時爲平泉令遂家焉昊堯則以學行爲鄉先生咸平天禧中兩預鄉薦不第遂隱居號後溪洞主天聖中授國子四門助教嘗遇異人爾朱先生曰劉氏自是官矣既而子諷登第而子孫之登第者七世九人矣　劉諷温公集張元常云諷年六十三致仕夫婦徙居簡州賴山中圖經云諷字納言昊之次子也登天聖二年第爲都官郎年六十三致其仕而歸宋景文公詩云稱疾本避世辭官終引年還家三徑在教子一經賢尚書蘇渙渙詩云林下人歸少君歸不待年能令兩蜀士歎甚一疏賢子孝孫爲侍御史孫汴涇漢漢有孫日寔寔子門光祖號後溪先生　段翳寰宇記云||字元章廣漢新都人治易明風角有來學者知其姓名　李蕈字適道陽安人爲忠州臨江令有中

官被旨奉御容還闕乃挈西州一娼同舟而下所在肆橫大索水夫歐吏取庸無敢誰何董怒徑入其舟取娼縛岸上草奏自劾其人怖慄遜謝董牒娼還其家士夫壯之

許國字致堯陽安人自和議甫定即自長寧軍通判休官而歸子延慶延之延慶子奕

鄧宗古陽安人父沒既葬廬墓終制有白兎珍禽甘露之祥部使者上其事賜號孝廉嘗遊京師范蜀公蘇文忠公各以詩贈行

仙釋

李八百嘗于玉女山與劉慶喜修煉太元玉女降現謂之曰此陰山雖有英靈非陽仙所宜居後于安樂山天光觀煉藥得道

爾朱道士嘗醉臥劉堯則之門堯則使人席之蒙以衣比醒曰爾長者也留所頂冠曰劉氏自是官矣已而劉氏七世子孫之登第者九人

謝真人混迹鋪兵世多言其伏虎事甚異今分棟山謝鋪觀即其舊隱處也

僧智通唐正元初有奉聖寺僧丨丨者道行高潔郡守獨孤貝弼訪之禮貌殊簡獨孤逮之欲以付吏智通乃浮笠濟漢江既涉徑入康山有二

虎前導隱入岩穴獨孤悔之爲立精舍

僧克從 奉聖寺僧也有清致闢軒鼓琴士夫敬之嘉祐中趙清獻公訪其軒有聽琴小記

僧道範 陽安人持律嚴謹僧俗雅敬徜徉江湖間與黃太史庭堅爲物外交太史謫蜀道過簡館於道範所作詩題其也足軒後住成都六祖嘗以文墨往來云

靈鷲院僧 在平泉縣東北二十八里紹聖間河東薛仲邕寓居里中卜院崗以葬其母掘地得一趺坐僧衣服如新全體不壞

碑記

後周宇文泰紀功碑 碑在本州界首云泰數遺都督入蜀一治石岡縣一治懷遠縣見簡池志

郡守壁記名氏 始唐正觀十三年見劉左氏折柳亭記

韋南康紀功之碑 在州治頒春亭側碑甚巨乃御製皇太子臣誦奉敕書

唐乾符修城碑 在州之城隍廟

天光觀唐碑 觀在陽安縣東三十里有唐碑可讀者云天和初三洞道士王

道暘因張文舉施地基創建 **羅漢院石刻** 在陽安縣有僧繼暉斬木開基而岩石呈露見石鐫羅漢等像有碑曰唐興元元年禪師道明鐫刻以爲禪宫 **靈巖院石刻** 在平泉縣西南二十五里院中石刻字乃元和長慶閒 **周文王廟碑** 在陽安縣西北七十五里即後周高祖文帝之廟舊碑題額云大周植其碑元年歲次丁丑造元年即後周閔帝之初元也今石刻存焉 **北巖院碑** 院有唐碑其歲月乃大歷時重修云 **聖居院碑** 唐中和年建

詩

入蜀最宜遊簡郡尋山須是訪劉家 此古詩也簡池獨劉氏三溪號一郡之勝

霜規不讓黃金色圓質仍含御史香何處同聲情最異臨川太守謝家郎 薛濤酬郭簡州寄柑子

史君橋柳凝清鏡玉女山煙展畫屏 蜀時范禹偁詩

繞城山雪自粧點三

縣人煙共接連同上如今太守風流甚五百詩來字字
清趙清獻公鳴琴亭詩城下江流金鴈水亭中人弄玉琴絃轉運
使榮湮詩參差草樹連巴國依約雲煙遠楚臺熙甯庚戌河南李珣
詩漢唐英氣鍾岷水鄒魯餘風在簡池利州提刑張紹先如
何老作簡州守只對江山賦好詩邵傅贈王忠介公秋風鬢
鬅吳江渡鷗鷺參差夕陽影垂虹納納臥譙門雉堞
耽耽俯漁艇陽安小兒拍手笑使君幻出江南景唐文
若題江月樓郡城好處西州無兩江回合東南隅江平浪
穩去自在淨色浸透銀蟾蜍程敦臨三溪世事名千古
雙栢餘陰照別州吳鴻簡州何處景最佳東溪清絕人

最誇李良臣況此憔悴州居人仰煮鹵煮鹵數十耳餘

者皆貧窶闕書孫山水三池郡平湖隝可園要成眞吏

隱故作小桃源王鎬輟飲楮節會勝亭溪山佳處古琴

橫憑君傾耳慇懃聽一弄松風四坐生趙清獻鳴琴白雲

深處雙輪過紅旆叢中五馬來父子華顛忻會聚簪

裾青眼喜遊陪趍庭日有朱衣戲從此無心詫老萊

周洙到州有感呈通判憑君點數西南景杭上觀山有幾州周洙

賴簡池臺兩蜀誇東溪別是一山家令人卻憶康王

谷坐看朱簾濺雨花姚孳碧波亭陽安多勝槩劉子卜郊

居江流清戶牖山列圖庭衢宋正民東溪陽安城西百尺

樓畫棟翬飛出鼇嶺蜀漢東南此地分勝槩悠悠誰復領唐文若寄題江月樓學山雲頂遍尋遊煙棹夷猶出簡州夜雨借公三日水秋風送我一蘭舟雍鳴二水清渾合三山錦繡張迹沈簿書冗身在水雲鄉王鎬小桃源詩

四六

重念三池僅存兩邑地僻左而非走集之會山周遭而皆磽埆之田州縣之儲蓄久空閭里之蓋藏無幾知郡于大夫謝諸司文鄰於會府而有江山之勝處於高仰而有魚稻之饒郡倅黎持道院記

輿地紀勝卷第一百四十五

輿地紀勝卷第一百四十六　文選樓影宋鈔本

東陽王象之編　甘泉岑鎔淦堃校刊

成都府路

嘉定府

陵雲　漢嘉　三峩
嘉陽　嘉陵　犍爲

府沿革

嘉定府嘉州犍爲郡嘉慶軍節度嘉定志禹貢梁州之域元和郡縣志按漢志秦地於天官應東井輿鬼之分野晉志云蜀入參一度犍爲入參三度與漢志異當攷秦爲蜀郡今府即漢犍爲郡之南安縣地也此據元和郡縣志而漢志應劭注云故夜郎國又沈約宋志亦謂漢武帝建元六年開夜郎國置犍爲郡而寰宇記亦謂漢武帝使唐蒙開夜郎立犍爲郡象之謹按華陽國

志云分巴割蜀以成犍廣則是武帝分蜀郡以益犍爲郡也又鄧通傳通爲南安人則是武帝未開夜郎之前已有南安縣矣特武帝開夜郎置犍爲郡因割蜀郡之南安縣隸于犍爲故總而言之曰犍爲郡耳非取夜郎之地而建爲南安縣也應劭注漢史及唐通典雖有夜郎之文而元和志初不及此二者俱爲唐地理書元和志作於通典之後而無所引證已知其誤矣兼漢地理志夜郎縣乃屬牂牁而應劭於犍爲郡下雖注曰故夜郎國而劭於牂柯郡之夜郎縣下又注曰故夜郎侯邑蓋國者總而言之爲夜郎之地而邑者别而言之爲夜郎之所都也應劭之注固未嘗以無辨又輿地廣記云犍爲郡初置僰縣蓋在今瀘州南徼之外以象之攷之兩漢志及晉志夜郎僰縣皆屬牂柯郡而沈約宋志夜郎屬夜郎郡僰縣屬平蠻郡皆晉永嘉中所置屬于甯州則夜郎僰縣非嘉定也輿地廣記又云犍爲郡初治僰縣後徙治僰道即今之叙州元和郡縣志云漢昭帝時犍爲自僰道徙治武陽即今眉之彭山輿地廣記又云後周徙治新津最後徙治南安即今之龍遊蓋犍爲之地爲夷所侵則徙入內地以避之則夜郎故邑乃今南

徼之外羈縻等州耳通鑑晉紀永和元年載獠從山出自巴西至犍爲布滿山谷十餘萬落大爲民患四境之內遂至蕭條元和郡縣志於嘉州書云後爲夷獠所侵梁武陵王紀開通外徼始立青州又於貢榮渠簡邛眉等州皆書云爲夷獠所侵或曰郡縣荒廢或曰爲獠所沒或曰移治某所於蜀州又書曰西魏時犍爲郡移理於此則今之犍爲非盡古之犍爲也此皆諸書所不載唯元和志載之特詳故附見於此

晉時爲夷獠所侵梁武帝時武陵王紀開通外徼立青州取青衣以爲名 此據元和郡縣志大抵犍爲諸郡之地爲夷獠所侵至梁招撫之後其地始再歸王化耳元和志於眉州書曰在太清三年而寰宇記書曰後魏道武於此立眉州尋改青州末年分平羌等縣立嘉州象之謹按魏道武在晉時立國於代北足跡未嘗至蜀豈能於蜀遙立郡縣其說不可據今不取

西魏平蜀改青州爲眉州取峩眉山以爲名 後周帝紀云西魏廢帝二年平蜀三年改青州爲眉州而元和郡縣志及寰宇記皆不書於嘉

州而書於眉州按嘉眉二州自唐以前本爲一州則二者所書不容不同今取眉州之志以補嘉定之闕

後周復曰青州通典及隋志眉山郡下云西魏曰眉州後周曰青州後周改嘉州大業二年改曰眉州而後周青州之改無年月可攷象之謹按嘉定志安都王廟碑書曰後周保定二年初置青州

又改曰嘉州取漢嘉郡以爲名元和郡縣志在周宣帝二年嘉定志云後周改曰青州後以九州之名相亂又改曰嘉州象之謹按周天元皇帝未併高齊之前則青齊之地尚屬高齊不應州名相亂通鑑載建德六年併齊亦年改元宣政今當改元和郡縣志宣帝二年爲宣政二年庶幾年月相應蓋周天元併齊之後既有青齊之青州又有蜀中之青州州名相亂不得不改又都安王廟碑亦云隋開皇九年置青衣縣後周保定二年置青州宣政二年始爲嘉州年月實同

隋改嘉州爲眉州又改爲眉山郡隋志云大業二年改嘉州爲眉州元和郡縣志謂大業二年併嘉州入眉州八年改爲眉山郡

唐復爲嘉州舊唐志云嘉州隋眉山郡武德元年

改爲嘉州割嘉州之五縣別立眉州而嘉州如故元和郡縣志割嘉州之通義洪雅等四縣別置眉州改犍爲郡新唐志云本眉山郡天寶元年||||復曰嘉州唐志在乾元元年唐中世號都督府嘉定志韋皋所撰九頂大像記貞元十九年使持節都督嘉州諸軍事嘉州刺史充本州經畧使以是知|之||嘉州||||又有經畧使之名尋罷寰宇記僞蜀王氏孟氏繼有其地通鑑昭宗大順元年嘉州刺史朱寔舉州降于王建後唐莊宗同光三年以孟知祥爲西川節度使而嘉州實所統隸

國朝平蜀仍爲嘉州乾德三年甯宗卽位以潛邸陞嘉定府及嘉慶軍節度按李𡌴嘉慶軍樓記云錫名嘉慶在開禧元年十一月今隸

成都府路領縣五治龍遊

縣沿革

龍游縣　上

倚郭舊唐志云本漢南安縣地屬犍爲郡輿地廣記云本漢南安縣地初屬蜀郡武帝時隸犍爲郡東漢因之寰宇記云周武帝保定二年於此立平羌縣隋志云後周於此置平羌郡寰宇記云開皇郡廢爲嘉州四年爲峩眉縣九年改縣爲青衣開皇十年改爲龍遊以隋伐陳有龍見於江引舟而還故名大業初置眉山郡國朝會要云熙甯五年省平羌併入焉又云宣和元年改嘉祥縣紹興元年復爲｜｜｜

夾江縣　中

在府北七十里舊唐志云本漢南安縣地隋分龍游平羌二縣於涇上置｜｜｜今北八十里有夾江廢戍即此也元和郡縣志云開皇十三年割平羌龍游二縣地於夾江廢戍置｜｜｜屬嘉州大業二年割屬眉州武德元年却隸嘉州舊唐志云舊治涇上武德元年移於今治皇朝因之

犍爲縣　中

在府東一百二十里元和郡縣志云本漢南安縣地周於此置沉犀郡并立武陽縣隋開皇三年廢郡以縣屬戎州又改武陽爲犍爲縣唐上元二年割屬嘉州寰宇記云後周保定三年於沉犀山下置沉犀州隋開皇三年廢沉犀於大鹿山置犍爲縣唐舊在武陽故城後屬武州上元元年隸嘉州天復元年夷獠叛於江之西國朝會要乾德四年省玉津縣入焉祥符四年徙治懲非鎮

峩眉縣 中

在府西九十里元和郡縣志云本漢南安縣地周武帝於此置平羌縣後改平羌爲｜｜｜又以爲青衣縣乃別立｜｜｜枕峩眉山東麓故以爲名屬嘉州隋志云開皇十三年置｜｜｜元和郡縣志又云大業二年割入眉州唐武德又屬嘉州皇朝郡縣志云舊治山東唐乾元三年夷叛徙今治國朝會要云乾德四年併綏山羅目二縣皆隸焉益州記云峩眉去成都僅千里秋日清登望見兩山相守若峩眉

洪雅縣 上

在府西一百三十里元和郡縣志云本南齊樂郡之南境也自晉迄宋夷獠有其地周武帝攘却夷獠立洪雅鎮寰宇記云在後周天和二年隋志云開皇十三年置｜｜｜元和郡縣志云縣西有洪雅州故名輿地廣記云初屬眉山郡唐武德元年置犍州正觀元年廢屬眉州開元七年置義州并以獠戶置南安平鄉二縣八年州廢省二縣以洪雅屬眉州國朝會要云淳化四年來屬嘉州

監司沿革

成都府路提點刑獄司

嘉定志云憲治自成都遷於嘉州此天聖之議也邵伯溫題名記序自天聖至今廨葺治增廣在府城之北街亦日小市有靖民堂萬卷堂明允軒盡心堂清遠閣枕江樓種德堂觀風堂成都志云大觀中移治嘉州不同又眉州志云天聖四年益州路提點刑獄司以眉州爲治所五年薛向乞移益州景祐元年閏六月依舊眉州二年十月知益州王曒又乞移益州至和初移嘉州大觀元年九月成都轉運判官口轂

又乞移嘉州
備夷人也

風俗形勝

益州以蜀郡廣漢犍爲爲三蜀土地沃美人士俊乂華陽國志西有熊耳南有峩眉華陽國志東接江陽南接朱提北接蜀郡西接廣漢王喬升其北山彭祖家其彭蒙白虎仁於廣德寶鼎見於江溉華陽國志青山緑水中二千石海錄碎事云僞蜀歐陽郴守嘉州曰｜｜｜｜｜爲｜｜｜作詩飲酒爲風月主人豈不佳哉風月主人同上溪上之景凡十有五唐正觀中刺史盧士瑆列｜｜｜｜｜｜｜｜曰望靈峯曰西嶺精舍曰石梁水曰後壑曰分溪溪塘曰挂竹汀曰梭原曰茗岡曰六度潭曰長林閣曰望小臺曰青舊徑曰山梔園曰石壑院曰南州草堂並爲賦詩因刻石山中襟帶二水

水經云南安縣治青衣江會｜｜｜蜀開明故治也戶有橘柚之園文選蜀都賦注日出犍爲南安縣南對峩眉北連象耳寰宇記江縣下夾兩山相對狀似峩眉寰宇記嘉之山水號吾蜀冠冕劉伯熊提刑司幹辦公事題名蜀爲西南巨屏繇漢以來號爲多士莫盛於眉益二邦而嘉次之崇甯二年任熙明教授題名記天下山水之勝在蜀蜀之勝曰嘉州部博題清音亭坤維四十州伊嘉陽之郡得江山之助田錫嘉樹圖贊漢嘉江山雄秀三峩之勝聞於天下楊輔貢院記漢嘉背負三峩襟帶二江爲西南州最清曠處故地靈而人秀大觀二年鮮于繪府學議道堂記吾州山水於蜀爲孤清秀絶鮮于之武谷神亭記嘉州邑屋無遠近穴窻則

見江山而蔽虧多寡得之皆不同（蔡迨淸鮮亭記）嘉爲善嘉之城（員興宗李氏林亭記）犍爲江山爲兩蜀最（李章嘉望亭記）左九頂而右三峩，淸水橫其前（鮮于之武谷神亭記）昔城嘉者以水山爲墉藩（姚嗣宗龍岩院記）犍爲邈在西南之隅，江山秀麗，草木欽榮，號兩蜀佳處（任熙明萬壽寺碑）峩眉自楊文莊公爲之邑長，田公諫議客其門，流風所被，文教興焉（劉光祖峩眉縣學記）李白之歌平羌，岑參之謠青衣，薛能之集江干，司空圖之賦凌雲，是皆模寫物色之形容以誇詡於世者多矣（楊天惠水墨石記）天下山水窟二，一曰嘉定，曰桂林（鄧諫從江山堂記日子聞之石湖云）嘉州當荆蜀渝瀘要道（宇文粹中萬景樓記）

山川風物近似洛中晁公武過符文鎮謂｜｜｜｜｜｜｜｜因家焉分巴割蜀以成犍廣華陽國志蓋漢時割巴蜀二郡之地以成犍爲廣漢二郡故也今之犍爲非漢夜郎輿地廣記云漢武帝開夜郎置犍爲平夜郎以置犍爲郡然郡之北境大半爲巴蜀舊縣如南安武陽牛鞞資中江陽僰道是也而漢史地理志夜郎縣乃屬牂柯郡荆知今嘉州犍爲縣非夜郎故地後世徒見嘉州名犍爲郡又領犍爲縣遂以爲本夜郎國失其眞矣地大且要蘇洵上吳職方書云蜀之｜｜｜｜｜無如益與嘉者抗峩眉之重阻蜀都賦

景物上

南犍韓魏王詩王人獨戀｜｜樂只恐瓜期未肯歸南山志曰｜｜｜｜今嘉定東巖在府城東佛峽山水明秀有洞曰｜｜｜泉宜釀酒坡詩一時付與｜｜酒謂此也蒙水一名青衣水一名大渡水蒙以山名青衣以縣名大渡以溪名今曰雅江以州名蒙山嘉定志云禹貢梁州之山

四岷嶓蔡蒙西山背岷北山背嶓南山背蒙峩眉之在禹貢則蒙山之首也

瀆江 岷江也禹貢岷山導江入于海凡以入海書者惟瀆爲然

沫水 一名濊水一名濊水今曰陽江呂沈曰濊水出蜀水經曰||出廣柔徼外漢志云出汶江寰宇記云在舊羅目縣華陽國志云青衣有||出蒙山下伏行地中會江于南安水脈漂疾李冰爲蜀守乃發卒鑿平溷崖水神贔怒冰乃操刀入水中與神鬬即武水也

陽江 ||者蜀南山即郡治前崗杜甫詩云遠村通後逕一郡隔前之水所交委也

聖崗

三洞 在北門外白崖院名曰朝霞白雲清風寬廣可容百數人

孤山 即離崋山離峯者||也詁訓云爾蜀江有離崋蜀漢亦有離崋府治||當瀆江沫水孔道曰烏尤者四面嶄立乃眞離崋與永康所記不同象之謹按離之與孤自是兩義江州之大孤小孤取其孤立於江中之義也清湘有湘水離水取其初本于一源強分爲二以其有相離之義也湘水初出麗都山南流入洞庭自秦平百越欲通運道始鑿山築堰強分湘水之半南流入廣始命曰離水正以其有相離之義今嘉州之離崋乃天然

孤立名之曰丨丨正由江州之大小二孤命名是矣永康崇德之離堆乃秦太守李冰鑿山爲二中爲大渠引水灌成都以通堰水其取相離之義亦由湖南之離水耳命曰離堆豈不甚當今嘉定志乃指丨丨以爲離堆二義殊不相類既故老相傳姑兩存之

大江寰宇記云一名汶江俗名通江自平羌縣界流入水經云江東南過犍爲武陽縣南青衣水從西南注之又云東至南安爲壁玉津

月峰在峨眉山

雷洞在峨眉山嘉定志丨丨七十二穴雷神居之時出雲南

月巖李昌圖之亭榭也有九洞谿谷間鑱佛像榜曰丨丨九洞有蒙泉亭

綏山郎中峨山按劉向列仙傳周成王時有神人葛由騎木羊止此山故里諺曰得丨丨一桃雖不得仙亦足豪故此山又名丨丨寰宇記在峨眉山西南其高無極

化山在夾江縣三十里李阿眞人煉丹於此

白水在峨眉山自雷洞出

黑水在峨眉山白月峯出

元石太平興國二年夾江縣民王詔於天名山下得丨丨二皆有丹文其一云君王萬萬歲其一云趙二十一帝緘其石以獻具在國史太平興國七年舒州亦進文石

金釜紹興

中峩眉縣金淵收童於水中得金鼎一枚紫色蓋道人丹竈其文云永和五年天根堂張造重八十四斤進之行在

石人 蜀記云昔諸葛亮南征蠻中十里刻一石人今黎嶲路尚有存者

龍門 在峩眉縣西十里通判葛宮有記云意其孫思邈披眞之所且隨其景各賦詩曰龍化曰種玉溪曰眞人岩曰藥竈曰藥臼曰朝眞臺曰養龍潭曰線水崖曰虎跳石曰茶蘗洞曰瀑布崖

龍泓 在龍遊縣之龍岩山東坡送張嘉州詩夢中却到龍泓口是也

龍池 李膺記在峩眉山下

龍谿 在龍遊縣出徼外入大江

蟹泉 在夾江縣西古名平岡化道書云天下二十四化此其一也山有石龜龜尾下有清泉金蟹常踴躍其中今名丨丨

魚泉 即羅目江其表兩穴瀕江州南山趾一如車輪一如五六斗盎吐雷迸疾冬夏若一

蜂穴 嘉定志云符文江出峩眉山山有二水北則虎谿

馬湖 即古若水也漢志若水出徼外

花谿 在洪雅西南出盧山郡界舊經云葛洪嘗隱此谿南有崖洞即丹竈之所有仙人像

檀谷 在龍遊縣安國鎮口檀山西南一十里

秦水 在峩眉縣西南三百餘里舊經

云秦惠王伐蜀克之徙秦人萬家以寔焉秦人思秦之涇水於其水側置戍謂之涇口戍天寶六年改名秦水

漢水 漢成帝時得古磬十六枚于｜｜之濆

漢嘉 李亶嘉應軍樓記云漢室中否公孫述僭帝梁益時惟青衣不賓光武聞而嘉焉順帝陽嘉二年改名｜｜

嘉魚 毛詩南有｜｜蜀都賦｜｜出于丙穴者也

嘉木 寰宇記在舊羅目縣東南三十里陽山江溉兩木對植圍各三丈五尺上引枝橫亘二丈圍徑相援連理陰庇百尺其名黃葛號｜｜｜田錫記云或曰生於後漢之世或稱茂於後周之時

景物下

壁津樓 在府城之東南隅跨城爲樓下瞰三江三峩九頂森列左右提刑陳謙建

枕江樓 在憲司廨宇之後左窺龍泓右瞰烏尤三龜至樂九頂諸峯列其中瀆江貫其前高明爽塏得江山之勝

三賢堂 在南山迺謫仙東坡黃太史也

萬景樓 在史氏安樂園之上宣和太守呂由誠作

所望闊遠諸邑邊塞指顧目覽盡在掌握范石湖詩云若爲喚得涪翁起題作西南第一樓太守郭益榜其下曰西南第一樓

載酒堂 在大佛寺山上取坡詩載酒凌雲遊之義

鎖碧洞 在醮壇巷勾氏園泉滀琮琤如琴筑

鍾秀亭 在九頂三龜之間清閑居士王朴至樂山也

安樂園 黃太史留題云見水遠烏尤惟此亭者即其地也

鳴玉洞 在府治盛夏則泉脈涓涓聲如響玉

清音亭 在九頂山東坡書額下瞰大江萬瓦在目三峩橫陳

方響洞 在丁東院洞腹有水下注洞中泠然如環佩聲山谷改爲｜｜｜作詩云古人題作丁東水自古丁東直至今我爲更名｜｜｜信如山水有清音

方壺洞 在照燈院中有隸書云晉刺史姚思永神墓

明月樓 在府醮樓之右有明月湖故名郭璞詩云鬱姑鬱姑將州對洛都但有千載後變成明月湖後隋鬱姑將軍開此湖

盡心堂 在憲司楊王休爲憲使以一路渠堰源派鍾泄及西南夷邊塞堡障道里斥堠繪之壁間

崇聖院 在夾江縣西三里元始山之趾有古殿其中塑宣聖釋老像躡石而上有大觀堂景

之勝者堂上有蓬萊閣**尊賢堂**在府治有李太白等八畫像**集仙洞**在蟠龍院洞雖淺褊有姚嗣宗趙淸獻詩姚詩云譚笑仙岩脫世塵冰霜六月爽人神更逢夜月淸涼甚躍馬歸來月滿身**歌鳳堂**在三峩館繪楚狂接輿像於壁**古像山**在府城西門外有石鐫彌勒佛如淩雲像而小或謂初作此以爲大像之式故山門牓爲丨丨丨**大像閣**在淩雲寺唐開元中僧海通於瀆江沫水濛水三江之合悍流怒浪之濱鑿山爲彌勒大像跼三百六十尺建七層閣以覆之至韋皐時積十九年而工始備皐有大像記**熊耳峽**在龍游縣北六十里湧佛山之上諸葛武侯鑿山開道蓋今湖壤峽**峩眉觀**在峩眉縣南十五里曰丨丨丨**峩眉山**按益州記云丨丨丨在南安縣界兩山相對如峩眉張華博物志以爲此山之外又有小峩眉鄭谷詩云峩眉咫尺無人去却向僧窻看假山**大峩山**在峩眉縣南一百里本山記云其山周匝千里有石龕一百一十二大洞十二小洞二十八南北有臺五六寺觀張華博物記云山如修眉橫翔**中峩山**在峩眉縣

南二十里亞於峩眉名爲覆蓬山有葛仙洞又名綏山元和郡縣志云有古穴初纔容人行數里漸寛有鍾乳穴穴有蝙蝠其大如箕

小峩山 在峩眉縣南三十五里一名鉾及山又有李仙洞此山與中峩峩眉相連故峩眉亦名大峩是爲三峩

大峩景 自縣勝峯門出歷石魚橋山門路黑水白水莊彼岸橋天公龍神堂妙峯閣朱玉臺亂石溪遊仙橋華嚴橋千人洞清風峽玉華嚴院恰十五里前代於峩峩眉山剏寺六一曰光相二曰華藏三曰普賢四曰延福五曰乾明六曰華嚴光相居山之絕頂而爲遊山之底華嚴居山之前峯而爲遊山者之嚮導

華嚴寺 在寶岩兩山之間

乾明寺 自華嚴至寺五里初名中峯寺後改乾明前後有八峯普賢閣倚白崖峯餘十七峯共環之

延福寺 自中峯至寺五里孫思邈眞人故宅其青蓮峯白雲峽最爲寺中之勝有阿育王塔及佛眼石昔三藏於西天得一塔歸以鎭本寺

普延寺 舊名普光寺自中峯至寺十里國朝太宗時命益州鑄銅爲普賢像長二十尺送寺中端拱中內府出黃金三百兩以飾菩薩像景德中內府又出黃金三千兩設

齋及增修堂殿徐兹作普延閣記列聖前後宣賜御書經文器皿非一　**華藏寺**蜀武成中有僧行朗搬寺其後趺坐而化今石塔乃眞身也寺有多葉經一十葉古長二尺五寸闊二寸梵賢如古篆堆金疊玉之狀人莫能識　**光相寺**自白水至寺歷八十四盤山徑如線可通登躋如是者六十里至峯頂卽普賢示現之處寺屋皆以板爲之地極寒雖盛夏如嚴冬　**羅目江**出峩眉山麓右谿自小天池以東左谿自黃茆平以北直||縣治之上五里水石之勝怪怪奇奇自是合二谿之委是爲江又有||鎭乃隱士||隱遁之所　**清涼山**在龍游縣北三十里李阿眞人煉丹於此　**至樂山**在龍游縣東五里清閑處士王朴居之山谷有頌何熙志架屋其上號東山　**平岡化**在夾江縣西十五里本名平羌山後因訛爲|||　**平羌山**寰宇記在夾江縣西十五里九域志云道士常正一得道此山丹竈履踪存焉　**高摽山**一名高望山古備城庫之基卽今萬景山府之主山巍然高峙萬象在前煙朝月夕其景無盡　**石碑山**在龍游縣西二里唐正觀刺史盧士珵列溪上

之景凡十五並賦詩刻石山中**石洞院**在小市正街黃太史自叙南經涉此地與寺僧道臻周旋洞中道臻能作墨竹今有黃公所作墨竹記具在**金碧堂**在寶林寺之大輪院有對青竹黃太史命曰｜｜｜對青竹賦石刻在焉**金燈山**即至樂山山之趾有淵春冬不涸每歲人日郡守於此修油卜故事謂以油灑水面觀其紋驗一歲之豐歉**寶磬川**九域志云漢水一名｜｜｜**寶珠水**花谿之西北又有小谿來合曰｜｜｜**璧玉津**寰宇記云隋於此置玉津縣以江有｜｜｜故名注水經云東爲｜｜｜**寶林寺**在郡城西蟠龍山小院凡十三**錦江山**在龍游縣北四十里江自成都此山下敺如帶因名｜｜｜巔舊有太白亭影入平羌江水流之詩山谷親書之又有錦江院**湧佛山**在熊耳山下史堪居之邵西山送詩云公臥｜｜｜煙霞護幽居**黃山**在峩眉縣西南十五里按舊經昔軒轅皇帝問道於天皇眞人送至此山因名**符文水**出峩眉山有二水北則白水南則黑水**修文山**在洪雅縣西八里山之南麓即雅江所注湍流

怒濤其勢洶湧名曰龍潭漁者不敢入**治易洞**在九頂山後門皇祐間郡守吳祕名上有磨崖大字**讀書洞**在後溪延祥觀本名楊雄觀九域志以爲雄故宅也觀有子雲｜｜｜洞有子雲像高三尺許傍有二人列侍庭下有張辟疆墓又有玉皇詔許眞君符篆刻之石今有楊徽之宋白諸公詩眞蹟具存**阿吒山**在洪雅縣西四千里有石院一**隱蒙山**巨石周迴鐫羅漢一百八身在洪雅縣南昔處士龐居正字隱蒙隱此**青衣水**輿地廣記云出盧山徼外東南流逕嚴道洪雅夾江至龍遊而與岷江合龍遊居｜｜｜口故隋志亦曰青衣非漢之青衣也漢書彭越傳杜佑通典嘉州載皆以龍游爲青衣蓋失之矣漢之青衣本屬蜀郡在今雅州之盧名山嘉定中志云｜｜｜｜從西來至城西十里與陽山江合名曰雅山又曰蒙水引水經注云｜｜｜出青衣縣西蒙山漢爲青衣今爲雅州以青衣在雅州也然攷之通鑑似有疑焉晉永和三年桓溫伐蜀軍至青衣畱孫盛守輜重於彭模而大軍直指成都則不應自雅州之青衣而復回彭山迂回若此觀此則似青衣又與犍爲相密邇者嘉定

乙志載後周保定九年改南安爲青衣則龍遊之名青衣又在桓温伐蜀之後今龍遊有青衣江青衣山青衣渡青衣神皆以青衣爲名則又不可盡以爲青衣故迹往往漢時縣之所統闊遠極青衣水之所至皆隸屬焉後世分置州縣却以青衣水口爲青衣縣而故青衣雖爲青衣水所出却爲雅州耳

青衣神 寰宇記平羌縣下載｜｜｜益州記云雷號雷搥廟班固以爲離堆下有石室玉女房蓋此神也

青衣山 寰宇記在縣西南四十里

烏尤山 在九頂山之左舊名烏中突然於水中如犀牛之狀至山谷題浩翁亭始謂之烏尤

白金堤 在夾江縣治西南延袤數里亦名向君堤蒙江齧岸令向君勵意捍之鋪沙渟中得白金一篋焉然資焉不他取一錢而堤就

白崖院 在府城北十里有淸風白雲朝霞三洞徐庸用之先生著書于此吳中復爲作冠崖銘

白崖山 在府城北八十里有白崖院峩眉縣亦有｜｜｜下有大池有龍居之

白檀山 在龍遊縣西南二十里

白雲洞 在白崖山嘉祐間趙淸獻公以殿中侍御史轉漕本路與憲副同遊各榜其一

紫蘭泉

嘉定志云沫水地勢表高裏湫流下注曰丨丨丨丨爲丨丨丨丨

丹霞峯九頂山之一峯也

慈雲院在洪雅縣北山之中峯唐僖宗朝三教首座悟國達師乃其寺僧也

淩雲寺在府之南山寺有清音亭郡博記云天下山水之勝在蜀蜀之勝曰嘉州州之勝在丨丨丨丨寺之南山又其勝也東坡字其亭曰清音又南山之勝也

就日峯九頂山之一峯

天津水在峩眉縣西南出徼外入沬水

天池院在古玉津縣之東天池堤中院有觀音化柳居士門前有一井嘗剜眼捨於井俗人目痛者取水洗之即愈

月峯山在夾江縣南下五里

雪峩山在羅目江捫險而登兩壁石霤注爲大池池中有山髻髴三峩號曰雪峩

牙門山張華博物志以峩眉山爲牙門山

風門山在龍游縣一名風孔山

月珠院在洪雅縣三里洞溪山峯如偃月曰月峯峯之南山小而圓寺之所以得名也

日月峯在峩眉山

玉佛面在峩眉山

玉人形在峩眉山

佛耳泉在淩雲大像耳後

羅漢

院在夾江舊有異僧能知人禍福人以常羅漢目之已而坐脫

菩薩石在峨眉山七寶岩洞穴中峯稜如削自然之觚大者高尺餘與水晶相似月色照之五彩隨見

鑄錢山在峨眉縣百餘里舊經云乃漢鄧通｜｜之地

種玉溪在峨眉縣之西十餘里曰龍門水顯露亂石如玉狀因名

馬龍池峨眉之西六十里有池曰｜｜｜向因司天監古西川當產良馬後忽見一馬馳走如飛村民攫捕適傷其足投入池中一夜雷雨遂擘山透入龍門江今有擘山痕迹如故

鳳凰山在峨眉縣合江鎮西

沉犀山在犍爲縣南五里舊經云有犀牛渡江而沉

鐵蛇山在犍爲縣南北五十餘里下有洞洞有巨石狀如沉牛

石魚井在石魚院右井上一大石影出雙魚

石羊津寰宇記在故玉津縣東十里又有石羊寺寺有二石羊因名

石犀潭寰宇記在故玉津縣東三十里鐵蛇山下有大石狀如犀牛

蟠龍寺在蟠龍山有趙清獻公詩詳見集仙岩下

馬鞍山在龍遊縣東南十二里望之若｜｜

龍門山在峨眉縣西十里分兩崖峭峙矗天

其形如削仰視**牛仙山**在洪雅縣東視衆山爲高舊
青天纔餘一髮傳古有道士乘牛而仙今石
上履跡　**龍池鄉**平羌鎮之後有龍池昔**鳳僊寺**在城
尚存　孟蜀時池生蓴菜如絲北半
里有道人煉丹於山養一雄鷄一日丹成餌雞以大
試焉鷄忽變爲丹鳳飄然而去今石上有鳳爪形
鹿山元和郡縣志在**大渡河**寰宇記云一名沬水在
犍爲北一里　舊羅目縣南一百八十
步源出嶲州界來經縣東入龍遊縣界水出麩金藝
祖得天下以持玉斧畫輿地圖自大渡爲界曰此外
吾不有也故三百餘年**小銅梁**寰宇記在舊羅**二石**
無南詔之患遠慮如此　目縣西南五里
關晏公類要云龍游縣有｜｜｜卽漢武帝使唐蒙
下夜郎而置焉然考證此非夜郎地則關非唐蒙
所**三龜山**其形似龜而首亦具因名當中**四望水**寰
置　一龜循其趾而上彎環有九洞　宇
記在平羌縣**八卦井**在府城中皆**九頂山**在府城左
東南六十里　郭璞所鑿　有報恩寺
其九峯之名曰鳳集棲鸞靈寶就日丹霞祝融擁翠
望雲兌說會昌以前九峯各有寺其後八寺廢惟此

獨存**九龍巖**在府治之東北四里江山上隱隱有九龍之狀**萬松山**在夾江際東北二十里山有三峯一峯居中兩峯在右如拱侍**海棠山**在石碑山上周迴皆植海棠花時太守必宴賞花片飛墜自溪流入城中過郡治前**梨花山**在府西過西津橋五里有院曰水南此山舊植梨花數百本邵西山詩云水南亦佳哉玉立峯伍伍**洞溪山**在洪雅縣其山前一峯如珠後一峯如月**南捶山**在峩眉山南乃峩眉第一峯**東律院**有山谷草書圓照大師詩小碑詩云赤脚檀搭六七級白菌蓞花三四枝禪客相逢只彈指此心能有幾人知**隴箭山**寰宇記在舊羅目縣南七里神仙傳云宿山圖者隴西人也採藥此山服之羽化**呼應山**在峩眉縣西南按杜光庭仙傳云天寶初元宗晏處別殿孫思邈導行雲鶴集于庭墀揖元宗願賜武都雄黃勅遣中使陳忠盛賫雄黃賜之使至山中不知孫仙棲隱處無計達之即以雄黃置之岩石上灶香宣詔俄見其形于峭壁間謂使臣曰但留雄黃自取之石上有謝表謂具紙寫上奏及覘石果有朱書文字旋錄旋滅今謂之呼應

臺夷惜水寰宇記云源出嶲州界中有嘉魚長三尺每年二月隨水而下八月逆水而上入穴蜀都賦云嘉魚出于丙穴蓋此也沐川水在犍爲縣一百四十里歸正寺在洪雅縣北一里初名靈鷲寺唐穆宗朝有僧知元嘗應詔升麟德殿與僧儒二家較優劣宣宗命爲三教首座僖宗爲置寺因改靈鷲爲丨丨丨祥符院在夾江縣北舊名普濟院有銅鐘重千觔宛如金色聲聞數十里天慶觀在府城之北有銅鐘一口識云大唐元和四年鑄重千觔

古迹

漢武陽故城九域志故玉津縣元和郡縣志云去州西北三十九里隋大業十三年於此置玉津縣國朝乾德四年併入犍爲故平羌縣元和郡縣志云在州南十八里周武帝置平羌縣開皇四年改爲峩眉縣仍於州東六十里別立平羌縣九域志云國朝熙寧五年省平羌縣入龍遊縣爲平羌鎭沉犀故城元和郡縣志云在犍爲縣南三里故綏山縣輿地

廣記云綏山鎮隋置綏山縣唐屬嘉州皇朝乾德四年省入峩眉縣寰宇記在州西四十里

伏羲洞 **女媧洞** 在峩眉山

楊雄山 在府治西有洞深邃子雲隱居予此遺像存焉

子雲山 在犍爲縣南五里舊經云子雲隱居之地下有楊雄灘

嚴眞觀 在平羌之南漢嚴君平之故宅也有嚴眞渡後立爲觀

張綱洞 在犍爲今犍爲武陽城有｜｜｜洞傍飛瀑瀉萬山間

張綱山 在犍爲縣東北五里以張綱墓在其側因名綱武陽人後漢時討張嬰以功授廣陵太守到郡一年卒百姓五百餘人素服行喪送至此山負土成墳

楊洪山 在犍爲縣西南十里洪字季休犍爲武陽人與諸葛武侯相善事蜀先主爲郡太守

太白亭 在平羌鎮錦江禪寺有重雲閣｜｜｜亭與峩眉相直卽太白題詩處

涪翁亭 在安樂園萬景樓之前

呂公堤 自三江門二水之會連延不斷岸被齧呂公由誠大築此堤府人德之以字堤云

郭璞書巖 在烏尤山田錫詩云郭璞書臺古釣灣蘇子由詩云云有古郭生此地苦箋注區區辨蟲魚爾雅細分蕿

洗硯去殘墨遍水如黑霧至今江上魚頭有遺墨處然史謂無入蜀之文而城中八卦井亦云璞所置

登天王廟 卽晉後涼王呂光也初仕苻秦以賢良選會蜀李焉反光平蜀有功蜀人祠之

張天師祖墓 見九域志圖經云在延祥觀楊雄故宅今玉皇殿前斗壇卽墓也

隋鬱孤將軍墓 祥符圖經云隋開皇六年有鬱孤將軍領兵戍此今高望山中有墓存焉

官吏

杜軫 字超宗爲犍爲太守甚有聲譽弟烈明於政事亦爲犍爲太守蜀士榮之見晉良吏傳

岑參 唐嘉州守

薛能 唐咸通中攝守

田淳 熊克通畧孟蜀時||爲龍遊令或勸淳以遜辭取貴而淳上書言大臣王昭遠田保正等皆憸人孟昶以田保正屯巫峽以戰棹淹滯命縣役工鑿石以决水淳曰戰棹載公貿易之貨故水不能勝公但減貨則可行矣保正不能屈

何逢原　孫松壽　宋誨　何耕 嘉定府志有繪四太守像名曰四循吏

何掄 本朝人爲壽父漸好文章

喜獎進文士讀譚篆四六至戲萊子之衣古無聞於仕版乘長卿之傳史未覩於親聞擊節稱嘆贍數十紙游揚於諸公閒其喜士如此

吳中復爲犍爲令土產紅桑紫竹荔枝三者爲民害作三戒詩勸諸石其序曰嘉州詩三章閔嘉民也

宋白舊經白常爲玉津宰有縣宇朱欄架綠竹詩石刻在妙明院并田公錫有修院宇記見咸平集

石介字守道嘉祐時爲嘉州推官

張俞在幕府爲太守孔叔詹撰頌春亭記

楊徽之爲峩眉令是甲志詩集序時宋公白尹玉津同爲文酒之會迭成酬唱

人物

楚狂接輿費士戣歌鳳堂記云按晉皇甫謐作高士傳宋劉孝標注世說唐陳子昂賦感遇詩皆謂避楚入蜀隱于峩眉接輿姓陸名通接輿其字也

蘇稽一名啓隱於龍遊之蘇山山之趾有鎮以其姓氏名山有石室書臺

任永馮信並犍爲人公孫述連徵皆托靑盲固避之述誅乃盥

洗更視光武召之會病卒

費貽 後漢｜｜南安人公孫述時漆身爲屬徉狂以避之

費詩 犍爲南安人蜀先主稱尊號詩上疏曰殿下以曹操父子偪主故糾合士衆討賊大敵未克而先立恐人心疑惑由是忤旨

李密 晉武帝召犍爲｜｜爲洗馬以祖母老固辭密與人交常公議其得失而切責之常言吾獨立於世顧影無儔

唐仲子陵 在唐以禮學推重舍峩眉山舉賢良典黔中選補乘傳過家西人以爲榮及亡其家所存惟圖書及酒數斛而已

田錫 本朝第二人及第仕至諫議大夫史館脩撰范文正銘其墓曰田公天下之正人也蘇東坡爲文集序曰田公古之遺直也公洪雅縣人洪雅屬嘉眉二州今嘉眉二州推人物者皆以諫議爲首

王式 弟汝翼皆龍遊人也元符中式上書言西夏事汝翼上書言蔡確式送嘉州自訟汝翼嘉州鶉管

周永徽 龍游人元符中上書鶉管

趙次公 注杜陵詩解東坡詩

辛怡顯 龍遊人李順之變餘黨入雲南朝廷差召募可往雲南者怡顯請行後知興化軍自作雲南至道錄行於世

仙釋

葛由周靈王時人事鬼谷子隱居峩眉山之鬼谷洞
見中峩山下周靈王太子得道上昇
爲書號蜀人爲洪雅主簿於縣東南二十里
珞琭子號李阿煮金修道號金釜山亦名主簿山尹
太平廣記云犍爲郡東有道觀在深嵓中觀殿
眞人有石函相傳是尹喜眞人上昇以函付弟子曰
此函中符籙謹不可啓大歷中清河崔君爲犍爲守
命破鏁中有符籙於是緘鏁如舊是夕追攝至冥司
帝命削君祿初九隴人張守珪有採茶
壽見宣室志平陽洞仙人少年義兒又一女子願爲
義兒婦一日因與鄰婦十數人飲於堋口市買酒一
椀與衆婦飲之皆醉而椀中酒無減張問其術少年
日我丨丨丨丨丨耳因小過謫夾江人慕道修
於人間旬日間忽夫婦俱去瞿君煉後漢章和間
隱居平崗山後入峩眉山修道乘龍還家辭親友繫
龍於山下旣別遂乘龍昇天今平崗化有養龍潭繫
龍溪龍葛仙翁晉文帝時爲丹砂乞爲勾漏令後以
嵓山中原多故入蜀取雄黃於武都山得

之色如雞冠喜曰吾丹成矣後至洪雅之花溪因居嵓洞有神養氣道成昇天嵓前隱迹尚存

勾度

峩眉人與孫思邈隱於青蓮峯下孫授以黃白之術辭不受人願易治病之方以濟世會有權勢者欲傳其方度弗許囚之一室而縱火焚之髣髴影像騰空而去

皇甫坦

夾江人紹興中太后得目疾夢黃衣道人能醫乃以形求而得之目疾即愈後封爲眞人

僧希奬

夾江人於經教有所悟人有乞詩者縱筆直書頃刻數百篇悉印其平生禍福無一毫差者皆目之以羅漢有青城郭變得疾危甚夢一僧授以換骨丹一粒覺而瘉後郭與奬値一一如夢中奬云換骨丹無恙否郭遂拜

蟠龍僧

趙抃詩云登觀未逢韓退之當年佳句有誰知｜｜｜瞻大如斗直以詩來干太守

僧慧通

初慧通遊黑水視北峯秀爽可伽籃漲水不能涉有一虎出焉跨之以渉開荒成今華藏寺爲第一祖

峩眉木中定僧

父老談云此山樵人入山斧樵而木中空有一僧趺坐兩手著膝其爪纏身又云宣和中村民於古木中得一定僧適有胡僧云此定僧也擊金磬可以出其定遂開目曰我名慧持乃慧遠法師之弟

也問其定身當頓何所答曰依佛指而住言訖閉目不語縣送郡郡送之東京奉勑送佛指寺安頓今新津楊氏有走僧畫像題年月曲折其詳

能仁院石像 劔南詩藁云能仁院前有石像丈餘蓋作大像時樣詩云江閣欲開千尺像雲龕先定此規模斜陽徙倚空三歎嘗試成功自古無

碑記

漢楊宗暢墓碑 墓在夾江縣東十里墓前兩闕其左隸書漢故益州太守楊府君諱德字仲墓道十六字

漢和帝時開道碑 在夾江縣西蜀郡青衣越嶲道界中有永和七年永和八年等字

漢靈帝時張道陵碑 在洪雅縣易俗鄉上有嘉平三年三月一日等字

沐川古碑 唐垂拱三年玉津令馬元慶等殺馬湖夷賊紀功今存

李德裕石闕 舊市鎮有名灘曰墨崖其上有唐李德裕領重兵過此九字

孝女碑 在犍爲清溪口楊洪山下東漢永建初孝女叔先雄以父泥和墜湍水尸喪不歸雄於父溺處自投水死後五日與父尸相持

犍江上郡表言爲雄立碑國朝元祐中重立

都安王廟碑 碑載隋開皇九年置青衣縣後周保定二年置青州宣政二年始爲嘉州

靈鷲山碑 唐正元中僧乾光爲其師道眞令徐宗彝撰碑而碑刻於長慶中

韋南康大像碑 在淩雲寺大像之左

郭璞移水記 記謂世主播遷戎羯亂華於是優游笑傲放意於山水間仍於嘉州城東百步烏尤山鑿書嵓而蘇子由詩亦指其注爾雅於此史謂無入蜀之文謹按移水記有嘉州二字則非璞之手筆恐後人之附會耳蓋嘉州之名始於後周而自周以前止曰漢嘉郡曰龍游縣耳安得有所謂嘉州哉或者後人追書則未可知耳當攷

張無盡沐川寨記 其畧云南廣東北接境常挾吐蕃以爲中國患蓋其路一出大渡河一出沐川川源一出馬湖江等其狨邪之徑曰滎經曰八面菁曰黑水曰中鎮曰賴因曰龍水曰陰川而沐川之路常爲嘯集之地

申孝友西南會要 孝友論唐自開元之際始有南詔之憂蓋合六詔而南詔最強連吐蕃而蜀患乃酷降及太和之際李德裕作籌邊樓南詔頗有所憚而

蜀賴之以安今西南諸蕃自祖宗以來以迄于今阻隔大蕃之要道賓為蜀部之藩籬是致雲吐之三蕃不復疥疽於中國今邊夷近屬雖衆且微然而勢合則強力分則弱必離其黨使不得親分其勢使不得不弱斯丁矣

嘉定志郭公益編續志林絜己編嘉州詩岑參編

總嘉州詩

外江三峽且相接斗酒新詩終自疎杜甫寄岑嘉州漾舟千山內日入泊荒渚杜甫宿清溪今年思我來嘉州嘉州酒重花繞樓樓頭喫酒樓下臥長歌短詠還相酬杜甫紫我是犍為南征又北移唯聞杜鵑夜不見海棠時薛能初發嘉州寓題江樓一望西歸去不負嘉州只負身薛能江樓臨生白髮方監郡遙恥青衣懶上樓薛能犍為古佳郡山

水宜不惡唐詩嘉州地僻天西南重疊江山遶城郭唐至和三年李堯夫題白崖三洞犍爲城下牂柯路空冡灘西賈客舟此夜可憐江上月夷歌銅鼓不勝愁陳羽城下聞夷歌凌晨走退蝦蟇鼻幾日飛經灩澦堆宋白嘉陽送客最念春風嘗酒處梅酸笋翠後溪頭宋白玉津縣裏三年悶金粟山前九月愁宋白貽田表聖嘉陽信美郡風物眷多奇有溯題明月有樓名荔枝宋白春風麥隴連蠻芋細雨梨花間海棠宋白玉津春日梅雪初銷臘酒香嘉州屬縣且尋芳宋白道出嘉陽正西指一帶靈峰如湧起宋白光相寺俗遇臘辰持藥獻吏逢衙日隔花參耆宿因來問封部竹籬

西畔是雲南楊徽之憶昔嘉州歲已周西林僧舍未曾遊可憐遙見如圖畫竹箒南邊露寺樓田錫望西林寺莫愛荔子紅歲作嘉州州孽吳中復知犍爲縣作詩三章以憫嘉州民而荔子居其首萬樹芙蓉秋色裏千家方響月明中斷霞半着臙脂水零露偏留筐竹叢石介中心横大江兩面疊清嶂江山相夾間何人事吟放石介泛舟酒色照綠波吟聲入秋浪石介城分二江急樹入九峯開地隔犍牂遠人從楚蜀來張俞春江鱗鱗漾麴塵杜陵舊歌天氣新里人年年競遊賞豈獨樂事今推輪東坡踏青浮雲軒冕何足言惟有江山難入手東坡不羨三刀夢蜀都聊將八詠繼東

吳臥看古佛淩雲閣勑賜詩人明月湖（東坡送呂昌朝）横空好在脩眉色頭白猶堪乞左符（東坡）移舟近山陰壁峭上無路云有古郭生此地多箋注（子由）面瞻北闕三千里俯視嘉陽十萬家（宋齊愈）試上層樓高處望十洲三島似蓬萊（李燾）俯窺三江水遠指三峩山（晁公遡萬景樓）左披九頂雲右送大娥月殘山剩水不知處一一當樓供勝絕玻璃濯錦遙相通指麾大渡來朝宗（范成大萬景樓）若爲喚得涪翁起題作東南第一樓（范成大）試傾萬景湖亭酒來看半輪江月秋（范成大嘉月榭）平羌江水接天流涼入簾櫳已似秋公事無多厨釀美此身不負負嘉州

歌呼宛轉連漁市燈火青熒擁郡樵陸游七夕登樵樓是邦

山水窟領會得佳處山回如可招水集若來赴竹葉

泝江船春薺隔煙樹陸游競秀亭我老詩不工非復薛與

岑陸游詩謂薛能岑參吾州水山西州冠正欠雄樓井傑觀奇

峯秀嶺待彈壓明月清風須判斷三十載舊不到郡齋

留與詩人供几案陸游漢嘉山水邦岑公昔所寓公詩

信豪偉筆力追李杜陸游讀岑嘉州詩山橫瓦屋披雲出水

自牂柯裂地來陸游賦荔枝樓清音妙絕東坡老方響名高

太史公水遶烏尤談笑外江連洪雅畫圖中黃然題涪翁亭

兩受君恩辭魏闕重尋香路入嘉州延祥觀是楊雄

宅好住元門第一流陳兒延祥觀竹底衙人吏花間押簿

書宋白玉津縣

凌雲九頂詩山詩

寺出飛鳥外青峰戴朱樓搏壁躋半空喜得登上頭

始知宇宙闊下看三江流天晴見峩眉如向波上遊

岑參凌雲寺像閣與山齊何人致石梯萬煙生碧落一巘

露招提薛能凌雲寺半天開佛閣平地見人家范鎮華嚴院錦

水細不見蠻江清更鮮坡詩注錦水岷江也蠻江青衣江也奔騰過佛

腳曠蕩造平川東坡少年不願萬戶侯亦不願識韓荊

州頗願身爲漢嘉守載酒時作凌雲遊東坡送張嘉州巉巉

九頂峯可愛不可住飛舟過山足佛脚見江滸子由

殿脚三江沸作湍屋頭九頂翠成巒可堪沙尾春都盡

但覺峩眉雪尚寒法普遊九頂江搖九頂風雷過雲抹三

峩日夜浮范成大凌雲九頂拓開天外無窮景望盡坤維到

處山何熙志題錦江院一山九頂燈常現六月三峩雪未消

何熙志嘉州石佛名天下回視新昌可子孫幸甚身遊

大八國恍然夢跨北溟鯤吳宗旦題九頂大像閣

峩眉詩

浩然坐何慕吾蜀有峩眉念與楚狂子悠悠白雲期

陳子昂青冥倚天開彩錯疑畫出李白蜀國多仙山峩眉

邈難匹（李白）峩眉山沒半輪秋影入平羌江水流（李白）峩眉不可到高處望千岑（薛能）峩眉咫尺無人到却向僧窻看假山（鄭谷）菩薩悲深居此地峩眉名重鎭南州不知立處高多少只見星辰在下頭（宋白普賢寺）峩眉多雨雅江秋溢岸清波入郡流（宋白嘉陽郡水中）嘉州山水地二蜀最爲美翠嶺疊峩眉長瀾湧錦水（楊徽之）高高百里一屈盤八十四盤青雲端（田錫）諸峯居蜀右夕翠染巴東（田錫）蜀山天下奇三峩壓岷右誰謂孤劔外名出嵩華後（趙抃）與誰天末分青髻長向人間畫翠峩（嘉定志張俞）峩眉山西雪千里北望成都如井底春風日月吹不

消五月行人知凍蟻坡詩娟娟峨眉月東坡瓦屋寒堆春後雪峨眉翠拂雨餘天東坡三峨萬古英雄屈乃是諸郎座右銘宋齊愈題夾江秀遠閣江浙東西水拍天山川城郭淡風煙峨眉秋月無人識四百年來不謫仙宋齊愈萬景樓峨眉月入平羌水嘆息吾行何至此陸游謫仙一去五百年至今醉魂呼不起同上峨眉古名山長雄坤之維月峽爲表裏雪嶺相蔽虧晁公武三峨影漾滄浪裏萬景煙籠縹緲中白麟題涪翁亭江頭曉夜日月出九頂三峨相吐吞袁倚枕江樓嘉招載酒凌雲寺先放三峨入坐間王溉四海佛宮闕三峨不待誇山深龍聽法野迥鹿啣

花白麟

四六

天眞皇人論道之地楚狂接輿隱景之鄉本朝太宗皇帝重修峩眉山普賢殿記徐鉉奉勑撰

風俗甚文有蘇桂石典刑之尚在江山良美與彭蜀漢境土之相連晁子西謝執政啓

輿地紀勝卷第一百四十六